高等学校交通运输与工程类专业规划教材

Transport Organization
运输组织

彭　勇　主编

简晓春　主审

人民交通出版社股份有限公司
China Communications Press Co.,Ltd.

内 容 提 要

本书从运输组织的概念着手,引入运输组织合理性定性与定量判断标准,根据不同运输方式、客货运输对象展开针对性介绍运输组织技术,包括道路客货运输组织、城市轨道运营组织、航空运输组织、水路运输组织、从运输方式协同角度介绍多式联运。书中引入了较多的案例、将理论和实践紧密结合,进一步加深学生对知识的理解。

本书可作为高等院校交通运输类本科生教材或教学参考书使用,也可供从事交通运输相关工作的管理人员和工程技术人员参考。

图书在版编目(CIP)数据

运输组织 / 彭勇主编. — 北京 : 人民交通出版社股份有限公司, 2017.8

高等学校交通运输与工程类专业规划教材

ISBN 978-7-114-13970-3

Ⅰ. ①运… Ⅱ. ①彭… Ⅲ. ①交通运输管理—高等学校—教材 Ⅳ. ①F502

中国版本图书馆 CIP 数据核字(2017)第 151106 号

高等学校交通运输与工程类专业规划教材

书　　名: 运输组织
著 作 者: 彭　勇
责任编辑: 李　喆　周　宇
出版发行: 人民交通出版社股份有限公司
地　　址: (100011)北京市朝阳区安定门外外馆斜街 3 号
网　　址: http://www.ccpress.com.cn
销售电话: (010)59757973
总 经 销: 人民交通出版社股份有限公司发行部
经　　销: 各地新华书店
印　　刷: 北京盈盛恒通印刷有限公司
开　　本: 787×1092　1/16
印　　张: 17
字　　数: 413 千
版　　次: 2017 年 8 月　第 1 版
印　　次: 2017 年 8 月　第 1 次印刷
书　　号: ISBN 978-7-114-13970-3
定　　价: 40.00 元

高等学校交通运输与工程(道路、桥梁、隧道与交通工程)教材建设委员会

前言

运输组织是从运输企业的生产经营实践中发展起来的关于运输资源合理配置与利用的理论和技术,是运输生产经营管理的核心内容。运输组织是高等院校交通运输类专业一门重要的专业基础课。

本书充分吸取国内外近年来运输组织的研究与实践成果,结合编者多年来在运输组织方面教学与科研经验,经集体讨论后分工编写而成。在编写过程中,既注重全书内容的逻辑性和系统性,又尽可能通过案例结合实际注重应用性,同时,密切关注"互联网+"等新技术在运输组织技术上所带来的革新。全书从运输组织的概念着手,引入运输组织合理性定性与定量判断标准,根据不同运输方式、客货运输对象展开针对性介绍运输组织技术,最后,从运输方式协同角度介绍多式联运。在展开介绍运输组织技术时,将重点放在道路客货运输、城市轨道客运、航空客货运输、水路货运上。为了提高学习效果,本书每章均由导读环节提供引入案例等内容,力求提高学习兴趣,在该章正文后,均附知识拓展与应用环节,提供该章应用案例或扩展知识,深化该章知识的掌握或拓展视野,最后,通过思考与练习巩固所学知识。本书可作为高等院校交通运输类本科生教材或教学参考书使用,也可供从事交通运输相关工作的管理人员和工程技术人员参考。

本书由重庆交通大学交通运输学院彭勇担任主编,重庆交通大学交通运输学院毛超艳、王代瑜、陈坚、蒋军及重庆交通大学经济与管理学院李豪、重庆市交通规划勘察设计院谢红利参加编写。全书共分9章,其中第1、2、3、9章由彭勇、刘世洁编写;第4章由毛超艳编写;第5章由王代瑜编写;第6章由陈坚编写;第7章由李豪编写;第8章由蒋军、谢红利编写。重庆交通大学交通运输学院简晓春担任主审。在本书编写过程中,重庆交通大学交通运输学院研究生贺琳、李新新、罗佳、李邦兰、刘星、陈春洋同学做了大量的资料收集及文字整理工作,在此表示衷心的感谢。

本书编写过程中,参阅了大量国内外教材、专著和期刊等资料,并在参考文献中尽可能逐一列出,在此,特向这些作者表示深深的感谢。同时,由于编者疏忽,极有可能出现一些遗漏,也敬请谅解。

本书的编写与出版得到重庆交通大学规划教材建设经费、重庆市教育委员会重庆市高等教育教学改革重大项目(151014)的支持。

由于编者水平所限,书中难免存在不妥之处,恳请读者批评指正。

编　者

2016年8月

目录

第 1 章

运输组织概论

【导读】

古代驿站运输系统

驿站是古代供传递公文的差役途中休息、换马的处所，以后功能逐步有所扩展，最后被新生事物取代。

隋唐时期，由于大运河的开凿，水路运输很旺盛。在李隆基（唐玄宗）当皇帝时期，全国大约有 1639 个驿站，其中水驿 260 个，陆驿 1297 个，水陆相兼驿 86 个。有学者推算，盛唐时期，从事驿传的工作人员约有 2 万多人，其中驿夫 17000 多人。唐代诗人岑参《初过陇山途中，呈宇文判官》写下了亲眼所见："一驿过一驿，驿骑如星流；平明发咸阳，暮及陇山头……"。

1.1 运输与运输组织

1.1.1 运输概念及功能

1）运输概念

中华人民共和国国家标准《物流术语》（GB/T 18354—2006）中对"运输"的定义为："运输

是用运输设备将物品从一地点向另一地点运送。其中包括集货、分配、搬运、中转、装入、卸下、分散等一系列操作。”运输是指人或货物借助运输工具和运输基础设施在空间产生的位置移动。运输包括生产领域的运输和流通领域的运输。生产领域的运输一般在企业内部进行,包括原材料、在制品、半成品、成品的运输,是直接为产品服务的,也称为物料搬运。流通领域的运输则是在大范围内,将货物从生产领域向消费领域转移,或从生产领域向物流网点,或物流网点向消费所在地移动的活动。流通领域的运输与搬运的区别在于空间范围的大小。流通领域的空间范围较大,可以跨城市、跨区域、跨国界,而搬运仅限于一个部门内部,如车站内、港口内、仓库内或车间内。

2)运输功能

运输可以提供两大功能:产品转移和产品储存。

(1)产品转移

无论产品处于哪种形式,是材料、零部件、装配件、在制品,还是制成品,也不管是在制造过程中将被转移到下一阶段,还是更接近最终的顾客,运输都是必不可少的。运输的主要功能就是产品在价值链中的移动。由于运输需要消耗时间资源、财务资源和环境资源,因此,只有当运输能提高产品价值时,该产品的移动才是有价值的。

运输涉及时间资源,是因为产品在运输过程中是难以存取的。这种产品通常是指转移中的存货,是各种供应链战略,如准时化和快速响应等业务所要考虑的一个因素,以减少制造和配送中心的存货。运输要使用财务资源,是因为产生于驾驶人劳动报酬、运输工具的运行费用,以及一般杂费和行政管理费用分摊。此外,还要考虑因产品灭失损坏而必须弥补的费用。运输直接和间接地使用环境资源。在直接使用方面,运输是能源的主要消费者之一;在间接使用环境资源方面,由于运输造成拥挤、空气污染和噪声污染而产生环境费用。

运输的主要目的就是要以尽量低的时间、财务和环境资源成本,将产品从起运地转移到目的地。此外,产品灭失损坏的费用也必须尽量低;同时,产品转移所采用的方式必须能满足顾客有关交付履行和装运信息的可得性等方面的要求。

(2)产品储存

产品临时储存功能是指将运输车辆临时作为储存设施。如果转移中的产品需要储存,但在短时间内(如几天后)又将重新转移,那么,该产品在仓库卸下来、入库和出库再装上去的成本也许会超过储存在运输工具中每天支付的费用。

另外,在仓库空间有限的情况下,利用运输车辆储存也许不失为一种可行的选择。可以采取的一种方法是,将产品装到运输车辆上去,然后采用迂回线路或间接线路(若仓库无车辆停放空间)运往其目的地。对于迂回线路来说,转移时间将大于比较直接的线路。当起始地或目的地仓库的储存能力受到限制时,此方法不失为一种可行的选择。在本质上,此种情况下,运输车辆被用作一种临时储存设施,但它是移动的,而不是处于停驶状态。

概括地说,用载运工具储存产品相对成本较高,但当需要考虑装卸成本、储存能力限制,或延长前置时间的能力时,从物流总成本或完成任务的角度来看或许是正确的选择。

1.1.2 运输组织内涵

运输组织是从运输企业的生产经营实践中发展起来的关于运输资源合理配置与利用的理论和技术。运输组织属于企业生产组织和管理范畴,是从系统整体优化的目标出发,以运输过程组织管理的最优化,实现资源投入最小化和产品利益最大化,即不断提高运输效率,为旅客和货主提供优质的运输服务,并获得最佳的经济效益、社会效益和环境效益。从组织工作的层次来看,一是运输工作的宏观组织,即根据当地的社会经济环境,对一定时期内运输工作做出总体安排,制订出运输计划;二是运输工作微观组织,即对某一具体运输任务的组织实施。前者为后者提供指导,后者是前者的具体化。从组织工作对象来看,一是对运输企业内部运输工具、装卸机具等的作业组织,以提高运输企业的生产效率;二是对客货流的流向、流量方面组织,以实现客货流动的合理化,避免不合理运输;三是建立起一个科学、合理的运行机制。因此,运输组织的概念有广义和狭义之分,广义的运输组织,是指从宏观出发、从微观着手在既有综合运输网络上,在一定的管理体制的调行与控制下,通过各种运输方式的配合和各运输环节的协作,实现运输工具、装卸机械高效益地运转和客货合理流动的一系列过程。狭义的运输组织,是指为完成某一具体任务的运输方案的实施过程。

1.1.3 运输组织作用与特征

1)运输组织作用

在市场经济条件下,各种运输方式按照其自身技术经济特征,在服务社会化的过程中,形成分工协作、有机结合、连接贯通、布局合理、竞争有序、运输高效的现代化运输系统,并在按照市场需要整合、配置运输资源的条件下,通过合理的管理与组织,最大限度地发挥各种运输方式的单个及组合优势。运输组织的作用可以归结为以下几个方面:

(1)运输组织能有效地协调运输能力与运量的平衡。在运输组织系统的生产过程中,运输企业根据运量情况,对本企业的运力进行合理的调度,并与其他运输企业进行有效的运力调剂,以协调运力与运量的平衡,提高整个运输体系的社会、经济效益。运输组织通过制订运输方案,能保证运输工具的高效运行,从而提高运输业的微观经济效益。

(2)运输组织能够统筹安排,有效地保证运输生产中的协作。对于一次运输任务的完成过程而言,以货运为例,从货物的托运到交付,整个过程都在运输组织系统范围之内,在这些过程中,运输部门与货主部门、运输部门内部相关的各运输生产单位之间,可以通过一定的组织形式共同协作完成这一运输任务,并提高运输的效益。

(3)运输组织能有效克服运输体系内的薄弱环节,提高整个运输系统运转的灵活性、高效性。如在运输体系中,对于压车、压港严重的枢纽,可以增加集疏运能力,改善运输体系中的"瓶颈"部位,避免因个别环节不能高效运转而降低整个运输体系的运转效益的现象。

(4)运输组织有利于促进综合运输规划工作和综合运输管理工作的进一步改善和提高。运输组织工作能够对综合运输规划工作和综合运输管理工作的好坏进行检验和评价,将检验和评价的结果进行反馈,对今后工作的开展具有重要的参考价值,对于改善以后的工作具有重要的实践指导作用。

2)运输组织特征

从现代运输组织系统建设的角度看,运输组织活动的任务就是为全社会运输活动提供优良的运输资源保障。运输组织活动综合性、一体性、协作性的指导思想,也比较适合现代运输高效率、高效益的运作与发展特点。从运输活动与运输组织系统方法、形态、体系的复杂性、多样性角度来看,针对不同的目标、需求情况,运输组织活动能够采取多变的措施来应对。因此,在支持全社会运输活动、不断调整自身发展策略的同时,运输组织活动也具有了服务性、基础性、社会贡献性、时空性和复合性等特点。

(1)生产服务性

由于运输业与其他产业之间特殊的依存关系,运输组织活动中的运输生产实际上成为其他行业生产活动的函数。在这种意义上,运输组织具有生产性。

同时,运输组织具有服务性,即运输组织的生产活动为社会提供的“产品”不仅仅是旅客和货物的位移,还包括这一位移过程中的服务,如为旅客提供舒适安全的服务和为货主提供的保管及装卸等。运输组织的生产活动为社会提供的效用不是实物形态的产品,而是一种劳务,劳务费的大小取决于运输量(旅客量和货物量)和运距等因素。

(2)国民经济的基础性

运输组织活动的基础性表现在:工农业生产、人民生活、国防建设及社会活动诸方面对运输活动具有普遍需求性。

国民经济是一个复杂而庞大的系统,是由各部门、各产业、各地区组成的相互联系、相互促进、相互制约的整体。运输组织系统是这个社会经济系统中最基础的子系统之一,是其他各子系统得以有效运转的主要承载体,是联系各部门、各产业、各地区的纽带和桥梁,因而成为使国民经济大系统充满生机和活力、人民安居乐业的基本条件。

运输状况的改变在很大程度上会影响社会和经济机制的运行。随着社会的进步和商品经济的发展,经济的区域化和专业化会得到更进一步的发展,社会经济各方面对运输的依赖性会越来越强,运输业的作用也会越加突出。经验表明,一个经济发达的国家同时也具有完善的运输网络,而运输手段越完善,其经济活动越具有高效率、高效益的特征。

把运输组织活动视为国民经济的基础性活动,是对运输组织系统本质的认识。这表明运输组织活动是其他生产部门正常运转、协调发展的前提,是现代社会化大生产高效率的先决条件,也是使社会再生产得以延续的不可缺少的基本环节。

(3)隐性的社会贡献性

隐性的社会贡献性是从运输组织活动的基础性派生出来的。

运输组织活动的经济效益,由运输对象来体现,运输组织活动的经济效益除了少部分体现在其自身的经济效益外,更重要的是体现在运输对象所有者身上,当运力供给大于运量时,损失的是运输部门自身的经济效益;而当运力供给小于运量时,则对社会效益造成损失。而后者往往远远大于前者。这一点在运输关键物资和应付非常事件时更为突出。

运输组织的社会贡献性是隐性的。一方面是因为运输需求是从其他社会经济活动中派生出来的,运输组织活动只是其实现目标的手段,而非最终目标。由于人们注重追求目标,忽视条件和手段,往往导致忽视基础性建设投资,从而导致运输资源短缺。另一方面是因为运输活动的经济效益具有滞后性且不容易被客观地认识到,因为整个运输系统的基础建设规模较大,造价投资大、建设期长,而且即使建成也不一定会立刻得到充分的使用。例如,一些高速公路和大型机场在建成后需过一段时间才能发挥最佳的效益。

(4)特殊的时空性

运输组织活动的时空特性是指运输活动对于空间、地域和时间具有极强的依附性,即不可挪用性。一方面,运输基础设施(如路网、港口和车站等)在空间和地域上不能挪用;另一方面,运输能力在时间上不能挪用。前者表明运输设施的建设成本具有沉淀性;后者则说明由于运输产品的即时性,运输能力不能像其他行业的产品那样可以储备。

由于运输生产和消费在时间上的重合,要求运输能力应当保持适度超过运输需求的水平。因为运输需求在时间上存在着随机性,适度的运力富裕是随时使需求得到满足的物质基础,从而可以缓解和避免给国民经济大系统正常运转造成约束。由此而创造出的社会配套综合效益要远远大于因运力浪费所付出的代价,同时又能使整个社会经济系统处于良性循环状态。否则,经济在高库存下运转,人们在低节奏下生活,将给整个经济造成巨大的损失。

(5)公共性与企业性的复合性

运输组织活动具有公共性。然而,运输组织活动的产品不能作为纯粹的公共品由社会提供,而且在生产经营过程中,运输组织活动还表现出一定的企业性。从各国的经济史资料中可以看出,在每个国家的不同发展阶段中,运输活动的公共性和企业性的表征有强弱变化。复合性的判断对制定运输政策具有指导价值。

1.2 运输方式与技术经济特征

1.2.1 运输方式分类

运输业作为物质生产部门,与其他物质生产部门一样,经历了不同的发展时期,为了满足社会各种需求,形成了铁路、公路、航空、水运、管道五种运输方式。这几种运输方式在满足人或物的空间位移的要求上具有同一性,即安全、迅速、经济、便利、舒适。但各种运输方式所采用的技术手段、运输工具和组织形式等都不相同。因此,形成的技术性能(如速度、质量、连续性、保证货物完整性和旅客的安全、舒适性等)、对地理环境的适应程度及经济指标(如能源和材料消耗、投资、运输费用、劳动生产率等)都不尽相同。

1.2.2 运输方式技术经济特征

各种运输方式的技术经济特征,主要包括运达速度、运输能力和能源消耗、运输成本、经济里程、投资水平、环境保护等。

1)铁路运输的技术经济特征

铁路运输的技术经济特征,可以用一定的技术经济指标来反映。如运营技术指标、实物指标和经济价值指标。运营技术指标,主要有:运输的经常性(不间断性、均衡性和节奏性)程度,通过能力和输送能力,货物送达和旅客运送的速度和时间,运输货物的完好程度和旅客的舒适程度,运输的安全性和可靠性程度以及机动性。实物指标,包括:劳动生产率和劳动力需要量,燃料和电力(能量),金属和其他材料的单位需要量。铁路运输方式的技术经济特征体现在以下几个方面:

(1)运行速度快。货车速度为80~100km/h;常规铁路的客运列车运行速度一般为60~80km/h,部分常规铁路可高达140~160km/h,高速铁路上运行的列车速度可达250~350km/h。2010年12月南车集团研制的CRH380A高速动车组在京沪高铁枣庄至蚌埠间的先导段联调联试和综合试验中,最高时速达到486.1km;2011年12月,中铁院建成世界速度最快的高速列车制动试验台,最高试验时速达到530km;2014年1月南车青岛四方机车车辆股份有限公司厂区内,更高速度试验列车的试验时速达到605km。试验车为6辆编组,全部为动力车。箭头试验车如图 1-1 所示。

图 1-1　箭头试验车

(2)可靠性强。由于铁路运输受气候等自然条件的限制较小,对环境的适应性强,所以具有较强的可靠性。同时随先进技术的不断发展,铁路运输的安全可靠程度越来越高,特别是铁路广泛采用电子计算机和自动控制等高新技术,安装了列车自动停车、列车自动操作、灾害防护报警等装置,有效地防止了列车冲突事故和旅客伤亡事故,大大减轻了行车事故的损害程度。

(3)运输量大。铁路运输的运量远远大于公路和航空运输,是运输的主干。

(4)环境污染程度小。由于铁路大都是以电力作为动力源,排放的有害气体较少,因此对环境的污染也少。与公路和航空运输方式相比,铁路对环境和生态平衡的影响程度较小。

(5)运输成本较低。由于铁路运输成本没有原料支出,固定资产折旧费所占的比例较大,而且铁路运输一般都是长距离、大运量运输,因此,铁路运输的单位运输成本比公路运输和航空运输成本低。

(6)能耗小。铁路运输轮轨之间的摩擦阻力小于汽车车辆和地面之间的摩擦阻力,铁路机车车辆单位功率所能牵引的质量约比汽车高 10 倍,因而铁路单位运量的能耗要比公路运输少得多。

2)公路运输的技术经济特征

公路运输是运输市场的重要组成部分,与其他运输方式相比,它的技术经济特征体现在以下几个方面:

(1)机动灵活性强。公路运输不但可以进行直达运输,而且在运输时间上具有非常强的机动性和灵活性,也能为铁路运输、航空运输和水运集散客货,对货运量和客运量大小都有很强的适应性。

(2)建设投资少,资金周转较快,回收期比较短。据有关资料表明,在美国公路运输企业每收入 1 美元,只需要投资 0.72 美元,而铁路运输则需要投资 2.7 美元。公路运输投入的资金每年可以运转 3 次,而铁路运输 3 ~4 年才可以运转 1 次。

(3)送达速度快。由于公路运输具有机动、灵活、门到门运输的特点,在运输的过程中可以不必转载,所以在中短途运输中具有较快的送达速度。

(4)单位运输成本较高且污染环境。公路运输,尤其是长途运输的单位运输成本要比铁路运输和水路运输高,且污染环境的汽车公害严重。

(5)公路运输的运输工具和一些相关基础设施的技术改造相对容易些。

3)水路运输的技术经济特征

水路运输是利用船舶、排筏和其他浮运工具,在江河、湖泊、水库、人工水道、海上运输旅客和货物的一种运输方式。根据运输路径及运输距离,水运分为内河运输、沿海运输、近海运输、远洋运输四类。内河运输是指利用船舶、排筏和其他浮运工具,在陆地内江、河、湖、川等水道进行运输的一种方式,主要使用中、小型船舶。沿海运输是指使用船舶通过大陆附近沿海航道运送客货的一种方式,一般使用中、小型船舶。近海运输是指使用船舶通过大陆邻近国家海上航道运输客货的一种运输形式,视航程可使用中型船舶,也可使用小型船舶。远洋运输通常是指使用船舶跨大洋的长途运输形式,主要依靠运量大的大型船舶。与其他运输方式相比,水路运输的技术经济特征具有以下几个方面:

(1)运量大。据有关数据表明,在远洋运输中,目前世界上最大的超巨型油船的载质量可达55万吨,集装箱船可达7万吨,巨型客船可达8万多吨。在内河运输中,我国的大型顶推船队运载能力已达3万吨,相当于铁路列车的6~10倍。2015年9月,集装箱船"郑和"号在上海命名交付(图1-2)。"郑和"号轮为世界第七代集装箱船,由上海外高桥造船有限公司控股子公司——上海江南长兴重工有限责任公司建造,中国船舶工业集团公司第708所设计,被誉为集装箱船中的"巨无霸",数项指标创下了中国造船业新纪录:其一,该船长399.9m,比美国"尼米兹"级核动力航空母舰还要长70m,是中国建造的船体最长的船舶;其二,装载量达到18000标准箱(TEU),如将其头尾相连,长度为108km,如垒起来,高度47km,是中国建造的最大载箱量集装箱船;其三,船型宽54m,甲板面积相当于4个标准足球场,是中国建造的甲板面积最大的民用船舶;其四,船型深30.2m,上层建筑高38m,从船底至驾驶室的净空高度为65m,相当于22层楼的高度,设计吃水14.5m,服务航速22.2节,投钢量约4.8万吨,入级法国船级社,是中国建造的最大净空高度船舶。

图1-2 "郑和"号集装箱船

(2)运营成本低。由于运输船舶的运输量大,运输的里程较远,运输费用较低,所以与其他运输方式相比,水运运输的单位运输成本较低。

(3)投资少。由于水运运输大多利用的是天然的航道,所以投资较省。在远洋运输中,运输航道的开发几乎不需要支付费用,因为利用的基本上都是天然航道。而在内河运输中,对其航道的开发支出也远远小于修建铁路或公路的费用支出。

(4)劳动生产率高。由于船舶运载量大,配备船员少,因而其劳动生产率较高。一艘20万吨的油船一般只需配备40名船厂员,平均每人运送货物5000t。

(5)航速低。由于大型船舶体积大,水流阻力高,因此航速一般较低。低速行驶所需克服的阻力小,能够节约燃料,航速增大所需克服的阻力直线上升。

4)航空运输的技术经济特征

与其他运输方式相比,航空运输具有的技术经济特征主要体现在以下几个方面:

(1)速度快。常见的喷气式飞机的经济巡航速度大都在850~900km/h。快捷的运输工具大大缩短了货物在途时间,对于那些易腐烂、变质的鲜活商品,时效性、季节性强的报刊,节令性商品,抢险、救急品的运输,这一特点显得尤为突出。

(2)机动性强、通达性好。由于航空运输不受地形的限制,可以到达其他运输方式难以到达的地方,只要有相关的一些基础设施作为保证,就可以开辟航线,因此,具有较强的机动性和灵活性。

(3)安全性、舒适性较好。世界定期航班亿客公里死亡0.05人,相当于一人每天行10000km,经过550年,死亡1人。随着宽体波音机的使用,航空运输的舒适性更好地发挥出来了。客舱宽敞、色调和谐、空气清新、噪声小、起降平稳、视听娱乐设备先进、地面服务周到,这些都为乘客创造了舒适的旅行环境。

(4)建设周期短,投资较少,投资回收快。一般来说,修建机场比修建铁路和公路的周期短、投资少,若经营好,投资回收也快。

(5)运输成本高、舱容有限。在各种运输方式中,航空运输的成本最高,主要表现在航空货运的运输费用较其他运输方式更高,不适合低价值货物;飞机的舱容有限,对超限货物或大批量货物的运输有一定的限制。

5)管道运输的技术经济特征

管道运输是一种以管道输送流体货物的一种方式,而货物通常是液体和气体,是统一运输网中干线运输的特殊组成部分。有时候,气动管也可以做到类似工作,以压缩气体输送固体舱,而内里装着货物。其技术经济特征主要体现在以下几个方面:

(1)运量大。一条输油管线可以源源不断地完成输送任务。根据其管径的大小不同,其每年的运输量可达数百万吨到几千万吨,甚至超过亿吨。

(2)占地少。运输管道通常埋于地下,其占用的土地很少;运输系统的建设实践证明,运输管道埋藏于地下的部分占管道总长度的95%以上,因而对于土地的永久性占用很少,分别仅为公路的3%,铁路的10%左右。在运输规划系统中,优先考虑管道运输方案,对于节约土地资源,意义重大。

(3)建设周期短、运营费用低。国内外运输系统建设的大量实践证明,管道运输系统的建设周期与相同运量的铁路建设周期相比,一般来说要短1/3以上。由于节能和高度自动化,用人较少,使运营费用大大降低。管道投产之日起,管内即充满所输的货物,直到停止,有一部分货物得长期积存在管道中,其费用占去部分运输成本。

(4)管道运输安全可靠、连续性强。由于石油天然气易燃、易爆、易挥发、易泄露,采用管道运输方式,既安全,又可以大大减少挥发损耗,同时由于泄露导致的对空气、水和土壤污染也可大大减少,也就是说,管道运输能较好地满足运输工程的绿色化要求,此外,由于管道基本埋藏于地下,其运输过程恶劣多变的气候条件影响小,可以确保运输系统长期稳定地运行。

(5)管道运输耗能少、成本低、效益好。发达国家采用管道运输石油,每吨千米的能耗不足铁路的1/7,在大量运输时的运输成本与水运接近,因此在无水条件下,采用管道运输是一种最为节能的运输方式。管道运输是一种连续工程,运输系统不存在空载行程,因而系统的运输效率高。理论分析和实践经验已证明,管道口径越大,运输距离越远,运输量越大,运输成本就越低,以运输石油为例,管道运输、水路运输、铁路运输的运输成本之比为1∶1∶1.7。

综上所述,可以看出,各种运输方式各自具有其他运输方式所不具有或者不完全具有的优点。也就是说,各种运输方式都有其最有利的应用范围。但若是全面加以考察时,就会发现各种运输方式互有优劣,各有其存在和发展的必要。5种运输方式的技术经济特征及其运输对象见表1-1。

5种运输方式的技术经济特征点及其运输对象 表1-1

运输方式	技术经济特征	运输对象
铁路	初始投资大,运输容量大,成本低廉,占用土地多,连续性强,可靠性好	适合于大宗货物、散件杂货等的中长途运输
公路	机动灵活,适应性强,短途运输速度快,能源消耗大,成本高,空气污染严重,占用的土地多	适合于短途、零担运输,门到门的运输
水路	运输能力大,成本低廉,速度慢,连续性差,能源消耗及土地占用都较少	适合于中长途大宗货物运输,海运,国际货物运输
航空	速度快,成本高,空气和噪声污染严重	适合于中长途及贵重货物运输,保鲜货物运输
管道	输送能力大,占用土地少,成本低廉,连续输送	适合于长期稳定的流体、气体及浆化固体物运输

1.3 运输组织发展动力及趋势

1.3.1 运输组织的发展动力

(1)社会经济发展的促进

社会经济发展对运输多样化需求的带动,有力地促进现代运输组织技术与实践的发展和演变。正是由于社会经济的发展,旅客出行对方便快捷的更高要求,促进了旅客多式联运、无缝换乘、定制公交等旅客运输组织实践的发展。

(2)现代科学技术进步的支持

现代科学技术作为工具应用于运输组织,成为运输组织技术与实践发展的推动力。互联网、无线移动通信、APP等工具的出现,为运输供给方实时了解需求信息,运输需求方及时发布需求、获取供给信息创造了条件。这些工具的应用,衍生出多种多样的运输组织实践,如网约出租、可变调度公交、互联网打车软件、货运O2O等,无不需要现代科学技术进步的支持。

(3)可持续发展要求的开拓

可持续发展是当代新的发展观,是以新的人文理念对传统的生产方式、消费方式和思维方式的审视和扬弃,是从长远发展的角度对人类自身的生存和发展与资源、环境和生态等自然关系的正反历史经验的总结。运输组织技术与实践的发展,理所当然地必须顺应可持续发展的要求。利用大数据分析、实时信息,采用可变调度公交等方式精准匹配需求,在最大化满足需求的同时减少运营成本浪费,均是顺应可持续发展的要求。

1.3.2 运输组织的发展趋势

(1)运输组织的科技化

依靠提高科技水平,增加运输组织的科技含量,通过提高运输效益来达到运输发展。运输组织的目标就是不断提高运输效率,为旅客和货主提供优质的运输服务,并获得最佳的经济效益、社会效益和环境效益。运输组织的科技化,强调的就是利用先进的科学技术,加强信息的互联互通,实现需求的精准匹配、运力的充分利用。

(2)运输组织的协同化

随着经济和社会的发展以及科学技术的进步,运输过程由单一方式向多样化发展,运输工具由简陋化向现代化发展。从运输业发展的历史和现状看,各种运输方式不仅在运输市场和技术发展上相互竞争,同时在运输生产过程中也存在着协作配合、优势互补的要求。客货多样化的需求往往要求多种运输方式组织协同,实现经济社会效益的最大化。从而形成运输组织,由单一方式运输组织局部优化,向多种方式联合运输组织(综合运输)全局优化发展。

(3)运输组织的绿色化

运输组织的绿色化,必须坚持在运输组织每个环节上充分贯彻绿色理念。运输需要大量的能源消耗,也极易对外部环境产生影响。绿色运输组织是指以节约能源、减少废气排放为特征的运输组织。

绿色运输主要包括:通过合理的网点及配送中心布局而实现合理运输,避免货物迂回运输,减少货运总里程和车辆空驶率,进而提高运输效率;采用节能运输工具和清洁燃料,减少运输燃油污染;通过设计合理的存货策略,来适当加大商品运输批量,进而提高运输效率等。

【知识应用与拓展】

美日道路货物运输经营模式

1.美国道路货物运输经营模式

美国道路货物运输市场结构从总体上看虽然是分散的,但却“零而不乱、散而有序”,主要是因为大企业通过运用现代化运输经营模式,使零散的运力资源实现有效整合,形成分工协作的运行系统。

信息平台整合运力资源。美国公共物流信息平台一般由中间商搭建经营。一些运输企业可以根据企业实际情况加盟到信息中间商平台中结成合作伙伴,提供信息平台服务的企业通过会员制为加盟企业提供数据库、运输管理、仓储管理等方面的信息服务。美国道路货物运输企业通过信息平台整合运力资源有两种模式:

(1)信息中间商整合运力资源。如美国的Capstan公司,通过建立一个公共信息平台,把供应商、生产商、零售商、运输服务商、承运人、海关、金融服务等信息都集中到平台,通过平台交换数据,完成物流服务活动。

(2)信息服务中介组织整合运力资源。美国国内有数量众多、规模较大的运输信息服务中介组织,为运输业主提供运输信息服务。其中成立于1933年的美国货车驾驶员协会(ATA)是规模最大、影响最广泛的。

运输企业之间的分工合作。运输企业之间分工合作主要有三种形式:①企业合作;②企业联合兼并;③运输联盟。20世纪80年代之后,美国的道路货物运输经过近20年的发展,逐步形成综合的第三方物流服务商、专业的运输、仓储服务商和区域性配送服务商分工合作的产业形态。

2. 日本道路货物运输经营模式

日本道路货物运输市场主体是分散的小型运输企业,但是少数大型运输企业控制市场,在分工协作基础上,大、中、小企业共存,形成了大企业带动小企业的格局。

分工协作的格局主要有以下三种经营模式:

(1)“合作社”模式。运输省为了将小型货运企业组织起来,将企业按地区和所运货种的不同,组成“合作社”,合作社是一种主要在业务经营方面实行合作的组织。

(2)大企业规模化发展模式。大企业通过兼并或者联盟的形式整合中小型企业,扩大经营范围,使得企业规模化不断扩大,其业务范围逐渐向全球扩展,在道路货物运输市场占有主导地位。

(3)专业化发展模式。道路货物运输企业根据工商企业的原材料、半成品和产成品的特殊性物流需求,以专门化运输服务获取规模经济性,如日本运输界非常流行的“动物战争”。日本通运公司进行小宗货物运输,推出了“塘鹅计划”,为便于运输产品的分类、存放,建造了大量的仓库,并设立专门的机构去管理;日本大和运输株式会社推出了“黑猫计划”,建立新的运输作业体制,创立了宅急便、宅配便、特急便等运送方式。

【思考与练习】

1. 如何理解运输的两大功能?
2. 什么是运输组织?请谈谈你的理解。
3. 运输组织有何功能?
4. 各种运输方式的技术经济特征是什么?
5. 结合案例谈谈你对运输组织发展趋势的理解。

第2章

运输组织过程及环境

【导读】

286t 货车驶经重庆渝邻高速公路

2009年四川普光天然气净化厂“一级主吸收塔”运经重庆。吸收塔由德国造660匹马力(发动机功率相当于5台东风卡车)的货车运输。货车车头至车尾共32m长,车轮102个,车货总重286t。为保证吸收塔安全出境,重庆市交通委员会召集相关单位开了近20次专题会议。

过收费站,计重设备无法一次称出这辆货车的质量,只好先对每一排车轴带来的质量进行称量,然后把所有车轴带来的质量进行叠加。称重时,工作人员必须测量每个轮子的离地距离——害怕各个轮子受力不均,引起坍塌。

大货车时速不超过5km。为防爆胎,大货车后面紧跟着一辆装着二三十个备用车轮的货车。考虑到大货车将在夜里行驶,运送车队还专门备了一辆照明车,其车厢内有发电机和高亮度的照明灯。

途经温塘河大桥,因为高速桥梁承载拖挂货车极限120t“止步”。来自四川和重庆的专家定夺组连夜分析决定,由12台重约30t的货车与286t的大货车“齐步走”,实行配重过桥。桥中护栏旁竖起一根带刻度的标尺,两台精密的电子仪器对准刻度标尺,桥身装了传感性非常精确的芯片,随时监测桥梁状况。

路遇小餐桌大小的坑凼,货车穿过特地切出的缺口绕行。

2.1 运输组织过程

2.1.1 运输组织工作

旅客和货物通过各种载运工具实现空间位移,需要经过许多作业环节才能完成,不同运输方式作业环节有差异。但总体都可根据作业流程,分为准备工作、运输工作和辅助工作3大作业环节。

(1)准备工作

运输客货之前所需要进行的准备工作,主要包括运输经济调查与运输工作量预测、营运线路开辟、运营作业站点设置、运力配置、运输生产作业计划安排以及制订有关运输组织管理制度、规章等。其中有些准备工作需要在运输作业前进行较长时间准备,如运输经济调查、线路开辟、站点设置等;有些准备工作属于日常持续进行的准备,如客货运输作业计划安排等环节。

(2)运输工作

直接实现客货空间位移的载运工具的运输工作,主要包括乘客上下车及货物装卸车作业、客(货)车辆运送作业(载运工具在途作业)以及必需的车辆调度作业等。

(3)辅助工作

辅助工作是指为运输及其准备工作提供后勤保障服务的各项工作总称,主要包括载运工具选择与技术运用组织、运输生产消耗材料的供应与保管工作、运输劳动组织工作等。

上述各项作业环节,是构成各种运输方式组织过程所必需的主要作业环节。其中又以运输工作为基本运输作业环节,其余工作环节需围绕运输工作环节的各类需要,科学、合理地进行组织,以保证运输工作顺利进行。

2.1.2 旅客运输组织

客运港站是旅客运输的起终点,其作业组织是旅客运输的核心,主要包括发售客票、行李受理、安全检查、候车服务、调度车(船、机)准备、组织乘车(船、机)、车(船、机)运行、车(船、机)到达、旅客下车(船、机)、交付行李、旅客出站等。客运站(港、机场)作业流程如图2-1所示。

(1)发售客票

售票是出售有效乘坐权(座位权,包括火车无座位权)工作的总称,主要包括售票、退票、客票变更等。售票的形式,按售票员的身份可以分为自动(售票机)售票和人工售票;按售票的场所可以分为窗口售票、预约售票、流动售票、网上售票和车(船)上售票;按旅客的特征可以分为团体售票和个人售票。售票工作的基本要求是方便、准确、迅速、及时。

(2)行李受理和到达交付

行李受理作业,包括行李承接、保管、装车(船、机)等;行李的到达作业包括行李的卸车(船、机)、保管、交付等。根据行李与旅客经济利益关系的差别,通常分为3类:①随身携带物品,持有客票的旅客可随身携带体积和重量不超过规定标准,并在限额件数之内的物品,这类行李在各种运输方式中都存在;②免费行李,在有些运输方式中,比如民航客运中,持有客票(除婴儿票外)的旅客,可将限额内的行李交付承运人免费运输;③付费行李,旅客交付承运人运输的超过免费部分的行李需要按一定标准支付费用(公路、铁路和水路不设置付费行李)。

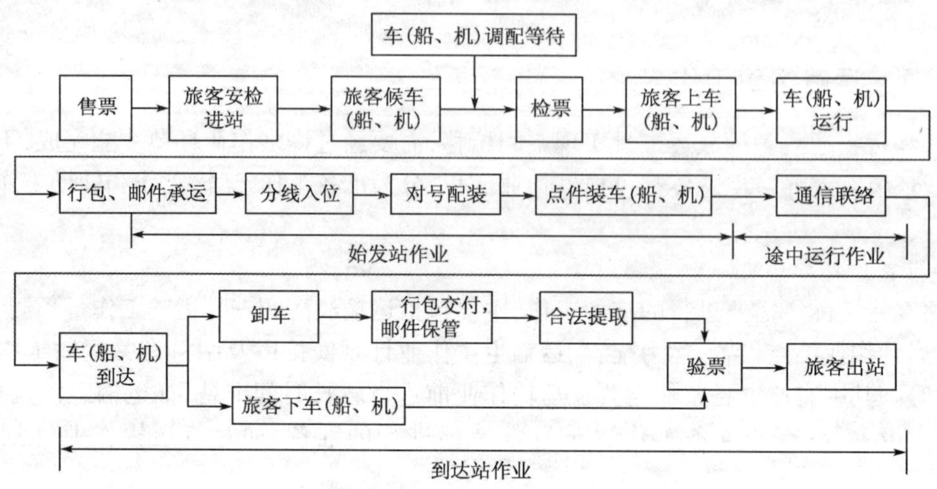

图 2-1　客运站(港、机场)作业流程图

(3)候车(船、机)服务

候车(船、机)服务工作是旅客运输中的重要环节,它是衡量运输服务水平的重要标志。候车(船、机)服务主要包括以下内容:①保持候车(船、机)室清洁卫生,为旅客提供必需的饮水、候车(船、机)座椅及有关旅行所需资料,客运班次表、客运线路分布图、票价表、中转换乘其他运输工具时刻表等;②维护候车(船、机)室的正常秩序,及时向旅客通告客运信息,正确解答旅客的咨询,协助旅客解决面临的各种疑难问题;③设立小件物品寄存处和问讯处等辅助服务窗口。

(4)检票、组织旅客上下车(船、机)工作

检票是对客票检查并进行记录的过程,检票具有两大作用:一是对承运人与旅客之间旅行运输合同开始或结束的确认;二是对旅客所持客票与其所要开始的旅程是否相符的确认。在发车(船、机)前,站务人员要组织并引导旅客按顺序检票上车(登船、登机),检查是否有误乘的旅客等,在车(船、机)到达后,接站(机)人员组织并引导旅客下车(船、机)提取行李并核查票据是否有误。

(5)车(船、机)途中运行

驾驶、随车(船、机)服务人员在途中为乘客创造出一个安全、舒适的运行环境,并为乘客提供周到的服务,如餐饮、休息、娱乐等服务。

(6)车(船、机)组织及日常维护、后勤保障

车(船、机)组织,包括车(船、机)的来源安排,将车(船、机)从停放场(停车场、码头、停机坪)停泊到指定的上客位置;当车(船、机)到达后,指挥车(船、机)从所在位置停泊在指定的停放处。日常维护主要是清洁车(船、机)并对其性能进行检查。后勤保障包括车(船、机)上能源、水和日常生活用品的供给与更换等。

2.1.3 货物运输组织

货物运输组织过程，主要包括组织货源、办理货物承运手续、货物保管、装卸、途中运送、到达卸车（船、机）、货物保管、交付、运输统计与结算等环节。货物运输生产，主要包括发到作业、中转作业和运行作业，其中发到作业和中转作业由港站人员计划、安排与实施；运行作业则由承运人的生产管理部门计划、安排，由驾乘人员具体实施。其作业流程如图2-2所示。

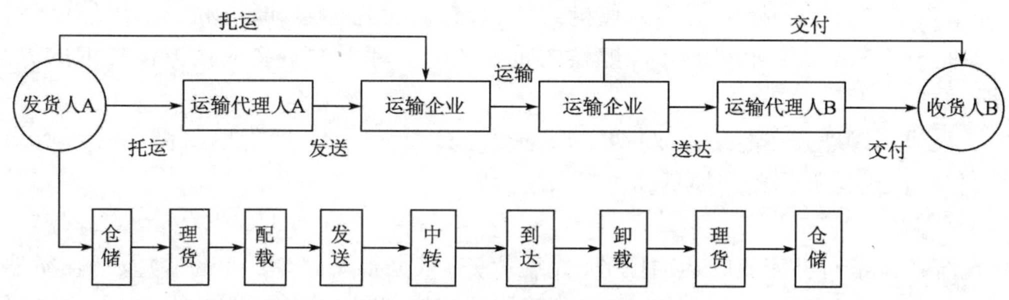

图2-2 货物运输生产作业流程图

港站货运业务的基本内容，因运输方式和运营组织方式不同而有所区别，但无论哪种运输方式都包括发送作业、途中作业、到达作业、运输统计与结算4大作业内容。

（1）发送作业

货物在始发港站的各项货运工作统称为发送作业。在货物发送前，货主（发送人）向货运企业或货运代理人提出货运申请并填写货物托运单，托运单是货主（托运方）与运输企业或货代之间就货物运输所签订的契约，它规定了承运人、发货人和收货人在运输过程中的权利、义务和责任，是货主托运货物的原始凭证，也是运输单位承运货物的原始依据。根据托运单，货主负责将备好的货物向运输企业或货代按时提交，并按规定的方式支付运费，运输企业或其代理人在确认无误后根据车（船、机）班次情况，指定进货日期或装车日期。

对进入货场的货物，港站应按规定进行验收：检查货物品名、数量、质量是否与托运单相符，货物包装和标记是否符合规定的要求，无误后将货物安放在堆场或仓库，以便车辆（船舶、货机）编制机载图。

货物在装运前，必须对运输工具的装载能力进行技术检查和货物检查，装货时要充分利用载运工具的装载能力，并防止偏载、超载等，装载完毕，要严格检查货物的装载情况是否符合规定的技术要求，然后按规定对车辆和货舱施封。业务人员应根据货物托运单及发货清单填制运输货票。运输货票是承运的主要凭证，是一种具有财务性质的票据，它在起票点是向托运人核收运费、缴纳税款的依据；在运达站点则是与收货人办理货物交付的凭证；而在运输企业内部又是清算运输费用、统计有关运输指标的依据。

（2）途中作业

货物在运送途中发生的各项作业统称为途中作业。货物在运送过程中，不同运输方式之间或同一运输方式内部往往存在各种形式的内部交接，才能到达目的地航站交付收货人。若不同运输方式之间需换装，以及需要中转的货物在中转站的作业都是途中作业。为了保证货物运输的安全与完整，便于划清企业内部的运输责任，货物在运输途中如发生装卸、换装、保管等作业，交接时应按规定办理交接手续。

(3)到达作业

货物在到达站发生的各项货运作业统称为到达作业,主要包括货运票据的交接、货物卸车、保管和交付等内容。港站接到载运工具到达及卸货计划通知后,做好卸货准备,载运工具到达港站界域外时,应及时安排到港进站,并将载运工具引至卸货作业线。

卸货前,港站需认真核查载运工具、集装箱和货物的状态是否完好,如发现异状或有异议,要及时会同(车、船、机)运行负责人做好卸货记录。卸货时,应根据货物积载图将货物准确地卸下,并清点货物件数和衡量货物的重量或体积,核对货物标志和货物状态,编制货运记录。货运记录是分析事故责任和处理事故赔偿的重要依据。卸下的货物应按方便提取的原则,合理有序堆放。

收货人或其代理人在港站领取货物时,必须出具领货凭证(提货单、货票等)或有效的证明文件(包括保函),并据此交换货物。

(4)运输统计与结算

运输统计是指对已完成的运输任务(代理业务)依据行车路单(货运单)及运输货票进行有关运输工作指标的汇总统计工作,生成有关统计报表,供运输管理与决策使用。运输结算,对运输(货代)企业内部来说,是指对完成运输任务所应得的报酬收入进行定期结算;对运输企业外部来说,是指对货主(托运人)进行运杂费结算。运费是指按单位运输量的收费标准及所完成运输任务的数量的运输费用。杂费是指除运费外所发生的其他费用,主要包括滞期费、装货落空费、装卸费、道路通行费、保管费、港口使用费等多种费用。

2.2 运输生产要素

运输生产要素,是指进行生产所必须具备的基础因素,主要包括运输设施(运输线网及港站枢纽)、运输设备(车、船、机)、运输对象(旅客、货物)及劳动者(驾驶人)等。现代化运输生产过程,主要依靠运输业劳动者借助运载工具沿运输线路完成运输对象的空间场所(起、终点站)移动。

2.2.1 运输线路

运输线路是指运载工具可以在其中运行的设备,如铁路线、公路线、水运航道等,是完成运输任务必不可少的基础设施。

一般线路的基础结构和线路上配备的设备、设施是不同的,这样就形成不同类型的线路。按照运载工具在线路上是否可以(同时)双方向通行,线路可以分为单(行)线和复线;按照运载工具在线路上最大允许运行速度,可以将线路分为高速线、快速线和普通线;按照线路上可以通行的运载工具数量可以将线路分为不同等级;按照其他的单一标准还可以将线路分为其他不同的类型(如是否为电气化铁路、是否为国家级公路等)。不同线路在运输网络中起到的作用和具有的功能是不同的,按照线路在运输网络中的综合运用一般可以把线路分为主干线、干线和支线等。

在运输网络中,支线的数量最多、分布最广,其主要的任务是将分散的用户需求(货物或旅客)集中到干线或主干线上,或将通过主干线、干线到达的客货流运送到具体的用户,起到集中和分散的作用，支线不能直接完成距离较长或数量较大的运输任务，如铁路网中的专用线、公路网中乡村公路等都是支线。干线数量较多、分布较广、设备条件较好、运送（通过）能力较大，一般距离较长的运输首先由支线运送到干线上，然后由干线直接运送到目的地或再运送到主干线上（或相反的过程），干线主要联络主干线和支线，并直接完成运输任务。例如，公路网中各省级干道、铁路网中各地方干线；主干线数量最少、长度最长、设备条件最好，运送（通过）能力最大，主要完成长距离的、大量的运输任务，如公路网中的国道（101 国道等）、铁路网中长大主干线（京广线等）。可见支线、干线、主干线在运输网络中各自担当的角色是不一样的。

为了经济、高效地完成运输生产任务，运输网络要求主干线、干线和支线之间在数量、结构、分布上有比较好的组合，才能充分发挥各自的优势。一定区域内各种线路的数量及分布结构应当和本地区的经济发展、社会需求相适应。支线应该有较大的密度和较广的分布，主干线应该具有足够的通行能力和运行可靠性，干线除发挥自身的功能外，还应起到较好的连接作用。当区域内局部地区运输网络不能适应社会需要时，主要改造和建设支线线路，当区域内或区域间的运输网络不能适应社会需求时，主要改造和建设支线线路，当区域内或区域间的运输需求不能得到很好的满足时，主要考虑干线和主干线的改造和新建。

以公路为例。我国公路工程技术标准规定，将公路划分为以下 5 个等级：

（1）高速公路。指能适应年平均昼夜汽车交通量在 25000 辆以上，具有特别重要政治、经济意义，专供汽车分道高速行驶，全部立体交叉并全部控制出入口的公路。

（2）一级公路。指能适应年平均昼夜汽车交通量为 5000 ~ 25000 辆，连接重要政治、经济中心，通往重点工矿区，可供汽车分道行驶并部分控制出入、部分立体交叉的公路。

（3）二级公路。指能适应年平均昼夜交通量为 2000 ~ 5000 辆，连接政治、经济中心或大工矿区等地的干线公路，或运输任务繁忙的城郊公路。

（4）三级公路。指能适应年平均昼夜交通量在 2000 辆以下，沟通县及县以上城市的一般公路。

（5）四级公路。指能适应年平均昼夜交通量在 2000 辆以下，沟通县、乡、镇的支线公路。

世界各国公路等级划分及有关技术指标不尽相同。我国各级公路主要技术指标，如表 2-1 所示。

各级公路主要技术指标 表 2-1

公路等级	高速公路		一级公路		二级公路		三级公路		四级公路	
地形	平原微丘	山岭重丘	平原微丘	山岭重丘	平原微丘	山岭重丘	平原微丘	山岭重丘	平原微丘	山岭重丘
计算行车速度（km/h）	120	80	100	60	80	40	60	30	40	20
行车道路宽度（m）	4 × 3.75	4 × 3.75	4 × 3.75	4 × 3.5	9	7	7	6	3.5	
路基宽度（m）	27.5	24.5	25.5	22.5	12	8.5	8.5	7.5	6.5	
极限最小平曲线半径（m）	650	250	400	125	250	60	125	30	60	15
停车视距（m）	210	100	160	75	110	40	75	30	40	20
最大纵坡（%）	3	5	4	6	5	7	6	8	6	9
桥梁设计车辆荷载	汽车—超 20 级 挂车—120		汽车—超 20 级 挂车—120 汽车—20 级 挂车—100		汽车—20 级 挂车—100		汽车—20 级 挂车—100 汽车—15 级 挂车—80		汽车—10 级 履带—50	

2.2.2 运输港站与枢纽

旅客和货物的集散以及运输过程的一些技术作业及运输方式间的协调、衔接都是在港站进行的。在一定范围内的一些线路和一些场站共同构成具有一定功能的运输枢纽。港站和枢纽对运输生产的顺利完成具有重要意义。

1)运输港站

运输港站是运输网络中的点,场站中一般配备大量技术设备,形成了具有不同功能特点的场站。按港站具有的功能可以分为客运站、货运站以及客货运站。客运站主要从事有关旅客运输的业务,货运站主要从事有关货物运输的业务,客货运站同时从事旅客和货物的运输业务。

(1)客运站

客运站是专门办理旅客业务的车站(铁路客运站、公路客运站、民航机场及水运的港口),是旅客集散的场所,是使旅客产生空间位移的起点和终点。

客运站在旅客运输过程中起着组织、协调、指挥、服务的重要作用。客运站的基本功能主要包括:

①集散功能。集散功能是客运站的主体功能,由于有大量的旅客在车站进行等候、进站、上车、下车、出站等活动,这一功能对车站在规模、结构和空间位置等方面有特殊的要求。

②生活服务功能。客运站是人流的密集地区,是旅客临时性停留时间较长的地方。旅客对候车休息、转乘、食宿、娱乐以及购物、通信及咨询等都有一定的要求。

③辅助功能。客运站必须有与其规模相当的停车场、运载工具检测、清洗、简易保养等相关的设施,以保证其功能的实现。

④管理与通信功能。管理与通信功能是现代化的客运站应具备的功能,是实现客运全程服务的必要手段。

为实现客运站的基本功能,客运站的设备主要由下列几部分构成:

①站前广场。站前广场是客运站与城市联系的纽带,是旅客、行包和站外各种车辆的集散地。它主要由停车场、旅客集散区、行包集散区、绿化美化区等组成。

②站房。站房是客运站的主体,包括为旅客服务的各种房屋、运营管理所需要的各种技术办公用房及办理行包、邮件的房屋。大型客运枢纽的站房功能配置已日益与所在城市的开发建设相结合,成为城市的重要地标和功能中心之一。除旅客运输服务功能外,增加了金融、餐饮、旅游、购物、信息、商务和文化娱乐休闲等服务功能。

③站场。站场是进行客运技术作业的场所。铁路客运站包括(到发线、机走线、待机线、车辆停留线)站台、雨棚、跨线设备等。公路客运站主要包括发车位、停车场等。航空港包括停机坪、跑道等。习水县城西客运站功能布局如图2-3所示。

(2)货运站

货运站是主要办理货物运输的车站(铁路货运站、公路货运站、民航机场及水运的港口),是货物集散的主要场所。

货运站是连接运力和货源的纽带,从事货物的收集、整理、仓储、编组、装运、中转、交付等作业,实现货物运输各个环节间的衔接与贯通。货运站的主要功能是运输组织、中转、装卸储运、中介代理、通信信息和辅助服务。

图 2-3 习水县城西客运站功能布局

货运站一般由站房、仓库、货棚、装卸作业场、停车场及生活辅助设施组成。

站房主要由拖运处和提货处组成。拖运处由受理货物人员工作间和货主办理手续及货物临时堆放的场所组成;提货处由办理提货手续人员的工作间和提货人办理提货手续的场所组成。

仓库和货棚,由货位、操作通道、进出仓门及装卸台组成。

生产辅助设施,由行政业务人员和后勤人员工作间、休息室等组成。

遂宁公路物流港功能布局如图 2-4 所示。

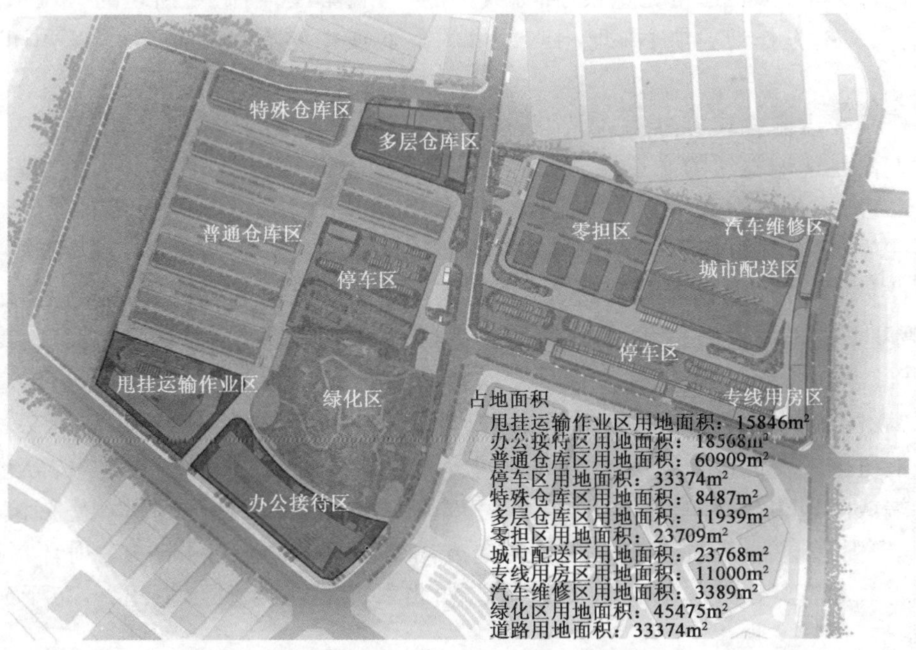

图 2-4 遂宁公路物流港功能布局

2)运输枢纽

运输枢纽(简称枢纽)是国家或区域运输系统的重要组成部分,是地处两条及其以上干线运输的交汇点,是实现运输过程所必需的各项设备的综合体。枢纽完成运输流的集散中转与地方作业,确保运输系统的畅通和运输全过程的连续性、流水性和节奏性。各种引入干线的客、货流的汇合点与分流点及大量市郊运输始发终到站,均属枢纽的研究范围。

运输枢纽是整个运输大系统的一个重要组成部分,对地区或城市的发展起着重要作用。

枢纽是多种运输方式干线的汇集点,是大量客货流的中转、换乘、换装和集散点,是各种运输方式的衔接和联运的主要基地,对客货运输效率和客货送达速度有着决定性的影响,在运输全过程中起着重要作用。

枢纽也是同种运输方式的多条干线的衔接点,是进行客货作业、设备作业及设备运营及维修的重要基地。

枢纽与城市的形成和发展相互促进,既是城市整体的一部分,又是城市实现内外联系的桥梁和纽带。

从运输枢纽在运输全过程中所承担的主要作业角度来看,它的基本功能是保证完成主流作业,即直通作业、中转作业、枢纽地方作业和城市对外联系的相关作业。

运输枢纽按地理位置可分为:①陆路运输枢纽,如我国的北京、郑州,白俄罗斯的明斯克,德国的慕尼黑;②滨海运输枢纽,如我国的上海、大连,俄罗斯的圣彼得堡,美国的纽约,日本的东京、大阪;③通航江河沿岸运输枢纽,如我国的长江干流从宜宾到南通的13个此类运输枢纽,俄罗斯伏尔加河干支流的26个此类运输枢纽。

运输枢纽按承担的客货运输业务可分为:①中转枢纽,以办理直通或中转客货运业务为主,地方运量比重很小,如我国的郑州、宝鸡,俄罗斯的车里雅宾斯克;②地方性枢纽,以办理地方业务为主,中转运量比重很小,如我国的广州、本溪,哈萨克斯坦的卡拉干达;③混合枢纽,有大量地方作业,同时办理相当数量的直通或中转客货运业务,如我国的兰州和成都。

运输枢纽按运输方式可分为:①铁路—公路枢纽,由陆路干线汇合,分布于内陆地区,在较长时期内是运输枢纽的主要形式,占我国目前运输枢纽的40%左右;②水路—公路枢纽,由内河或海运与公路运输方式组成,一般水运起主要作用,公路以集散客、货为主;③水路—铁路—公路枢纽,包括海运—河路—铁路—公路枢纽、海运—铁路—公路枢纽、河路—铁路—公路枢纽三种,前两种以海运为主,有庞大的水陆联运设施,如我国的上海、荷兰的鹿特丹、俄罗斯的圣彼得堡、美国的纽约,后一种有些以铁路为主,如我国的武汉、美国的圣路易斯;④综合运输枢纽,是枢纽发展的高级阶段,由铁路、公路、水运、航空和管道多条干线构成,如我国的上海、天津、北京、沈阳、武汉等。

运输枢纽按主要运输干线与场站的空间分布形态可分为:①终端式枢纽,分布于陆上干线的终端或陆地边缘,如乌鲁木齐、青岛;②伸长式枢纽,干线从两端引入呈狭长形布局,如兰州;③辐射形枢纽,各种运输干线从各个方向引入,如郑州、徐州;④辐射环形枢纽,由多条放射干线和将其连接起来的环形线构成,如北京;⑤辐射半环形枢纽,分布于河、湖、海岸边,如圣彼得堡、芝加哥。

长寿区火车北站综合运输枢纽功能布局如图2-5所示。

图2-5　长寿区火车北站综合运输枢纽功能布局

2.2.3　运载工具

运输线路、港站、枢纽等的设置为运输生产的进行提供了必要的基础，但仅有这些设备、设施，运输生产是无法进行的，还必须有用来装载货物和运送旅客的工具即运载工具，运输生产才能顺利进行下去；并且运载工具的数量、结构、分布及运用规则等直接影响运输生产的效率。运载工具必须由乘务人员驾驶、操纵才能完成运载任务，因此，乘务人员的安排对运输生产也产生影响。

1）运载工具的构成及其运用

运送旅客和货物的装置称为运载工具，如飞机、汽车、铁路的车辆等都是运载工具。铁路机车本身不能运送货物和旅客，但其主要用途是牵引车辆运送货物或旅客，因此，铁路机车也属于运载工具。

运载工具按用途可分为客运运载工具（如铁路的客车、民航客运班机、客船等）、货运运载工具（如铁路的货车、公路货车、货船等）及客货混用运载工具（如客货混用飞机、客货混用船等）；按是否带有动力装置可分为带动力运载工具（如一般意义的汽车、飞机、带动力的铁路动车组等）和不带动力运载工具（如铁路的客货车辆、汽车运输中的拖车、水运的拖船等）；按用途可以分为专用运载工具（如铁路的油罐车、公路运输的公共汽车、水运的集装箱船等）和通用运载工具（如一般的铁路车辆、公路运输的汽车、轮船等）；按配属方式可分为有固定配属的运载工具（如公路运输的汽车、航空公司的飞机等运行一定时间必须返回其配属地）和无固定配属的运载工具（如铁路的货车归铁道部所有，可在全路任何地方使用）。

运载工具的性质不同，其运用方法也不相同。有动力的运载工具，可以单独完成运输生产任务；无动力的运载工具，必须在动力装置的牵引下运用，如铁路的车辆必须在机车的牵引下才能运行。一般有动力的运载工具单独使用，无动力的运载工具成组使用，如铁路一般采用挂有多节车辆的列车方式运行。专用运载工具主要运送与其运送类型匹配的货物（或旅客），而通用运载工具则可运送类型广泛的货物（或旅客）；有固定配属的运载工具在完成一次运输后，通常要考虑返回其配属地，无固定配属的运载工具在运用中可以不考虑返回的问题，其运用更加灵活。

为完成运输任务,对运载工具的利用时间和利用内容等所作的计划称为运载工具运用计划。运载工具在载有货物或旅客的情况下的运行称为有载运行,在没有载运货物或乘客的情况下运行称为无载运行。由于运输需求的种类、数量等的不均衡性,决定了在某个方向上运载工具(主要是货运运载工具)经常处于有载运行状况,而另一个方向上则经常处于无载运行状态,为提高运载工具运行效率,充分、合理利用空载状态的运载工具对提高运载工具的利用率将起到重要作用。因此,运载工具运用计划不仅包含有载运行的计划,还包括无载情况下,运载工具的调拨、回空等无载运用计划。合理的运载工具运用计划不仅可以提高运输生产的效率,而且可以节约运载工具的数量,节约运输生产的费用。

在安排运载工具的运用计划时,主要考虑运输任务和运载工具的运用指标。运输任务是指运载工具不可遗漏地、必须完成的运行内容。运用指标主要衡量运用计划的编制质量,主要包括:运载工具时间利用指标(如铁路的货车周转时间,公路运输的平均每日出车数、出车时间利用率等)、运载工具的速度利用指标(如铁路货车日车公里,公路运输的平均日车公里、技术速度、营业速度等)、运载工具行程利用指标(有载行程占总行程的比例)、运载工具载重利用指标(如静载重利用率、动载重利用率等)等。

2)运载工具的合理配置选择

运载工具的合理配置就是规划、确定某种运输方式应具有的运载工具的种类和数量。运载工具的配置原则就是在满足运输在求的基础上,使运输效率最优,主要从需求特殊性、效率、数量和质量等方面考虑。

(1)需求的特殊性

当某种运输需求只能由专用运载工具运送时,必须开发、利用运载工具满足需求的特殊性。这种情况下合理配置要解决的问题是计算、确定运载工具的数量;合理数量主要由这种特殊性的需求量、运载工具的载运量(可装载的质量或体积)和运输方法等决定。例如,铁路油品运输只能利用油罐车运送,考虑油罐车的载运量、周转时间和市场需求量,可计算出油罐车的合理数量。

(2)效率

专用运载工具适合于特定运输需求的货物(或乘客)的运输;对适合运输对象的运送效率比较高,但对其他运输对象的适应性差,在运送其他运输对象时效率一般也较低。通用运载工具对一般运输对象的适应性较好,但对一些有特殊要求的运输对象运输效率低,甚至是无法运输。因此,综合考虑运输效率,合理配备专用工具和通用工具的数量。效率的另一层含义是运载工具本身运用效率,在完成同样运输需求的情况下,加速运载工具的周转通常可以减少运载工具的需求数量,否则需要更多的数量。

通用运载工具适用范围广,如果能够使之在运载容量、运载质量及运载工具的结构尺寸等方面进一步进行标准化,则可以进一步提高其便捷性和运输效率;因为运载工具的标准化就相当于提供给运输需求方一个包装标准及装载标准,同时对同种运输方式或不同运输方式的衔接也提供了一个标准。

(3)数量

某种运输需求具有一定特殊性,虽然采用通用运载工具可以运送,但当需求量达到一定规模的时候,可考虑规划使用专用运载工具,采用专用工具是否合理的标准是“量”能否带来效益。例如,由于我国近几年轿车工业的迅速发展,专门运送小轿车的运输需求迅速增大,当运输量增大到一定程度时,专门用于运送轿车的大型货车开始被采用。

(4)质量

采用通用运载工具和专用运载工具均可以完成的某类运输对象,当采用专用运输工具时运输质量较高,可考虑规划、采用专用运载工具。例如,对城市旅客运输,采用空调汽车可以明显改善乘车的舒适度,应适当采用。又如,对于运送时效性强、附加值高的货物,铁路规划采用行包专列形式进行运输,也会提高货物的运输质量。从另一角度看,运输质量也影响运载工具的数量,通常运输质量要求低时,运载工具的配置量可以减少;运输质量要求高时,运载工具的配置量就需增加。例如,铁路旅客运输的超员率较高时,运输质量不好,但可以减少车辆的配置数。

(5)协调

协调主要是指和线路等其他条件设备、条件相协调。其他技术条件很高,而运载工具技术等级较低,则不能充分发挥其他条件的优势;相反也不能发挥运载工具的技术优势。例如,铁路某条专用线路的技术等级较高,允许运行速度达140km/h,但使用的车辆技术构造速度仅为90km/h,显然不能发挥线路的优势;而线路条件只允许60km/h,车辆的技术优势也得不到发挥,车辆这一运载工具的配置就不合理。

对于铁路运输业,作为动力装置的机车和作为载体的车辆一般是非固定组合的,因此,运载工具的合理配置还应该包括动力装置和载体的合理配置:一是类型的配置,动力装置的技术指标(如动力和速度等)应该和车辆等载体的技术指标相匹配,在动力装置和载体的组合中,应充分利用动力装置的动力,提高动力装置的使用效率;二是数量的合理配置,动力装置数量过多会造成浪费,过少会延误运输任务的顺利完成。

运载工具的种类和数量是随着运输需求的不断变化而变化的,而运载工具的合理配置方案也应随着需求的变化而变化,但其变化速度一般没有运输需求变化快。因此,运载工具配置在某些时候呈现出落后于运输需求的一面,而有些时候可能又表现出超前的一面。

运载工具合理配置问题的另一层含义是运载工具预备数量(或比例)的确定问题。由于一些随机因素的干扰,运输过程经常发生偏离原来运用计划的现象,当原计划要使用的运载工具不能按既定要求送达指定地点时,为保证运输计划的顺利进行,一种经常采用的方法是利用备用的运载工具替代原计划的运载工具。因此,必须确定一定数量的运载工具作为备用。备用运载工具的数量和备用地点,主要由运输方式和运输过程的特点决定。

2.2.4 运输对象

所有接受运输的人员和物资,从接受承运起至运达目的地止,分别称为旅客和货物,是运输服务对象。

1)旅客

旅客的社会经济条件、自然条件、身体状况、出行目的,是决定其所选客运服务形式及服务水平的重要因素。

经济收入水平较高,公费出行旅客的运输费用支付能力较高,通常选择快捷、舒适的客运服务形式。另外,老年人、身体状况欠佳或携带有婴幼儿出行的旅客,通常选择舒适性较好的客运服务形式;而有急事出行的旅客通常选择快速、直达服务。普通出行者日常出行多选择大众化的客运服务形式。

旅客类型按运输距离可分为长途旅客和短途旅客。

长途旅客乘距较长,所以对运输车辆的舒适性有较高要求,另外还要考虑长途旅客对候车条件的要求。长途旅客往往还要转乘其他运输工具,因此,编制行车时刻表时应与其他运输方式的运输时刻相衔接。

短途旅客乘车距离较短,主要指城市市区和郊区客运服务对象。因其乘距较短,所以对发车间隔比较关注,希望等车时间越短越好,而对乘车舒适性的要求相对差一些。

旅客按出行目的还可以分为:通勤的(为职工上下班)、通学的(为学生上、下学)、公务的、观光游览的及其他方面如购物、就医、探亲访友等类型的旅客。

2)货物

货物需要借助外力才能实现装载、运输和卸载。货物运输中,装、卸环节的物力及人力投入、运送环节和装卸环节的协调配合,是货物运输的基本要求。货物本身的特性及货主的运输需求特性,是决定所用车(船、机)型及装卸设备的主要因素。

货物通常按其装卸方法、运输和保管条件及货物批量进行分类。

(1)货物按装卸方法可分为计件货物、堆积货物和灌装货物。

①计件货物。指可以计点个数,并有一定质量、形状和体积的货物,其中有的有包装,有的无包装,如电视机、砖、袋装水泥等。

②堆积货物(散装货物)。指不能计点个数,可用堆积的方法来装卸的货物,即允许散装散卸的货物,如煤、砂、碎石、土等。

③灌装货物。指无包装的液体货物,如各种油品、液化气、水等。

(2)货物按其运输和保管条件可分为普通货物与特殊货物。

①普通货物。指在运输、保管和装卸工作中无特殊要求的货物,如砖、土、碎石、沙等。

②特殊货物。指在运输、保管和装卸工作中必须采取特别措施,才能顺利运输的货物,如体积特别大的、长形的、沉重的、危险的货物等。

(3)货物按其批量还可分为小批货物和大批货物。

①小批货物(零担货物)。指一次托运货物的质量在3t以下或不满整车的货物。其主要特点是货物品种多、批量小,货流不稳定,装卸地点经常变动。

②大批货物(大宗货物)。指大批量进行运输的货物,其运送通常需要多部车或一部车较长时间才能完成。大宗货物可能是经常性的,也可能是季节性的,其特点是货流稳定,装卸地点变动较少,如粮食、煤炭、建筑材料等。

2.3 运输服务环境

运输服务工作是在一个特定的环境中进行的,环境因素的变化影响运输服务过程和运输服务效果。运输服务环境因素大体上可以分为以下几个方面:

2.3.1 社会经济条件

社会经济条件,是指由国家的社会制度及经济基础所决定的影响因素。

社会经济的发展、产业结构的变化、社会可持续发展的要求,必然对运输服务环境产生影响。比如,客运高速化的要求、货运重载化和快速化的要求、运输节能减排的要求、清洁运输和无公害运输的要求等,这些必然对运输服务过程与运输服务效益产生影响。

2.3.2 自然地理条件

自然地理条件,是指气候的自然变化及地表自然环境等构成的影响因素。

例如:大雾对飞机的适航性的影响,潮涨潮落对海洋运输的影响,道路对汽车行驶的影响等。不同的自然条件对不同的运输工具有不同的影响。由于汽车使用最广,以汽车为例:

汽车在热带地区工作时,发动机易产生过热现象,冷却水沸腾,发动机充气系数减少,功率下降,燃料与润滑油消耗量增加,机件磨损增加,还可能出现爆震、早燃、产生气阻,驾驶室气温过高,驾驶条件恶化等现象。

汽车在寒冷地区工作时,容易出现发动机启动困难,在冰雪路面上行驶时会出现车轮打滑现象,冷起动还加剧发动机磨损等。

汽车在高原和山区工作时,由于空气稀薄,发动机充气系数减少,功率下降,燃料消耗增加,动力性能变坏,由于空气制动压力不足,汽车制动性能下降等。

汽车在沙漠地区行驶时,由于气候干燥、尘土飞扬,汽车机件磨损增加,汽车通过性能差,行驶困难等。汽车在沼泽潮湿地区行驶时,还会出现电器装置工作不正常现象。

2.3.3 线路条件

(1)公路道路

道路条件,包括道路线形(如宽度、弯度、坡度等)、路面质量(如材料、平坦度等)、道路坚固程度等,我国公路分为5个技术等级,不同等级的公路所适应的交通量、行驶速度及相应的行车道宽度、最小平面曲线半径、最大纵向坡度、路面种类、路基宽度是不同的。

交通条件,主要包括交通量的大小、限速要求、道路拥挤程度、交通干扰(混合交通)、交通管理与控制以及服务设施完善程度等。

(2)空中交通线

飞机飞行的线路称为空中交通线,简称航线。飞机的航线不仅确定了飞机飞行具体方向、起讫点和经停点,而且还根据空中交通管制的需要,规定了航线的宽度和飞行高度,以维护空中交通秩序,保证飞行安全。

航线的影响因素,主要有航线的高度和宽度。国内航班在6800~8000m,国际航班要上到9000~11000m。航线的宽度决定于飞机能保持按指定航迹飞行的准确度、飞机飞越导航设施的准确度、飞机在不同高度和速度飞行的转弯半径,并需增加必要的缓冲区。

飞行航线的确定除了安全因素外,还取决于经济效益和社会效益的大小。一般情况下,航线安排以大城市为中心,在大城市之间建立干线航线,同时辅以支线航线,由人城市辐射至周围小城市。航线按起讫点的归属分为国际航线和国内航线。其中国内航线又可分为干线航线和支线航线。

(3)铁路轨道

铁路轨道简称路轨、铁轨、轨道等,主要用于铁路,并与转辙器合作,令火车无需转向便能行走。普通铁路一般笼统地把轨距分为三种,即宽轨、标准轨、窄轨。轨道不同对列车的要求亦不同。

高铁时代技术大分化,路网型等级里面大等级、小等级一批。而且分类的角度多,例如,时速等级:高铁—快铁—普铁是三大等级。客货取向型等级:客运专线、客货共线、货运专线。

(4)航道

航道尺度是航道的主要参数,包括航道深度、宽度、弯曲半径、断面系数(见运河)以及水上净空和船闸尺度等。它应满足船舶航行安全方便和建设、运行经济的要求。航道尺度与船型的选定相互影响,与水域的条件(天然航道还是人工航道;山区航道、平原航道还是河口航道;库区航道还是湖区航道等)和货运量大小有关,运量大需要的航道尺度就要相应增大。

管道运输运量主要受管径的影响,受其他影响的程度较小,在此不做详细的介绍。

2.3.4 组织与技术条件

组织与技术条件,主要指运输经营单位本身的组织水平与技术水平所决定的影响因素,它们对运输工作效益将产生较大影响。组织与技术条件,主要包括车(船、机)的运行制度及行车人员的工作组织与制度;车(船、机)的保管、技术保养及修理工作制度,组织和技术水平及技术装备水平;装货和卸货地点的装备条件及工作组织情况;运行材料的供应情况等。

2.3.5 运输对象条件

运输对象条件,是由运输对象特征和要求所决定的各项影响因素,主要包括运输对象的性质、种类、批量、运距、运达期限等。由于运输对象的不同,对运输工作质量也提出了不同的要求,这些条件对运载工具利用程度和运输效果影响很大。

例如,货物运输与旅客运输,由于运输对象的性质不同,运输工作的组织方法也有所不同,使用的运载工具亦不相同。

货物种类与特性不同,对运输工具的类型及装卸工作均提出不同要求,如散装货物、灌装货物、长大货物、沉重货物等,需使用不同的运载工具和装卸机械来组织运输工作。

货物的批次及货物流向、流量、流时等,影响着运输工作组织、装卸机械化程度及运载工具的载质量。在运输小批量货物时,适于采用小载质量运输工具;当货物运量很大、货源相对稳定时,则应采用大载质量汽车。

货物的运输区域、运输距离及运达期限,对运输组织也产生较大影响,如室内运输,货物种类繁多,可以根据运输对象使运输工具专业化;而城间运输运距较长,则对运输工具的动力性、可靠性要求较高。

【知识应用与拓展】

国外大件牵引车

(1)两辆迈克(Mack)拉大件,在前保险杠上有“OVER SIZE”的字样(图2-6)。

(2)一辆肯沃斯的四轴牵引车,挂车的轮胎可以转向,减小了整车的转弯半径(图2-7)。

a)

b)

图2-6 斯堪尼亚三轴牵引车

图2-7 四轴牵引车

(3)一辆沃尔沃的大件牵引车。后面的挂车有多排小轮胎结构，可以降低重心和减少单个轮胎的压力，以及对路面的压力(图2-8)。

图2-8 大件牵引车

(4)五辆大件牵引车伺候一辆挂车，前面四辆在拉，后面一辆在推(图2-9)。

图2-9 大件牵引车伺候挂车

【思考与练习】

1. 运输生产要素有哪些?
2. 如何合理配置选择载运工具?
3. 运输环境如何影响运输过程,谈谈你的看法?
4. 试以导读所给案例,分析运输生产3大作业环节。
5. 实地调研一客运站或者货运站,分析其功能。

第3章

运输组织合理性及效果评价

【导读】

沃尔玛的运输组织

尽可能降低物流成本是沃尔玛公司经营的哲学。

沃尔玛有时采用空运，有时采用船运，还有一些货物采用货车公路运输。在中国，沃尔玛百分之百地采用公路运输，所以如何降低货车运输成本，是沃尔玛物流管理面临的一个重要问题，为此他们主要采取了以下措施：

(1)沃尔玛使用一种尽可能大的货车，大约有16m加长的货柜，比集装箱运输货车更长或更高。沃尔玛把货车装得非常满，产品从车厢的底部一直装到最高。

(2)沃尔玛的车辆都是自有的，驾驶人也是他的员工。沃尔玛的车队大约有5000名非驾驶人员工，有3700多名驾驶人，车队每周一次运输可以达7000~8000km。

沃尔玛知道，货车运输是比较危险的，有可能会出交通事故。因此，对于运输车队来说，保证安全是节约成本最重要的环节。沃尔玛的口号是"安全第一，礼貌第一"，而不是"速度第一"。在运输过程中，货车驾驶人都非常遵守交通规则。沃尔玛定期在公路上对运输车队进行调查，货车上面都带有公司的号码，如果看到驾驶人违章驾驶，调查人员就可以根据车上的号码报告，以便于进行惩处。沃尔玛认为，货车不出事故，就是节省公司的费用，就是最大限度地降低物流成本。

(3)沃尔玛采用全球定位系统对车辆进行定位,因此在任何时候,调度中心都可以知道这些车辆在什么地方,离商店有多远,还需要多长时间才能运到商店,这种估算可以精确到小时。

(4)沃尔玛的连锁商场的物流部门,24小时进行工作,无论白天或晚上,都能为货车及时卸货。另外,沃尔玛的运输车队还利用夜间进行运输,从而做到了当日下午进行集货,夜间进行异地运输,翌日上午即可送货上门,保证在15~18h内完成整个运输过程。

(5)沃尔玛的货车把产品运到商场后,商场可以把它整个地卸下来,而不用对每个产品逐个检查,这样就可以节省很多时间和精力,加快了沃尔玛物流的循环过程,从而降低了成本。这里有一个非常重要的先决条件,就是沃尔玛的物流系统能够确保商场所得到的产品是与发货单完全一致的产品。

(6)沃尔玛的运输成本比供货厂商自己运输产品要低。所以厂商也使用沃尔玛的卡车来运输货物,从而做到了把产品从工厂直接运送到商场,大大节省了产品流通过程中的仓储成本和转运成本。

沃尔玛的集中配送中心把上述措施有机地组合在一起,做出了一个最经济合理的安排,从而使沃尔玛的运输车队能以最低的成本高效率地运行。

运输组织的合理性可以通过对运输组织合理化的影响因素进行分析做出定性判断,也可以通过对一些评价指标进行统计分析做出定量判断。

3.1 运输组织的合理性

3.1.1 运输组织合理化的影响因素

由于运输是物流中最重要的功能要素之一,物流合理化在很大程度上依赖于运输组织合理化,运输组织合理化就是按照货物流通规律,组织货物运输,力求用最少的劳动消耗,得到最高的经济效益。运输组织合理化的影响因素很多,起决定性作用的有以下5个方面的因素:

(1)运输距离。在运输时,运输时间、运输货损、运费、车辆或船舶周转等运输的若干技术经济指标,都与运距有一定关系,运距长短是运输是否合理的一个最基本因素。缩短运输距离从宏观、微观看都会带来好处。

(2)运输环节。每增加一次运输,不但会增加起运的运费和总运费,而且必然要增加运输的附属活动,如装卸、包装等,各项技术经济指标也会因此下降。所以,减少运输环节,尤其是同类运输工具的环节,对合理运输有促进作用。

(3)运输工具。各种运输工具都有其使用的优势领域,对运输工具进行优化选择,按运输工具特点进行装卸运输作业,最大限度地发挥所用运输工具的作用,是运输合理化的重要一环。

(4)运输时间。运输是物流过程中需要花费较多时间的环节,尤其是远程运输,在全部物流时间中,运输时间占绝大部分,所以,运输时间的缩短对整个流通时间的缩短有决定性的作用。此外,运输时间短,有利于运输工具的加速周转、充分发挥运力的作用,有利于货主资金的周转,有利于运输线路通过能力的提高,对运输合理化有很大贡献。

(5)运输费用。运费在全部物流费中占很大比例,运费高低在很大程度上决定整个物流系统的竞争能力。实际上,运输费用的降低,无论对货主企业来讲还是对物流企业来讲,都是运输合理化的一个重要目标。运费的判断,也是各种合理化措施是否行之有效的最终判断依据之一。

3.1.2 不合理运输的表现形式

不合理运输是指在运输组织中,违反货物流通规律,不按经济区域和货物自然流向组织货物调运,忽视运输工具的充分利用和合理分工,装载量低,流转环节多,从而造成了运力浪费、运输时间增加、运费超值等问题的运输形式。不合理运输形式主要有以下几种:

1)空车行驶

空车行驶是不合理运输的最严重形式,是最典型的不合理运输表现形式。在实际运输组织中,有时候必须调运空车,从管理上不能将其看成不合理运输。但是,因调运不当、货源计划不周、不采用运输社会化而形成的空驶,是不合理运输的表现。造成空驶的不合理运输主要有以下几种原因:

(1)能利用社会化的运输体系而不利用,却依靠自备车送货提货,这往往出现单程重车、单程空驶的不合理运输。

(2)由于工作失误或计划不周,造成货源不实,车辆空去空回,形成双程空驶。

(3)由于车辆过分专用,无法搭运回程货,只能单程重车,单程回空周转。

2)对流运输

对流运输也称相向运输、交错运输,是指同一种货物或彼此之间可以相互代用而又不影响管理、技术及效益的货物,在同一条运输线路或平行运输线路上做相对方向的不合理运输。对流运输主要有以下两类形式:明显的对流运输,即在同一运输线路上的对流;隐含的对流运输,即不同运输方式在平行线路或不同时间进行相反方向的运输。

3)迂回运输

迂回运输是指货物绕道而行的运输现象。迂回运输有一定复杂性,只有当计划不周、地理不熟、组织不当而发生的迂回,才属于不合理运输;如果最短距离有交通阻塞、道路情况不好或有对货车限时限行等特殊限制而不能使用时发生的迂回,不能称为不合理运输。

4)倒流运输

倒流运输是指货物从销地或中转地向产地或起运地回流的一种不合理运输现象。

5)重复运输

重复运输是指货物本来可以直达目的地,但是却在目的地之外的其他场所将货卸下,再重复装运送达目的地,这是重复运输的一种形式。另一种形式是,同品种货物在同一地点一面运进,同时又向外运出。重复运输增加了不必要的中间环节,这就延缓了流通速度,增加了费用,增大了货损。

6)过远运输

过远运输是指舍近求远的货物运输现象。近处有资源不调而从远处调,这就造成可采取近程运输而未采取,拉长了货物运距的浪费现象。过远运输占用运力时间长,运输工具周转慢,物资占压资金时间长,而且易出现货损,增加了费用支出。

7)无效运输

无效运输是指被运输的货物杂质过多,如原木的边角余料、煤炭中的煤矸石等,使运输能力浪费于不必要物资的运输。原木的直接使用率只有70%,其30%边角余料的运输基本属于无效运输。

8)运力选择不当

运力选择不当是指不正确地利用运输工具造成的不合理现象,常见的有以下几种形式:

(1)弃水走陆。在同时可以利用水运及陆运时,不利用成本较低的水运或水陆联运,而选择成本较高的铁路运输或汽车运输,使水运优势不能发挥。

(2)大型运输工具的过近运输。即不是大型运输工具的经济运行里程,却利用这些运力进行运输的不合理做法。主要不合理之处在于大型运输工具,其起运及到达目的地的准备、装卸时间长,且机动灵活性不足,在过近距离中利用,发挥不了运速快的优势。相反,由于装卸时间长,反而会延长运输时间。另外,与小型运输设备比较,大型运输工具装卸难度大,费用也较高。

(3)运输工具承载能力选择不当。即不根据承运货物数量及重量选择,而盲目决定运输工具,造成过分超载、损坏车辆及货物不满载、浪费运力的现象,尤其是“大马拉小车”现象发生较多。由于装货量小,单位货物运输成本必然增加。

(4)托运方式选择不当。即对于货主而言,可以选择最好托运方式而未选择,造成运力浪费及费用支出加大的一种不合理运输。例如,应选择整车托运,而未选择,反而采取零担托运;应当直达而选择了中转运输,应当中转运输而选择直达运输等,都属于这一类型的不合理运输。

以上对不合理运输的描述,主要就形式本身而言,是从微观观察得出的结论。在实践中,必须将其放在物流系统中做综合判断,在不做系统分析和综合判断时,很可能出现“效益背反”现象。单从一种情况来看,避免了不合理,做到了合理,但它的合理却使其他部分出现不合理。只有从系统角度综合进行判断才能有效避免“效益背反”现象,从而优化全系统。

3.1.3 运输组织合理化措施

1)提高运输工具实载率

实载率有两层含义:一是单车实际载重与运距之乘积和标定载重与行驶里程之乘积的比率,这在安排单车、单船运输时,是判断装载合理与否的重要指标;二是车船的统计指标,即一定时期内车船实际完成的货物周转量占车船载重吨位与行驶公里之乘积的百分比。提高实载率的意义在于:充分利用运输工具的额定能力,减少车船空驶和不满载行驶的时间,减少浪费,从而求得运输的合理化。

铁路运输上曾提倡“满载超轴”,其中,“满载”的含义就是充分利用货车的容积和载质量,多载货,不空驶,从而达到合理化之目的。当前,国内外开展的“配送”形式,优势之一就是将多家需要的货和一家需要的多种货实行配装,以达到容积和载重的充分合理运用,比起以往自家提货或一家送货车辆大部分空驶的状况,是运输合理化的一个进步。在铁路运输中,采用整车运输、合装整车、整车分卸及整车零卸等具体措施,都是提高实载率的有效措施。

2)采取减少动力投入、增加运输能力的有效措施求得合理化

这种合理化的要点是:少投入、多产出,走高效益之路。运输的投入主要是能耗和基础设施的建设,在设施建设已定型和完成的情况下,尽量减少能源投入,是少投入的核心。做到了

这一点就能大大节约运费,降低单位货物的运输成本,达到合理化的目的。国内外在这方面主要采取以下有效措施:

(1)在客运紧张时,采取加长列车、多挂车皮办法,在不增加机车情况下增加运输量。

(2)水运拖排和拖带法。竹、木等物资的运输,利用竹、木本身浮力,不用运输工具载运,采取拖带法运输,可省去运输工具本身的动力消耗从而求得合理化;将无动力驳船编成一定队形,一般是“纵列”,用拖轮拖带行驶,可以有比船舶载乘运输运量大的优点,求得合理化。

(3)顶推法。顶推法是我国内河货运采取的一种有效方法,即将内河驳船编成一定队形,由机动船顶推前进。其优点是航行阻力小,顶推量大,速度较快,运输成本很低。

(4)汽车挂车。汽车挂车的原理和船舶拖带、火车加挂基本相同,都是在充分利用动力能力的基础上,增加运输能力。

3)发展社会化的运输体系

运输社会化的含义是发挥运输的大生产优势,实际专业分工,打破一家一户自成运输体系的状况。一家一户的运输小生产,车辆自有,自我服务,不能形成规模,且一家一户运量需求有限,难于自我调剂,因而经常容易出现空驶、运力选择不当(因为运输工具有限,选择范围太窄)、不能满载等浪费现象,且配套的接、发货设施,装卸搬运设施也很难有效地运行,所以浪费颇大。实行运输社会化,可以统一安排运输工具,避免对流、倒流、空驶、运力不当等多种不合理形式,不但可以追求组织效益,而且可以追求规模效益,所以发展社会化的运输体系是运输合理化的非常重要的措施。社会化运输体系中,各种联运体系是其中水平较高的方式。

4)开展中短距离铁路公路分流、“以公代铁”的运输

这一措施的要点,是在公路运输经济里程范围内,或者经过论证超出通常平均经济里程范围,也尽量利用公路。这种运输合理化的表现主要有两点:一是对于比较紧张的铁路运输,用公路分流后,可以得到一定程度的缓解,从而加大这一区段的运输通过能力;二是充分利用公路从门到门和在中途运输中速度快且灵活机动的优势,实现铁路运输服务难以达到的水平。

5)尽量发展直达运输

直达运输是追求运输合理化的重要形式,其对合理化的追求要点是通过减少中转过载换载,从而提高运输速度,省却装卸费用,降低中转货损。直达的优势,尤其是在一次运输批量和用户一次需求量达到了一整车时表现最为突出。此外,在生产资料、生活资料运输中,通过直达,建立稳定的产销关系和运输系统,也有利于提高运输的计划水平,考虑用最有效的技术来实现这种稳定运输,从而大大提高运输效率,特别需要一提的是,如同其他合理化措施一样,直达运输的合理性也是在一定条件下才会有所表现,不能绝对认为直达一定优于中转。这要根据用户的要求,从物流总体出发做综合判断。如果从用户需要量看,批量大到一定程度,直达是合理的,批量较小时中转是合理的。

6)提高车辆的装载技术

提高车辆的装载技术是充分利用运输工具载质量和容积,合理安排装载的货物及载运方法以求得合理化的一种运输方式。配载运输往往是轻重商品的混合配载,在以重质货物运输为主的情况下,同时搭载一些轻泡货物。

7)“四就”直拨运输

“四就”直拨是减少中转运输环节,力求以最少的中转次数完成运输任务的一种形式。一般批量到站或到港的货物,首先要进分配部门或批发部门的仓库,然后再按程序分拨或销售给

用户。这样一来,往往出现不合理运输。“四就”直拨,首先是由管理机构预先筹划,然后就厂、就站(码头)、就库、就车(船)将货物分送给用户,而无须再入库。

8)发展特殊运输技术和运输工具

依据科技进步是运输合理化的重要途径。例如,专用散装及罐车,解决了粉状、液状物运输损耗大、安全性差等问题;袋鼠式车皮、大型半挂车解决了大型设备整体运输问题;滚装船解决了车载货的运输问题,集装箱船比一般船能容纳更多的箱体,集装箱高速直达车船加快了运输速度等,都是通过用先进的科学技术实现合理化。

9)通过流通加工,使运输合理化

有不少产品,由于产品本身形态及特性问题,很难实现运输的合理化,如果进行适当加工,就能够有效解决合理运输问题。例如,将造纸材料在产地预先加工成干纸浆,然后压缩体积运输,就能解决造纸材料运输不满载的问题。轻泡产品预先捆紧包装成规定尺寸,装车就容易提高装载量;水产品及肉类预先冷冻,就可提高车辆装载率并降低运输损耗。

10)提高货物包装质量并改进配送中的包装方法

货物运输线路的长短、装卸操作次数的多少,都会影响到商品的完好,所以应合理地选择包装物料,以提高包装质量。另外,有些商品的运输线路较短,且要采取特殊放置方法,则应改变相应的包装。

11)正确选择运输路线

一般应尽量安排直达、快速运输,尽可能缩短运输时间。否则可安排沿路或循环运输,以提高车辆的容积利用率和里程利用率。

3.2 运输组织评价指标

3.2.1 公路运输组织评价指标

1)评价汽车运用程度的单项指标

(1)车辆时间利用指标

以车日和车时为基础,用以反映车辆时间利用的指标,主要有完好率(α_a)、工作率(α_d)、总车时利用率(ρ)和工作车时利用率(δ)4 项。

①完好率。完好率是指统计期内企业营运车辆的完好车日 U_a 与总车日 U 的百分比。完好率表明了总车日可以用于运输工作的最大可能,故又称完好车率。完好车率与非完好车率(非完好车日 U_n 与总车日的百分比)是互补指标,即两者的和是 100%。

$$\alpha_a = \frac{U_a}{U} \times 100\% = \frac{U - U_n}{U} \times 100\% \tag{3-1}$$

$$\alpha_n = \frac{U_n}{U} \times 100\% = 1 - \alpha_a \tag{3-2}$$

完好率是一种车辆技术管理指标,用于表示企业营运车辆的技术完好状况和维修工作水平。完好率指标的高低虽不直接影响车辆生产率,但能说明企业进行运输生产活动时,车辆在时间利用方面可能达到的程度。只有提高了完好率,提高车辆工作率才有可能。

完好率的高低受很多因素的影响，车辆本身所特有的技术性能就是一个很主要的方面，如车辆的使用寿命和可靠性，对维护和修理的适应性，行车安全性等。车辆的生产活动是在复杂的运用条件下进行的，不利的运输条件常会导致车辆技术状况的恶化，如道路状况对于车辆的完好程度也有很大影响，即使车辆在城市道路和公路干线上行驶，也会因路面的等级和种类、交通量的大小等不同，致使同一种型号车辆的技术状况出现很大的差别。恶劣的气候条件，也会给车辆的技术状况带来不利的影响。

在上述条件一定的情况下，车辆完好率主要取决于企业对车辆的技术管理、使用状况及维修质量。汽车运输企业，应加强技术管理和维修工作，特别要注意车辆的例行维护。除了要合理地改进维护作业的劳动组织，改进操作工艺和方法，改进机具设备和广泛采用新技术外，还应建立和健全岗位责任制，不断提高维修工人的技术水平和管理水平，保证原材料的及时供应和质量等。驾驶人的技术操作水平和熟练程度，对于车辆的技术状况也有很大的影响。科学地采用定车、定挂、定人的管理方式，经常注意对驾驶人的技术培训和安全教育等，也是提高完好率的重要措施。

②工作率。工作率是指统计期内工作车日 U_d 与总车日的百分比，反映企业总车日的实际利用程度，故又称为工作车率或出车率。工作车日由完好车日扣除停驶车日 U_w 得到。

$$\alpha_d = \frac{U_d}{U} \times 100\% = \frac{U - U_n - U_w}{U} \times 100\% \tag{3-3}$$

车辆工作率反映了企业营运车辆的技术状况及运输组织工作水平，它对于车辆生产率有直接的影响。要提高工作率，就必须努力消除导致车辆停驶的各种原因，才有可能使工作率维持在较高水平。提高工作率的具体措施有：加强企业的物资管理工作和生产调度工作，注意有计划地培养驾驶人；加强与路政部门的联系和协作，逐步有计划地改善路面质量，提高路面等级，改善交通管理，保证路线畅通；加强与气象部门的联系，注意天气变化规律，及时采取必要措施；加强计划运输和货（客）源组织工作，提高车辆完好率等。

③总车时利用率。总车时利用率是指统计期内工作车日内车辆在路线上的工作车时 T_d 与总车时的百分比，用以表示平均一个工作车日的 24 小时中，有多少时间用于出车工作，因此，也称为昼夜时间利用系数。

$$\rho = \frac{T_d}{24U_d} \times 100\% \tag{3-4}$$

提高总车时利用率，就是要延长车辆在工作日内的出车时间。所谓出车时间是指车辆由车场驶出，直到返回车场时止的延续时间（扣除计划规定的驾驶人进餐、休息等时间）。要延长出车时间除了提高完好率外，还应努力开拓运输市场，提高企业的运输组织工作水平。实践证明，采用适宜的运输组织形式（如实行多班制或双班制工作制度），是提高总车时利用率，提高车辆运用效率的有效措施。

④工作车时利用率。工作车时利用率是指统计期内车辆在路线上的行驶车时 T_t 与路线上的工作车时（包括车辆在路线上的行驶车时与各类停歇时间 T_s，包括始、末点的装卸作业或上下旅客车时）的百分比，即统计期内车辆的纯运行时间在出车时间中所占的百分比，又称出车时间利用系数。

$$\delta = \frac{T_t}{T_d} \times 100\% = \frac{T_d - T_s}{T_d} \times 100\% \tag{3-5}$$

提高工作车时利用率的主要途径，是最大限度地减少车辆在路线上的停歇时间，即减少装卸停歇时间、因技术故障停歇时间及因组织工作不善而造成的车辆停歇时间等。要减少上述停歇时间，所采取的措施主要是提高企业的装卸机械化水平及运输组织工作水平。

总车时利用率和工作车时利用率，不能全面评价车辆是否得到有效利用。这是因为车辆可能在路线上工作，即 ρ 值较大，但由于某种原因却在路线上停歇，或者车辆可能在行驶，ρ 值较大，但却没有载货（客）；同时，当充分利用车辆时，如增加出车次数，这两个系数还有可能下降。因为出车次数增加后，可能使维修停歇时间增加而使 ρ 值下降，也可能使装卸停歇时间增加而使 ρ 值下降。所以，总车时利用率 ρ 和工作车时利用率 δ 宜作为企业内辅助评价指标，并与其他有关指标结合使用。

上述车辆完好率、工作率、总车时利用率及工作车时利用率四个指标，从不同角度综合反映了车辆的时间利用程度。其中，某一项指标的提高，不一定能保证车辆全部时间的利用程度必然提高。反过来说，每一项指标均降低，则表现为车辆时间利用程度的降低，因此会影响车辆生产率的提高。

（2）车辆速度利用指标

车辆速度是指车辆单位时间内的平均行驶里程。反映车辆速度利用程度的指标有技术速度（v_t）、运送速度（v_c）、营运速度（v_d）及平均车日行程（$\overline{L}_d$）。

①技术速度。技术速度 v_t 是指工作车日总里程 L 与行驶时间 T_t 的比值，用以表示车辆行驶的快慢，计算公式为：

$$v_t = \frac{L}{T_t} \tag{3-6}$$

车辆行驶时间，包括与交通管理、会车等因素有关的短暂停歇时间。汽车在实际行驶过程中，其技术速度受多种因素的影响。汽车本身的技术性能（尤其是速度性能，如动力性能、最高速度、加速性能等）、车辆的结构、制动性能、行驶平顺性和稳定性、车辆的外形、新旧程度等，都是影响技术速度的主要因素。在车辆本身的技术性能一定的条件下，道路条件往往也是影响车辆技术速度发挥的一个重要原因。具有良好速度性能的车辆，在恶劣的道路条件下，也不可能达到较高的技术速度。道路条件对于车辆技术速度的影响主要表现在道路的等级、宽度、坡度、弯度、视距、路面状况和颜色等方面。在城市运输中，道路的交通量、照明条件、法定的行驶速度等，对车辆技术速度有很大的影响。另外，天气情况、装载情况、拖挂情况、驾驶人操作技术水平高低等也对技术速度有一定的影响。

技术速度一般低于设计速度，它们之间差距的大小，反映了车辆速度的利用程度。技术速度越高，车辆速度利用就越充分。在保证行车安全的前提下，尽量提高技术速度，意味着在相同的运行时间内，可以行驶更多的里程，使旅客或货物移动更远的距离。但盲目地追求高技术速度，有可能造成行车事故次数的增加，使运输安全性下降，还可能造成燃料消耗的不合理增加，使运输成本提高。

②运送速度。运送速度 v_c 是指车辆在运送时间 T_c 内，运送货物或旅客的平均速度，用以表示客、货运送的快慢，也是评价运输服务质量的一个指标。计算公式为：

$$v_c = \frac{L}{T_c} \tag{3-7}$$

车辆运送时间是指车辆自起点至终点到达时刻所经历的时间，不包括始末点的装卸作业

(上、下客)时间,但包括途中的各类停歇时间。

影响运送速度的主要因素,有技术速度、企业的营运组织工作水平、驾驶人的驾驶水平、途中乘客的乘车秩序及货物装卸技术水平等。

运送速度是一个重要的质量指标。对用户来说,运送速度快,可以节省旅客的旅行时间,减少旅客的旅途疲劳,减少货物在途资金占用,加快货物及资金的周转速度和商品流通的速度,具有良好的经济和社会效益;对企业来说,不仅可以提高车辆生产率,而且较高的运送速度有利于提高企业在运输市场中的竞争能力。

③营运速度。营运速度 v_t 是指车辆在路线上工作车时内的平均速度,即车辆在出车时间内实际达到的平均速度,用以表示车辆在路线上工作时间内有效运转的快慢。计算公式为:

$$v_t = \frac{L}{T_d} = \frac{L}{T_t + T_s} \tag{3-8}$$

营运速度也是反映技术速度利用程度的指标。营运速度既受技术速度的限制,又受工作车时利用率的影响,三者之间的关系为:

$$v_d = v_t \delta \tag{3-9}$$

凡是影响技术速度和工作车时利用率的因素,同时也是影响营运速度的因素。影响营运速度的主要因素,有技术速度、运输组织工作水平、装卸机械化水平、车辆技术状况及运输距离等。

营运速度高,意味着在相同的出车时间内,可以行驶更多的里程,完成更多的运输工作量。营运速度一般比技术速度小 10% ~20%。当运输距离很长时,装卸停歇时间所占比例较小,则 v_d 趋近于 v_t。

④平均车日行程。平均车日行程是指统计期内,全部营运车辆平均每个工作日内行驶的里程,是以车日作为时间单位计算的综合性速度指标,计量单位为千米(km)。计算公式为:

$$\overline{L}_d = \frac{L}{U_d} \tag{3-10}$$

由于

$$\overline{L}_d = T_d v_d = T_d \delta v_t \tag{3-11}$$

因此,平均车日行程指标是一个反映营运车辆在时间和速度两方面利用程度的综合性指标。延长出车时间可以提高车日行程,但在出车时间一定的条件下,应从速度方面加以考虑。影响平均车日行程的主要因素有车辆的营运速度、车辆的工作制度及调度形式等。

(3)车辆行程利用指标

营运车辆在一定统计期内出车工作行驶的里程,称为总行程(总车公里)。总行程由重车行程 L_1 和空车行程 L_v 两部分构成。车辆载有旅客或货物行驶的里程,称为重车行程(也称重车公里)。重车行程是实现运输生产的有效行程,是总行程的有效利用,属于生产行程。车辆完全无载行驶的里程,称为空车行程(空车公里)。空车行程有空载行程和调空行程。空载行程是指车辆由卸载地点空驶到下一个装载地点的行程;调空行程是指空车由车场(库)开往装载地点,或由最后一个卸载地点空驶回车场(库)的行程。

车辆的行程利用指标,即里程利用率(β)是指统计期内车辆的重车行程与总行程的百分比,用以表示车辆总行程的有效利用程度。计算公式为:

$$\beta = \frac{L_1}{L} \times 100\% = \frac{L_1}{L_1 + L_v} \times 100\% \tag{3-12}$$

里程利用率是一个十分重要的指标，在总行程一定的前提下，要提高里程利用率，必须增加重车行程的比例，车辆只有在有载运行下才会进行有效生产。车辆空驶是一种很大的浪费，它不仅没有产生运输工作量，相反却消耗了燃料和轮胎，增加了机械的磨损，从而致使运输成本上升。车辆空驶距离越长，这种影响也就越严重。

提高里程利用率，是提高车辆运输工作生产率和降低运输成本的有效措施，对经济效益有重要影响。企业实际里程利用率不高，主要是里程利用率受客流量、货流量在时间上和空间上分布不均衡，以及车辆运行调度等主客观因素的影响。加强运输组织工作是提高里程利用率的一项重要措施。为此应积极做好货(客)源组织工作，正确掌握营运区内货(客)源的形成及其货(客)流的规律，确保生产均衡性；应加强运输市场的管理，坚持合理运输；应不断提高车辆运行作业计划的准确性，积极推广先进的调度方法；应科学地确定收、发车点和组织车辆行驶路线；正确选择双班运输的交接地点；应尽量调派与装运货物相适宜的车型，组织回程专用车辆装运普通货物；应加强经济调查，合理规划车站、车队、车间(包括修理厂)、加油站之间的平面位置等。

编制运输生产计划时，通常要先确定里程利用率，然后再计算重车行程。重车行程的计算公式为：

$$L_1 = L\beta \tag{3-13}$$

确定里程利用率的计划值时，一般以上期实际达到的里程利用率指标值为参考依据，并通过预测分析计划期内客流量和货流量在时间和空间分布的均衡程度测算确定。

(4)车辆载重(客)能力利用指标

车辆的载重(客)能力是指车辆的额定载货质量或额定载客量。反映车辆载重能力利用程度的指标是重车载质(客)量利用率[又称吨(客)位利用率]和实载率。

①吨(客)位利用率。吨(客)位利用率是指车辆在重车行程中实际完成的周转量与重车行程载质量的百分比。重车行程载质量的计算方法，是以每辆车的重车行程分别乘以其额定载质(客)量加总求得。

吨(客)位利用率的计算方法有两种：静态的吨(客)位利用率和动态的吨(客)位利用率。

静态的吨(客)位利用率是按一辆营运车的一个运次(班次)，来考查其载重能力的利用程度。其计算公式为：

$$\gamma = \frac{P}{P_0} \times 100\% = \frac{qL_1}{q_0 L_1} \times 100\% = \frac{q}{q_0} \times 100\% \tag{3-14}$$

式中：P——某运次(班次)车辆实际完成的周转量(t·km 或人·km)；

P_0——某运次(班次)车辆的重车行程载质量(t·km 或人·km)；

q——车辆实际完成的载质(客)量；

q_0——车辆额定载质(客)量(时间或人)，也称额定吨(客)位。

可见，静态的吨(客)位利用率表示车辆额定载质(客)量的利用程度，与重车行程无关。

动态的吨(客)位利用率是按全部营运车辆一定时期内的全部运次，来考查其载重能力利用程度。计算公式为：

$$\gamma_{动} = \frac{\sum P}{\sum P_0} \times 100\% = \frac{\sum YqL_1 Y}{\sum Yq_0 L_1 Y} \times 100\% \tag{3-15}$$

式中：$\sum P$——统计期内所有营运车辆实际完成的周转最之和（t·km 或人·km）；

$\sum P_0$——重车行程载质量（t·km 或人·km）。

考核企业营运车辆载质（客）量利用程度，一般都是考核全部营运车辆。因而，这种动态的吨（客）位利用率应用较广。车辆额定载质（客）量的大小与利用程度的高低，对车辆生产率有显著的影响。一般情况下，额定载质（客）量大的车辆具有较高的生产能力，但能力的发挥还取决于载质（客）量的利用程度。载质（客）量利用的越充分，车辆生产率就越高。车辆额定载质（客）量既定的情况下，影响载质（客）量利用程度的因素主要有客、货源条件，车辆调度水平，客运线网密度和发车频率，客运服务质量和服务水平，货物特性及货运种类，车辆类型及车厢几何尺寸，装车方式及装载技术，有关的装载规定和车货适应程度等。

②实载率。实载率是按全部营运车辆一定时期内的总行程计算的载重能力利用指标，是指汽车实际完成的周转量占其总行程载质（客）量的百分比，用以反映总行程载质（客）量的利用程度。总行程载质（客）量的计算方法，是以每辆车的总行程分别乘以其额定载质（客）量加总求得。实载率的计算公式为：

$$\varepsilon=\frac{\sum P}{\sum P_0'}\times 100\% =\frac{\sum(qL_1)}{\sum(q_0L)}\times 100\% \tag{3-16}$$

式中：$\sum P_0'$——总行程载质量（t·km 或人·km）。

对于单辆车或一组吨（客）位相同的车辆，则其实载率可表示为：

$$\varepsilon=\frac{\sum(qL_1)}{q_0\sum L}\times 100\% =\frac{\sum(qL_1)}{q_0\dfrac{\sum L_1}{\beta}}\times 100\% =\gamma\beta \tag{3-17}$$

因此，实载率是反映车辆在行程利用和载质量利用方面的一个综合性指标。要提高实载率，一方面要努力提高吨（客）位利用率，另一方面要减少车辆空车行程，提高里程利用率。

实载率虽然能够综合反映车辆行程和载重能力的利用程度，较全面地评价车辆有效利用程度，但在组织运输过程时不能完全以实载率代替里程利用率和吨（客）位利用率。分析车辆生产率诸多影响因素的影响程度时，也应对里程利用率和吨（客）位利用率分别进行分析。这是因为这两个指标的性质、内涵不同，对组织运输生产各有不同的要求。以实载率代替里程利用率和吨（客）位利用率，会掩盖超载等问题的存在。

（5）车辆动力利用指标

车辆的动力利用指标，即拖运率，是指挂车完成的周转量与主、挂车合计完成的总周转量的百分比。拖运率反映了拖挂运输的开展情况及挂车的载质量利用程度，其计算公式为：

$$\theta=\frac{\sum P_t}{\sum P_m+\sum P_t}\times 100\% \tag{3-18}$$

式中：$\sum P_m$——统计期内挂车完成的周转量（t·km）；

$\sum P_t$——统计期内主车完成的周转量（t·km）。

影响拖运率的主要因素有汽车与挂车性能、驾驶技术水平、道路条件及运输组织工作水平等。

开展拖挂运输的经济效益十分显著。在一定的货源、道路、现场等条件下，拖运率水平的高低，与运输组织水平、汽车与挂车的性能、车辆配备及构成、运输法规等密切相关。开展拖挂运输，是提高运输效率和降低运输成本的一个有效途径。

综上所述,评价车辆利用程度的五类指标均从某一方面反映出车辆的利用程度及运输工作条件对车辆利用的影响。

2)评价汽车运输工作的综合指标

评价汽车运输工作效果的综合指标,包括汽车运输生产率和汽车运输成本。

(1)汽车运输生产率

①汽车运输生产率计算。汽车运输生产率,通常用单车期产量、车吨(客)位期产量和车公里产量表示。单车期产量是指统计期内平均每辆车所完成的货物(旅客)周转量,它反映汽车单车运用的综合效率;车吨(客)位期产量是指统计期内平均每个吨(客)位所完成的货物(旅客)周转量,它反映汽车每个吨(客)位运用情况的综合效率;车公里产量是指统计期内车辆平均每行驶1km所完成的货物(旅客)周转量。

按照计算的时间单位不同,单车期产量指标,包括单车年产量、单车季产量、单车月产量、单车日产量和单车车时产量等多个指标。其中,用单车日产量指标来比较不同时期的车辆生产率时,可以避免计算期日历天数可能不同而造成的影响。

单车年(季、月、日)产量指标可按周转量和平均营运车数计算,计算公式为:

$$W_{P_t} = \frac{\sum P}{A} \tag{3-19}$$

式中:W_{P_t}——单车期产量(t·km或人·km),是指统计期(年、季、月、日)内单车完成的货物(旅客)周转量;

$\sum P$——统计期(年、季、月、日)内全部营运车辆完成的货物(旅客)周转量之和(t·km或人·km)。

平均营运车数(辆),是指统计期内平均每天拥有的营运车辆数,可按下式计算:

$$A = \frac{U}{D} \tag{3-20}$$

【例3-1】 某汽车货运公司9月1日有营运货车400辆,9月10日租入营运车5辆投入营运,9月15日有10辆报废车退出营运,9月25日又有6辆新车投入营运,到月底再无车辆增减变动,9月份共完成货物周转量7988000t·km。求该货运公司的单车月产量。

解:该公司9月份的总车日数为:

$$U = 400 \times 30 + 5 \times 21 + 6 \times 6 - 10 \times 16 = 11981(\text{车日})$$

平均营运车数为:

$$A = \frac{U}{D} = \frac{11981}{30} = 399.4(\text{辆})$$

则单车月产量为:

$$W_{P_t} = \frac{\sum P}{A} = \frac{7988000}{399.4} = 20000(\text{t}\cdot\text{km})$$

单车年(季、月、日)产量指标也可按车辆运用效率指标计算,即

$$W_{P_t} = \frac{D\alpha_d L_d \beta q_0 \gamma}{1-\theta} \tag{3-21}$$

若车辆在工作车时 t_c 内完成 Q_c 或周转量 P_c,则单车车时产量(又称为工作车辆生产率)是指车辆在路线上平均每一工作车时所完成的运量 W_q 或周转量 W_p,计算公式如下:

$$W_{\mathrm{q}}=\frac{Q_{\mathrm{c}}}{t_{\mathrm{c}}}=\frac{q_0\gamma}{\frac{L_1}{\beta v_{\mathrm{t}}}+t_{\mathrm{lu}}} \tag{3-22}$$

$$W_{\mathrm{p}}=\frac{P_{\mathrm{c}}}{t_{\mathrm{c}}}=\frac{q_0\gamma L_1}{\frac{L_1}{\beta v_{\mathrm{t}}}+t_{\mathrm{lu}}} \tag{3-23}$$

由上述计算公式可知，影响汽车工作生产率的因素，有额定载质量、重车载质量利用率、重车行程、里程利用率、技术速度及装卸停歇时间六项。在一定的运输工作条件下，上述各指标值都反映了工作条件对生产率的影响，是影响生产率的使用因素。实际工作中，汽车运输企业可以通过优化各使用因素的状态，来提高生产率指标。

车吨(客)位期产量是指统计期内平均每个吨(客)位所完成的周转量，包括车吨(客)位年产量、车吨(客)位季产量、车吨(客)位月产量及车吨(客)位日产量等多个指标。

用车吨(客)位期产量指标反映和比较车辆运输生产率时，可以消除不同车辆额定吨(客)位不同的影响。其中，车吨位日产量和车客位日产量指标，在反映和比较不同单位或不同时期的运输生产率时，既可消除车辆不同吨位或客位的影响，也可消除计算期日历天数可能不一致的影响。因此，车吨(客)位日产量指标，可以比较准确地反映汽车运输企业生产组织工作水平。

车吨(客)位期产量的计算方法有两种：按周转量与平均总吨(客)位计算；按车辆各项运用效率指标计算。

按周转量与平均总吨(客)位计算，计算公式为：

$$W'_{P_{\mathrm{t}}}=\frac{\sum P}{N} \tag{3-24}$$

式中：$W'_{P_{\mathrm{t}}}$——车吨(客)位期(年、季、月、日)产量(t·km或人·km)；

$\sum P$——统计期内全部营运车辆完成的周转量之和(t·km或人·km)；

N——平均总吨(客)位(吨位或客位)，是指统计期内平均每天在用营运车辆的总吨(客)位。

按车辆各项运用效率指标计算，计算公式为：

$$W'_{P_{\mathrm{t}}}=\frac{D\alpha_{\mathrm{d}}\bar{L}_{\mathrm{d}}\beta\gamma}{1-\theta} \tag{3-25}$$

车公里产量是指统计期内车辆平均每行驶1km所完成的周转量，可按下述方法计算。

车公里产量按周转量和总行程计算，计算公式为：

$$W'_{P_{\mathrm{k}}}=\frac{\sum P}{L} \tag{3-26}$$

式中：$W'_{P_{\mathrm{k}}}$——车公里产量(t·km或人·km)。

统计期全部车辆的总行程(km)，可以根据每辆营运车累计，也可以按下述公式计算：

$$L=AD\alpha_{\mathrm{d}}\bar{L}_{\mathrm{d}} \tag{3-27}$$

若车辆平均额定载质(客)量为q_0，则车公里产量$W_{P\mathrm{k}}$按有关车辆运用效率指标计算为：

$$W_{P_{\mathrm{k}}}=\frac{\beta\bar{q}_0\gamma}{1-\theta} \tag{3-28}$$

显然,完成同样的周转量采用提高车公里产量的办法增加的运行费用不多,增加总行程则会较多地增加运行费。但片面追求较高的车公里产量,可能会引起超载现象的发生。由此可见,车公里产量是一个很重要的、敏感性较强的指标。

②汽车运输生产率分析。要提高汽车运输生产率,必须了解各使用因素对生产率的影响特性及影响程度,以便结合企业自身的条件,确定优先改进哪个因素对生产率的提高更为有利。以汽车工作生产率为例,由汽车工作生产率的计算公式可知,影响生产率的因素共有6项,即车载额定载质量、吨(客)位利用率、里程利用率、技术速度、车辆在一个运次中的停歇时间及重车行程,而工作生产率又分为以运量计算的 W_q 和以周转量计算的 W_p 两种。上述6项使用因素,除平均运次重车行程对 W_q 和 W_p 的影响不同外,其他使用因素对其影响是一致的。由于各使用因素对生产率的影响关系很复杂,为了分析简便,在分析某一使用因素的变化对生产率的影响时,可以假设其他因素为常数。因此,下面以 W_q 的生产率关系式为对象来分析装卸作业停歇时间对生产率的影响特性和影响程度。

由于汽车的工作生产率公式为:

$$W_q = \frac{q_0\gamma}{\frac{L_1}{\beta v_t} + t_{lu}} \tag{3-29}$$

假设其他使用因素均为常数,只有装卸停歇时间为变量时令 $b = q_0\gamma$,$c = \frac{L_1}{\beta v_t}$,则

$$W_q = \frac{b}{c + t_{lu}} \tag{3-30}$$

当装卸停歇时间很大时,生产率将降低而趋近于零。而且 c 值越小(即 L_1 越小),v_t 及 β 值越大时,装卸停歇时间的变化对生产率的影响程度越大。即当运距较短,车辆行驶速度较快时,装卸停歇时间对生产率的影响更为显著。

因此,要提高生产率必须将装卸停歇时间压缩到最低限度。为了缩短装卸停歇时间,应合理组织装卸工作,实现装卸工作机械化,制订汽车装卸作业时间表,有节奏地进行装卸工作,并应简化手续,以减少装卸停歇时间。采用类似的方法,可分析其他使用因素对运输工作生产率的影响特性。

分析各使用因素对生产率的影响程度,可采用绘制生产率特性图的方法。首先,逐一分析各使用因素与生产率之间的变化关系,这样便得到一组各使用因素与生产率之间的变化关系曲线。然后,将这些曲线叠加绘制在一张坐标图上,坐标轴纵轴表示生产率,横轴分别表示各使用因素。利用汽车运输生产率特性图可以确定在某一具体运输条件下提高生产率的最合理方法,如提高重车载质量利用率和额定载质量是提高生产率最有效的方法,缩短装卸停歇时间也是提高生产率的有效方法。而提高里程利用率及技术速度,对生产率的影响不显著,但对运输成本却有显著影响。车辆运用效率指标关系如图3-1所示。

(2)汽车运输成本

汽车运输成本不仅是评价汽车运输工作效果的综合指标,也是考核运输企业的主要经营指标之一。在汽车运输生产过程中,运输生产率的高低、运输服务质量的好坏、运输组织水平的优劣、车辆维修技术的高低等,最终都以货币形式反映到成本指标上来,进而影响汽车运输企业经济效益。因此,在保证运输服务质量的前提下,不断降低运输成本,对于运输企业的生

存和发展具有重要意义。

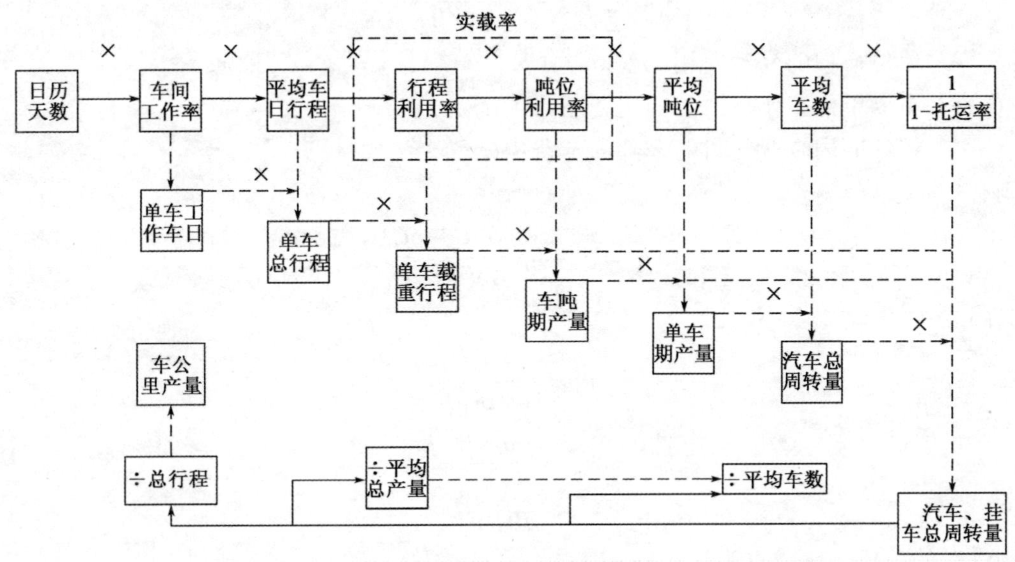

图 3-1　车辆运用效率指标关系图

①汽车运输成本的计算。汽车运输成本(S)通常用单位运输成本来衡量。单位运输成本是指完成每单位运输产品产量所支付的费用,以统计期内汽车运输企业所支出的全部费用($\sum C$)与所完成的运输产品产量($\sum P$)的比值来表示,即

$$S = \frac{\sum C}{\sum P} \tag{3-31}$$

汽车运输企业所支出的全部费用,按照与车辆行驶的关系,一般可分为三部分,即变动费用($\sum C_c$)、固定费用($\sum C_f$)和装卸费用($\sum C_{lu}$)。其中,装卸费用在运输企业中实行单独核算,所以汽车运输企业的运输成本通常只包括前两项费用,即

$$\sum C = \sum C_c + \sum C_f \tag{3-32}$$

在汽车运输企业中,变动费用是指与车辆行驶有关的费用,又称车辆运行费用,按每公里行程计算。变动费用,包括燃料费、润滑油费、轮胎费、车辆折旧费、车辆维修费、计件工资、附加费及其他与车辆行驶有关的杂项费用等;固定费用是指与车辆行驶无直接关系的费用,又称企业管理费,常按车辆的在册车日或车时计算。这部分费用不论车辆行驶与否,汽车运输企业为组织运输生产必须支付。固定费用,包括职工月工资(计时工资等)、行政办公费、水电费、仓储费、房屋修缮费、牌照费、职工培训费、宣传费及业务手续费等。

汽车单位运输成本可表示为1t · km的变动费用与1t · km的固定费用之和,即

$$S_g = S_c + S_f \tag{3-33}$$

式中:S_g——汽车的单位运输成本[元/(t · km)];

S_c——统计期内单位产量分摊的变动成本[元/(t · km)];

S_f——统计期内单位产量分摊的固定成本[元/(t · km)]。

又因为:

$$S_c = \frac{LC_c}{\sum P} = \frac{(L/H_d)C_c}{(\sum P)/H_d} = \frac{v_d C_c}{W_p} \tag{3-34}$$

$$S_f = \frac{\sum C_f}{\sum P} = \frac{(\sum C_f)/H_d}{(\sum P)/H_d} = \frac{C_f}{W_p} \tag{3-35}$$

式中:C_c——单位行程的变动费用(元/km);

C_f——车辆单位工作车时的固定费用(元/h);

$\sum C_f$——统计期内企业支付的全部固定费用(元)。

则有:

$$S_g = S_c + S_f = \frac{v_d C_c}{W_p} + \frac{C_f}{W_p} \tag{3-36}$$

又因为:

$$v_d = \frac{L_1 v_t}{L_1 + \beta v_t t_{lu}}$$

$$W_p = \frac{q_0 \gamma L_1}{\frac{L_1}{\beta v_t} + t_{lu}}$$

则汽车的单位运输成本为:

$$S_g = \frac{1}{q_0 \gamma \beta}\left[C_c + \frac{C_f(L_1 + t_{lu}\beta v_t)}{v_t L_1}\right] \tag{3-37}$$

②汽车运输成本分析。降低汽车运输成本,是汽车运输企业经营的重要工作内容,为此,必须了解每个使用因素对运输成本的影响特性及影响程度,以便确定企业的改进措施。

可采用与分析汽车运输生产率同样的方法来分析各使用因素对运输成本的影响。分析发现:

首先,随着汽车额定吨位及重车载质量利用率的增加,运输成本将降低,而且固定费用和变动费用越高。重车行程越短,行驶速度越低时,这种影响越为显著。此外,随着载质量的增加,它对运输成本的影响程度将降低。

其次,当里程利用率、技术速度及重车行程提高时,1t · km 的运输成本将降低,而且当这些数值越小时,其影响程度越显著。

最后,每个运次中,车辆装卸停歇时间越长,则运输成本越高。当实际载质量较小,重车行程较短,而每小时工作的固定费用较大时,装卸停歇时间对运输成本的影响特别大。但是,当运距很大时,装卸停歇时间对运输成本的影响将明显减小。

3.2.2 铁路运输组织评价指标

铁路运输组织评价指标,主要从货车运用指标、客车运用指标、机车运用指标等几个方面考虑。

1)货车运用指标

(1)货车静载重

货车静载重是指每一辆货车平均装载的货物吨数,即一定时期内货物发送总量与该时期内装货车辆总数之比。货车静载重反映了货车在静止状态下载质量被利用的程度,是衡量装车质量的指标之一,是铁路运营工作的重要指标之一。货车静载重只能说明在装车时或重车在静止状态下货车标记载质量的利用程度,而不能反映全部运送过程中货车载质量利用的程度。

(2)货车动载重

货车动载重是指货车平均每运行1km所完成的货物吨公里数。货车动载重分为重车动载重和运用车动载重两种。

①重车动载重。重车动载重是指平均每一重车公里所完成的货物周转量,即货车一定时期内完成的货物周转量与该时期内重车总走行里程之比。

提高重车动载重的途径有:a.提高货车静载重;b.合理组织不同装载量的车辆装运不同距离的货物。如以装载量大的车辆运送远距离的货物,以装载量小的车辆运送近距离的货物。

②运用车动载重。运用车动载重是指平均每一运用车公里所完成的货物周转量,即货车一定时期内完成的货物周转量与该时期内运用车总走行里程(包括重车行程及空车行程)之比。

(3)货车装载能力利用率

①货车载重力利用率。货车载重力利用率,又称货车载重力利用系数,是指所装货物的载重能力被利用的百分率。货车载质量利用率是以相对数字反映货车载重能力利用程度的指标,是车站或全路在一定时期内货车静载重与使用车平均标记载质量(使用车标记载质量之和与使用车数量之比)的比值。

货车载重力利用率的大小同货车静载重成正比。所有提高静载重的措施,也是提高货车载重力利用率的措施。货车载重力利用率比货车静载重能更好地反映车辆装载的质量。为了提高货车载重力利用率,必须注意车种适合货种,标重配合货吨,做好巧装满载工作。

②货车容积利用率。货车容积利用率,又称货车容积利用系数,是指所装货物的有效容积被利用的百分比,即,装载货物占用容积与货车有效容积之比。货车容积利用率是用来考核轻质货物紧密装载程度和利用装载容积的一项指标。

(4)货车生产率

货车生产率(即货车日产量)是指一辆运用车一昼夜平均所完成的货物吨公里数。货车生产率是衡量货车利用质量的综合指标,它既反映货车载质量利用水平,也反映车辆周转的快慢。

$$\begin{aligned}\text{货车昼夜生产率} &= \frac{\text{全路一昼夜完成货物周转量}}{\text{全路运用车数}} \\ &= \left(\frac{\text{全路一昼夜完成货物周转量}}{\text{全路一昼夜运用车总走行里程}}\right)\times \\ &\quad \left(\frac{\text{全路一昼夜运用车总走行里程}}{\text{全路运用车数}}\right) \\ &= \text{运用车动载重}\times\text{每辆车平均一昼夜走行里程}\end{aligned}$$

货车生产率与货车昼夜走行里程及货车动载重成正比,并随着空驶率的增大而减小。行车与货运部门必须共同配合,才能提高货车生产率。从上述指标分析中,我们不难理解提高货车载质量利用效率的意义。在货车的巧装满载上挖掘潜力,最经济、最有效地使用车辆,充分发挥现有货车载质量利用效率,少用车、多运货,是铁路挖潜、扩能的一个重要方面。

2)客车运用指标

(1)旅客列车车底周转时间

每对旅客列车的编组辆数、编组结构及车辆编挂次序一般不变动。当往返于起始站与终到站之间，经过沿途各站时，除特殊情况外，通常只有旅客上下，而无车辆摘挂，这种固定连挂在一起的车列，称为客车固定车底。固定车底往返一次所经过的时间，称为列车车底周转时间。根据车底周转时间，就可以确定车底的数量。例如，某次特快旅客列车从北京站始发的时间是 18:00，到达上海站是第二天 8:00。经过 10h 休整，该次列车 18:00 从上海站始发，第三天的 8:08 回到北京站，每天就这样不间断地运行。据此，我们可以计算出该次列车至少需要 2 组车底。显然，车底周转时间越长，需要的车底就越多。当然，这只是针对长途旅客列车而言，短途的市郊、城际旅客列车的车底往往一天能周转几次。

旅客列车车底周转时间是指为了开行运行图中的某一对旅客列车的车底，从第一次由配属站（始发站）发出之时起，到下一次由配属站发出之时止，所经过的全部时间。

（2）旅客列车速度指标

旅客列车速度指标，包括列车技术速度、列车运行速度和列车旅行速度（直达速度）。

①列车技术速度。列车技术速度是指列车在区段内运行的平均速度，列车运行时间不包括中间站停站时间及加减速附加时间。

②列车运行速度。列车运行速度是指列车在区段内运行，不包括中间站停站时间，但包括加减速附加时间在内的平均速度。

③列车旅行速度。列车旅行速度是指列车在区段内运行，包括中间站停站时间及起停车附加时间在内的平均速度。旅行速度是表明列车运行图质量的一项重要指标，也是影响机车车辆周转和货物送达的一项重要因素。因此，在编制列车运行图时，应力求把旅行速度同运行速度或技术速度的差别减少到最小程度，亦即必须尽可能减少列车在区段内的停站次数和停站时间。

（3）载客人数

旅客列车载客人数，是指在一定时期内，全路、一个铁路局或分局平均每一旅客列车公里所完成的人数，即车底在配属站停留时间旅客周转量与旅客列车总里程之比。

（4）客座利用率

客座利用率等于旅客周转量和客座公里总数之比，也就是用百分率表示的平均每一客座公里所完成的人公里数。

3）机车运用指标

（1）机车全周转时间

机车全周转时间是从时间上反映机车运用效率的指标，是指机车作业完成返回基本段经过闸楼时起，至下一次作业完成返回基本段经过闸楼时止的全部时间，是指机车在一个牵引区段内往返一次平均消耗的时间。

（2）机车日车公里

机车日车公里是指全路、铁路局、分局或机务段平均每台机车在一昼夜内完成的走行公里数。

（3）列车平均总重

列车平均总重是指全路、铁路局、分局或机务段平均每台本务机车牵引列车的总质量（包括货物质量和车辆自重）。列车平均总重反映机车牵引力的利用程度，它直接影响到列车次数、机车需要台数、机车乘务组需要数及其他有关支出的大小，是衡量机车运行效率的一个重要指标。

(4)货运机车日产量

货运机车日产量是指在一定时期内全路、铁路局或机务段平均每台货运机车一昼夜内所完成的货运周转量。

3.2.3 水路运输组织评价指标

1)水路运输量指标

(1)货运量

货运量是指报告期内船舶实际运送的货物质量,一般货物按实际质量计算,计算单位为吨(t)。若遇无法直接取得实际质量的货物,按有关参数进行折算,如木材按 $1m^3$ 折算为1t;液化石油气按 $1m^3$ 折算为0.5t;运输汽车按出厂时的标记自重计算,如无标记的汽车,按面包车折算为2t、大客(卡)车折算为5t、集装箱车折算为10t计算。

(2)货物周转量

货物周转量是指报告期内船舶实际运送的每批货物质量与该批货物运送里程的乘积之和。计算单位为t·km(t·海里),其统计分组同货运量。

(3)换算周转量

换算周转量是指报告期内运输船舶完成的客、货周转量按照一定的换算系数得到的周转量,计算单位为t·km(t·海里)。铺位及海运座位客运周转量换算:1人·km=1t·km;内河座位客运周转量换算:3人·km=1t·km。

(4)集装箱运量

集装箱运量是指报告期内船舶实际运送集装箱的数量。按集装箱的实际箱数计算,计算单位为箱;按折合为20ft集装箱的数量计算,计算单位为TEU。集装箱按TEU折算系数为:45ft箱=2.25TEU;40ft箱=2.00TEU;35ft箱=1.75TEU;30ft箱=1.50TEU;20ft箱=1.00TEU;10ft箱=0.50TEU。

(5)集装箱周转量

集装箱周转量是指报告期内船舶实际运送的每个集装箱与该集装箱运送的标准里程的乘积之和。若按集装箱的实际箱周转量计算,则为每个集装箱实际运送距离之和,单位为箱公里或箱海里;若按折合为20ft集装箱周转量计算,则为每个集装箱的换算TEU数量与该箱实际运送距离之积求和,单位为TEU·km(TEU·海里)。

(6)集装箱货运量

集装箱货运量是指报告期内船舶运送集装箱的实际质量,包括集装箱装载货物的质量和集装箱箱体的质量。计算单位为吨(t)。

一般可按船舶航行区域分为远洋集装箱货运量、沿海集装箱货运量、内河集装箱货运量;按集装箱装载货物的贸易性质可分为内贸集装箱货运量、外贸集装箱货运量、第三国集装箱货运量。

(7)集装箱货物周转量

集装箱货物周转量是指报告期内船舶运送每个集装箱货运量与该箱实际运送标准里程的乘积之和。

2)船舶营运指标

(1)船舶营运率

船舶营运率是指报告期内船舶营运时间占船舶总时间的比例。营运率指标反映船舶在册时间的利用程度。船舶维修保养越好,修期越短船舶安全生产工作做得越好,则营运率越高。所以提高营运率的主要途径是做好平时维修保养工作和安全预防工作,延长修船间隔时间和缩短修船时间。提高营运率是挖掘运输潜力的重要途径之一,保证船舶有较高的营运率是管理工作的一个关键。对一艘船舶而言,船舶营运率等于船舶的营运时间与其在册时间之比;对于一组船舶,营运率是一定时间内各船营运吨天之和与其在册吨天之和的比。

(2)船舶航行率

船舶航行率是指航行时间在船舶营运时间中所占的比例。船舶航行率是衡量水运企业经营管理水平的参考依据,也是挖掘运输潜力的重要途径。对一艘船而言,它等于船舶航行时间与船舶营运时间之比;对于一组船舶,其航行率是一定时间内这些船舶的航行吨天之和与其营运吨天之和的比。一般来讲,船舶航行率小于1。但只要认真做好航运安排,缩短船舶停泊时间,就会提高航行率,提高船舶经济效益。

(3)船舶平均航行速度

船舶平均航行速度是指船舶平均航行一天所行驶的里程。就一艘船而言,它等于航行距离与航行时间的比值。对于一组船舶,其平均航行速度则为船舶航行吨位海里与航行吨位天的比值。平均航行速度指标不仅反映船舶周转的快慢,其中也包含着货物运送时间的长短,特别是在国际贸易运输中,提高船舶的航行速度,对提高船舶在国际航运市场中的竞争能力具有重要意义。

(4)船舶载质量利用率

船舶载质量利用率是指船舶在营运中载重吨位实际利用程度的指标,分为发航载质量利用率和运距载质量利用率。发航载质量利用率表示船舶离开港口时定额吨位的利用程度,即一定时期内船舶离开港口所载货物量与定额吨位之比。运距载质量利用率反映船舶在一定的行驶距离内定额吨位的平均利用程度,以一定时期内船舶完成的货物周转量与船舶吨公里(或船舶吨海里)的百分比表示。船舶载质量利用率比值越高,表明船舶载重吨利用程度越高。

(5)船舶生产率

船舶生产率可以用平均每营运吨天生产量或平均每吨船生产量衡量。

平均每营运吨天生产量,简称吨天产量,是指船舶在营运期内平均每吨位在一昼夜内完成的周转量。吨天产量指标不仅反映出生产技术设备的利用程度,同时也反映出整个运输生产的组织管理水平。

平均每吨船生产量,简称吨船产量,是指船舶在报告期内平均每吨位所完成的周转量。吨船产量指标是一个综合指标,因为它是运距载质量利用率、平均航行速度、航行率、营运率四个单元指标与报告期天数的乘积。吨船产量指标比吨天产量指标多包括了一个营运率因素,因此它能更全面地说明整个航运企业的管理工作水平,具体反映投入每一吨位船所产生的货物周转量。

3.2.4 航空运输组织评价指标

1)航空运输量指标

(1)旅客运输量

旅客运输量是指运输飞行所载运的旅客人数。成人和儿童各按一人计算,婴儿因不占座位不计人数。原始数据以人为计算单位。汇总时,以万人为计算单位。一个航班的旅客运量表现为飞机沿途各机场旅客的始发运量之和。其中,机场旅客始发运量是指客票确定的以本机场为起点,始发乘机的旅客。每一特定航班(同一航班)的每一旅客只应计算一次,不能按航段重复计算。唯一例外的是,对同一航班上的既经过国内航段又经过国际航段的旅客,应同时为一个国内旅客和一个国际旅客。不定期航班运送的旅客则每一特定航班只计算一次。

(2)货物运输量

货物运输量,是指运输飞行所载运的货物质量,货物包括外交信袋和快件。原始数据以公斤为计算单位。汇总时以吨为计算单位。统计方法与旅客运输量一致,即每一特定航班(同一航班)的货物只应计算一次,不能按航段重复计算,但对既经过国内航段又经过国际航段航班的货物,则同时为国内货物和国际货物。不定期航班运送的货物每一特定航班(同一航班)只计算一次。

(3)周转量

周转量,是反映旅客在空中实现位移的综合性生产指标。旅客周转量在折合为吨公里时,成人旅客质量按0.09t计算(含行李),儿童、婴儿分别按成人质量的1/2和1/10计算。

(4)航段运量

航段运量,是指航线中某个航段上的全部的旅客、货物、邮件数量。旅客以人为计算单位,货物、邮件以吨为计算单位。航段运量与城市对运量不同,航段运量是该航段上的全部旅客、货物和邮件数量,即包括始发运量和过站运量。

(5)城市对运量

城市对运量,指客票或客票的一部分所规定的可以在其间旅行的两个城市,或者根据货运舱单或货运舱单的一部分所规定的在其间进行货运的两个城市运输量。城市对运量只是两个城市间的运量,即始发运量。例如,在北京—武汉—广州航线,航段旅客运输量分别为北京—武汉、武汉—广州两个航段的运量,其中北京—武汉航段旅客运输量为北京—武汉和北京—广州的旅客之和,武汉—广州航段旅客运输量为北京—广州和武汉—广州的旅客之和。城市对运量则分别为北京—武汉、北京—广州、武汉—广州的旅客数量。

2)航空运输效率指标

(1)客座利用率

客座利用率,是指实际完成的旅客周转量与可提供客公里之比,反映运输飞行客座利用程度。其中,可提供客公里是指每一航段可提供作为与该航段距离的乘积之和,反映运输飞行运载能力。对某一具体的航段,可按航班载客人数与航班可提供座位数之比获得。其中,可提供座位是指可以向旅客出售客票的最大商务座位数。

(2)载运率

载运率是指运输飞行所完成的运输总周转量与可提供吨公里之比。其中,可提供吨公里是指可提供业载与航段距离的乘积,反映运输飞机的综合运载能力。对某一具体航段,可按航班实际业载与航班可提供业载之比获得。其中,可提供业载是指飞机每次运输时,按照有关参数计算的飞机在某一航段上所允许装载的最大商务载量。

(3)平均运程

平均运程是指旅客、货物、邮件的平均运送里程,即运输周转量与运输量之比。

3.3 运输组织服务质量评价指标

3.3.1 运输组织服务质量的涵义及特征

运输组织服务质量,是指运输在满足客、货用户的运输需要方面所达到的程度。运输组织服务质量特性主要指安全性、及时性、准确性、经济性、方便性、舒适性6个方面。

(1)安全性

运输活动的特点之一就是只改变客、货的空间位移,而不改变其属性和形态。因此,在运输活动的全过程中,首先必须保证客、货的安全,防止货损、货差以及旅客人身伤害。

(2)及时性

运输的及时性是指满足客户所需要的最佳运输时速。对货物运输来说,及时实现货物的空间位移,最大限度地缩短再生产过程中流通的时间。对旅客来说,尽可能减少旅客在途时间,尽快到达目的地。

(3)准确性

准确性是指客货运输准备及运送工作准确。如在货运方面,要求办理托运手续、安排运载工具及货物交接准确;对于火车、飞机、城市公交等定线定点的运输方式,需要保证运载工具的准点运行;在城间长途定线式公共客运方面,除要求运载工具准点运行外,还要求准确运输等。

(4)经济性

在完成同样任务的条件下,应尽量节约运输过程中物化劳动和活劳动的耗费,以减少客户费用支出,这也是客户关心的问题,它是运输质量主要特征之一,必须给予足够的重视和关注。

(5)方便性

运输经营者能否积极主动地急顾客之所急,想顾客之所想,为顾客提供一整套便利周到的服务,是十分重要的。对旅客运输来说,在购票、候车(船、机)、进站、上车(船、机)、下车(船、机)、行包托运及提取等环节,均要求方便和手续简便;对货物运输来说,要做到招之即来、来之能运和服务良好,充分体现手续简便、送货到门。

(6)舒适性

舒适性是指客运方面旅客乘车舒适程度,随着人民物质文化生活水平的提高和运输业的发展,人们对旅客中的舒适性的要求不断提高,因此,要求旅客运输工作要最大限度地满足旅客对舒适性的要求。

3.3.2 运输组织服务质量评价指标

运输组织服务的特殊性决定了运输组织服务质量评价的复杂性。运输组织服务质量的评价指标如表3-1所示。

运输组织服务质量评价指标　　表3-1

类别	部分评级指标	指标解释
安全	事故频率	责任事故次数与运载工具总行程之比
	事故损失率	责任事故直接损失与运载工具总行程之比
及时	运送速度 旅客购票时间	运送距离与运送时间之比 旅客购票时间包括待购时间与售票时间
准确	准点率 正确率 差错率	载运工具准点运行次数与全部运行次数之比 正确运输人数与运输总人数之比 受理业务差错件数与受理业务总件数之比
经济	客运费率 货运费率	平均每百公里乘距的费用与服务地区居民平均月收入之比 平均每十吨公里货运费用与服务地区居民平均月收入之比
方便	简便受托率 换乘率	简便受托业务件数与受理业务总件数之比 换乘人数与乘客总人数之比
舒适	主要线路最高满载率 车厢服务合格率	最高路段客流量与最高路段车流量之比 执行合格服务项目数与检查项目总数之比

【知识应用与拓展】

船舶配载基本知识

1. 货物计划配载图和实际积载图

为了更好地完成船舶货运工作，船舶在每个航次开始前都要根据装货清单和船舶性能编制一个详细的货物装载计划，这个计划称为货物配载图。然后港口装卸公司按照船舶实际装载货物的情况编制出实配图，即实际积载图。实际积载图在得到船方确认后，港口装卸公司就按实配图对船舶进行装载。安全、优质、快速、经济是对船舶配载图的基本要求。

2. 配载基本要求

编制货物计划积载图是积载的关键环节，它关系到船舶的航行安全和作业效率。在编制过程中，不仅要考虑船舶的稳性、纵向强度和船舶的操纵性能，还要考虑在最大限度利用船舶装载能力情况下，减少中途港的倒舱，加速船舶周转，保证船期，提高营运效益。合理配载计划应遵循以下原则：

(1)保证船舶的安全。必须做到确保船舶浮性；船体强度不受损伤；保证船舶具有适度的稳性；具有适当的吃水差。

(2)保证货物完整无损。要充分利用船舶的载质量和载货容积；注意便于装卸货，缩短船舶在港停泊时间；满足中途港装卸货顺序的要求；充分合理地利用舱面积载。

3. 编制配载计划的步骤。

要编制出合理可行的配载图，必须对航线、港口、货物、船舶的情况充分了解。如船舶本航次所去航区的气候、风浪、航道水深；港口装卸设备及能力和有关装卸运输规定；货物的理化性

质、包装情况及装载特殊要求;船舶的装载能力、船舶结构、各舱装货条件等。编制配载计划的步骤是:

(1)核定航次货运量。即校核航次货运量与船舶装载能力是否相适应,目的在于确定能否接受需要水运的货物品种数量和容积。

(2)分配各舱载货吨数。即根据船舶强度计算各货舱、各层舱配货质量的控制数值。

(3)向各舱安排货物。即确定货物的配舱与堆积位置。

(4)检验稳性、吃水差、强度。即校验和调整船舶的稳性、吃水差和强度,保证船舶航行安全。

(5)绘制配载图。即绘制货物计划配载图和实际积载图。配载图要求简单、明确,图上要注明船名、航次、始发港、中途港、到达港及标明货物在舱内堆装位置,货物的名称、件数、质量、装货单号等。

【思考与练习】

1. 运输合理化影响因素有哪些?
2. 车辆技术速度与营运速度的区别是什么?对运输组织工作有何启示?
3. 吨位利用率与实载率的区别与联系是什么?
4. 运输服务质量包括哪些特性?
5. 试分析导读案例中沃尔玛运输合理化措施。

第4章

道路旅客运输组织

【导读】

“网约车新政”

2016年7月28日，国务院办公厅、交通运输部联合公安部等七部委公布《关于深化改革推进出租汽车行业健康发展的指导意见》和《网络预约出租汽车经营服务管理暂行办法》，酝酿两年之久的出租汽车改革及网约车新政方案终于揭开面纱。新规于2016年11月1日起实施。其中大家最为关注的热点问题有：

1问：私家车能不能作专车？

答：可以，但车辆和驾驶人要满足一些条件。

2问：驾驶人能不能兼职开专车？

答：可以兼职。为满足网约车灵活用工的需求，专车新政提出，允许平台根据工作时长、服务频次等特点，与驾驶人签订多种形式的劳动合同或协议。

3问：专车数量要管控吗？

答：具体由各地政府来决定。服务所在地出租汽车行政主管部门依车辆所有人或网约车平台公司申请，按相关条件审核后，发放《网络预约出租汽车运输证》。

4问：网约车和传统出租车一样还是8年就强制报废吗？

答:满8年就不能当网约车了,同时网约车行驶里程达到60万公里时报废;行驶里程未达到60万公里,但使用年限达到8年时,退出网约车经营。

5问:专车平台企业还要逐个市县申请资质吗?

答:不用。首次从事网约车经营的,应当向企业注册地的出租汽车行政主管部门提出申请。其中,线上服务能力材料由注册地所在省级部门认定,认定结果全国有效。这样一来,网约车平台就不再需要一座座城市去申请。

6问:出了事故网约车平台公司要承担责任吗?

答:保障乘客出行安全是政策制订中考虑的核心问题,明确规定网约车平台公司要承担承运人责任,一旦发生事故时有明确的责任主体,保障乘客和驾驶人等各方的合法权益,减少纠纷。

7问:顺风车合法合规吗?

答:鼓励顺风车发展。

4.1 道路旅客运输分类

4.1.1 按旅客发送区域分类

道路旅客运输按发送区域分为城市道路客运和城间道路客运。

(1)城市道路客运。这是一种主要为城市地区(含郊区)居民的出行乘车需要提供的短途旅客运输。

城市道路客运的主体是常规公交、快速公共汽车、无轨电车、定制公交、出租汽车、网约车等。

城市客运的主要特点是:行车频率高,乘客交替频繁,运距较短,停车次数和站点多,客流在时间、空间上分布很不均匀;价格弹性系数较小。

(2)城间道路客运。这是一种通常用大型运输工具作为主要载运工具、以班车客运形式为主体、行驶于城市间的长途旅客运输系统。

城间客运的主要特点是:客流相对稳定,乘客平均运距较长,载运工具营运速度较高。

4.1.2 按旅客出行的目的分类

按旅客出行的目的分,旅客运输一般分为生产性(或工作性)客运和生活性(或消费性)客运。前者是一种运送因公外出、出差、通勤、上学等乘客的旅客运输;后者是一种运送探亲访友、旅游观光等乘客的旅客运输。

生产性(或工作性)客运的主要特点是:运输时间比较集中,运量较大且有一定的规律性,价格弹性系数小。

生活性(或消费性)客运的主要特点是:随机性和季节性较强,流量和流向难以掌握,运量较小且没有一定的规律性,价格弹性系数大。

4.1.3 按提供服务的性质分类

按提供服务的性质分,一般分为营业性旅客运输和非营运性旅客运输。

(1)营运性旅客运输。这是一种为持有效乘车凭证并支付了一定费用的乘客提供有偿服务(营业性质)的客运方式。其特点是:以发生运费结算为标志。如公用陆路旅客运输均属此类。

(2)非营业性旅客运输。这是一种为乘客提供无偿服务(非营业性质)的客运方式。其特点是:不发生运费结算的行为,如私人汽车、企事业单位的汽车运输等均属此类。

4.2 公交运营组织

城市道路公共交通主要方式有常规公交、快速公共汽车、无轨电车、出租汽车、定制公交、网约车等。定制公交和网约车均属于信息化和"互联网+"时代多元化运输产品形式,常规公共交通组织逐步向智慧公交转变,传统出租车组织逐步与网约车融合发展。

4.2.1 常规公交运营组织模式

常规公交采用定线定站组织模式,即运营线路固定、乘客上下车地点固定的运营方式,其乘车经济性好,并可以采用大型车辆,是国内外城市公交客运的主要方式。常规公交运营组织包括公交行车计划和公交运营调度管理两个核心部分。

4.2.2 常规公交行车计划

公交行车计划是城市公共交通企业管理的重要基础工作之一,它根据运营生产特点、生产条件和乘客需求合理编制,用以组织和指导公共电汽车运营生产的全过程。公交行车计划包括时刻表、车辆计划以及人员排班计划。

1)公交时刻表概述

公交时刻表是指根据线路当前客流量随时间或者空间的变化情况、投入运营的车辆数量以及里程指标等因素确定当前线路的发车间隔。它是指导公交车辆进行运营的基本文件。公交时刻表编制是城市公交企业管理的基础工作之一,也是公交车辆行车计划编制的重要一环。

(1)公交时刻表分类

公交时刻表编制应充分考虑客流在时间、断面、方向上的不均衡规律,合理确定首末站发车时间间隔和行车调度方法,达到各时段、各断面运力、运量基本平衡,同时达到满载率要求。也就是,按照区域线路不同时段的客流量,投入运营的车辆数以及服务水平指标等因素,确定车辆在该时段的发车时间间隔和行车调度方法。由于客流量和指标参数随着时段、季节等发生变化,因此发车时间间隔和调度方法也随之改变。公交时刻表一般分为不同季节的公交时刻表和不同日期的公交时刻表。

对同一时期的行车时刻表,有线路行车时刻表、车站行车时刻表与车辆行车时刻表。

①线路行车时刻表。按行车班次制订的车辆在线路上的运行时刻,分线路编制。表内主要列有该线路所有班次的出场时间、从始末站开出时间等。

②车站行车时刻表。指线路始末站及重点中间站点的行车时刻表,分站点编制。表中规定了在该线路行驶的各班次公共汽车每周转一次的到达、开出该站的时间,行车间隔及换班或休息时间等。

③车辆行车时刻表。按行车班次制订的车辆沿线路运行时刻表,分路牌编制。表内列有该班次车辆出场(库)时间,每周转时间内到达、开出沿线各站时间,在一个车班内(或一日营业时间内)需完成的周转次数及回场时间等。

(2)编制原则及目标

①依据客流动态变化规律,以最大限度地方便和最短的时间,安全运送旅客。

②调度形式的确定,要适应客流需要和加快车辆周转,提高运营效率。

③充分挖掘车辆的运用潜能,适时调整行车作业计划,不断提高劳动生产率。

④组织车辆在线路上有计划、有节奏、均衡地运行。

⑤在不影响服务质量的前提下,兼顾职工劳逸结合,安排好行车人员的作息时间。

⑥根据季节性客流量变化适时调整计划,根据每周、每日的不同客流量,制订并执行不同的计划安排。

(3)编制流程

①对各条线路进行客流调查,可以进行全线路全日情况的总和调查,也可以根据实际需要只进行部分路段、站点和平峰时段、高峰时段的调查,取得有关的客流分布的基本数据。

②确定各条运营线路的各项原始数据,这些数据包括车辆类型、收发车辆地点、首车及末车时间、各条运营线路的长度、运营时间内各段时间的各个路段客流量、车辆周转时间以及其他一些必要的数据。

③计算运行参数,包括计算各段时间车辆数以及各段时间行车频率、对所计算的行车频率进行调整、根据调整后的行车频率计算各个时间段的行车间隔、确定各个时间段内的行车间隔分配与排列方案。

④对计算得到的各个时间段的主要参数,包括各个时段、路段的客流量、车辆满载率、行车间隔、周转时间及周转系数进行汇总,编制各分段时间内的各个车次的行车时刻表。

行车计划表编制流程如图 4-1 所示。

(4)行车作业计划编排的主要内容

行车作业计划编排的主要内容就是根据运行参数,排列各时段车次的行车时刻。应注意的是,在具体编制过程中,若发现有些参数的初算值不符合要求应予以修正,直到符合要求为止。

①安排和确定行车班次(路牌)。行车路牌是车辆在线路运行的次序或秩序,车辆的路牌号也称车辆运行的次序号。

起排的方法有两种:一种是从头班车的时间排起,自上而下,从左向右顺序地填写每一次的发车时刻直到末班车;二是从早高峰配足车辆的一栏排起,然后向前推算到头班车,这种方

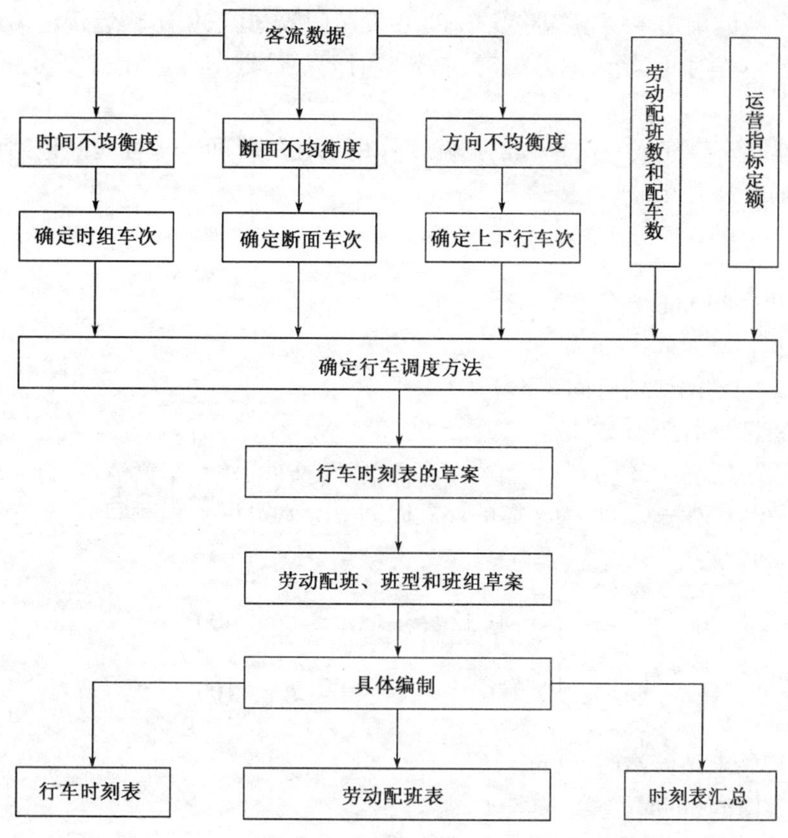

图 4-1 行车计划表编制流程图

法能较好地安排每辆车的出车顺序,也能较经济地安排运行时间,待全表排好后,再定车辆的次序号,并填进车辆进、出场时间,这样比先定序号后排时间的方法要简便一些。

②行车间隔的排列。行车间隔必须按车辆周转时间除以行驶车辆数的计算方法确定,不得随意变动,避免车辆周转不及时或行车间隔不均匀,可以通过适当压缩或增加车辆在始末站时间来调节。

③增减车辆的排列。线路上运行的车辆是按时间分组,随着客流量的变化有增有减。车辆不论加入或抽出,均要考虑前后行车间距的均衡,要注意做到既不损失时间,又不产生车辆周转时间不均的矛盾,并做到车辆均匀地加入和抽出,这样就能做到配车数量、行车间距虽有变化,但行车仍保持其均匀性。

④全程车与区间车的排列。在编制行车作业计划时,由于全程车与区间车的周转时间不等,混合行驶时,不仅要注意区间断面上的行车间隔均衡,而且要求区间车与全程车合理相间,充分发挥区间车的效能,以方便乘客。如果区间断面上的发车班次与全程车无法对等,不能相间行驶时,也要注意配合协调,间隔均匀。

⑤行车人员用餐时间的排列。安排行车人员用餐时间,一般有 3 种方法:增加劳动力代班用餐;增车增人填档,替代行驶的车辆参加运行;不增车不增人,用拉大行车间距的方法,让出用餐所需要的时间。

2)车辆运行参数

车辆运行参数的确定主要包括路线车辆数、发车间隔,其依据车辆运行定额进行计算。车辆运行定额包括单程时间、始末站停站时间、周转时间及计划车容量等。

(1)单程时间

单程时间是指车辆完成一个单程的运输工作所消耗的时间。单程时间包括单程行驶时间和在各中间站的停站时间,即

$$t_n = t_{nT} + t_{ns} \tag{4-1}$$

式中:t_n——单程时间(min);

t_{nT}——单程行驶时间(min);

t_{ns}——各中间站的停站时间(min)。

(2)始末站停站时间

线路始末站停站时间,包括为车辆调车、办理行车文件手续、车辆清洁、行车人员休息与交接班、乘客上下车以及停站调节等必需的停歇时间。通常可以单程时间为准,按下式适当确定始末站平均停站时间:

$$\bar{t}_t = \begin{cases} 4 + 0.1t_n & (10 \leqslant t_n \leqslant 40) \\ 0.21t_n & (40 \leqslant t_n \leqslant 100) \end{cases} \tag{4-2}$$

式中:$\bar{t}_t$——平均始末站停站时间(min);

t_n——单程时间(min)。

(3)周转时间

周转时间等于单程时间与平均始末站停站时间之和的2倍,即

$$t_0 = 2(t_n + \bar{t}_t) \tag{4-3}$$

式中:t_0——周转时间(min)。

(4)计划车容量

计划车容量是指行车作业计划限定的车辆载客量,又称(计划)载客量的定额,可按下式确定:

$$q^0 = q_0 r^0 \tag{4-4}$$

式中:q^0——计划车容量(人次);

q_0——车辆额定载客量(人次);

r^0——车厢满载率定额(%)。

一般高峰期间车厢满载率定额为 $r_s^0 \leqslant 1.1$;平峰期间车厢满载率定额平均为 $r_i^0 \geqslant (0.5 \sim 0.6)$。

(5)路线车辆数确定

路线车辆数包括组织线路营运所需的车辆总数与营业时间内各时间段所需的车辆数。确定组织线路营运所需的车辆总数,一般以高峰小时客流所需车辆数为准。确定营业时间内各时间段所需的车辆数,应根据该段时间内最高路段客流量及计划车容量。

①分时间段线路车辆数 A_i。在一个客运工作日内,可以将整个营业时间按小时划分为若干时间段,假定只有全程车(可按正、加班车调度形式运行),那么任意 t_i 时间段线路所需车辆数(计算单位车辆)可通过该时间段的行车频率 f_i 和车辆周转系数 η_{0i} 确定,即

$$A_i = \frac{f_i}{\eta_{0i}} \tag{4-5}$$

行车频率 f_i(辆/h),是指单位时间内通过营运线路某一站点的车辆次数。任意时间段内的行车频率为:

$$f_i = \frac{Q''_i}{q_0\gamma_i^0} \tag{4-6}$$

式中:Q''_i——第 i 时间段内营运线路高峰路段的客流量(人次);

γ_i^0——第 i 时间段内客流量最高路段的设计车厢满载率定额。

周转系数 η_{0i} 是指单位时间内车辆沿整条线路所完成的周转数,即

$$\eta_{0i} = \frac{60}{t_{0i}} \tag{4-7}$$

式中:t_{0i}——第 i 时间段内的车辆周转时间(min)。

将 f_i 和 η_{0i} 分别代入式(4-5),得:

$$A_i = \frac{Q''_i t_{0i}}{60q_0\gamma_i^0} \tag{4-8}$$

②线路车辆总数 A。对于一条营运线路,车辆总数代表了该线路的最大运力水平,因此,可以通过该线路最大运输需求确定线路车辆总数。通常营运线路最大运输需求可用高峰小时高峰路段客流量代表。

当营运线路所有车辆都采用全程车运行方式时,高峰小时应对的线路车辆数即为线路车辆总数,即

$$A = \frac{Q''_s t_{0s}}{60q_0\gamma_s^0} \tag{4-9}$$

式中:Q''_s——高峰小时高峰路段客流量(人次);

t_{0s}——高峰小时的车辆周转时间(min);

γ_s^0——高峰小时计划满载率定额。

当营运线路上除全程车外,还有多种车辆调度形式时,线路车辆总数为各种调度形式所有车辆数的总和,即

$$A = A_i + A_a + A_e \tag{4-10}$$

式中:A_i——高峰小时运行的全部车车辆数(辆);

A_a——高峰小时运行的区间车车辆数(辆);

A_e——高峰小时运行的快车车辆数(辆)。

可按式(4-11)~式(4-13)确定 A_i、A_a、A_e 的值:

a. 如果营运线路仅采用全程车和区间车,无快车形式,则:

$$A_i = \frac{\overline{Q_s^N} t_{0s}}{60q_0\gamma_s^0} \tag{4-11}$$

式中：$\overline{Q_s^N}$——高峰小时双向平均路段客流量(人次)。

$$A_a = \frac{Q''_a t_{0s}}{60 q_0 \gamma_a^0} \tag{4-12}$$

式中：Q''_a——高峰小时高峰路段区间双向平均路段客流量与线路双向平均路段客流量的差值(人次)；

t_{0s}——高峰小时车辆沿高峰路段区间进行时的周转时间(min)。

b. 如果营运线路上全程车与快车配合使用，无区间车，则：

$$A_e = \frac{Q''_e t_{0a}}{60 q_0 \gamma_a^0} \tag{4-13}$$

式中：Q''_e——高峰小时高单向平均路段客流量与线路双向平均路段客流量的差值(人次)；

t_{0a}——高峰小时车辆按快车形式运行的线路周转时间(min)。

c. 正、加班车数的确定。正班车数 A_n 通常可根据线路车辆总数 A、客流的时间不均匀系数 K_t、客流高峰与平均车厢计划满载率定额 γ_s^0 及 γ_f^0 按下式确定：

$$A_n = W_a \frac{A\gamma_s^0}{K_t \gamma_f^0} \tag{4-14}$$

式中：W_a——车辆系数，一般取 1.0 ~ 1.25，当线路客流量处于平峰期间时，可取较低值；反之应取较高值。

然后，可确定加班车数 A_w，即

$$A_w = A - A_n \tag{4-15}$$

(6)发车间隔

发车间隔是指前后两辆公交车辆发出时间的间隔，即当前公交车辆发出时刻减去之前一辆公交车辆发出时刻的时间差值，以时间为单位。发车频率是指单位时间内发出车辆的次数，以车辆数/时间为单位，它与发车间隔成反比。

在单位时间取为 1 时，发车间隔与发车频率互为倒数，发车频率等于单位时间除以平均发车间隔，这时，在此段时间内，所有发出车辆间的发车间隔是相同的，都等于平均发车间隔。另外，在最终编制的车辆时刻表上，首发班次时间确定后则可以通过发车间隔直接推算出后续所有班次的发车时间；但对于发车频率而言，需要先考虑整个运营时间的时段划分，再考虑由发车频率求得的发车间隔的分配与排列。

①发车间隔的计算。发车间隔，是指正点行车时，前后两辆车到达同一停车站的时间间隔，又称车距。可由下式确定：

$$I = \frac{t_0}{A} \text{或} \frac{t''_i}{A_i} \tag{4-16}$$

式中：t_0——高峰期间的周转时间(min)；

t''_i——第 i 时间段的持续时间(min)；

A_i——第 i 时间段内运行的车辆数(辆)。

②发车间隔的分配。发车间隔的分配是指对发车间隔计算值分配，对呈现小数的发车间隔值取整处理，并使之确定为适当数值便于行车掌握，或者，根据实际需要将一个整数发车间隔分为其他大小不同的整数发车间隔的过程。

当发车间隔计算值 I 分解后，按每种发车间隔运行的车辆数可参照下述方法进行分配：

假设某时间(t_0)内发车间隔的计算值为小数,即 $I=E.a$(E 为 I 值的整数部分;a 为 I 值的小数部分)。

若将 I 值的小数部分($0.a$)去掉使之化为整数,则记为 $[E.a]=E$。

将 I 值分解为 E:

$$I=\begin{cases}I_b = \mathrm{Int}(I+X_b)\\ I_c = \mathrm{Int}(I-X_c)\end{cases} \tag{4-17}$$

式中,X_b、X_c 为分解 I 值所采用的非负数,即 X_b、$X_c \geqslant 0$;显然,$I_c < I < I_b$,又设:$\Delta I = I_b - I_c$。

按最大发车间隔(I_b)运行的车辆数 A_b 为:

$$A_b = \frac{t_0 - AI_c}{\Delta I} \tag{4-18}$$

按最小发车间隔(I_c)运行的车辆数 A_c 为:

$$A_c = A - A_b \tag{4-19}$$

式中:A——t_0 时间内的发车总数(辆)。

由于 X_b 与 X_c 的取值不同,ΔI 值的大小也各不相同,一般在 $\Delta I=1$ 的情况下,A_b 与 A_c 值均为整数,但当 $\Delta I>1$ 时,A_b 的值可能为小数。此时除将 A_b 取为整数,即令 $A_b=[A_b]$以外,尚须在行车间隔 I_b 与 I_c 之间增加一种行车间隔 I_y,即 $I_c<I_y<I_b$,之后可按下式计算其车辆数 A_y:

$$A_y = \frac{t' - A'I_c}{\Delta I'} \tag{4-20}$$

式中:t'——剩余时间(min),$t'=t_0-I_bA_b$;

A'——剩余车辆数(辆),$A'=A-A_b$。

$$\Delta I' = I_y - I_c \tag{4-21}$$

则有:

$$A_c = A - A_b - A_y \tag{4-22}$$

故:

$$\sum(IA) = I_bA_b + I_yA_y + I_cA_c$$

一般将其综合记为:

$$t_0 = \sum(IA) = \sum(\text{车距}\times\text{车数}) \tag{4-23}$$

因此,以上分配过程,为便于掌握和计算简便,除个别情况外,通常选取 $\Delta I=1$。但是在客运高低峰过渡时间内,则通常要取 $\Delta I>1$。

发车间隔的排列是指根据一定的原则,将前面计算得到的大小不同的发车间隔,依据客流情况,进行次序排列,以便使运营发放车次时更加符合客流变化的动态趋势。

发车间隔排列的原则主要有以下 3 种形式:

由小到大的顺序排列,在客流高峰向客流低峰过渡时适用。

由大到小的顺序排列,在客流低峰向客流高峰过渡时适用。

大小相间的排列,在客流变化不大时适用。

【例 4-1】 发车间隔计算案例

已知公汽线路晚低峰期间的周转时间 $t_0=46$min,车辆总数 $A=11$ 辆,试确定行车间隔(整数)。

解：首先计算行车间隔 $I=\frac{t_0}{A}=\frac{46}{11}=4.18(\mathrm{min})$

因 I 值不为整数，需进行整数化处理。下面用两种方法分解 I 值：

(1)当取 $X_b=X_c=1$ 时，由式(4-17)可得：

$$I=\begin{cases}I_b=\mathrm{Int}(I+X_b)=\mathrm{Int}(4.18+1)=5(\mathrm{min})\\ I_c=\mathrm{Int}(I-X_c)=\mathrm{Int}(4.18-1)=3(\mathrm{min})\end{cases}$$

此时有

$$A_b=\frac{t_0-AI_c}{I_b-I_c}=\frac{46-11\times 3}{5-3}=6.5(\text{辆})$$

由于 A_b 为小数，说明需要在 I_b 和 I_c 之间增加一种行车间隔 I_y。因此，令 $A_b=6$ 辆，增设行车间距 $I_y=4\mathrm{min}(I_b>I_y>I_c)$，则按 I_y 行驶的车辆数 A_y 为：

$$A_y=\frac{(t_0-i_bA_b)-(A-A_b)I_c}{I_y-I_c}=\frac{(46-5\times 6)-(11-6)\times 3}{4-3}=1(\text{辆})$$

则

$$A_c=A-A_b-A_y=4(\text{辆})$$

因该车周转时间处于客运晚低峰，客流量逐渐减少，故行车间隔应由小到大顺序排列，即

$$t=\sum(IA)=I_bA_b+I_yA_y+I_cA_c=3\times 4+4\times 1+5\times 6=46(\mathrm{min})$$

由上述计算结果可知，行车间隔为3min的应有4辆车，行车间隔为4min的应有1辆车，行车间隔为5min的应有6辆车。

(2)当 $X_b=1,X_c=0$ 时，由式(4-17)可得：

$$I=\begin{cases}I_b=\mathrm{Int}(I+X_b)=\mathrm{Int}(4.18+1)=5(\mathrm{min})\\ I_c=\mathrm{Int}(I-X_c)=\mathrm{Int}(4.18-0)=4(\mathrm{min})\end{cases}$$

此时有

$$A_b=\frac{t_0-AI_c}{I_b-I_c}=\frac{46-11\times 3}{5-4}=2(\text{辆})$$

$$A_c=A-A_b=11-2=9(\text{辆})$$

则按行车间隔由小到大顺序排列，得：

$$t=\sum(IA)=I_bA_b+I_yA_y+I_cA_c=4\times 9+5\times 2=46(\mathrm{min})$$

即行车间隔为4min的应有9辆车，行车间隔为5min的应有2辆车。

上述两种行车间隔方案的选择，可根据线路有关营运的实际情况确定。

(7)车班数

车班数包括车班总数及按不同车班工作制度运行的车班数。

车班总数的计算方法如下：

$$\sum B=\frac{\sum T_d+\sum T_c}{t_B} \tag{4-24}$$

式中：$\sum B$——车班总数(车班)；

$\sum T_d$——线路工作总时间(h)，即全部车辆在线路上的工作时间之和；

$\sum T_c$——全部车辆的收发车调控时间之和(h)；

t_B——车班工作时间定额(h)。

车辆的线路工作总时间$\sum T_{\mathrm{d}}$为：

$$\sum T_{\mathrm{d}} = \sum_{j=1}^{k_0} t_{0j} A_j \text{ 或 } \sum T_{\mathrm{d}} = \sum_{i=1}^{k} t_i A_i \tag{4-25}$$

式中：t_{0j}——第j次周转时间(h)；

A_j——第j次周转时间内的车辆数(辆)；

k_0——周转总次数；

t_i——第i时间段的营业时间(h)；

A_i——第i时间段内的发车辆(次)数(辆或次)；

k——时间段总数。

确定车班总数($\sum B$)之后，即可通过计算车班系数(ΔA)选定车班工作制度，从而确定按各车班工作制度运行的车班数B_i，即

$$\Delta A = \sum B - 2A \tag{4-26}$$

式中：A——线路车辆总数(辆)。

①如果$\Delta A > 0$，则车班工作制度为三班工作制。其中，第一、第二班的车班(辆)数为A，即$B_1 = B_2 = A$，而第三班的车班(辆)数为$B_3 = \Delta A$。

②如果$\Delta A = 0$，则全部车辆实行双班制，每工作班车数均为A，即$B_1 = B_2 = A$。

③如果$\Delta A < 0$，且$I\Delta AI < A$，则为单班与双班兼有的车班工作制，其中，按照单班工作制的车班数为$B_1 = I\Delta AI$，按照双班工制的车班数$B_2 = B_3 = A - I\Delta AI$。

④如果$\Delta A < 0$，且$I\Delta AI = A$，则为单班工作制，车班数$B_1 = A$。

3)车辆调度

车辆调度形式是指运营调度措施及计划中所采用的运输组织形式，按车辆工作时间长短分为正班车、加班车和夜班车；按车辆运行与停站方式分为全程车、区间车、快车、定班车、跨线车(表4-1)。

公交车辆调度形式 表4-1

车辆调度形式		说明
全程车		车辆从线路起点发车运行至终点，在沿线各站点依次停靠，并驾驶完全程的一种基本调度形式
区间车		车辆仅在线路某一客流量很大的区段内行驶的一种辅助调度形式
快车	大站快车	车辆仅在沿线乘客集散量较大的站点停靠的一种越站快速运行调度形式
	直达快车	车辆在乘客集散量大的站点间直接运行的调度形式
定线车		车辆按规定时间、规定线路、规定班次和站点的原则进行运输
跨线车		为平衡相邻线路间客流负荷，减少乘客换乘而组织车辆跨线运行的一种调度方式

(1)按车辆工作时间的长短划分

①正班车。主要指车辆在正常运营时间内连续工作相当于两个工作班的一种基本调度形式，又称为双班车或大班车。

②加班车。指车辆仅在某种情况下，在某段运营时间内上线工作，并且一日内累计工作时间相当于一个工作班的一种辅助调度形式，又称为单班车。

③夜班车。指车辆在夜间上线工作的一种辅助调度形式,常与日间加班车相兼组织,夜班车连续工作时间相当于一个工作班。

(2)按车辆运行与停站方式划分

①全程车。指车辆从线路起点站发车运行直至终点站为止,且必须在沿线各固定站点依次停靠,按规定时间到达有关站点并驶满全程的一种基本调度形式,又称为全站车或慢车。

②区间车。指车辆仅行驶在线路上某一客流量较大的路段的一种辅助调度形式。

③快车。指为了适宜沿线长乘距乘车的需要而采取的一种越站快速运行的车辆调度形式,包括大站快车和直达车两种。大站快车是指车辆仅在沿线客流集散量较大的停靠站停靠和在其间直接运行的一种调度形式;直达车是快车的一种特殊形式,车辆仅在线路起点站和终点始停靠。

④定班车。指为了接送有关单位职工上下班或学生上下学等情况而组织的一种专线车调度形式,又称为定点车。车辆可按定时间、定线路、定班次和定站点的原则进行组织。

⑤跨线车。指为了平衡相邻线路之间客流负荷,减少乘客换乘而组织的一种车辆跨线运行的调度形式。俗称的"支援车"是跨线车的一种。

在城市常规公交运营调度中,以全程车和正班车为基本调度形式,根据线路客流的每日时段分布,综合考虑道路交通条件、企业运营组织与技术条件、相关服务质量要求等因素辅以其他调度形式。

区间车调度形式可以通过路段客流量差值或者路段不均匀系数确定。

①通过计算路段客流量确定。

$$\Delta Q_{Li} = Q_{Li} - \overline{Q}_L \tag{4-27}$$

式中:ΔQ_{Li}——第 i 路段客流量差;

Q_{Li}——第 i 路段客流量;

$\overline{Q}_L$——沿线各路段平均客流量。

$\Delta Q_{Li} \geqslant (2 \sim 4)q^0$,应开设区间车。

q^0 为计划车容量,即车辆的计划载客量定额(人)。

其中,$q^0 = q_0\gamma^0$,q_0 为车辆额定载客量,γ^0 为车厢满载率定额。

②通过计算路段不均匀系数,确定路段不均匀系数。

$$K_{Li} = \frac{Q_{Li}}{\overline{Q}_L} \tag{4-28}$$

当路段不均匀系数 K_{Li} 满足 $K_{Li} > K_L^0$ 时,应开设区间车,K_L^0 通常取 1.3 ~ 1.5。

快车调度形式可以通过方向不均匀系数或者站点不均匀系数确定。

①通过计算方向不均匀系数确定。

$$K_f = \frac{Q_{fmax}}{\overline{Q}_f} \tag{4-29}$$

即,统计时间内线路最大单向客运量与线路平均单向客运量之比。当 K_f 满足:$K_f > K_f^0$ 时,可沿同方向客流集散量较大的几个站点开设快车。

K_f^0 一般取值 1.2 ~ 1.4。

②通过计算站点不均匀系数确定。

站点不均匀系数：

$$K_{zj} = \frac{Q_{zj}}{\overline{Q}_z} \tag{4-30}$$

即，统计时间内第 j 站乘客集散量与沿线各站平均乘客集散量之比。当长距离乘客较多，站点不均匀系数 K_{zj} 满足：$K_{zj} > K_z^0$ 时，考虑沿同方向客流集散量较大的几个站点开设快车。K_z^0 为临界值，一般取 1.4～2.0。

高峰加班车调度形式可通过计算客流的时间不均匀系数（时间单位可取小时）的方法确定。

时间不均匀系数：

$$K_{si} = \frac{Q_{si}}{\overline{Q}_s} \tag{4-31}$$

即，营业时间内第 i 小时的线路客运量与平均每小时线路客运量之比。如果时间不均匀系数 K_{si} 满足 $K_{si} > K_s^0$，应考虑开始加班车。K_s^0 一般取 1.8～2.2。

【例 4-2】 调度形式选择案例

已知某公共汽车线路高峰期间高单向数据如表 4-2 所示，试确定有无必要采取区间车与快车调度形式。

某公共汽车线路高峰期间高单向数据 表 4-2

停车站 / 项目	A	B	C	D	E	F	G	H	I
停车站序号 j	1	2	3	4	5	6	7	8	9
站点集散量（人次）	1864	465	467	924	1459	1010	674	616	1874

路段序号 i	1	2	3	4	5	6	7	8
路段客流量（人次）	1864	2231	2262	2649	2450	2386	1746	1874
路段满载率（%）	0.61	0.76	0.78	0.87	0.81	0.80	0.48	0.62

解：(1) 区间车调度形式的确定

首先计算各路段的平均客流量，即

$$\overline{Q}_L = \frac{\sum Q_{Li}}{n} = \frac{1864 + 2231 + 2262 + 2649 + 2450 + 2386 + 1764 + 1874}{8}$$

$$\approx 2182.8(\text{人次})$$

然后分别计算各路段的路段不均匀系数，即

$$K_{L1} = \frac{Q_{L1}}{\overline{Q}_L} = \frac{1864}{2182.8} \approx 0.85$$

同理类推可得：

$K_{L2} \approx 1.02$，$K_{L3} \approx 1.04$，$K_{L4} \approx 1.21$，$K_{L5} \approx 1.12$，$K_{L6} \approx 1.09$，$K_{L7} \approx 0.8$，$K_{L8} \approx 0.86$。

由于 $K_{L1} \sim K_{L8}$ 均小于1.3，未达到开行区间车的界限值 K_L^0，因此无必要采用区间车调度形式。

(2)快车调度形式的确定

首先计算各站点的平均乘客集散量，即

$$\overline{Q_z} = \frac{\sum Q_{zj}}{m} = \frac{1864 + 465 + 467 + 924 + 1459 + 1010 + 674 + 616 + 1874}{9}$$

$$\approx 1039.22(\text{人次})$$

然后分别计算各站点的站点不均匀系数，即

$$K_{z1} = \frac{Q_{z1}}{\overline{Q_z}} = \frac{1864}{1039.22} \approx 1.79$$

同理类推可得：

$K_{z2} \approx 0.45, K_{z3} \approx 0.45, K_{z4} \approx 0.89, K_{z5} \approx 1.4, K_{z6} \approx 0.97, K_{z7} \approx 0.65, K_{z8} \approx 0.59, K_{z9} \approx 1.8$。

由此计算结果可知，$K_{z1} \sim K_{z9}$ 计算值接近判别标准 K_z^0 较高限，K_{z5} 计算值达到判别标准 K_z^0 低限，但该站车辆满载率较高(即 $\gamma > 0.8$)，所以有必要考虑A、E及I站间采用大站快车调度形式。

4)车辆行车时刻表

编制车辆行车时刻表，主要是确定关键站点及其主要时刻。

(1)关键站点的确定

在车辆行车时刻表编制过程中，关键站点考虑最多的就是入线站点和离线站点。入线站点是指在运营车辆进入线路运行时的第一个车次的对应站点，即车辆进入线路的第一个发车站点。离线站点是指在运营车辆退出线路运行时的最后一个站点，即车辆从该站点返回车场。选定车辆的入线站点和离线站点时，一般需要综合考虑多个因素，例如：所在时间段的上、下行的客流量大小；车辆所在停车场(库)和入线站点之间的距离；运营线路沿线乘客对服务时间的要求；线路投放运力是否方便和经济等。

通常情况下，入线站点和离线站点都被固定在公交首末站点上，但对于非常规调度形式(指区别于基础行车时刻表上的正班全程车的其他调度形式)来说，因为存在多次进出线路运行的情况，所以根据实际需要，其入线、离线站点可能不会设置在首末站上。

(2)主要时刻的确定

车辆运行的关键时刻主要有计划的出场时刻、入线时刻、离线时刻、回场时刻以及各车次的到站时刻与发车时刻。

①出场时刻。出场时刻 t_{out} 是指车辆从停车场(保养厂)进入运营线路时在停车场(保养厂)的发车时刻，计算公式为：

$$t_{out} = t_{dl} - t_s - t_m \tag{4-32}$$

式中：t_{dl}——车辆入线的第一个发车时刻；

t_s——首末站停车时间定额；

t_m——停车场(保养厂)与入线站点之间的单程时间定额。

②入线时刻。入线时刻 t_{up} 是指车辆进入运行线路时到达第一个发车站点的时刻，计算公式为：

$$t_{up}=t_{dl}-t_s \tag{4-33}$$

显然，对于首发车辆来说，入线时刻就是第一次到站时刻。

③离线时刻。离线时刻 t_{down} 是指车辆从线路退出运营时离开线路的时刻，计算公式为：

$$t_{down}=t_{an}-t_s \tag{4-34}$$

式中：t_{an}——车辆最后一个车次的到站时刻。

④回场时刻。回场时刻 t_{in} 是指车辆从线路返回并到达停车场（保养厂）的时刻，计算公式为：

$$t_{in}=t_{down}-t_m \tag{4-35}$$

⑤发车时刻。发车时刻是指每个车次从起始站发车的计划时刻。对于每个周转而言，其发车时刻有两个：一个是每次周转的起始站的发车时刻，通常由发车间隔分配和排列方案给定；另一个是每次周转的终点站的返回发车时刻，等于车辆到达终点站的到站时刻与首末站停车时间定额之和。

⑥到站时刻。到站时刻是指每个车次到达终点站的时刻，等于每车次的首末站的发车时刻与该车次的单程时间定额之和。

5）行车时刻表编制案例

AK 线全线长度为 4.5km，停车站数为 8 个，中间站平均停站时间为 0.5min，收、发车的地点为 A 站，首班车从 A 站发车时间为 5:00，K 站的发车时间为 5:20，末班车时间 A 站为 22:49，K 站为 23:10，每次收发车里程合计 0.6km，A 站在客流高、中、低峰时的停站时间规定分别为 5min、9min、14min，K 站则均为 3min，单程运送时间规定均为 21min，线路营业时间内客流分布与定额见表 4-3，高峰小时客流数据见表 4-4。编制 AK 线的行车作业计划。

线路营业时间内客流分布与定额　　表 4-3

序号	起止时间	人次	时间不均匀系数	峰型	最高路段客流量（人次）	车辆额定载客量（人）	周转时间（min）	小时行车频率（min）	满载率定额（%）
1	5:00—6:00	1346	0.64	低	392	72	50(41)	9.1	60
2	6:00—7:00	3806	1.81	高	988	72	41	14.4	95
3	7:00—8:00	4386	2.09	高	1140	72	41	16·7	95
4	8:00—9:00	2155	1.03	平	624	72	45	12.4	70
5	9:00—10:00	1654	0.79	低	496	72	50	11.5	60
6	10:00—11:00	1432	0.68	低	430	72	50	10.0	60
7	11:00—12:00	1489	0.71	低	417	72	50	9.7	60
8	12:00—13:00	1929	0.92	低	521	72	50	12.1	60
9	13:00—14:00	2090	1.00	平	688	72	45	13.3	70
10	14:00—15:00	2224	1.06	平	644	72	45	12.8	70
11	15:00—16:00	2793	1.33	平	810	72	45	14.1	80
12	16:00—17:00	4011	1.91	高	1043	72	41	15.2	95

续上表

序号	起止时间	人次	时间不均匀系数	峰型	最高路段客流量（人次）	车辆额定载客量（人）	周转时间（min）	小时行车频率（min）	满载率定额（%）
13	17:00—18:00	3154	1.50	平	852	72	45	14.8	80
14	18:00—19:00	1611	0.77	低	483	72	50	11.2	60
15	19:00—20:00	1025	0.49	低	318	72	50	7.4	60
16	20:00—21:00	1104	0.53	低	309	72	50	7.2	60
17	21:00—22:00	871	0.41	低	253	72	50	5.9	60
18	22:00—23:00	725	0.35	低	182	72	50	4.2	60
合计		37805			10566				
平均		2100			587				

（1）确定调度形式

①根据表4-3和表4-4，客流高峰时，只有DE段的路段不均匀系数（1.35）大于开行区间车调度形式的界限值（1.2~1.5），而且D、E两站的方向不均匀系数均为1.45，仅比界限值（1.2~1.4）大0.05，所以不考虑开行区间车。

②始末站的客流量都很大，全程正班车、加班车、大站车及区间车均不能满足需要时，可开行直达车。

线路最高峰小时客流数据　　表4-4

站名			A	B	C	D	E	F	G	K	合计	平均
上车人数	上行		514	408	354	462	336	165	42		2281	326
	下行			39	154	472	426	327	376	473	2105	301
下车人数	上行			43	165	387	472	346	383	485	2281	
	下行		448	353	318	434	358	154	40		2105	
站点客流	人数		962	843	991	1592	1592	992	841	958	8772	1 097
	$K_{站}$		0.88	0.77	0.90	1.45	1.45	0.90	0.77	0.87		
路段客流	人数	上行	514	879	1068	1143	1007	826	485		5922	846
		下行	448	762	926	1050	982	809	473		5450	779
	$K_{路}$	上行	0.61	1.04	1.26	1.35	1.91	0.98	0.57			
		下行	0.58	0.98	1.19	1.35	1.26	1.04	0.61			
站距（km）			0.60	0.64	0.68	0.72	0.70	0.60	0.56		4.5	0.64
备注	$K_{站}$ 表示站点不均匀系数—通过某站点的客流量/各站点平均客流量； $K_{路}$ 表示路段不均匀系数—通过某路段的客流量/各路段平均客流量； 上行路段客流人数＝车辆上行到站时的车上实际人数＋上行上车人数－上行下车人数； 下行路段客流人数＝车辆下行到站时的车上实际人数＋下行上车人数－下行下车人数											

（2）计算运行参数

调度方式确定以后，根据表4-4线路原始数据及定额标准，计算线路运行参数。结果见

表4-5。

周转时段运行参数汇总表

表4-5

序号	起止时间	周转时间(min)	跨小时段行车频率计算值	线路车辆数		行车间隔	
				计算值	调整值	计算值	分配与排列方案
1	5:00—5:41	41	9.1	6.22	6	6.83	7(min)×5,6(min)×1
2	5:41—6:22	41	9.1,14.4	8.16	8	5.13	6(min)×1,5(min)×7
3	6:22—7:03	41	14.4,16.7	9.96	10	4.10	5(min)×1,4(min)×9
4	7:03—7:44	41	16.7	11.41	11	3.73	4(min)×8,3(min)×3
5	7:44—8:29	45	16.7,12.4	10.45	10	4.50	4(min)×10,5(min)×1
6	8:29—9:19	50	12.4,11.5	10.05	10	5.00	5(min)×1
7	9:19—10:09	50	11.5,10.0	9.36	9	5.56	5(min)×4,6(min)×5
8	10:09—10:59	50	10.0	8.33	8	6.25	6(min)×6,7(min)×2
9	10:59—11:49	50	10.0,9.7	8.09	8	6.25	6(min)×6,7(min)×2
10	11:49—12:39	50	9.7,12.1	9.64	10	5.00	5(min)×10
11	12:39—13:24	45	12.1,13.3	9.56	10	4.50	5(min)×1,4(min)×10
12	13:24—14:09	45	13.3,12.8	9.78	10	4.50	5(min)×1,4(min)×10
13	14:09—14:59	45	12.8	9.60	10	4.50	5(min)×1,4(min)×10
14	14:59—15:35	41	12.8,14.1	9.51	10	4.10	4(min)×9,5(min)×1
15	15:35—16:16	41	14.1,15.2	7.58	8	5.13	6(min)×1,5(min)×7
16	16:16—16:57	41	15.2	10.39	10	4.10	4(min)×9,5(min)×1
17	16:57—17:42	45	15.2,14.8	11.12	11	4.09	4(min)×10,5(min)×1
18	17:42—18:32	50	14.8,11.2	9.48	9	5.56	5(min)×4,6(min)×5
19	18:32—19:22	50	11.2,7.4	8.26	8	6.25	6(min)×6,7(min)×2
20	19:22—20:12	50	7.4,	7.2	6.14	6	8.33
21	20:12—21:02	50	7.2,	5·.9	6.00	6	8.33
22	21:02—21:52	50	5.9	4.98	5	10.00	10(min)×5
23	21:52—22:42	50	5.9,4.2	3.87	4	12.50	12(min)×2,13(min)×2
24	22:42 23:32	50	4.2	1.26	1	18.00	18(min)×1

①确定周转时间。先推算出车辆返回发车站的到达时间,按到达时间所在小时段的周转时间确定。

例如,7:44—8:29 时间段,车辆到达时间 8:29 所在的时间段为 8:00—9:00,据表 4-3,该小时间段的周转时间为 45mim,则 7:44—8:29 时间段的周转时间为 45min。

②确定周转时段所需车辆数。不跨时间段的,直接用公式计算;跨时间段的,先计算各分

段所需车辆数,各分段所需车辆数之和,即为周转时间段所需车辆数。

例如,表4-5中序号2时段的起止时间为5:41和6:22,跨两个时间段(5:00—6:00,6:00—7:00)。经过两个时间段的时间分别是19min和22min,据表4-3计算,这两个时间段行车频率分别为9.1和14.4,则有:

经过5:00—6:00时间段所需车辆数 = 9.1 ÷ 60 × 19 = 2.88(辆)

经过6:00—7:00时间段所需车辆数 = 14.4 ÷ 60 × 22 = 5.28(辆)

5:41—6:22周转时间内所需车辆数 = 2.88 + 5.28 = 8.16(辆)

其他跨小时段所需车辆数和周转时间段所需车辆数均照此方法换算。

③安排行车间隔。

行车间隔的计算值不为整数时,进行调整,并据时间段客流变化情况进行排列。

例如,7:30—7:44时间段,行车间隔值 = 周转时间/线路车辆数 = 41 ÷ 11 = 4.10,取4、5两个行车间隔。7:03—7:44时间段为客流高峰路时段,8:00—9:00为平峰,采用由小到大的行车间隔排列方式。因此,7:03—7:44时间段的行车间隔的排列方案为3min、4min。

根据运行参数,即可编制行车作业计划。

(3)编制运行时刻表

以线路行车时刻的编制为例,说明行车作业计划的编制步骤。

①先确定第一行A、K站发车时刻。在行车时刻表中第一行也称标线。在标线中同一站名中后与前的运转时刻之差,即为周转时间。

采用从早高峰起排的方法即从配足车辆的第四周转排起,确定车辆在A站的发车时刻为7:03,由于规定单程运行时间为21min,所以到达K站的时间为7:24,整个周转的时间为41min,则第五周转在A站的发车时刻为7:44,到达K站的时间为8:05,依次向后推算到末班车;然后向前推算到头班车。

②确定每一列的发车时刻。按照已经设计好的行车间隔分配与排列方案(表4-5),从该时间段开始的时刻(即第一行),从上到下依次列出各发车时刻。

例如,7:03—7:44时间段的行车间隔的排列方案为3(min)×3,4(min)×8,则该时段A站各车次的具体发车时刻依次为7:03,7:06,7:09,7:13,7:17,7:21,7:25,7:29,7:33,7:37,7:41。

将行、列的发车时刻确定以后,依次填入表中,即为线路的行车次序排列表,见表4-6。为了方便表示,在行车时刻表中,时间7:03和18:20等,表示为703和1820(表4-9同)。

在表4-6中,分配给各路牌的班次数相差悬殊,没有分清各班次的出入场时间,必须进行调整。

③确定正班车和加班车。在一天营运时间内,哪个时段是加班车,哪个时段是正班车,用时区划分方法,确定车辆的运行方式比较简单。

根据排列组合,车辆的运行方式有21种,但有意义的约为14种,经常应用的仅5~10种。将车辆的运行方式以A来表示,则有A_{11},A_{15},A_{14},A_{34},A_{44},A_{45},A_{35}……其中A_{11}、A_{14}分别表示车辆在第一或第四时区结束营运,依次类推。

a.时区划分与线路车辆数。公交行业习惯上把每个作业班行车人员工作8小时称为一档劳动力,工作4小时称为半档劳动力。将线路全日营运服务时间以4小时计,可分为6个时区,见表4-7。

线路次序排列表

表 4-6

周转号	1		2		3		4		5		6		7		8		9		10		11		12		…	第 23 周转		第 24 周转	
周转时间	500 ~ 541（41min）		541 ~ 622（41min）		622 ~ 703（41min）		704 ~ 744（41min）		774 ~ 829（45min）		829 ~ 919（50min）		919 ~ 1009（50min）		1009 ~ 1059（50min）		1059 ~ 1149（50min）		1149 ~ 1239（50min）		1239 ~ 1324（45min）		1324 ~ 1409（45min）		…	2152 ~ 2242（50min）		2242 ~ 2332（50min）	
发车站点	A	K	A	K	A	K	A	K	A	K	A	K	A	K	A	K	A	K	A	K	A	K	A	K	…	A	K	A	K
1	500	521	541	602	622	643	703	724	744	805	829	850	919	940	1009	1030	1059	1120	1149	1210	1239	1300	1324	1354	…	2152	2113	2242	2302
2	507	528	547	608	626	637	706	727	748	809	855	855	924	945	1016	1037	1106	1127	1154	1215	1244	1305	1329	1350	…	2204	2208		
3	514	535	552	613	630	651	709	730	752	813	839	900	929	950	1022	1043	1112	1133	1159	1220	1248	1309	1333	1354	…	2216	2220		
4	521	642	657	618	634	655	713	734	756	817	844	905	934	955	1028	1049	1118	1139	1204	1225	1252	1313	1338	1358	…	2229	2233		
5	528	649	602	623	638	659	717	738	800	821	849	910	940	1001	1034	1055	1124	1145	1209	1230	1256	1317	1341	1402	…				
6	535	656	607	628	642	703	721	742	804	825	854	915	946	1007	1040	1101	1130	1151	1214	1235	1300	1321	1345	1406	…				
7			612	633	646	707	725	746	808	829	859	920	952	1013	1046	1107	1136	1157	1219	1240	1304	1325	1249	1410	…				
8			617	638	650	711	729	750	812	833	904	925	958	1019	1063	1114	1143	1204	1224	1245	1308	1329	1353	1414	…				
9					654	715	733	754	816	937	909	930	1004	1025					1229	1250	1312	1333	1357	1418	…				
10					659	729	737	758	820	841	914	935							1234	1255	1216	1337	1401	1422	…				
11							742	802	825	846															…				
合计	6	6	8	8	10	10	11	11	11	11	10	10	9	9	8	8	8	8	10	10	10	10	10	10	…	4	4	1	1

时区划分与路线车辆数 表4-7

时区代号	一	二	三	四	五	六
时间	4:00—8:00	8:00—12:00	12:00—16:00	16:00—20:00	20:00—24:00	0:00—4:00
俗称	早高峰	低谷	低谷	夜高峰	小夜	夜宵
线路车辆数	11	9	10	11	4	

线路车辆数分布在各个时区内,总有一个线路车辆数代表时区的车辆数,这个线路车辆数就是时区配车数。

时区线路车辆数确定的原则:在各时区线路车辆数中,一、四时区取最大值;二时区由一时区减去加车数;三时区由二时区加上中午加车数;五时区由时区配车数减去四时区的加车数,再减去二档劳动力配备的正班车数。从表4-5中的"线路车辆数"一列中选出具有代表特征的各时区线路车辆数,填入表4-7中,以便清楚地安排各时区的线路车辆数。

b.确定车辆的运行方式。即要确定在时区各班次的出入场情况。

根据工作班制,一般一个工作班的时间不超过8小时,正班车在运营时间内连续在线路上运行的时间超过一个工作班,加班车只在营运时间某时段才进线营运。

根据表4-7中的各时区线路车辆数,用车辆运行方式表(表4-8)采用长短法的形式求各车式的数量。

在表4-8中,先取5个时区中最小车辆的五时区4辆为A_{15},其次将二时区的9辆减去4辆后还剩5辆为A_{14},再次A_{34}为1辆,A_{11}为2辆,A_{44}为1辆。

根据表4-8,在第二时区有两辆车要抽出,在第三、第四时区,其中的一辆车又加入营运,另一辆车在第五时区晚高峰时段加入营运。故加班班次共3个,即A_{34}、A_{11}、A_{44},其余为正班班次。

AK线车辆运行方式 表4-8

时区代号	一	二	三	四	五
线路车辆数(辆)	11	9	10	11	4
A_{15}	4	4	4	4	4
A_{14}	5	5	5	5	
A_{34}			1	1	
A_{11}	2				
A_{44}				1	

④编制线路发车时刻表。以表4-6为依据,合理分配正、加班车辆,要注意:

a.以正班为主要形式,但每一路牌的连班时间应等于或接近工时定额或一半。

b.加班或分段运行的时间间隔一般不少于3h。

调整后的行车时刻表见表4-9。

在编制车辆的行车时刻表(表4-10)时,应分路牌编制,各停车站的到开时间按线路发车时刻表计算填列;车站的行车时刻表(表4-11)应分站编制。

AK 线行车时刻表

表 4-9

班次序号		1	2	3	4	5	6	7	8	9	10	11	12	13	14	15	16	17	18	19	20	21	22	23	…	45	46	47	48	合计班次
路牌		A	K	A	K	A	K	A	K	A	K	A	K	A	K	A	K	A	K	A	K	A	K	A	…	A	K	A	K	
正 1	入场	500	521	541	602	622	643	703	724	744	805	829	850	919	940	1009	1030	1059	1120	1149	1210	1239	1300	1324	…	2152	2113	2242	2300	40
正 2	入场	507	528	547	608	626	637	706	727	748	809	834	855	924	945	1016	1037	1106	1127	1154	1215	1244	1305	1329	…	2204	2208			30
加 1	入场	514	535	552	613	630	651	709	730	752	913	出场							入场	1159	1220	1248	1309	1333	…	2216	2220			40
正 3	入场	521	642	657	628	634	655	713	734	756	817	839	900	929	950	1022	1043	1112	1133	1204	1225	1252	1313	1337	…	2229	2233			28
加 2	入场	528	649	602	623	638	659	717	738	800	821	844	905	出场					入场	1209	1230	1256	1317	1341	…					38
正 4	入场	535	656	607	628	642	703	721	742	804	825	849	910	934	955	1028	1049	1118	1139	1214	1235	1300	1321	1345	…					28
正 5			入场	612	633	646	707	725	746	808	829	854	915	940	1001	1034	1055	1124	1145	1219	1240	1304	1325	1349	…					40
加 3			入场	617	638	650	711	729	750	812	833	859	920	946	1007	出场					入场	1308	1329	1353	…					30
正 6					入场	654	715	733	754	816	837	904	925	952	1013	1040	1101	1130	1151	1224	1245	1312	1333	1357	…					42
正 7					入场	659	720	737	758	820	841	909	930	958	1019	1046	1107	1136	1157	1229	1250	1316	1337	1401	…					40
正 8							入场	741	802	825	846	914	935	1004	1025	1053	1114	1143	1204	1243	1255	出场			…					40
合计班次		6	6	8	8	10	10	11	11	11	11	10	10	9	9	8	8	8	8	10	10	10	10	10	…	4	4	1	1	
进出场班次	6		2		2		1					1		1		1			2		1	1								

某路公共汽车行车时刻表　　　　表 4-10

始末站:A 站—H 站　　　　出场时间:4 点 55 分

行车班次:1　　　　回场时间:

序号	方向	停车站	A	B	C	D	E	F	G	K
		站距(km)		0.60	0.64	0.68	0.72	0.70	0.60	0.56
1	上行	到	4:55	5:02	5:04	5:07	5:10	5:13	5:16	5:18
		开	5:00	5:025	5:045	5:075	5:105	5:135	5:165	
	下行	到							5:225	
		开							5:23	5:21
2	上行	到								
		开								
	下行	到								
		开								
3	上行	到								
		开								
	下行	到								
		开								
4	上行	到								
		开								
	下行	到								
		开								

某路某站公共汽车行车时刻表　　　　表 4-11

班次 \ 周转 / 时间	1		2		3		4		…	23		24	
	到	开	到	开	到	开	到	开	…	到	开	到	开
1		5:00	5:21	5:41	6:02	6:22	6:43	7:03	…				
2		5:07	5:28	5:47	6:08	6:26	6:37	7:06	…				
3		5:14	5:35	5:52	6:13	6:30	6:51	7:09	…				
4		5:21	6:42	6:57	6:18	6:34	6:55	7:13	…				
5		5:28	6:49	6:02	6:23	6:38	6:59	7:17	…				
6		5:35	6:56	6:07	6:28	6:42	7:03	7:21	…				
7				6:12	6:33	6:46	7:07	7:25	…				
8				6:17	6:38	6:50	7:11	7:29	…				

6)人员排班计划

公交人员排班计划,也称劳动排班,需确定全天客运量任务所需配备的驾驶人和售票员数量、工作任务和作息时间等。人员排班要在满足国家劳动法的相关法律法规,例如人员休息时间和工作时间的规定、人员工作安排是否公平合理等基础上,人力运力最优化利用。

(1)人员换班

①人员换班,是驾驶人和售票员(以下简称驾售)完成自己的任务后与下一班驾售人员进行工作的交接。

②换班地点,是公交车运营线路上可供驾售人员换班的地点,车场或其他地点可作为换班地点。换班地点用“·”标注出来。

③换班的时间称为换班机会,是驾售人员可以进行换班的时间,指车辆从到达到离开换班地点时间内驾售人员可以进行换班的时间点,驾售人员可将车辆到达或离开换班地点的时间作为换班机会。

④换班机会窗,是车辆在一个换班地点的停留时间,即车辆从到达到离开换班地点的时间段。换班时间窗的任意一点可以作为换班机会。其中,有人参与的换班机会窗内的换班车辆需要有驾售人员负责,无人参与的换班机会窗内的换班车辆不需要驾售人员负责。

⑤连续驾驶段,是在两个连续的实际换班机会之间,驾售人员是要进行连续工作的,即工作是不被打断的时间段。组成连续驾驶段的工作块定义为车辆从一个停站点到下一个停站点之间的驾驶任务。

⑥在班时间,或跨越时间,是驾售人员从签到开始工作至签退结束工作的时间段。

⑦在对人员排班问题进行研究的过程中,表格形式的行车计划不易鲜明地表示出换班机会、换班地点等信息。可将表格形式的行车计划用“横线图”表示出来,图中标注出换班机会、换班地点等信息(图4-2)。

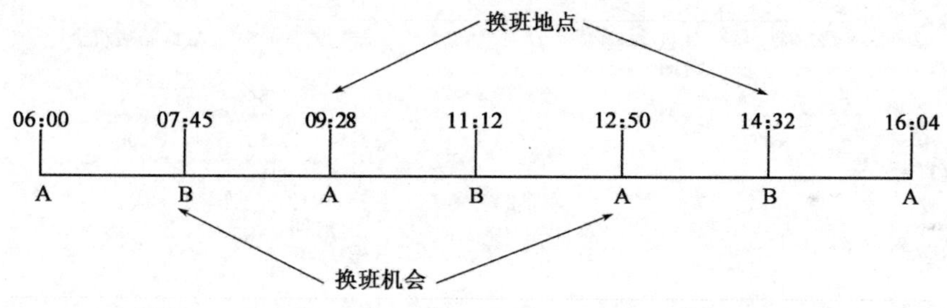

图4-2 行车计划的另一种表达形式

(2)劳动班次

劳动班次(简称班次),是指驾售人员一天的工作安排,从一个场站签到开始工作直到该场站签退结束工作为止。简言之,班次即为驾售人员在一天内的有序行为——签到、驾驶、换班、驾驶、签退,一个班次对应一组驾售人员。劳动班次问题的核心目标是形成科学合理的班次,使其覆盖所有的车辆运营任务,并达到班次最少、驾售人员成本最低等目标。

我国公交企业多采用人车绑定的模式运营,这为人员排班带来限制,以下介绍人车分离模式的劳动班次安排。

车辆1、车辆2、车辆3的行车计划如图4-3所示。

图4-3表示了劳动班次的形成过程。班次的形成过程是将行车计划划分为若干连续驾驶段并有效组合的过程,在连续驾驶段开始和结束时,进行人员换班。由此,车辆1的行车计划由3个连续驾驶段组成、由3个班次覆盖工作任务,车辆2的行车计划由2个连续驾驶段组成、由2个班次覆盖工作任务,车辆3的行车计划由1个连续驾驶段组成、由1个班次覆盖任

务。共有6个连续驾驶段,构成3个班次,即共有3组公交驾售人员。将图4-3转换为班次的表现形式,如图4-4所示。

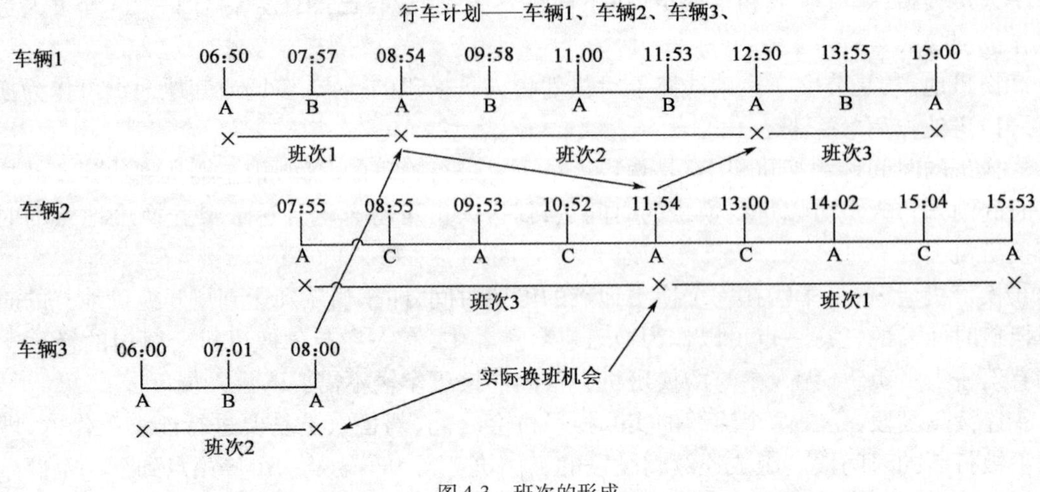

图4-3 班次的形成

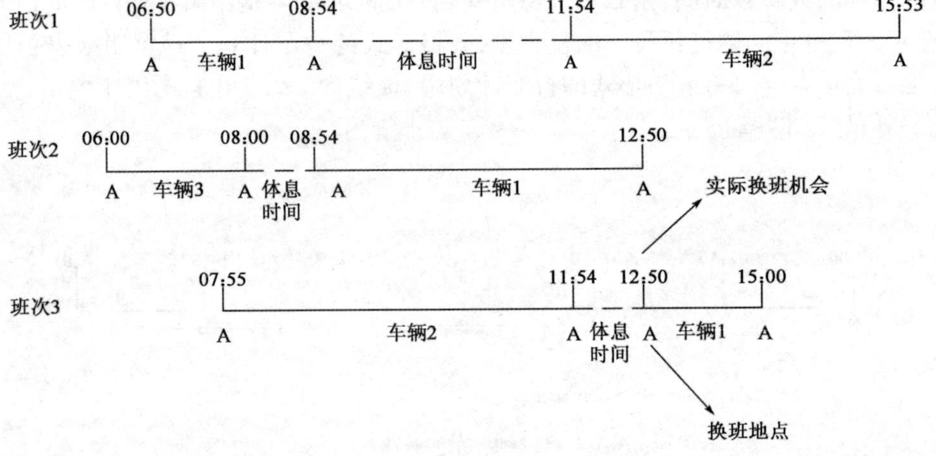

图4-4 班次

3个班次的相关信息,即公交人员排班方案见表4-12。

公交人员排班方案

表4-12

班　次	驾驶车辆	连续驾驶段	连续驾驶段时长	总驾驶时长
班次1	车辆1	06:50—08:54	2小时04分	6小时03分
	车辆2	11:54—15:53	3小时59分	
班次2	车辆3	06:00—08:00	2小时	5小时56分
	车辆4	08:54—12:50	3小时56分	
班次3	车辆5	07:55—11:54	3小时59分	6小时09分
	车辆6	12:50—15:00	2小时10分	

(3)劳动班型

劳动班型(简称班型)是指班次的不同类型。班型分为整班和单班两大类,任何一个班次都对应一种班型。其中整班也被称为连续班,包括早班、晚班、日班、夜班;单班被称为分离班,包括大单班、小单班,具体定义如下:

早班:从5:00或6:00开始连续作业至12:00左右下班,覆盖早高峰。

晚班:从12:00左右上班,连续作业至20:00左右下班,覆盖晚高峰。

日班:从8:00左右上班,连续作业至16:00左右下班,周末早高峰后移、晚高峰前移,因而覆盖两个高峰。

夜班:从22:00左右上班,连续作业到次日5:00左右下班。

小单班:从5:00或6:00开始至8:00左右止,中午从12:00左右上班至16:00左右下班。

大单班:从5:00或6:00开始至8:00左右止,下午从16:00左右上班至20:00左右下班。

在公交系统的实际运营过程中,界定不同班型的依据是班次的跨越时间。单班的界定条件是从签到至签退的跨越时间较长,大于8h,中间包括较长的休息时间,因为驾售人员一天的工作时间,即所有连续驾驶段的驾驶时间之和(总驾驶时长)不超过8h;整班的界定条件是从签到至签退的跨越时间较短,小于或等于8h,中间的休息时间也较短。由此,可将表4-12中的3个班次进行班型划分,见表4-13。

班 型 划 分　　表4-13

班次	班型	跨越时间	总驾驶时间
班次1	单班	9小时03分	6小时03分
班次2	整班(早班)	6小时50分	5小时56分
班次3	整班(日班)	7小时05分	6小时09分

4.2.3 常规公交运营调度管理

1)公交运营调度管理概念

常规公交车辆调度,是指公交企业根据客流的需要、城市公交的特点,通过编制运营公交车辆的行车计划和发布调度命令,协调运营生产各环节、各部门的工作,合理安排、组织、指挥、控制和监督运营公交车辆运行,使企业生产达到预期经济指标和社会服务效益。

常规公交车辆调度问题是在满足一定的约束条件(如公交出行需求量、车辆满载率、行驶里程限制、相关法规政策等)下,合理地安排公交车辆,使车辆有序地在公交线路上运营,并达到一定的目标(如使用车辆数尽量少、与车辆行车时刻表误差尽量小、极小运营费用完成极大出行需求量等)。从系统角度看,常规公交车辆调度系统,是指由人(如驾售人员,调度人员等)、车(常规公交车辆)、路(公交车辆所行驶的道路)、环境(公交车辆运营过程中所处的环境)、管理(常规公交车辆运营过程中需要遵守的交通法规、公司规定)等个体组成,根据编排好的行车计划,能够完成单个个体完成不了的公共交通运输任务的群体,常规公交车辆调度系统属于复合系统。

2)常规公交车辆调度的分类

根据不同分类标准,常规公交车辆调度有不同划分方式。

(1)按系统组织模式划分

①线路调度。指公交企业以各条公交线路为单位,以线路(车队)为运营组织调度实体,对公交车辆进行运营调度。目前我国城市公交调度普遍采用线路调度的方式。线路调度的行

车计划是按线路客流最大断面决定配车的，在线路的首末站均设调度员，实行两头调度。因而各线路实体“小”而“散”，车辆停放分散，加油、洗车、低保作业以及员工餐饮、休息等生活设施需多处兴建。相对于区域调度，线路调度的集中程度较低，对公交车辆的使用效率较低。

②区域调度。指在一定地域范围内，原来各自独立运营线路上的车辆、人员，通过一定的技术手段和管理组织协调起来，以一个区域为单位，对公交车辆进行运营调度，使资源得到最有效配置和充分利用的一种组织模式。区域调度有单车场调度和多车场调度两种。

单车场调度是指在同一调度区域内所有运营车辆均由一个车场管理，即同一车场发车、同一车场存放。多车场调度则是指在同一调度区域内所有运营车辆由多个车场管理，即运营车辆从多个车场发车、完成任务后又返回各自车场。国外大城市普遍采用区域调度的形式。

区域调度的调度范围大，统一编制行车计划，可以使闲置的人力、运力在线路间调剂互利，实现车辆跨线运营，实现运输资源在多条线路之间的优化配置，达到节约资源的目的。又因为其调度手段是通过计算机实现，所以调度速度快、效果好。此外，区域调度的场站统一，可以集中管理公交车辆及驾乘人员，节省管理成本，并能集中财力、物力，提高配套设施的建设标准。

(2)按系统获取数据属性划分

数据属性是指调度系统获取的公交数据的属性，分为两类：一是静态数据，即在一定时间内不发生变化或不需要实时更新的数据，如公交线路所经站点数据、公交站点位置数据等城市公交基础设施信息的数据、车辆行程时间历史经验数据等；二是动态数据，是指随着时间变化实时更新的数据，包括公交站点的客流量、公交车辆位置数据、车辆实时速度信息、交通流量数据等。

①静态调度。指根据历史调查统计的乘客需求量、车辆行程时间等静态数据，编制车辆的行车时刻表，车辆按照编制好的时刻表进行运营。静态调度并没有考虑公交车辆运行环境中的随机和不确定因素，只是假设所有数据都是确定和不变的，将实际复杂的公交车辆调度问题进行了简化处理。

②动态调度。指在相关系统比较完善的基础上，全面地采集车辆运行环境、车辆、客流等各种相关动态数据，根据信息反馈，及时发现车辆实际运行与时刻表的偏差，采取重新调度或在线调整等动态调度方法，得到更新了的车辆行车时刻表，从而最终满足因系统外在变化而引起的潜在适应需求，保证公交车辆运营秩序的稳定，提高公交的服务水平。通常所说的实时调度属于动态调度。

当前很多城市实施智慧公交系统来实现动态实时调度。

智慧公交系统基于全球定位技术、无线通信技术、地理信息技术等的综合运用，实现公交车辆运营调度的智能化，公交车辆运行的信息化和可视化，实现面向公众乘客的完善信息服务，通过建立电脑营运管理系统和连接各停车场站的智能终端信息网络，加强对运营车辆的指挥调度，推动智慧交通与低碳城市的建设。

智慧公交系统通过对域内公交车进行统一组织和调度，提供公交车辆的定位、线路跟踪、到站预测、电子站牌信息发布、油耗管理等功能，以及公交线路的调配和服务能力，实现区域人员集中管理、车辆集中停放、计划统一编制、调度统一指挥，人力、运力资源在更大的范围内的动态优化和配置，降低公交运营成本，提高调度应变能力和乘客服务水平。

3)公交调度策略

(1)线路调度策略

此处的调度策略主要针对的是动态调度，即实时调度。公交实时调度策略主要包括：滞站调度、越站调度、短掉头调度、实时放车调度、区间车调度、变更行驶线路等。

①滞站调度。是在某个站点多停留一段时间，以达到调整发车间隔的目的，适用于当一辆公交车提前与运行时刻表或是与前车之间的间隔过小时的情况。

②越站调度。与滞站调度相反，是指当某一公交车辆落后于行车时刻表或与前车之间的间隔过大时，越过某些站点后继续依次停靠的调度策略。

③短掉头调度。是指使得公交车辆掉头转而服务相反方向的乘客。

④实时放车调度。是指公交车辆发车后，前几个站点不停车搭载乘客，经过几个站点后再按照站点次序依次停靠的调度策略，其主要是为了解决某些车站的乘客拥挤问题，减小首次停靠站点以及之后每个站点的发车间隔，从而减少乘客等候时间。

⑤区间车调度。在线路的拥堵路段或是客流量较大路段开通区间车，缩短车辆行驶里程。

表4-14是几种调度策略的优缺点分析。

常见调度策略的优缺点分析 表4-14

调度策略	优　点	缺　点
滞站调度	可有效地控制发车间隔的变化，提高公交运行的均匀性	增加了受影响乘客等待时间
越站调度	以在较大程度上使得下游站点乘客的等候时间和车内乘客的出行时间变小	相对地，也增加了被越过站点乘客的等候时间
短调头调度	保证相反方向乘客可以得到及时、快捷的服务	原有方向乘客将会受到很大影响，车内乘客需要换乘，下游站点乘客需要更长的等待时间
实时放车调度	减少停靠站点乘客的等车时间	延长了所越过站点乘客的等候时间，也损失了越过站点上的客流量
区间车调度	大大减少了开通区间车路段乘客的等候时间	可能会造成乘客的迷惑

(2)区域调度策略

区域调度策略基本上都是在线路调度策略的基础上进行的，即线路调度策略都适用于区域调度，但区域调度策略最显著的优势是可以实现越线调度和跨线联运。

①越线调度。是指调用其他线路的车辆进行本线路运行。当某条线路出现问题，而本线路运力不足或是附近恰好有可以利用的其他线路车辆时，可以考虑越线调度。

②跨线联运。是指为了缓解相邻线路乘客的乘车压力的一种跨线运行的调度策略，这种调度策略一方面可以提高本线路运营效率，另一方面也可以减少乘客换乘。

4.2.4 定制公交运输组织

1)定制公交的概念

定制公交还没有形成统一的定义，对其的理解可以表达为：定制公交是介于出租车和普通公交车之间的、类似于商务班车的一种绿色公共交通服务模式，一般一人一座、一站直达，具有定人、定时、定点、定价的特点；它根据乘客的需求来设计定制公交运行线路和站点，其营运目标是为具有相同区域、相同出行时间、相同出行需求的人群量身定做一种公共交通服务。随着定制公交的集约化发展，线路的规划和人员的招募也可以根据目的地的不同产生不同的运行方式，如多个起点，单个目的地或多个起点，多个目的地运行方式。

2)定制公交的特点

定制公交作为最近几年在国内才开始发展的新型公共交通出行模式,其特点如下:

(1)较高票价。定制公交服务水平较高,定位介于出租车和常规公交之间,其票价高于常规公交,低于出租车票价。

(2)高服务水平。定制公交乘车环境较舒适,一人一座,不超载,配备无线上网、充电插板等个性化服务需求。

(3)运行灵活。定制公交采取自下而上,基于需求设置线路,公交路线和发车时刻通过网上定制平台实现,开通过程较普通公交简单,开通后有固定上下车站点,运行线路不是严格固定,面对拥堵路段可选择绕道避让,保证乘客准时到达目的地。

(4)方便快捷。定制公交使用十分便捷,凭借购买证明或定制公交专用乘车卡上车,上车地点一般在乘客出发地附近,不需要换乘,运营过程中很少设停靠点,保证途中节省运行时间,速度高于一般的普通公交车。

3)定制公交服务组织要素

定制公交服务组织要素包括运营企业、定制系统、客服系统、乘客、车辆配置、站点、路线、时刻表、票制票价、路权、营运管理和市场监管。

(1)系统服务主体

①运营企业。对运营过程中执行运营计划、运营组织、运营实施和运营控制的主体,一般是城市当地公交公司或其他运营商,如滴滴公交、巴巴快巴等公交专车服务公司。

②定制系统。运营企业获取乘客对定制公交线路、出行时间、乘车地点等出行需求信息的平台,也是乘客表达使用定制公交意愿、详细定制等的平台。同时也提供便捷的付费、及时的短信提醒、车辆晚点公告、积极的乘客互动服务。

③客服系统。运营企业通过网络、电话、短信等方式回答乘客疑问,接受投诉、意见,帮助乘客制订出行方案等服务系统。作为新型的公交服务模式,服务水平很大程度提高了定制公交的出行吸引力。

(2)系统服务配置

①车辆配置。城市定制公交采用一人一座,公交车辆具备较好车辆内部配置和车内环境。

②站点。通过协调,公交停靠点可以设置独立的定制公交专用停靠点,也可以利用现有常规公交车站。定制公交站点设置形式有三种:单点对单点、单点对多点、多点对多点(图4-5)。

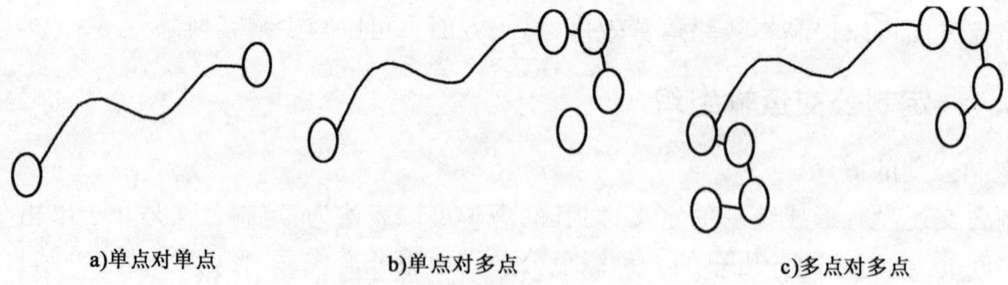

图4-5 定制公交站点设置形式

③路线。定制公交的出行线路分为单向线路和双向线路,线路可以采用固定路线、非固定线路,或两种线路的组合。在特殊情况下可以根据城市道路交通状况适当调整。

最优路线的规划设计,根据出行需求、出行起讫点、道路交通状况、公交专用道等综合考虑,最优线路保障运营成本最低和运行时间最短,不一定是路径最短。

(3)系统的服务机制

①时刻表。运营企业在考虑安全、舒适和期望时间等多方面下制定时刻表,定制公交出行时刻表包含三个部分:公交车辆发车时间、预计到达时间和运行时间。发车时间在定制服务时预先确定,预计时间根据最优路线规划设计,实际到达时间受道路交通情况影响和预计时间会有一些不同,但尽量不对乘客造成大的影响。

②票制票价。多元化票制和票价是公交多元化发展趋势,一般采用周票、月票或固定乘车日交付等票制。一般乘客在签订定制服务合同时预付车费,如果长期定制预约,票价享受一定优惠。公交乘车费一般采用预订座位费加每次乘车刷卡费两部分组成。刷卡费主要是为了乘车计次和乘车记录,这部分费用较低。

③路权。路权是指交通参与者的使用权利,是交通参与者根据交通法规的规定,一定空间和时间内在道路交通活动的权利,分为上路行驶权、通行权、先行权和占用权。定制公交车辆对道路交通条件没有特殊要求,具备城市客运车辆通行条件的道路均可通行定制公交,为鼓励发展定制公交,应该和常规公交一样享有公交专用道,特别是在城市部分快速路享有优先路权。

(4)系统服务管理营运管理和市场监管

和普通公交一样,定制公交在营运中需要定期调整营运计划,按时技术培训、安全培训,按照城市公交行业相关规范、规定、政策和标准进行监管和考核。

4)定制公交开通情况

2015年以来,滴滴公交、嗒嗒巴士、小猪巴士、优巴UBUS、巴巴快巴等多家公交专车服务公司在全国各地接连涌现,美国交通创业公司Leap transit也在旧金山推出“公交专车服务”。定制公交收费标准约为0.4元/km,略高于0.2元/km的常规公交和0.3元/km的地铁收费标准。互联网对于大众出行的改造,从利润最丰厚、单价最高的专车(2.9元/km)、出租车(2.4元/km)逐步蔓延到拼车(0.8元/km)到定制公交(0.4元/km)。以北京和深圳为例介绍城市开通定制公交的情况。

(1)北京

北京是我国最早系统化开展定制公交的城市。2013年9月,北京定制公交网络平台正式上线。乘客必须在官网上的电子商务平台进行注册,然后可以进行查询、预订、报名、缴费等服务。北京定制公交分为商务班车、快速直达专线、休闲旅游专线和节假日专线四大类别。至2016年6月已开通商务班车59条线路,新招募35条线路;快速直达专线已开通114条线路;休闲旅游专线开通包括京郊休闲游、世界文化遗产游、市内观光游和周边省市游四大类别的28条线路。乘车费用=预订座位费用+每次乘车时刷卡费用。

北京滴滴公交从2015年7月开通,已在北京开通33条线路,覆盖中关村、上地、亦庄、CBD、通州、天通苑、北七家等地区。

(2)深圳

深圳定制巴士市场刚打开,就迎来百家争鸣,滴滴公交2015年7月上线运营,开通十条线路,覆盖科技园、会展中心、车公庙、宝安、布吉、白石洲、上下沙等地区。嗒嗒巴士在深圳已开通200条上下班线路,覆盖人群上万。另外小猪巴士、深圳巴士集团、中南租车、共速达等公司分别都推出了互联网模式下的定制公交服务。

2014年4月初,深圳首批定制公交开始试运行,深圳首批定制公交共有两条线路:一条由梅林二村开往华为坂田研发中心;另一条由坂田四季花城开往科技园。定制公交与常规公交不同,乘客与公交企业需签订协议并预交车费,双方约定乘车时间和地点,企业保证每位乘客都有座位。

4.3 出租车运营组织

出租汽车是城市综合交通运输体系的组成部分,是城市公共交通的补充,为社会公众提供个性化运输服务,以行驶里程和时间收费。出租汽车服务主要包括巡游出租汽车(也称为传统出租车)、网络预约出租汽车(简称网约车)等方式。在当前"互联网+"产业融合和创新时代,为提升乘车体验,缓解交通拥堵和减少空气污染,私人小客车合乘,称为拼车、顺风车,也成为城市客运出租运输组织形式。

4.3.1 出租车运营模式分类

(1)巡游出租汽车

巡游出租汽车统一标识"出租车",车身喷涂、安装明显的出租汽车专用标识。具有车型单一、统一计价、路边等候、空车巡游、电话调度和电话投诉的特点,适应年长用户群体的消费习惯。

传统出租车在价格稳定、出行效率高及私密性等方面具有竞争优势;在早晚高峰期,巡游出租车出行效率高。

传统出租车管理方式,长期以来实行特许经营的监管方式,牌照溢价拍卖,并采取数量、户籍、价格等管制措施。今后改革的方向是,实行经营权期限制,逐步取消经营权有偿使用,建立出租车运价动态调整机制,逐步向网约车服务方式转型,发展电召和网约营运服务。

(2)网络预约出租汽车

网络预约出租汽车具有车型个性化、APP便捷叫车、价格优惠、即时追踪车辆位置、可进行APP评价等优势,适应年轻一代的个性化出行需求。

网约车属于预约出租汽车经营服务,是以互联网技术为依托构建服务平台,无特许经营限制,符合条件的车辆和驾驶人自愿接入,通过整合供需信息,提供非巡游的预约出租汽车服务的经营活动,定位在提供高品质服务、差异化的服务。

(3)私人小客车合乘

私人小客车合乘,是由合乘服务提供者事先发布出行信息,出行线路相同的人选择乘坐合乘服务提供者的小客车、分摊部分出行成本或免费互助的共享出行方式。私人小客车合乘有利于缓解交通拥堵和减少空气污染,城市人民政府鼓励并明确规范合乘服务提供者、合乘者及合乘信息服务平台等三方的权利和义务。

4.3.2 巡游出租汽车组织

巡游出租汽车(传统出租车)组织方式主要包括巡游、电话约车、网络约车、固定站点乘车等。

(1)巡游

传统出租车通过在道路上巡游,乘客通过沿途扬手招车是出租车营运的主要方式。采用此种方式必须具备以下条件:

①在车上配备顶灯标志和空车标志,并严格执行使用规定,使乘客便于识别,扬手招车。

②交通运输管理部门,允许在出租车临时上下客点,或未设禁停标志的路段,在不妨碍交通安全的前提下,在道路边沿上下乘客。

(2)电话约车

电话约车指乘客用电话向出租车调度室或就近营业站点要车。其优点是:

①方便乘客,接客到家。

②根据乘客的用车时间和地点,可就近派车、节省时间、提高效率。

③争取客源,增强竞争能力。

(3)网络约车

在"互联网+"大环境下,巡游出租汽车转型升级的发展方向是提供网约车服务。通过电信、互联网等电召服务方式提供运营服务,推广使用符合金融标准的非现金支付方式,拓展服务功能,方便公众乘车。

(4)固定站点乘车

在客流量集散的公共场所或交通管理需要处,设出租车候客固定乘车站点。

4.3.3 网络预约出租汽车组织

网络预约出租汽车经营服务是指以互联网技术为依托构建服务平台,整合供需信息,使用符合条件的车辆和驾驶人,提供非巡游的预约出租汽车服务的经营活动。网约车平台公司、网约车车辆、网约车驾驶人应满足的条件和组织方式如下:

1)网约车平台公司

(1)网约车平台公司服务要求

网约车平台公司应具有企业法人资格;拥有线上线下服务能力;开展网约车经营的互联网平台和与拟开展业务相适应的信息数据交互及处理能力,具备供交通、通信、公安、税务、网信等相关监管部门依法调取查询相关网络数据信息的条件,网络服务平台数据库接入出租汽车行政主管部门监管平台,服务器设置在中国内地,有符合规定的网络安全管理制度和安全保护技术措施。

当前国内业务市场发展较好的网约车平台公司有滴滴、Uber、神州专车、易到用车、一号专车等。网约车公司推出的主要有快车、专车、租车、代驾、共享公交等多元化运输服务产品。

(2)打车软件

网约车平台公司服务主要通过打车软件实现。打车软件是一种智能手机应用,乘客可以便捷地通过手机发布打车信息,驾驶人应答抢单后立即和乘客电话沟通;乘客在线下单后,如3min内没有驾驶人应答抢单,统一电召平台将会联合调派,提高手机软件叫车成功率。

打车软件的基本功能有:乘客注册、即时约车、订单完成确认、用车评价等。

为了防止"黑车"驾驶人冒名顶替,保证参与手机电召服务的车辆和驾驶人具有行业服务资格,统一电召平台采用行业和企业双重认证模式。乘客手机软件下单后,驾驶人通过车载电召终端和驾驶人客户端手机电召软件进行应答抢单。

打车软件管理方式:①打车软件电召服务收费不得加价议价;②召车信息只向空载车推送。

2)网约车车辆

网约车应符合的条件是:7 座及以下乘用车;安装具有行驶记录功能的车辆卫星定位装置、应急报警装置;车辆技术性能服务运营安全相关标准要求。对符合条件并登记为预约出租客运的车辆,发放《网络预约出租汽车运输证》。

3)网约车驾驶人

网约车驾驶人应符合的条件:取得相应准驾车型机动车驾驶证并具有 3 年以上驾驶经历;无交通肇事犯罪记录、无危险驾驶犯罪记录、无吸毒记录、无饮酒后驾驶记录,最近连续 3 个记分周期没有记满 12 分记录,无暴力犯罪记录,城市人民政府规定的其他条件。对符合条件且考核合格的驾驶人,发放《网络预约出租汽车驾驶员证》。

4.3.4 私人小客车合乘组织

私人小客车合乘各方包括合乘信息服务平台、合乘出行提供者和合乘者,合乘平台是指以互联网技术为依托构建服务平台,整合供需信息,提供私人小客车合乘服务的企业法人。合乘服务信息平台采用备案制度,纳入交通行政管理部门行业监管平台,加强注册管理和软件功能设置。每个省市结合本地实际情况对①车辆要求;②驾驶人要求;③合乘行为规范(线路、上车地点、成本分摊及支付方式、合乘次数);④软件功能等方面进行具体规范。

4.3.5 出租车智能调度系统

1)出租车智能调度系统功能

出租车智能调度系统需要实现的功能是要实现对出租车辆的实时调度,系统必须具备以下功能。

(1)通信功能

调度过程的实现需要完成调度中心与车载终端以及调度中心和乘客之间的语音和数据的实时通信。其中调度中心与出租车之间的通信包括中心对车辆进行单独呼叫或群体发送信息和出租车对调度中心发出响应或发出空载巡游调度请求。

(2)出租车监控和调度功能

①出租车监控。根据出租车终端上传的地理位置信息,调度中心可以在电子地图上实时查询出租车当前位置和运行情况,并可设置对出租车自动查询的时间间隔和次数等。当出租车遇到紧急情况时,监控端可以通过发送指令来对车辆进行即时监控。

②出租车点名。通过监控终端发送一次点名指令,让出租车发回一个当前位置和运行状态数据。

③出租车跟踪。通过监控终端发送一个车辆跟踪指令,让出租车按一定的时间间隔发回出租车的位置和运行状态的数据,而且出租车一直处于监控屏幕内。

④出租车调度。通过发送调度信息来对出租车实施调度管理。

⑤历史回放。可随时查询某辆出租车的行驶记录、某段时间接收的出租车位置回报信息等详细记录。并可选定车辆任意时段的位置记录进行轨迹回放。发生紧急情况时,驾驶人可以将出租车 ID 号发给调度中心,调度中心可以通过历史回放查找车辆当前位置。

(3)运行管理方面的功能

出租车调度系统具有很强的信息处理能力,使调度中心能够及时准确地获得车辆信息,并根据需要对车辆运行方式进行调控。

①运行信息存储功能。本系统的车载终端可将车辆运行的全部信息包括驾驶人工号、车号、车辆的位置、速度、载客状况、发票各参数(日期、上/下车时间、单价、里程、等候、金额)等全部记录并存储下来。根据需要,可选定数据刷新时间(例如60s)。

②信息实时发送功能。按照预先设定程序的规定,车载终端可将运行中需要实时发给中心站的数据实时发送。例如:为了便于进行电话约派车,应将车辆的驾驶人工号、车号、位置、速度、载客状态等及时发给调度中心,以便调度中心派发车辆。再如,也可以将每一次重车行驶,或开出发票后,立即向中心站报告等。

③调度中心向任意车载终端调出数据的功能。车载终端本身具有很强的数据储存功能,但一般来讲,这些数据只是备查询时用,不需要全部输到中心站的存储器内;但是,如果因某种原因,中心站需要查询某一辆车在某个时段内的数据,只要调度中心发出相应的指令,车载终端便可以立即将此部分数据发送至中心站。

(4)约派车功能

调度系统约派车的过程如下:当有乘客向调度中心发出叫车请求时,调度中心自动应答请求;调度中心在收到用户约车信息后,搜寻能最快满足乘客需求的出租车;调度中心向确认调度车辆驾驶人发送叫车人的详细信息;调度中心将确定的出租车车号以语音或信息方式告知叫车人;中心站把全部信息记录储存下来,以供信息查询和信息统计。一般出租车调度流程如图4-6所示。

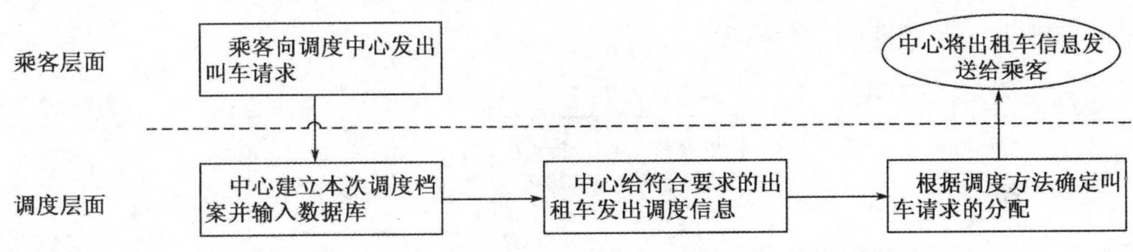

图4-6 一般出租车调度流程图

2)出租车智能调度系统总体结构

出租车智能调度系统架构由调度优化平台、管理平台、短信平台、呼叫中心、通信平台、出租车终端6部分组成。

(1)调度优化平台主要负责回应空载出租车的调度需求,搜索比较临近各载客热点集中区域的出租车饱和度,引导出租车巡游路线,缩短出租车的巡游时间。同时根据用户叫车信息搜索出能最快到达乘客上车点的出租车,同时在GIS的电子地图上显示车辆的运行路径。调度优化平台还包含出租车监控调度中心软件和所有出租车辆历史信息的数据库系统。

(2)管理平台是基于B/S系统的信息管理平台,主要完成出租车终端的注册。出租车终端注册包含终端、出租车以及乘客呼叫信息的关联关系,同时必须把每个信息中的叫车位置在GIS系统中的经纬度信息记录下来。

(3)短信平台实现系统和乘客之间的信息交流,主要负责接收短信信息,传达至调度中心来完成短信内容的分析,完成短信调度。

(4)呼叫中心主要负责乘客信息的收集,并把呼叫信息传达至管理平台。呼叫中心是实现出租车智能调度的关键环节。

(5)通信平台实现出租车GPS位置信息的上传。由于调度系统要接入大量的出租车终端,而这些终端和服务器之间进行数据通信时连接量非常大,但收发的数据包比较小。所以采用基于I/O完成端口技术来完成信息的高速上传。

(6)出租车调度终端主要实现同调度平台的通信以及现场智能控制,出租车的各种信息如是否空载、驾驶人调度响应、GPS实时位置信息等上传到服务器都是通过终端来上传的。而服务器下发的各种指令也是通过出租车终端来展现给出租车驾驶人的。

后台的服务程序使用的是C/S结构,将收集到的出租车GPS位置信息与客户所在或所要求的上车点的GPS位置信息相互联系起来,由此可见,调度平台与通信平台是联系非常紧密的两个模块,如图4-7所示。

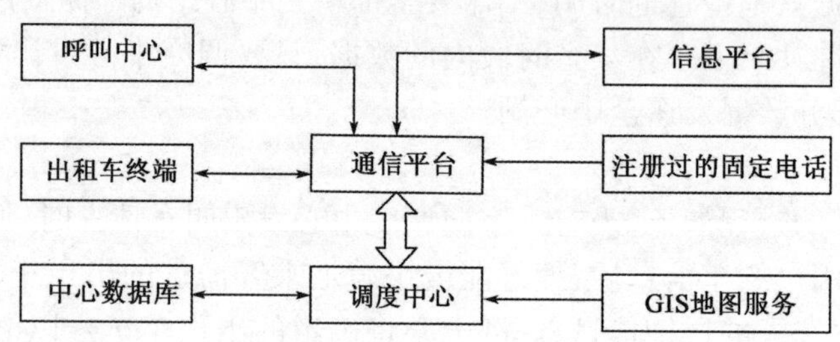

图4-7 各平台关系图

3)车载终端及调度中心

GPS车载终端框图如图4-8所示。

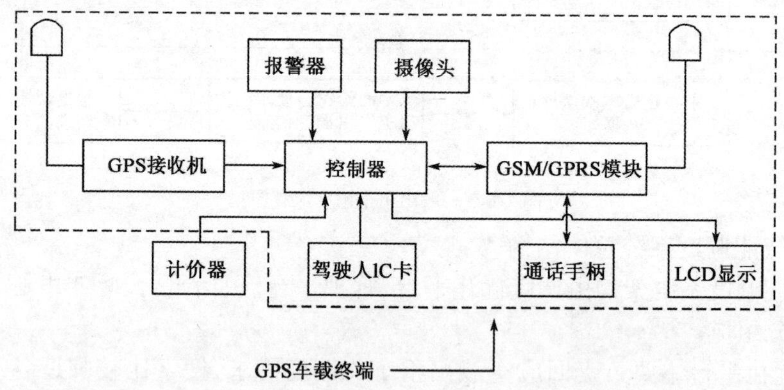

图4-8 GPS车载终端框图

(1)GPS接收机通过接收卫星信号,向调度中心提供出租车的实时位置信息、速度和方向以及时间等,主要为整个调度系统搜集各路实时信息。

(2)计价器向调度中心提供车的载客状态(有无乘客)、打印发票的各项信息(如车号、日期、上下车时间、单价、里程、金额等)。

(3)IC卡读卡器向调度中心提供驾驶人的IC卡号,便于调度中心对各驾驶人和车辆进行管制。

(4)报警器用于向调度中心发出防盗防贼的报警信号,尤其是在偏远地区遇到危险的时候,调度中心可以很快地根据报警信号及时关注车辆信息,为出租车的安全运营提供了保障。

(5)摄像头可以向调度中心提供车内的图像照片,使调度中心可以更全面地了解车内情况,尤其是在遇到抢劫或杀害出租车驾驶人事件中能为调查案件提供更多详细信息。

(6)GSM/GPRS 模块(包括存储器)能够存储车内所有的各种信息,并且将信息实时地发送到调度中心,也可以通过设定刷新率(更新间隔)每个固定时间段将信息发送到调度中心。GSM/GPRS 模块是整个调度系统各路信息传播的关键。通话手柄与 GPRS 模块相结合,实现驾驶人与调度中心以及驾驶人之间的对话功能。

(7)LCD 显示器用于显示调度中心发出的各种指令信息,主要包括电话约车信息、路况信息以及调度中心发出的空载巡游参考路线、乘客到达目的地的最优路径。

(8)控制器是整个车载终端的核心,车载终端各部件是否运作通过控制器来设置。同时,控制器可以由调度中心远程控制。

调度中心设备及其功能如表 4-15 所示。

调度管理中心各部件及其功能 表 4-15

组成部件	部 件 功 能
通信服务器	主要服务于中心与各车载终端的通信业务
网络服务器	主要用于存储整个网络的各种数据、信息和程序
约派车业务终端	主要用于进行约派车业务
数据管理终端	用于所有各种数据的处理
GIS 终端	用来存储和显示电子地图,并进行有关的操作
监控管理终端	主要用于对所有的车载终端的监控管理
录音终端	用来保存乘客约车和投诉电话的录音
路由器、Hub	调度中心的全部信息和数据经处理后,分别送至交通信息中心和公安交警部门

4.4 班线客运组织

4.4.1 班线概念

公路客运班线是指运营车辆在区域之间(包含市、镇、乡)以既定的线路行驶,以班次为运转周期,站点为运输节点的旅客运输方式。其基本构成包括线路、发班车次、车站设施、客车及运营模式,各要素缺一不可。班线是客运车辆运营行驶的法定依据,是客运企业的重要资源和无形资产。客运企业获得班线后,就必须组织车辆在规定的线路上参加运营,不能无故不运营或长时间中断运营。客运企业不能随意处分班线经营权。

4.4.2 班线分类

1)班线按层次分类

按照《道路旅客运输及客运站管理规定》,公路客运班线按照公路客运经营区域和营运线路长度的不同划分为以下四类：

一类客运班线：地区所在地与地区所在地之间的客运班线或者营运线路长度在800km以上的客运班线。

二类客运班线：地区所在地与县之间的客运班线。

三类客运班线：非毗邻县之间的客运班线。

四类客运班线：毗邻县之间的客运班线或者县境内的客运班线。

其中，地区所在地是指设区的市、州、盟人民政府所在城市市区；县是指包括县、旗、县级市和设区的市、州、盟下辖乡镇的区；县城城区与地区所在地城市市区相连或者重叠的，按起讫客运站所在地确定班线起讫点所属的行政区域（表4-16）。

公路客运班线分类及范围 表4-16

类别	范围
一类班线	地级市之间或营运线路总长度超过800km班线
二类班线	地级市与县或县级市之间班线
三类班线	非邻近县或县级市间班线
四类班线	毗邻县或县级市间班线及县境内班线

2）班线按运力配置分类

根据运力配置要求对客运班线的分类如下：

(1)经营一类客运班线的班车客运经营者应当自有营运客车100辆以上、客位3000个以上，其中高级客车在30辆以上、客位900个以上；或者自有高级营运客车40辆以上、客位1200个以上。

(2)经营二类客运班线的班车客运经营者应当自有营运客车50辆以上、客位1500个以上，其中中高级客车在15辆以上、客位450个以上；或者自有高级营运客车20辆以上、客位600个以上。

(3)经营三类客运班线的班车客运经营者应当自有营运客车10辆以上、客位200个以上。

(4)经营四类客运班线的班车客运经营者应当自有营运客车1辆以上；经营省际包车客运的经营者，应当自有中高级营运客车20辆以上、客位600个以上。

3）其他分类方法

除了上述分类方法之外，还可根据乘客是否需要中转、运行路径、班线定位和特征、客运市场层次等对班线进行分类，具体分类情况见表4-17。

其他班线分类方法 表4-17

分类方式	分类	
是否中转	直达班线	非直达班线
运行路径	省内班线	省际班线
定位和特征	一般班线	快速班线
客运市场层次	一般运输班线	干线运输班线

4.4.3 班线旅客运输组织

班线旅客运输组织工作的核心是客车运行组织工作。客车运行组织工作主要包括旅客出行时间分析、客运班次组织、行车路牌编排、编制车辆运行作业计划和调度工作,以及保证旅客运输安全正点运行等。

1)公路旅客出行时间分析

旅客为旅行所费时间主要包括:旅客从出发地到客运站所需时间、旅客购票所费时间、旅客在起点站等车时间、旅客沿线乘车时间及途中换乘和旅客从终点站到目的地所费时间等。

旅客乘行时间是旅客为旅行所费时间的主要组成部分,其长短对旅客选择出行运输方式有很大影响。就客运企业本身而言,它主要取决于客运行车组织方式,驾驶人的工作制度以及车辆性能和保修水平等。

2)客运班次组织

公路客运班次主要包括行车路线、发车时间、起讫站名及停靠点等。客运班次的安排是车站提供给旅客旅行的依据,因此,科学合理地确定客运班次有重要意义。安排客运班次,必须深入进行客流调查,在掌握各线、各区段、区间旅客流量、流向、流时及其变化规律的基础上研究确定。具体在安排客运班次时应考虑以下因素:

(1)根据旅客流向及其变化规律,确定班次的起讫点和中途停靠点,并兼顾始发站和中途停靠站旅客乘车的需要。尽可能开行直达班次,以减少旅客不必要的中转换乘。

(2)安排班次的多少,取决于客流量的大小,遇节假日或集会等客流量猛增时,要及时增加班次或提供包车等来疏导客流。

(3)根据旅客流时规律来安排班次时刻。例如,农村公共汽车要适应农民早进城晚归乡的习惯。此外,很多旅客要经由其他路线、其他班次或火车、轮船中转换乘,因此,各线班次安排应尽量考虑到相互衔接及与其他运输工具的中转换乘方便。

(4)安排班次时刻,应考虑车辆运行时间、旅客中途膳宿地点、驾驶人作息时间以及有关站务作业安排。

客运班次的安排,是一个既重要又细致复杂的工作。上述各项要求不可能都能满足,实际工作中只能从具体情况出发,分清主次,统筹兼顾。客运班次经确定后由车站公布执行,一经公布,应保持班次的稳定性和严肃性。

3)行车路牌编排

客运班次确定后,就要安排车辆如何运行。对属于企业本单位经营分工范围内的全部班次,通过合理编排,确定需要多少辆客车运行,即编出多少个循环代号。编排循环代号必须满足以下条件:

(1)保证全部客运班次均有车参运。

(2)充分发挥每辆客车的运输效率,且各项运输效率指标尽可能相近。

(3)循环周期不宜过长,以便于安排车辆的保修作业以及驾乘人员的食宿和公休。

(4)确保行车安全正点。根据不同班次和不同车型,可采用大循环运行、小循环运行,在特定条件下,也可以采用定车定线运行。

车辆运行方式一般分为大循环和小循环两种客车运行组织方式。其中:

小循环是将营运区内全部循环代号分为若干组,分别指定不同车辆组循环运行的客车运行组织方式。

大循环则是将营运区内全部循环代号编为一组,即将各循环代号衔接在一起,全部车辆在一个统一周期内循环运行的客车运行组织方式。采用大循环方式,每个驾驶人都将参与营运区内任一班次的运行,不管是长途还是短途、干线还是支线,劳动条件相同,易于安排任务,调度也很容易。但是这种方式不利于驾驶人在很短时期内熟悉所有的线路情况,对于行车安全、节约燃料均有一定的影响。采用大循环方式时,一旦某局部计划被打乱,就会影响整个计划的实行,并难以及时弥补。

4)单车运行作业计划和调度工作

单车运行作业计划一般是按月编制。由客运调度室依据循环代号、车辆状况及其运用情况(车辆型号、技术性能、额定座位、完好率、工作率、平均车日行程、实载率、车座产量等),预计保留一定数量的机动车辆以备加班、包车及其他临时用车等,加以统筹安排,综合平衡后,编制各单车运行作业计划并组织执行。

在执行计划过程中,可能会遇到各种因素干扰,调度人员应采取相应措施,以保证运行作业计划的实施。客运调度室是代表企业执行生产任务的职能机构,各级调度有权在计划范围内指挥客车运行,在特殊情况下实施计划外调度。驾驶人、乘务员对调度的命令必须严格执行,即使有不同意见,在调度未作出更改之前,仍应执行调度命令,以确保运行组织工作的顺利进行。

5)保证客车安全正点

客运工作的服务对象是人,保证旅客运输的绝对安全是汽车运输企业及全体客运工作人员义不容辞的职责。客运工作人员要以对旅客财产高度负责的态度,科学调度、精心驾驶、周到服务,做好本职工作。

客运班车的正点发车和正点到达,对保证旅客按计划运行,保证车站工作和运行组织工作顺利进行,并最终实行安全正点运输具有重要意义。在旅客运输过程中,必须以安全正点为中心,合理组织各个方面的工作,明确各自的职责,最终为全面提高旅客运输质量服务。

4.4.4 长途客运班线接驳组织

为落实国务院《关于加强道路交通安全工作的意见》关于积极推行长途客运班线车辆凌晨2时至5时停止运行或实行接驳运输的规定。2013年起长途客运接驳运输试点开始,并推广到全国,成立全国长途客运接驳运输联盟。

1)长途客运班线接驳组织定义

长途客运班线接驳运输,是指通过在客车运行途中选择合适的地点,实施驾驶人停车换人、落地休息,或换车换人,由在接驳点上休息等待的驾驶人上车驾驶,继续执行客运任务的运输组织方式。

开展长途客运班线接驳运输,既可以使驾驶人得到良好的休息,防止疲劳驾驶,又可以避免客车夜间停驶产生的诸多问题,有效提高长途客运夜间运行的安全保障水平和服务质量。对于整合优势资源,优化运输组织,推动长途客运企业网络化运营和集约化、规模化发展,促进道路客运行业结构优化升级具有重要推动作用。

2)长途客运接驳组织模式

长途客运接驳组织模式有“换驾换车”和“换驾不换车”两种模式(表4-18)。

"换驾换车"和"换驾不换车"比较分析表　　表4-18

接驳换乘方式	适用条件	优　点	缺　点
换驾不换车	车辆数有限,企业合作局限	相对换车付出的经济成本少	区段实载率差,部分路段运力浪费
换驾换车	车辆数多,企业合作密切	提高区段的实载率,灵活调整运力配置	增加乘客在途时间,换乘组织管理混乱

3)长途客运接驳组织要素

(1)长途客运接驳运输企业

①从事接驳运输的道路客运企业应当具有健全的安全生产管理体系和严格的安全生产管理制度,2年内未发生负同等以上责任的重特大道路交通事故。

②对于实行集团化、网络化运营的、800km以上客运班线运营车辆50辆以上的企业。

(2)长途客运接驳运输线路

选择800km以上长途客运班线,线路起讫点在国家试点的21个省市区。

(3)长途客运接驳运输车辆

接驳运输车辆应当公车公营,严禁挂靠经营,并应安装具有驾驶人身份识别功能和行驶记录功能的卫星定位车载视频终端。

(4)长途客运接驳点

①要充分考虑接驳时间和接驳点服务保障能力等因素,合理选择接驳点位置。

②要优先选择在高速公路服务区或客运班线途经的汽车客运站设置,也可以在高速公路出入口附近设置。

③接驳点应具备停车、住宿、餐饮、通信等基本条件。

④接驳运输车辆到达指定的接驳点的时间应当在23时至次日2时之间。

⑤接驳点管理需配备专职管理人员,或在公共接驳点、共用接驳点采取委托管理的方式,督促驾驶人严格执行接驳运输管理制度,保证接驳运输车辆顺利接驳,保证驾驶人充足睡眠和休息。

(5)长途客运接驳运输流程

①接驳运输车辆要随车携带长途客运接驳运输车辆标识,并放置在车辆内前挡风玻璃右侧。

②发车前,驾驶人要领取、填写并随车携带接驳运输行车单,车辆到达指定的接驳点后,当班驾驶人和接驳驾驶人交接车辆相关证件,填写接驳运输行车单,并由接驳点管理人员签字、盖章。

③接驳点管理人员要根据接驳运输行车单登记接驳运输台账。

④驾驶人在运输任务结束后要将接驳运输行车单及时上交道路客运企业留存备查,保存期不少于半年。

(6)长途客运接驳运输信息化管理

①交通运输部建立全国统一的"接驳运输车辆动态监控平台",作为全国重点营运车辆联网联控系统的子系统,统一接入全国道路运输车辆动态信息公共交换平台。

②试点省(区、市)级交通运输主管部门通过中国交通通信信息中心领取本省系统管理员

账号,并向各级交通运输主管部门和道路运输管理机构、公安交通管理部门和试点企业(包括接驳点)分配相应权限。

③试点企业落实车辆动态监控的主体责任。要按照现行《道路运输车辆卫星定位系统车载终端技术要求》(JT/T 794)为接驳运输车辆安装具有驾驶人身份识别功能和行驶记录功能的卫星定位车载视频终端,统一为接驳运输车辆驾驶人办理驾驶人从业资格电子证件,在有条件的接驳点安装视频监控装置,在企业监控中心和接驳点配备"接驳运输车辆动态监控平台"监控设备。要及时将接驳运输的相关信息通过"接驳运输车辆动态监控平台"向管理部门报备。要指派专人通过"接驳运输车辆动态监控平台"对接驳运输车辆实施动态监控,追踪接驳运输车辆运行轨迹,记录接驳运输过程,通过平台的视频比对功能和从业资格电子证件行车记录识别驾驶人身份,严格查处不按规定实施接驳运输的相关责任人员。

④接驳点管理人员要通过"接驳运输车辆动态监控平台"对接驳运输车辆接驳情况进行管理。试点期间,驾驶人从业资格电子证件由交通运输部委托有关单位统一办理。各省应按照相关要求将试点企业参与接驳运输试点线路运输的驾驶人信息表连同《接驳运输运行组织方案》一并报交通运输部。

【知识应用与拓展】

可变线路式智慧公交系统调度优化案例及分析

案例:重庆357路公交车是从重庆丹龙南路出发到珊瑚村的单一票制无人售票公交车线路。途经丹龙南路、美堤雅城、苹果城、工商大学、兰花路等14个公交站点,全程8.0km,票价2元/人。06:30开班,22:30收班,发车间隔约为10min。

问题:

如何进行357路公交车调度,及时响应乘客需求,提高公交系统服务范围?

分析:

基于MAST(可变线路式公交)的智慧公交系统是在常规公交的在定线定站的基础上,允许根据乘客需求进行一定程度线路变化的一种新型公共交通系统。它融合了定线运行公共交通系统的低成本性和需求响应公共交通系统的机动性,力争在运行成本金额和出行灵活性之间寻求平衡。并通过科学的路径选择和合理的调度,来满足乘客在不同地点上下车的需求,大大提高了公共交通系统的"门到门"服务。

其整体系统主要由客户需求端(手机终端)、调度控制中心(系统中枢)以及车载终端等构成(三者之间的关系如图4-9所示),并根据车载数据和乘客需求信息为运营商或控制中心提供信息,从而达到车辆合理调度,实现为乘客提供相应的实时信息数据的效果。车型以中小公交车,票价可以适当高于常规公交。从而成为一种全新的公交服务模式,保障人们更方便、更快捷地搭乘公交而放弃自己驾车出行,弥补城市公交最后一、二公里乘车空缺,是一种实现"以人为本,便利乘客"的高品质服务模式。

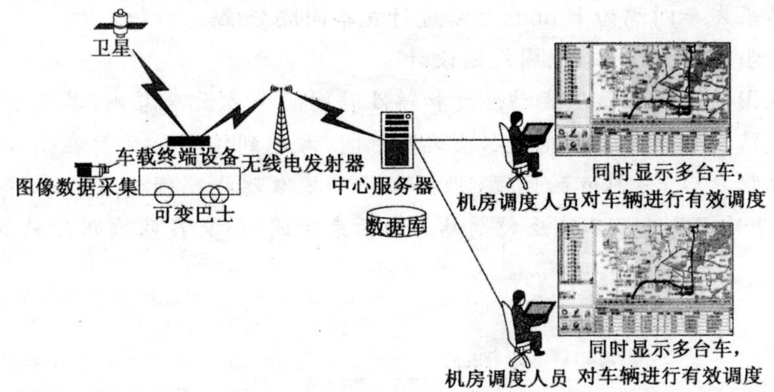

图4-9 智慧公交系统框架图

(1)静态模型参数确定

制定公交车调度方案需要考虑的因素众多，且较多因素都具有随机性。因此对模型构建做出以下假设：

①假设公交车从始发站出发后，能在规定时间内到达终点站。

②假设公交车静态模型下行驶速度是恒定的，无特殊情况发生。

③假设公交车费用无论里程，票价单一。

④假设本方案中的静态模型只是调度系统的一部分，所以静态发车间隔以高峰时期发车间隔为准。

⑤假设一天内在上行、下行方向上各站的上下车人数相应的分布情况大致相同，高峰时段相近。

⑥基于上述模型的条件假设，通过调查得到车辆单程行驶时间为 $t_n=40\text{min}$，则始末站平均停站时间：

$$\bar{t}_t=\begin{cases}4+0.11t_n & (10\leqslant t_n\leqslant 40)\\ 0.21t_n & (40\leqslant t_n\leqslant 100)\end{cases}$$

即 $\bar{t}_t=8.4\text{min}$。周转时间：

$$t_0=2(t_n+\bar{t}_t)=2\times(8.4+40)=96.8(\text{min})$$

计划车容量 $$q^0=q_0r^0=48\times1.1=53(\text{人})$$

根据调查，南城大道下午5:30—6:30时间段15min内高峰路段客流量为86人。则一小时内客流量为86×4=344人。

那么该时间段的行车频率和周转系数 f_i、η_{0i} 分别为：

$$f_i=\frac{Q''_i}{q_{0i}r_i^0}=\frac{344}{48\times1.1}\approx7(\text{辆/h})$$

$$\eta_{0i}=\frac{1}{t_{0i}}=\frac{60}{40}=1.5$$

该时间段内所需的车辆数(A_i)：

$$A_i=\frac{f_i}{\eta_{0i}}=\frac{7}{1.5}\approx5(\text{辆})$$

发车间隔： $$I=\frac{t''_i}{A_i}=\frac{60}{5}=12(\text{min})$$

由于计算结果发车间隔为12min,无需进行发车间隔分配。

(2)动态模型——可变线路范围规划设计

可变线路范围的设计应该从变动幅度和弹性时间两个方面来考虑,其变动幅度的大小直接影响到可变线路公交车的服务能力以及运行时间,考虑到该类公交旨在衔接各大换乘枢纽站和解决公交线路最后1~2km的问题,根据经验和基准路线周围的实际环境可将其变动幅度定为1km;弹性时间是为了不违反控制站点的约束时间,公交在基准路线外的运行时间(图4-10)。

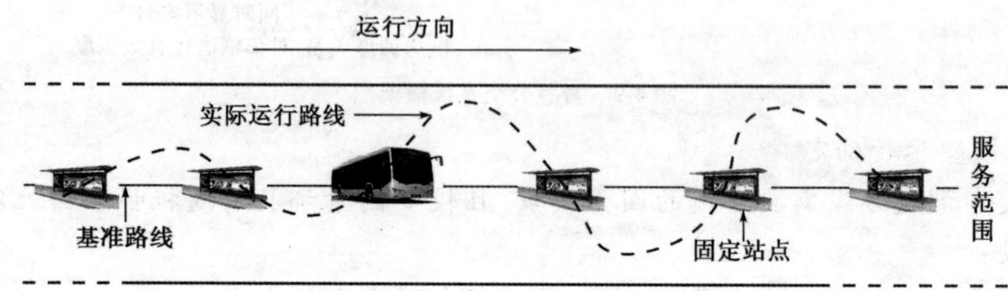

图4-10 智慧公交系统运营方案图

根据基准路线两固定站点之间的距离 d 和平均速度 v 可以算出公交在两固定站点间的约束时间 t:

$$t = \frac{d}{v} \tag{4-36}$$

式中:t——两固定站点间的约束时间(min);

d——两固定站点之间的距离(km);

v——车辆平均速度(km/h)。

当公交在偏离基准路线外1km内运行时,由于不在基准路线上,其运行路程 d_1 可能大于 d,一般情况下车流量都较少,驾驶人可根据具体情况提高驾驶速度 v_1,通常 $v_1 > v$。

所以两种情况下的运行时间不会相差太多,所以智慧公交在基准路线以外行驶时,弹性时间 t_1 应必须满足:

$$t_1 \leq t \tag{4-37}$$

式中:t_1——弹性时间(min);

t——两固定站点间的约束时间(min)。

通过静态模型,可求得无电召需求时的固定发车时间为12min。为了形象地表现出动态模型,将乘客电召需求在静态模型上做出假设,可得到如表4-19所示的整时间段内公交发车时刻表。表中N表示静态发车班次,W表示动态发车班次。

智慧公交与传统公交时刻表对比 表4-19

传统发车时刻	5:30	5:40	5:50	6:00	6:10	6:20	6:30
智慧公交发车时刻	5:30	5:36	5:48	6:00	6:05	6:17	6:29
点召、预约累计次数是否达到10次	否	是	否	否	是	否	否
班次	N	W	N	N	W	N	N

决策:(智慧公交与常规公交对比)

(1)发车时刻对比

从表4-19中易知,常规公交在该时间段的发车次数与智慧公交的发车次数相同,但是智慧公交发车时刻相对更加开放和灵活,能够更好地根据乘客的出行需求来实现实时发车,提高了车辆的载客率。

(2)服务覆盖范围对比

查阅相关资料,一般公交车站的服务范围是0.5~1km,而基于MAST的智慧公交系统的服务范围则可以达到1.5~3km。

(3)经济效益分析

通过对比两种模式下的平均每辆车的载客量,可知经济效益的变化。由于公交车上下乘客频繁,很难统计人数,因此,这里以下午5:30—6:30时间段内高峰路段客流量代替每班次车辆总客流量,即$Q=344$人。又由于基于MAST的智慧公交系统发车是在有至少10人的客流的情况下发车的,即在动态模型下每发一辆智慧公交车辆就已有10个乘客,则:

$$Q_{mc}=\frac{Q_c}{q^0}=\frac{344}{7}\approx 49(\text{人/辆})$$

$$Q_{mm}=\frac{Q_m}{q_m^0}=\frac{344+20}{7}\approx 52(\text{人/辆})$$

式中:Q_{mc}——该时段常规公交每辆车的载客量(人/辆);

Q_{mm}——该时段智慧公交每辆车的载客量(人/辆);

Q_c——该时段常规公交总客流量(人);

Q_m——该时段智慧总客流量(人);

q^0——该时段常规公交发车辆数(辆);

q_m^0——该时段智慧公交发车辆数(辆)。

因此$Q_{mm}>Q_{mc}$,即$q_{mm}>q_{mc}$。可见,智慧公交平均每辆车的载客率大于现有357路公交的载客率,公交车辆的利用率、经济效益均有所提高。智慧公交与传统公交之间的具体经济效益差异如表4-20所示。

智慧公交与传统公交经济效益差异对比 表4-20

类别 \ 指标	时间段	发班总数	总载客数(人)	平均载客数(人)	总收益(元)
传统公交	5:30—6:30	7班	344	49	688
智慧公交			364	52	728

从表4-20中可知,相同高峰时间段内,智慧公交与传统公交对比,发班数目相同,但运送乘客总人数增长5.81%,平均每班载客率提高6.12%,经济收益增长5.81%。

除经济效益增长之外,基于MAST的智慧公交系统可以让公交车驾驶人获取乘客需求信息,从而减少公交的空载率,降低运营成本。同时智慧公交系统可以提供个性化、多样性服务,吸引私家车车主选择智慧公交系统,有效缓解城市交通压力,减少私家车的碳排放和油耗,获得一定社会效益。

【思考与练习】

1. 城市公共交通营运组织包括哪些工作?

2. 公共汽车调度形式有哪些,其调度原则是什么?

3. 了解目前国内定制公交在各地的运行情况,思考定制公交合理运作模式。

4. 出租车运营模式有哪些?

5. 了解网约车新政策,思考网约车与出租车竞争态势及发展方向。

6. 安排客运班次时应考虑的因素有哪些?

第5章

道路货物运输组织

【导读】

道路货运互联网化

随着互联网与传统产业的融合,道路货运企业互联网发展空间空前繁荣,纷纷触网,通过模式创新、信息共享、利益多赢不断突破行业边界,发挥资源价值,激发碎片化需求。传统货运“多、小、散、弱”,存在严重的高能耗、低效率、高风险的弊病,通过互联网、信息技术的有效组织和集约运作,打通了供需双方的信息壁垒,减少了货车空驶,大大提高了车辆、驾驶人等资源利用效率,实现行业“零而不乱、散而有序、资源共享、信息对称、服务高效”。速派得、运满满、一号货车、云鸟配送、好多车、传化、天地汇、卡行天下等一批货运互联网企业蜂拥而起,市场总量和经营规模不断扩大。

(1)互联网与传统货运融合的分类

①信息平台模式。最初发展的在线物流企业大部分是信息平台型物流企业,搭建货车与车主之间的信息对接,平台一端对接客户,另一端对接驾驶人。平台的价值体现在货源集中和车辆的整合。但这些平台只是信息中介,网站不参与线下业务的成交、安全、成本周期以及一流货源的对接,无法进行事前、事后的监督和控制,没有从根本上改变物流行业供应链链条。

②众包模式。这种模式基于LBS位置服务,用户在平台发布送货请求后,货车驾驶人在

线抢单,不仅可以实时对接用户多样化的需求,而且能有效分配调动社会化的闲散劳动力,但这种模式目前尚未打通支付闭环,运费结算比较高,物流本身复杂的流程和无实物产品的特征决定业务很难标准化。

③“拼货”模式。以整车为单位,将车辆的空间按货物的体积大小划分安排,通过系统统一调配、多点取送、多装多卸,整合社会闲散运力资源,达到成本和效率的最优化。

④招投标模式。通过平台发布货运需求,驾驶人在平台展开竞价,用户根据报价选择接洽性价比合适的驾驶人。

⑤网络交易平台模式。将时下流行的电商O2O模式引入道路货运中,集中多家物流服务商,搭建互联网平台,可为客户提供网上下单、网上投保、网上查询、网上跟踪等物流服务,客户可以在网上选择不同的物流运营商,鼠标一点,即可在线完成物流交易,服务商就可以上门提货发送。

⑥综合服务平台模式。集多项服务功能于一体,形成综合服务生态圈。如天地汇物流的定位是公路港物流平台,目标是打造供应链+大数据驱动的物流生态圈。

(2)互联网化推动业态创新

①货运业务的扁平化、透明化。无论是哪一种融合模式,都是为了有效解决传统货运的痛点,体现的共同特点包括以下四方面。一是整合多、小、散的车、货等资源,实施有效利用,降低资源空置率,提升了行业的组织化程度。二是多数互联网企业都对车、货双方资质层层筛选认证,还通过投保理赔、风险保证金等方式制约,努力构建信用体系,大大降低了行业风险。三是向价格招投标、网络交易平台过渡,价格支付体系逐步正规完善,避免了无序恶性的价格战。四是对车辆实施导航及轨迹跟踪,并及时告知客户,解决了长期以来形成的不知车辆在哪里、不知货物在哪里、不知货物什么时候到达的“三不知”问题,使一线信息与监控后台、客户对接,有效改变了传统货运存在双方信息不对称、资质不符合规定、承运方骗货、托运方欠账等现象,降低了货运成本,增强了供需双方的互信,提升了行业的整体服务质量。

②轻资产化重构行业生态。传统货运的发展模式是建场地、买车辆、找资源、运货物的基本流程,其中建设园区、购买车辆需要投入巨额资金,物流园区投资多数都在数亿元以上,重资产模式使企业背负了沉重的建设成本和时间成本,企业投资回报率和盈利水平非常低。而互联网不仅是开展单纯的货车运输,而且将园区、仓库等某类特定资产组织起来,实施无限端管理,紧密连接供应链,创造了新的业态。企业通过较小的投入就可以获得较高的回报。

③O2O商业模式日益深入。2014年以来,互联网加速渗透传统货运业务,尤其是O2O商业模式得到了快速推动,经营主体数量增长,目前仅APP就达数百家,这些O2O企业线上做平台,聚集货源和车源信息,线下加强实体网络建设,集中园区、货源、车辆等资源,发挥汽车货运门到门、机动车灵活的特点,向上门经济延伸,增强客户收发货的便利性和实效性。以线上促线下,以线下促线上,线上线下齐发力,创造了客户的全新体验。

④行业进一步细分。随着互联网经济的出现,传统货运的产业结构发生了重大调整,大规模、大批量、成批次的煤、钢铁、水泥等初级原料运输需求逐步向多品种、小批量、小规模、多频次的工业半成品或制成品的运输需求转变,催生了供应链的下游及终端B2C服务模式的快速扩张。行业分工更加专业化和精细化,也在不断升级。

⑤资本推动快速扩张。当前互联网企业所引领的互联网经济,已经成为中国经济新常态下推动经济转型升级的重要力量和引擎。传统货运互联网化的进程中,同样离不开金融资

本与技术创新的联姻,企业获得巨额资本后,不断地试错验证和快速成长,呈现四个“加快”:行业细分加快,资金投入间隔时间加快,城市“地盘”扩张速度加快,平台的用户聚集加快。

5.1 道路货物运输概述

5.1.1 基本概念

道路货物运输是指以载货汽车为主要运输工具,通过道路使货物产生空间位移的生产活动。货物是运输的直接对象,它与道路运输组织工作有密切的关系。

道路货物运输组织就是从运输生产过程管理入手,按照运输企业的生产经营目标和计划,充分利用各种资源,对运输生产的各要素、环节进行合理安排,从运输产品的时间、质量、数量和成本等要求出发,对社会提供符合需要和用户满意的运输服务全过程进行计划、组织、协调。

5.1.2 道路货物运输分类

对于道路运输类别的划分,按照不同的分类标准,可以分为很多种,常见的分类有:

(1)按运输组织方法分类:零担货物运输、整批货物运输和集装箱运输三类。托运人一次托运货物计费重量3t及以下的,为零担货物运输。

快递所托运大多也是属于小件轻量物品,它与零担主要是通过重量来划分,具体如表5-1所示。

快递与零担的划分　　表5-1

质　量	类　别	质　量	类　别
$X<30$kg	快递	1000kg$\leqslant X<$3000kg	大票零担
30kg$\leqslant X<$1000kg	小票零担		

注:X为所托运货物重量。

近年来零担公司和快递公司也有互相渗透的趋势,比如德邦开始用零担的网络来做快递,而顺丰也宣布接20kg以上的单。

托运人一次托运货物计费重量3t以上或虽不足3t,但其性质、体积、形状需要一辆汽车运输的,为整批货物运输;采用集装箱为容器,使用汽车运输的,为集装箱运输。

(2)按运输速度分类:普通货物运输和快件货物运输。要求在规定的时间内将货物运达目的地的,为快件货物运输;应托运人要求,采取即托即运的,为特快件货物运输。

(3)按运输条件分类:一般货物运输和特种货物运输。

(4)按运输车辆分类:普通车辆运输和特种车辆运输。

5.1.3 道路货物运输组织的基本原则和要求

(1)道路货物运输组织的基本原则

由于货物运输具有运输对象广泛、运输时间和运输方向上的不均衡性以及销售的集中性等特点，货物运输组织应遵循负责运输、计划运输、均衡运输、合理运输及直达运输的基本原则。

(2)道路货物运输组织的基本要求

道路货物运输组织应该符合安全、迅速、准时、方便及经济等基本要求。

5.2 道路货物运输组织流程及方法

5.2.1 道路货物运输组织的工作流程

运输组织工作是一项复杂的系统性工作，需要按一定的工作程序进行，其作业流程如图5-1所示。

在以上五个步骤中，货运工作量调查及预测是后续各步工作的前提；货运生产计划是依据前期的货运工作量调查和预测的成果而制订的，是运输企业一定时期的规划方案；运输方案是营运计划的具体化；运输方案的实施是运输方案付诸实际的过程，也是对运输方案制订合理与否的检验过程；运输方案效果评价是对以前各步工作的总结评价，并为下一阶段的工作提供借鉴经验。

我们还可以用另外一种方式来体现运输组织工作中五个步骤的相互关系及循环过程，如图5-2 所示。总之，在道路货物运输组织工作中，这五个步骤不断循环，在循环中积累经验、吸取教训，使运输组织工作不断完善和提高。

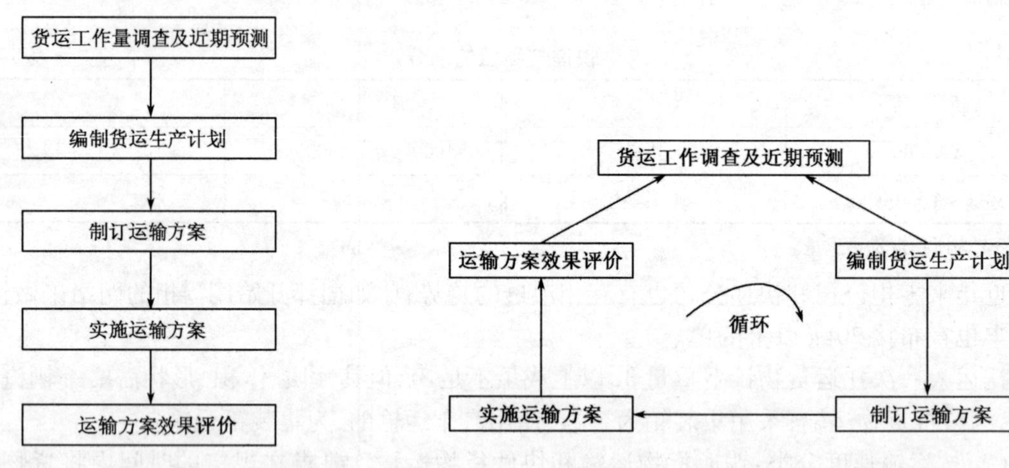

图5-1 道路运输组织工作流程图

图5-2 道路货物运输组织工作各步骤之间的相互关系

5.2.2 道路货物运输运作模式及业务流程

(1)道路货物运输企业业务运作模式

道路货物运输的基本流程由货物受理、发货站装卸分拣作业、干线货物运输、收货站装卸分拣作业、货物送达五个环节构成。目前道路货运业务一般采取的是一种集配的业务运作模式，也就是说在干线运输两端分别存在一个集货与配送的环境。如图5-3 所示。

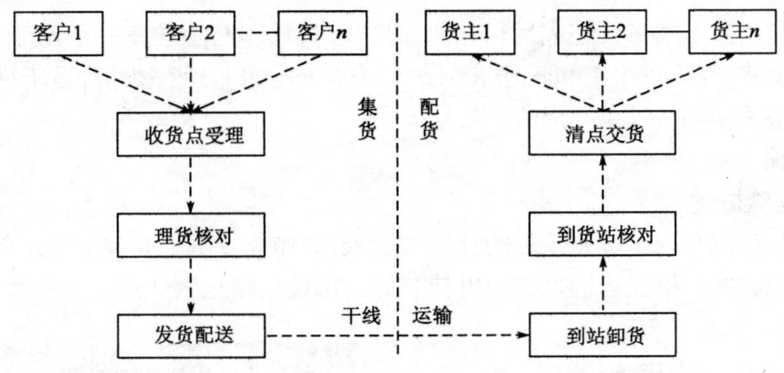

图 5-3　道路货物运输企业采取的业务运作模式

(2)道路货物运输货运站基本流程

道路货运站作为道路快运网络的一个重要组成部分,最基本的业务是接受托运人的货物和向收货人交付货物,基本业务流程如图 5-4 所示。

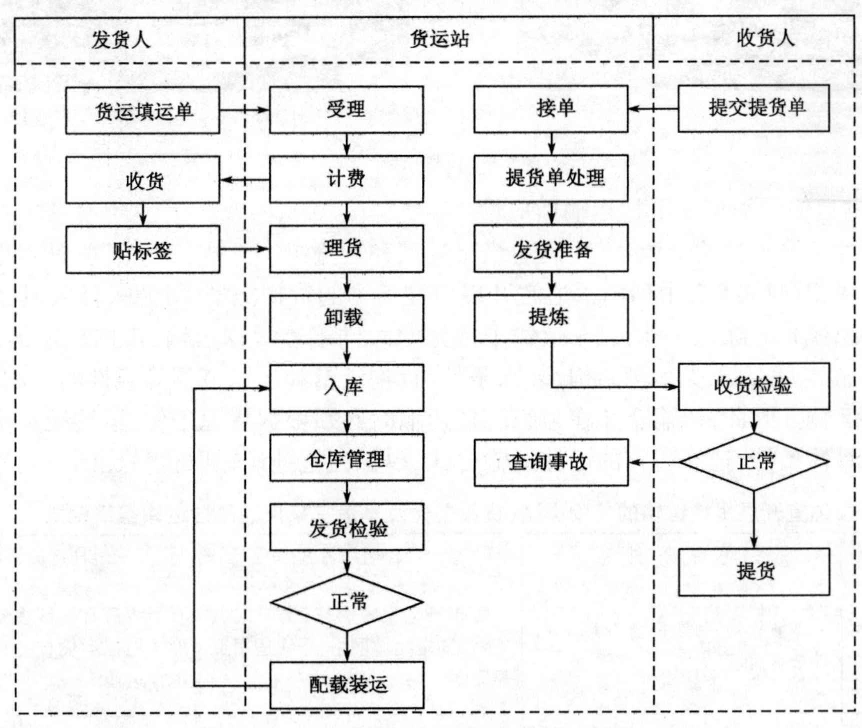

图 5-4　道路货运站的基本业务流程

5.2.3　货物运输组织方法

拖挂运输是一种有效的运行组织方式,根据汽车列车的运行特点和对装卸组织的不同要求,一般可以分为定挂运输和甩挂运输两种。不论哪一种组织方式,只要在适宜的条件下运用,都会有助于车辆生产的提高。

1)定挂运输

定挂运输是指汽车列车在完成运行和装卸作业时,汽车与全挂车一般易于分离。这种定车定挂的组织形式,在运行组织和管理工作方面基本上与单车运行相仿,易于推广,它是拖挂运输开展之初被采用的一种主要形式。

2)甩挂运输

(1)甩挂运输概述

甩挂运输是指汽车列车按照预定的计划,在各装卸作业点甩下并挂上指定的挂车后,继续运行的一种组织方式。甩挂运输也称为甩挂装卸。甩挂运输车辆如图5-5所示。

a)

b)

图5-5 甩挂运输车辆

(2)货物运输的类型及甩挂运输适应性

由于各种运输类型的货源条件、运输线路类型和运输组织方式各不相同,其对甩挂运输的适应性也不尽相同,表5-2中列出了适宜开展甩挂运输的货物类型、货源条件及其适宜采用的甩挂运输组织模式。除此之外,汽车运输中常见的大件笨重货物运输、市内搬家运输、城市配送运输等运输类型,由于受车辆结构、装卸条件、货物流量和运输范围等条件的限制,一般不适宜组织甩挂运输。因此,运输企业在组织甩挂运输时必须根据货源条件、运输线路类型和运输组织方式等具体条件,选择适宜的甩挂运输模式,以保证甩挂运输取得最佳的应用效果。

适宜开展甩挂运输的货物类型、货源条件及其适宜采用的甩挂运输组织模式　表5-2

运输类别	货源条件	运输组织方式	甩挂运输适应性
零担货物运输	零散货物(每票货物3t以下),件杂货、包裹类	零担班车集零为整,定班定点定线,固定运输网络;干线适用重型车辆	干线适宜一线多点往复式、环形式甩挂运输模式;支线不适宜甩挂运输
快件货物运输	零散小件、包裹类,限时快递	定班定点定线,固定运输网络,干线支线分级运送;干线适用重型车辆	干线适宜一线多点往复式、环形式甩挂运输;支线不适宜甩挂运输
整车货物运输	每票货物3t以上;件杂货、厂对厂原材料运输、厂对商产成品运输、工商企业专用物流	固定货源按定点定线直达或中转运输;临时货源按直达运输;适用重型车辆	固定货源适宜点对点短距离和长距离往复式、滚装和驮背甩挂模式;其他不适宜

续上表

运输类别	货 源 条 件	运输组织方式	甩挂运输适应性
大宗散货运输	煤炭、矿石、粮食等的港站对厂商运输、港站对港站运输	固定货源按定点定线直达或中转运输;临时货源按直达运输;适用重型专用车辆	固定货源适宜点对点短距离和长距离往复式、滚装和驮背甩挂模式;其他不适宜
集装箱运输	港口、车站及集装箱中转站对厂商运输、港站对港站运输	固定货源按定点定线直达或中转运输;临时货源按直达运输;适用集装箱专用车辆	固定货源适宜点对点往复式、辐射式甩挂模式;其他不适宜
危险货物运输	危险品厂对厂、厂对商、厂对港站专门运输	货源固定,定点定线直达或中转运输;适用危险品专用车辆	大运量固定货源适宜点对点往复式、辐射式甩挂模式;其他不适宜甩挂
鲜活货物及冷链物流运输	鲜活动物、水产品、蔬菜、冷冻食品等厂(产地)对商专门运输	货源固定,定点定线长途直达运输,市场内冷链配送;适用专用车辆	干线适宜点对点往复式、辐射式甩挂模式;其他不适宜
物流配送运输	工商企业产成品或零配件配送中心对厂、商专用配送运输	货源固定,定点定线运输;适用专用车辆	干线适宜点对点往复式、辐射式甩挂模式;支线运输不适宜

(3)甩挂运输的基本组织模式

根据汽车运输的货源类型、运输经营形式、货物装卸地点布局和车辆运行线路的类型等条件,一般来说开展甩挂运输的基本形式主要有点对点短距离往复式运输线路的甩挂运输、定点定线长距离运输的甩挂运输、与多式联运相结合的甩挂运输和网络化运输系统条件下的甩挂运输四种组织模式。

①点对点短距离往复式运输线路的甩挂运输模式。

一般情况下,如果货流量较大、两端装卸设备条件和装卸作业速度相近,可以在装货点和卸货点两端都实行甩挂作业,即采取“一线两点,两端甩挂”组织形式(图5-6)。如果两端的装货、卸货作业能力相差较大时,可以在装卸能力较弱、作业速度较慢的一端实行甩挂装货或卸货作业,而在另一端实行就车卸货或装货作业,即采取“一线两点,一端甩挂”组织形式,以保持车辆装卸作业时间与车辆运行时间的协调与平衡。

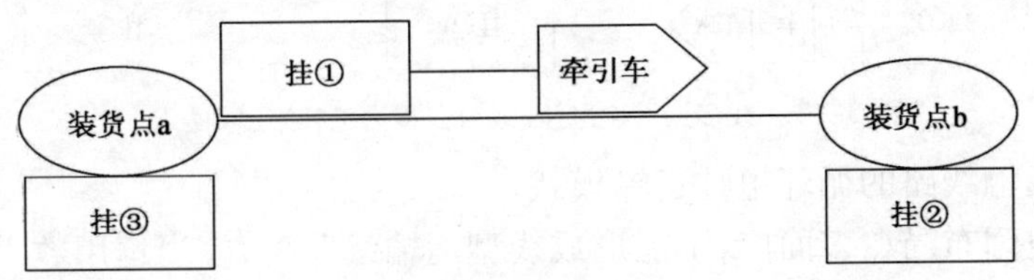

图5-6 点对点短距离往复式运输线路的甩挂运输模式

点对点短距离往复式线路运输条件下的“一线两点,两端甩挂”或“一线两点,一端甩挂”是甩挂运输最主要的组织模式,在大多数运输条件下开展甩挂运输都可以采用这种组织模式。

②定点定线长距离运输的甩挂运输模式。

运输企业首先必须通过一定的市场组织手段,与发货方和收货方建立长期、稳固的合作关系(对运量大、有条件的企业还可以在两地设立经营点),保证在两地能够建立稳定的货源组织条件,并能够可靠地进行周转挂车投放与管理;然后,在发货点和收货点配置一定数量的周转挂车,并按照"一线两点、两端(或一端)甩挂"的方式组织甩挂运输。

③与多式联运相结合的甩挂运输模式。

对于跨海、跨江河和陆路远距离货物运输,可以利用汽车甩挂运输与水路滚装运输和铁路驮背运输等方式相联合,实现道路运输与铁路运输、水路运输的多式联运。

④网络化运输系统条件下的甩挂运输模式。

近年来,我国汽车零担货物运输、快件货物运输和物流配送运输等货物运输组织形式得到了快速发展,这些货物运输形式典型的特点是物流运输企业都建立了一定的营运网络,即在一定的区域范围乃至全国范围内,建立若干货运站、配送中心等物流节点,从而构成一定的运输网络,形成一定规模的网络化运输系统。网络化运输系统由于组织化程度高,便于在全系统内合理规划车辆运输线路并对运输车辆进行统一调配和管理,所以非常便于开展甩挂运输。对于这些网络化运输系统,可以根据物流量的大小、网络节点的布局等条件,在系统内部组织不同形式的甩挂运输。

网络化运输系统,根据货运站的布局不同,可以分为一线多点线型运输线路和环型闭合运输线路两种运输模式。

a. 一线多点线型运输线路的甩挂运输模式。

一线多点线型运输线路,就是按线型结构规划运输线路,使线路的货运站点呈线形布局。运输车辆沿线型路线运行,依次在各个站点进行装货或卸货作业,到达终点后可以沿原线路再进行返程装货、卸货和运输作业,最终回到始发点。

在一线多点线型运输线路上开展甩挂运输,应当由企业总部根据各个货运站之间的物流量的大小、运输距离、零担(或快件)货物的汇集与分运的时间节奏、道路交通状况以及驾驶人工作时间等统筹规划,统一进行牵引转半挂车的配置与调度,统一控制和协调各站点的甩挂及装卸货作业。其具体的甩挂运输作业组织,可以灵活采取"一线多点,沿途甩挂"(图 5-7)、"一线两点甩挂"、"分段运输,接力甩挂"等组织形式。

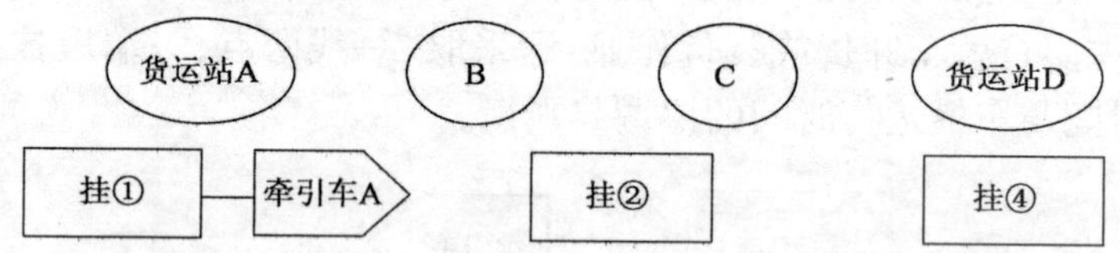

图 5-7　一线多点沿途甩挂(或分段接力甩挂)运输模式

b. 环型闭合运输线路的循环甩挂运输模式。

当货运站点空间布局点多面广,不能形成线型运输线路时,应当运用数学方法合理规划运输线路,使各个货运站点之间组成首尾相接的环型封闭回路,车辆在环型回路上作连续单向运行,从而避免车辆迂回行驶,减少车辆空驶行程。环型运输线路与线型运输线路的实质是相同的,只是其线路是闭合的,车辆始终单向行驶,在各个货运站点上进行装货和卸货作业(图 5-8)。因此,在环型闭合运输线路组织甩挂运输与一线多点线型运输线路相似,主要可以采用"一线多点,沿途甩挂"的组织方式组织甩挂运输作业。

3)驼背运输

驼背运输(或载驳运输),这是甩挂运输的基本原理应用于集装箱或挂车的换载作业形式。其基本方法是,在多式联运各运输工具的联结点,由牵引车将载有集装箱的底盘车或挂车直接开上铁路平板车或船舶上,停妥摘挂后离去,集装箱底盘车或挂车由铁路车辆或船舶载运至前方换装点,再由到达地点的牵引车开上车船挂上集装箱底盘车或挂车,直接运往目的地。驼背运输组织方式加速了车辆周转,扩大了货物单元,节约了装卸或换载作业时间,提高了作业效率。如图5-9所示。

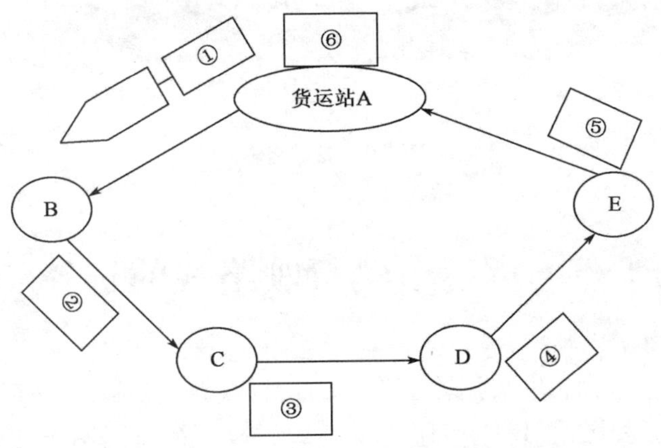

图5-8 环型闭合运输线路的循环甩挂运输模式

a)

b)

图5-9 驼背运输

4)滚装运输

滚装运输是基于运输过程中的装卸作业要克服重力因素的问题而产生的,指利用叉车、半挂车或载货汽车承载货物,将货物连同车辆一起开上滚装船,到达目的地之后再从船上开下的运输组织形式(图5-10)。一般地,机动车作为一个运输单元,由托运人驾驶直接驶上或驶离船舶,采用两种票据,客/车同渡完成客/车运输过程,从而实现客、车、货三位一体同步运输过程。在内海、海湾、海峡和沿海岛屿间的短途水运中,滚装运输通常具有明显的竞争优势。

适合采用滚装运输的货物种类包括:载货的汽车、全挂车、半挂车以及其他带轮的车辆等陆路载运工具;载有集装箱的拖挂车、底盘车;货盘(板)成组的集装箱;长、大、笨重货物等。

a)

b)

图 5-10　滚装运输

5.3　货运车辆行驶路线的选择

车辆行驶路线是指车辆在完成运输工作中的运行线路,包括空驶和有载行程。如图 5-11 所示,A-B、D-A 属于空驶区段;B-C、C-D 属于有载区段。在道路网发达、货运点众多的情况下,车辆按不同的行驶路线完成计划的运输任务时,对运输效率和运输成本会有不同的影响。因此,在运输组织生产活动时,选择时间段费用省、效益好的最经济的运行线路,是组织货运车辆经济有效运行的一项十分重要的工作。

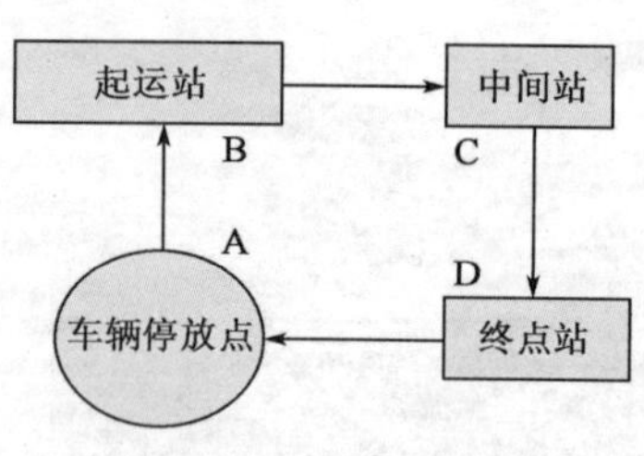

图 5-11　车辆行驶路线示意图

所谓最经济的运行路线是指在保证运输安全的前提下,运输时间和运输费用最小的路线。一般情况下,行程最短的路线也是最经济的运行线路。当路网分布复杂、货运点分布范围较大时,可采用最优化方法来确定车辆行驶路线的最佳选择。

5.3.1　车辆行驶路线的种类

车辆行驶路线一般有往复式、环形式和汇集式三种类型。

1)往复式行驶线路

往复式行驶线路是指车辆在两个装卸作业点之间的线路上,做一次或多次重复运行的形式线路。根据汽车往复运输时的载运情况,这种行驶线路可分为单程有载往复式、回程部分有载往复式和双程有载往复式三种。

(1)单程有载往复行驶线路

单程有载往复式行驶线路(图 5-12)在运输生产中属于常见方式,但车辆里程利用率较低。

(2)回程部分有载往复式行驶线路

回程部分有载往复式行驶线路在运输中也常用到,尤其是已经具有网络化运输经营能力的大型运输企业。在回程途中，有一段路程有载，或全程有载的运输方式，如图5-13所示，目前许多企业通过回程“配载”的方式，尽量减少回程空驶路段或空载现象。

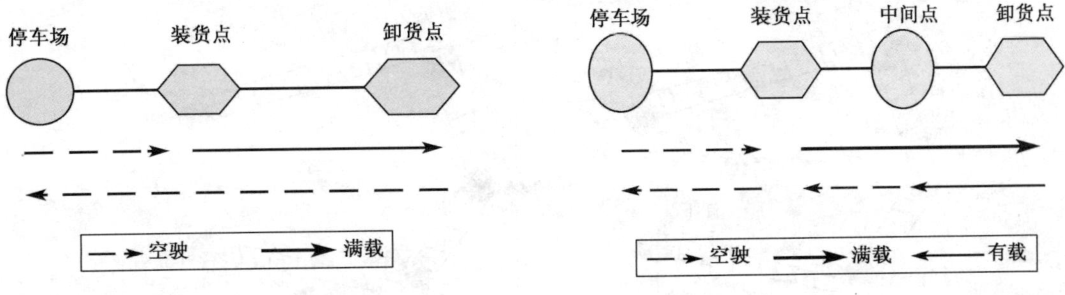

图5-12 单程有载往复式行驶线路示意图

图5-13 回程部分有载往复式行驶线路示意图

(3)双程有载往复式行驶线路

车辆回程全程有载往复式行驶线路在三种运输生产中运输效率最高，而回程时满载属于理想的状态。如图5-14所示。

由此可见，回程载货式的运输方式里程利用率最高；其次是回程载货不全的运输方式；回程不载货的运输方式运输效率最差。

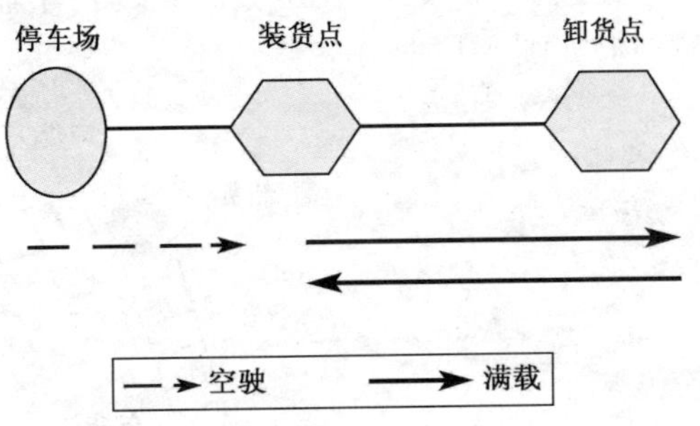

图5-14 双程有载往复式行驶线路示意图

2)环形式行驶线路

当不同运输任务的装卸点一次连接成一条封闭线路时称为环形行驶线路。由于不同货运任务装卸点位置分布不同，环形线路可能有不同形状，如图5-15所示。

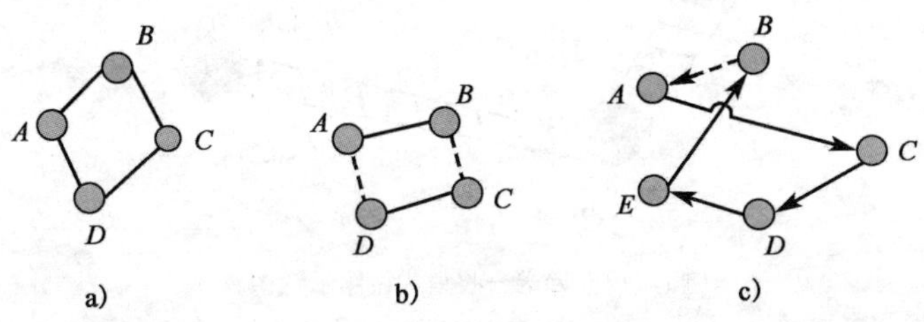

图5-15 环形式行驶线路示意图

环形式行驶线路的选择，以完成同样货运任务时，里程利用率最高，即空车行驶最短为原则。里程利用率小于0.5的环式路线，一般不宜采用。

3)汇集式行驶线路

汇集式行驶线路是指车辆沿分布于运行线路上各装货作业点，依次完成相应的装卸作业，且每次的货物装(卸)量均小于该车核定载质量，直到整个车辆装满(卸空)后返回出发点的行驶线路。汇集式运输时，车辆可能沿一条环形线路运行，也可能在一条直线型线路上往返运行，一般汇集式运输可分为三种形式：

①分送式(仅送货，先送多者)：车辆沿运行线路上各货运点依次进行卸货，如图5-16 a)所示。

②收集式(仅收货,先收少者):车辆沿运行线路上各货运点依次进行装货,如图 5-16 b)所示。

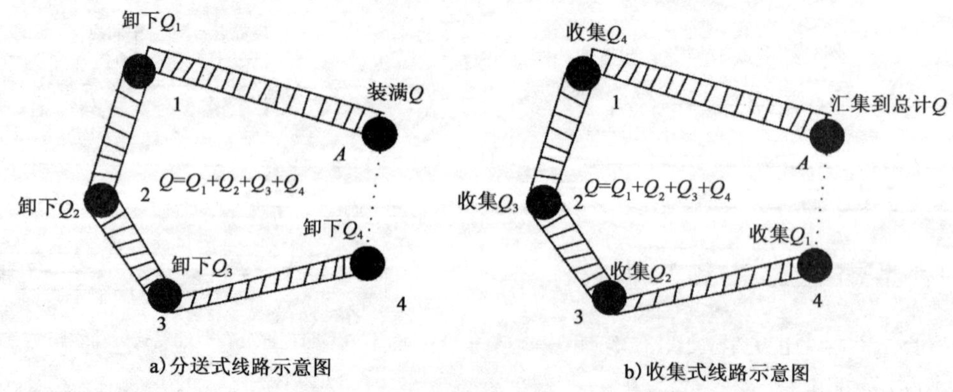

图 5-16　汇集式行驶线路示意图

③分送—收集式(先送货后收货):车辆沿运行线路上各货运点分别或同时进行分送及收集货物,如图 5-17 所示。

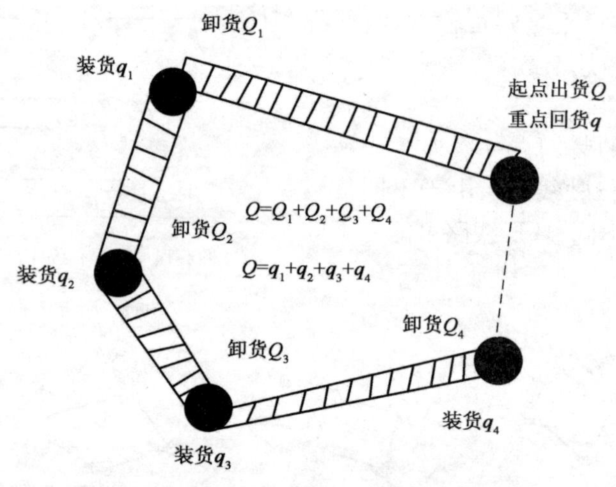

图 5-17　分送—收集式线路示意图

在以上三种运送方式中,按总行程最短组织车辆进行运输最为经济,因此,选择汇集式线路以总行程最短为最佳运输方案。

5.3.2　车辆行驶路线选择

车辆行驶路线选择是运输所要考虑的主要因素,也是影响运输成本的主要因素。在实际过程中往往会面临许多具体的问题,例如,有时从单一的出发地到单一的目的地,有时却需要从多个起点出发到达多个终点;有时每一地点既有货物要运送,又有货物要收取;有时有多辆运输工具可以使用,每一运输工具都有自己的容量和承载量的限制,因车辆容量的限制或者其他因素,要求先送货再取货;考虑到驾驶人的就餐和休息;有时追求的目标还是相互矛盾的。所以,车辆行驶路线选择问题就不可能有一个普遍适用的最佳解决方案。这里仅给出几种简单假设约束路线选择的数学方法,旨在提供一种考虑问题的方法。

1)图上作业法

多起点、多终点问题的运输线路,在运输实践中经常存在。在这些问题中,起点和终点都不是单一的。在这类问题中,各供应点的供应量往往也有限制。

在多个货源地服务于多个目的地时,运输线路存在两种情况:运输线路成圈的和不成圈的。有多个货源地服务于多个目的地时,运输线路选择优化的任务是要指定为各目的地服务的供货地,同时要找到供货地、目的地之间的最佳路径。解决这类问题可以运用一类特殊的线性规划方法,即物资调运问题图上作业法进行求解。

(1)基本概念

图上作业法是在运输图上求解线性规划运输模型的方法。运输以及类似的线性规划问题,都可以首先画出流向图,然后根据有关规则进行必要调整,直至求出最小运输费用或最大运输效率的解。这种求解方法,就是图上作业法。适用于运输线路呈树状、圈状,而且对产销地点的数量没有严格限制的情况。

(2)图上作业法的步骤

①列出货物运输计划平衡表或各点发、到空车差额表。

②绘制运输路线图。运输线路由若干个点(点上标有地名)和连接各个点的线段(线段上标有两点间的距离)组成。为了使运输线路图简单、明确,各点用符号表示。空车的收点(需车点)用"○"表示;收货点即空车的发点用"□"表示。

③作流向图。在运输线路图的各发点、收点上注上货物发、收量或空车收、发量,有"+"号的数值表示收货量或空车发车量;括号中的数字表示两点间的距离;用箭线表示货物运输或空车调度的方向,在箭线上注明的数字表示运量。

④检查是否最优方案。最优流向图应既没有对流,又没有迂回。

对流就是在流向图的同一路段上两个方向都有货物和车辆流向。在图5-18中,在B、C之间就发生了对流现象,若改为图5-19就没有对流现象了。

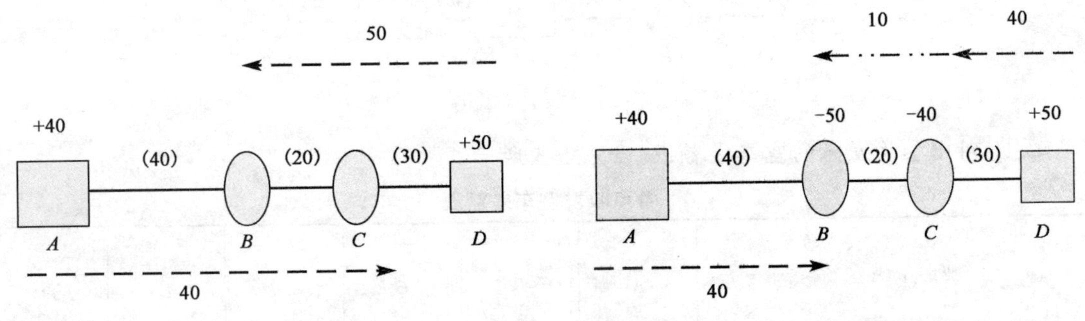

图5-18 有对流的流向图　　图5-19 无对流的流向图

如果货运线路是线形时,编制出的空车调度方案只要没有对流,就是运输线路最优方案。直线操作步骤按"直线取一端,供需归邻点"的原则进行。

如果运输线路图是树形的操作程序,按"先定义干线,分支作流向,余缺归交点,化成一条线"的原则进行。

如果运输线路呈闭合状态,必须首先将其破圈,即将闭合线路变成不闭合的运输线路,然后按不闭合环形线路的方法作出流向图。破圈就是要甩开一段,一般甩圈中较长段。在流向图中把顺时针流向画在圈内,称为内圈流向;把逆时针流向画在圈外,称为外圈流向;如果流向图中内圈流向的总长度(称内圈长)或外圈流向的总长度(简称为外圈长)超过整个圈长的50%,就称为迂回运输,属于不合理运输。图5-20所示的流向图就属于迂回运输,如果调整为图5-21所示的流向图就没有迂回现象了。作出调度方案后,如果既没有对流也没有迂回,就是最优方案。

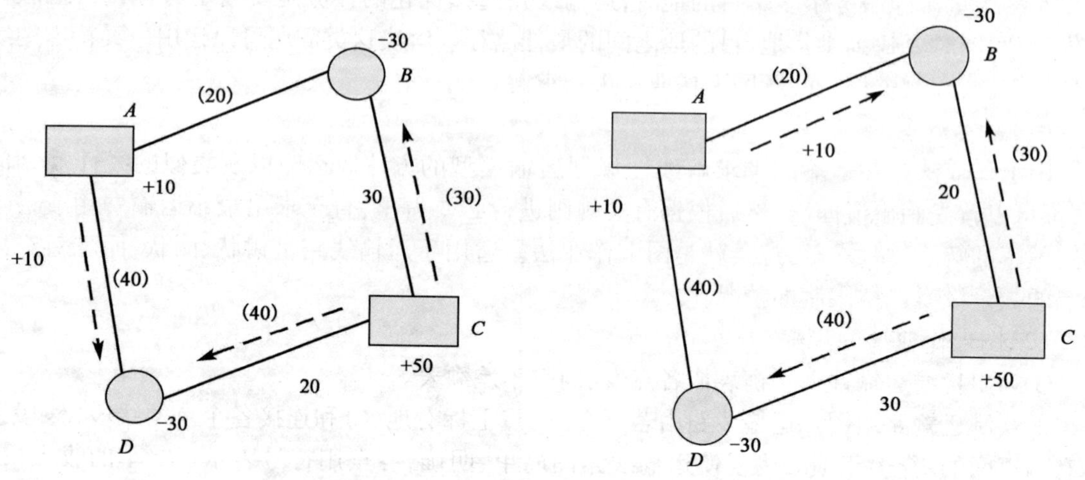

图5-20 有迂回运输的流向图　　　　图5-21 无迂回运输的流向图

图上作业法的实质就是在运输线路图上寻找没有对流和迂回的最优流向图。

⑤调整到最优流向图后,根据最优流向图将最优方案填入货运计划平衡表或空车调度表。

【例5-1】 某货运公司承接一货运任务:有 B、E 两个装货点,分别有货物50t、10t,有 A、C、D 三个收货点,各需物资30t、10t、20t,运输线路如图5-22所示。根据上述货运任务,空车应如何调度才能使运输合理?

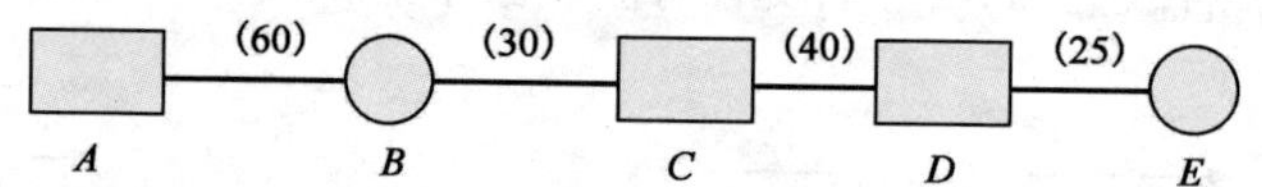

图5-22 运输线路图

解:①列出各收发点的空车差额表,如表5-3所示。

各点收发空车差额表

表5-3

项目 \ 数量(t) \ 收发点		A	B	C	D	E	合计
货物	发量		50			10	60
	收量	30		10	20		60
空车吨位差额	需要调进(－)		50			10	60
	需要调出(＋)	30		10	20		60

②绘制空车流向图,如图5-23所示;先取左端点 A 点,将 A 点的30吨位供给 B 点;再取右端点 E,将 D 点的20吨位中的10吨位供给 E 点,剩下的10吨位和 C 点的10吨位都供给 B 点,全线安排完毕,各点供需已经平衡。

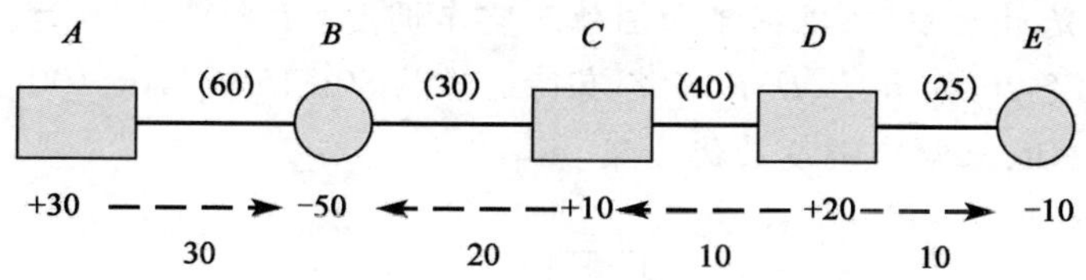

图 5-23　初始方案空车流向图

③检验方案。经检验没有对流，是最优方案。

④根据流向图，填制空车调度表，如表 5-4 所示。

空车调度表　　表 5-4

空驶线路			空车吨位(t)	空车记录	合计空驶吨位公里(t·km)
起点	终点	里程(km)			
A	*B*	60	30		1800
C	*B*	30	10		300
D	*B*	70	10		700
D	*E*	10	10		100

填表时应注意：*D*-*C*、*C*-*B* 是连续流向线，应该 *D*-*B* 直达空车流量 10 吨位和 *C*-*B* 10 吨位填表，不能按图示的 *D*-*C* 10 吨位和 *C*-*B* 20 吨位分段空车流量填表。

【例 5-2】　如图 5-24 所示运输线路图，有 *F*、*G*、*B*、*D* 四个发点，各有待运货物 50t、20t、80t、50t，*E* 点、*A* 点、*C* 点三个接货点，各需运输 60t、70t、70t，求空车调度的最优方案。

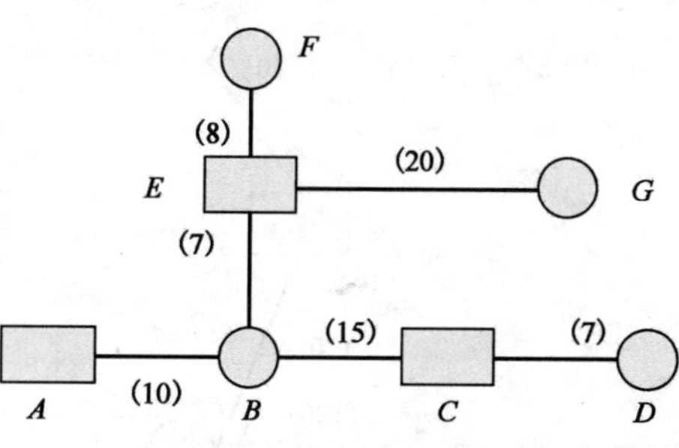

图 5-24　运输线路图

解：①先定 *A*-*D* 为干线，*B*-*F*、*B*-*G* 为支线。空车调度的端点 *G* 开始，由 *E* 供给端点 *G* 20 吨位，供给端点 *F* 50 吨位，*E* 差 10 吨位由 *B* 供给，这样干支交汇点 *B* 共差 90 吨位，画为 *A*-*B*-*C*-*D* 一条直线，按直线作业方法进行供需分配如图 5-25 所示。

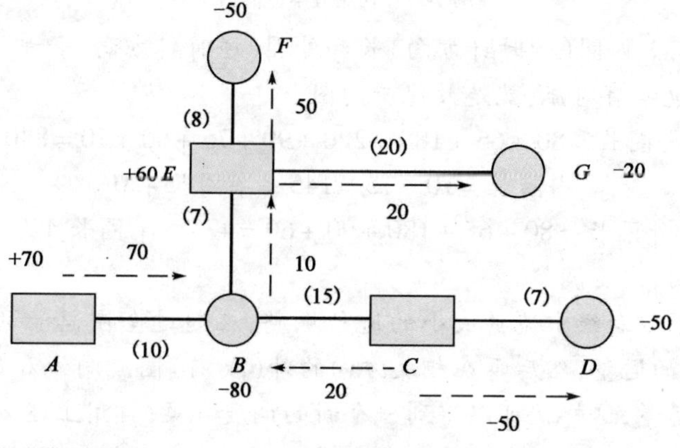

图 5-25　空车流向图

②检验无对流，是最优方案，根据流向图填入空车调度表(略)。

【例 5-3】 如图 5-26 所示，B、D、F、H 各有待运货物 80t、150t、170t、100t，A、C、E、G 各需货物 110t、130t、100t、160t，求空车调度最优方案。

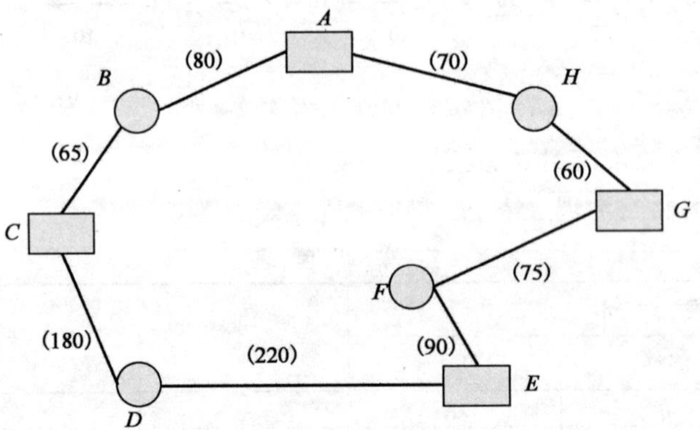

图 5-26 运输线路图

解:①因 ED 段距离较长，按经验甩段法(破圈法)先甩 ED 段，这一单圈即画为 D-C-B-A-H-G-F-E 一条线，按直线作业法取端点顺次对空车进行供需分配，初始方案如图 5-27 所示。

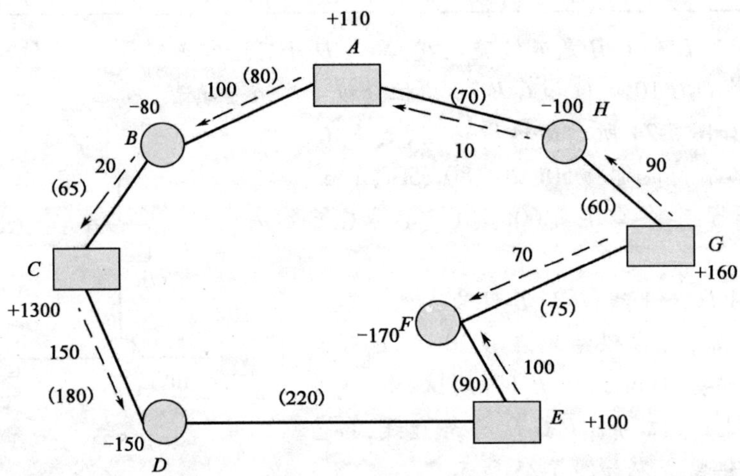

图 5-27 初始方案空流图

②检验有无迂回，若内圈(顺时针方向)长和外圈(逆时针方向)长都没有超过全圈长的一半(即无迂回)，同时也没有对流，就是最优流向图。

$$全圈长 = 80 + 65 + 180 + 220 + 90 + 75 + 60 + 70 = 840$$

$$内圈长 = 70 + 75 = 145 < 半圈长\ 420$$

$$外圈长 = 80 + 65 + 180 + 90 + 60 = 475 > 半圈长\ 420$$

无对流，但有迂回，需要调整。

③调整，选择该圈流向线中流量最小的进行调整，在超过全圈总长的 1/2 内(或外)圈各段流向线上减去最小的运量，然后再在相反方向的外(或内)圈流向线和原来没有流向线的各段，加上同样数目的运量，这样就可以得到一个新的调度方案；再用上述方法处理，直到里外圈空车流向线之和均小于周长之一半为最优流向图。

2)表上作业法

(1)基本概念

表上作业法是指用列表的方法求解线性规划问题中运输模型的计算方法,是线性规划的一种求解方法。当某些线性规划问题采用图上作业法难以进行直观求解时,就可以将各元素列成相关表,作为初始方案,然后采用检验数来验证这个方案,否则就要采用闭合回路法、位势法等方法进行调整,直至得到满意的结果。这种列表求解方法就是表上作业法。

(2)建立模型

表上作业法属于线性规划问题,利用"运输问题"模型寻求最优解。表上作业法的原理是:假设空车发点(包括卸货点、车场)数为 m;空车收点(包括装货点、车场)数为 n,由 i 点发往 j 点的空车数为 Q_{ij},第 j 点所需空车数为 q_j,第 i 点发出的空车数为 Q_i,自第 i 点到 j 点的距离为 L_{ij},则其空车行驶路线的选择问题数学模型如下:

$$\min L_{\mathrm{v}} = \sum_{i=1}^{m}\sum_{j=1}^{n} Q_{ij}L_{ij} \tag{5-1}$$

$$\text{约束条件:}\begin{cases}\sum\limits_{j=1}^{n} Q_{ij} = Q_i & (i=1,2,\cdots,m)\\ \sum\limits_{i=1}^{m} Q_{ij} = q_i & (j=1,2,\cdots,n)\\ \sum\limits_{i=1}^{m} Q_i = \sum\limits_{j=1}^{n} q_j \\ Q_{ij} \geqslant 0\end{cases} \tag{5-2}$$

上述数学模型求解方法较多,以表上作业法为例,求解上述问题的流程图见图5-28。

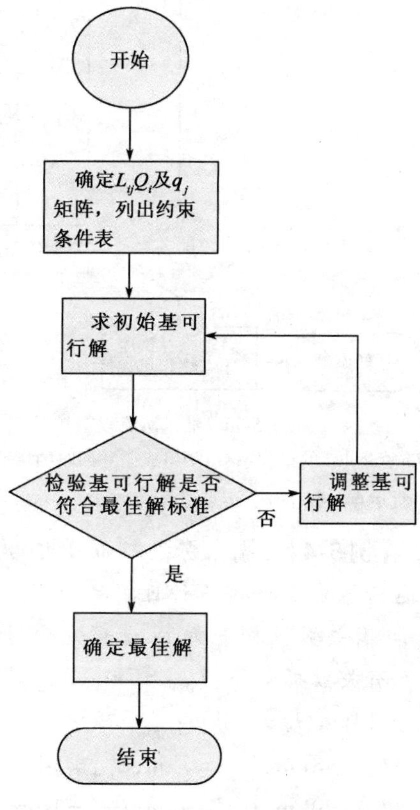

图5-28 表上作业法流程图

3)启发式算法

城市配送中出现的车辆行驶路线选择实际上最早是由 Dantzig 和 Ramser 于 1959 年首次提出的车辆路线问题(VRP),指一定数量的客户,各自有不同数量的货物需求,配送中心向客户提供货物,由一个车队负责分送货物,组织适当的行车路线,目标是使得客户的需求得到满足,并能在一定的约束下,达到诸如路程最短、成本最小、耗费时间最少等目的。

在基本车辆路线问题(图5-29)的基础上,车辆路线问题由于实际应用环境要求不同而产生了许多不同的延伸和变化形态,包括多场站车辆路线问题、开放式车辆路线问题、时窗限制车辆路线问题、追求最佳服务时间的车辆路线问题、多车种车辆路线问题、车辆多次使用的车辆路线问题、考虑收集的车辆路线问题、考虑物品尺寸的车辆路径问题、随机需求车辆路线问题等。

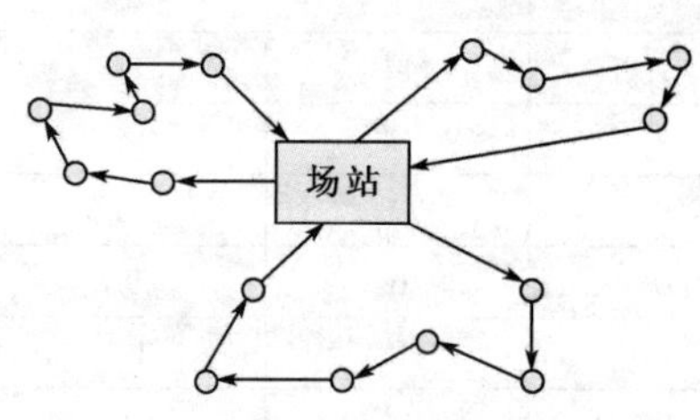

图5-29 VRP示意图

综合过去有关车辆路线问题的求解方法,可以分为精确算法与启发式算法。由于 VRP 是 NP-hard 问题,难以用精确算法求解，启发式算法是求解车辆运输问题的主要方法，多年来许多学者对车辆运输问题进行了研究，提出了各种各样的启发式方法。

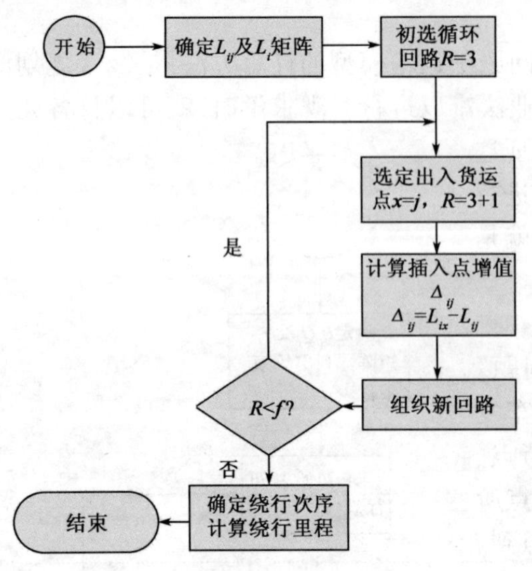

图 5-30　插入法流程图

L_i-货运点 i 的里程系数；R-组成循环回路的货运点数；f-货运点总数；i、j 货运点序号

本书中以最常见和应用最为广泛的插入法和节约法为例，介绍启发式算法在车辆线路问题中的应用。

(1)插入法

插入法又称“最远插入法”，原本是 Mole 和 Jameson 于1976 年所提出，用于求解车辆路线问题的方法，其结合最邻近法与节省法的观念，依序将顾客点插入路径中以构建配送路线。该方法首先将节省值的观念应用于循序路线建立上，首先以离场站最远的需求点作为路线的种子点，再根据最邻近点插入法的概念，以插入值最小者作为下一个插入点，最后再用一般化节省值公式，以其中节省值最大者来决定插入的位置，重复进行选取与插入的步骤，直到超过车辆容量或时窗限制时，再建立另一条路线。其流程图如图 5-30 所示。

【例 5-4】　南京苏果超市日用品仓库备用一辆中型配货车(货车载质量能够满足 5 个超市运输总需求)，将各种日用品分送给遍及南京市的 5 个超市网点，仓库及超市分布如图 5-31 所示，有关数据如下所示，试确定分送式最佳行驶路线。

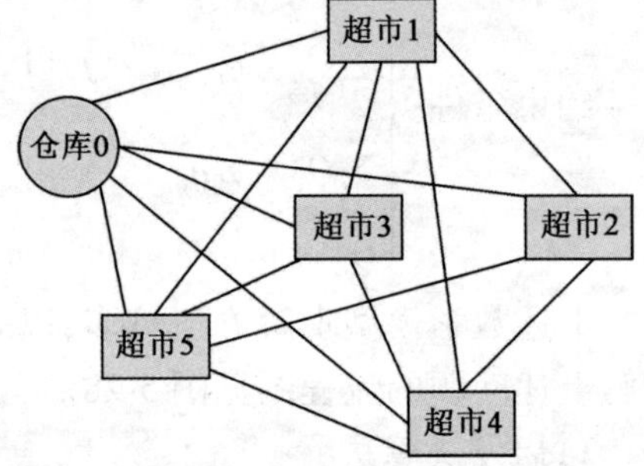

图 5-31　分送式线路货运点分布图

有关数据如下：$L_{0,1}=7\text{km}, L_{0,2}=13\text{km}, L_{0,3}=9\text{km}, L_{0,4}=14\text{km}, L_{0,5}=8\text{km}$；

$L_{1,2}=8\text{km}, L_{1,3}=7\text{km}, L_{1,4}=14\text{km}, L_{1,5}=14\text{km}$；

$L_{2,3}=9\text{km}, L_{2,4}=9\text{km}, L_{2,5}=16\text{km}$；

$L_{3,4}=6\text{km}, L_{3,5}=9\text{km}$；

$L_{4,5}=11\text{km}$。

解：①确定里程矩阵，求货运点里程系数，建立里程矩阵见表 5-5。

里程矩阵　　表 5-5

货运点 / 里程系数 / 货运点	0	1	2	3	4	5
0	0	7	13	9	14	8
1	7	0	8	7	14	14
2	13	8	0	9	9	16
3	9	7	9	0	6	9
4	14	14	9	6	0	11
5	8	14	16	9	11	0
L_j	51	50	55	40	54	58

各货运点的里程系数：$L_0 = 51, L_1 = 50, L_2 = 55, L_3 = 40, L_4 = 54, L_5 = 58$。

②由于是配送运输，始发地一定是仓库，因此确定初选循环回路为：仓库0—超市5—超市2—仓库0。

③因为 $L_4 = 54$，取超市4为新的插入点。

插入超市4点：

$$\Delta_{0,5} = L_{5,4} + L_{0,4} - L_{0,5} = 11 + 14 - 8 = 17$$
$$\Delta_{5,2} = L_{5,4} + L_{2,4} - L_{5,2} = 11 + 9 - 16 = 4$$
$$\Delta_{2,0} = L_{0,4} + L_{4,2} - L_{2,0} = 14 + 9 - 13 = 10$$
$$\Delta_{5,2} = 4, \text{最小}$$

所以，在超市5—超市2间插入超市4点，新回路为：

仓库0→超市5→超市4→超市2→仓库0。

④因为 $L_1 = 50$，取超市1为新的插入点。

插入超市1点：

$$\Delta_{0,5} = L_{5,1} + L_{0,1} - L_{0,5} = 14 + 7 - 8 = 13$$
$$\Delta_{5,4} = L_{5,1} + L_{1,4} - L_{5,4} = 14 + 14 - 11 = 17$$
$$\Delta_{4,2} = L_{4,1} + L_{2,1} - L_{4,2} = 14 + 8 - 9 = 13$$
$$\Delta_{2,0} = L_{2,1} + L_{0,1} - L_{2,0} = 8 + 7 - 13 = 2$$
$$\Delta_{2,0} = 2, \text{最小}$$

所以，在超市2→超市0间插入超市1点，新回路为：

仓库0→超市5→超市4→超市2→超市1→仓库1

⑤因为 $L_3 = 40$，取超市3为新的插入点。

插入超市3点：

$$\Delta_{0,5} = L_{5,3} + L_{0,3} - L_{0,5} = 9 + 9 - 8 = 10$$
$$\Delta_{5,4} = L_{5,3} + L_{3,4} - L_{5,4} = 9 + 6 - 11 = 4$$
$$\Delta_{4,2} = L_{4,3} + L_{2,3} + L_{4,2} = 6 + 9 - 9 = 6$$
$$\Delta_{2,1} = L_{2,3} + L_{3,1} - L_{2,1} = 9 + 7 - 8 = 8$$
$$\Delta_{5,4} = 4, \text{最小}$$

所以，在超市5—超市4间插入超市3点，新回路为：

仓库0→超市5→超市3→超市4→超市2→超市1→仓库0

⑥最佳运输路线是：

仓库0→超市5→超市3→超市4→超市2→超市1→仓库0。

最短运输线路的里程为：

$$L_{总} = L_{0,5} + L_{5,3} + L_{3,4} + L_{4,2} + L_{2,1} + L_{1,0} = 8 + 9 + 6 + 9 + 8 + 7 = 47(\text{km})$$

(2)节约法

节约法是一类最为经典的启发式算法之一，该算法最早由 Clark 和 Wright 于1964年提出，通常被简称为C-W算法。该算法的思想是：根据顾客点之间连接可以节省的距离（节约值）最大的原则，将不在线路上的顾客点依次插入到路线中，直到所有的点都被安排进路线为止。节约里程法原理可以用图5-32简要说明。图5-32a)所示的运输方法运距为 $2a + 2b$，图5-32b)所示的运输方法运距为 $a + b + c$，则节省里程 $2a + 2b - a - b - c = a + b - c > 0$（两边之和大于第三边)。

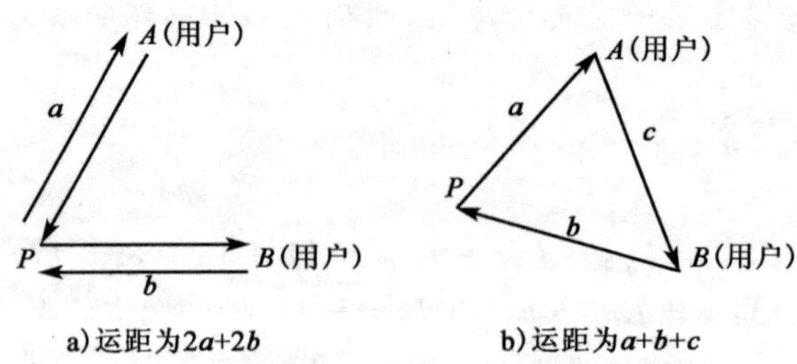

图5-32 节约里程的线路设计

节约法步骤如下:

①计算网络节点之间的最短距离。

②计算各托运(收货)人之间可节约的运行距离:$a+b-c$,其中,$a+b$ 为 P 点至各点距离(来回),c 为两点间最小距离。

③对节约里程按大小顺序进行排列。

④组成配送路线图。

下面用一个例子说明节约里程的线路设计法,为简化起见,仅给出每一步的计算结果,省略了一些具体计算过程。

【例5-5】 如图5-33所示,使用额定载质量分别为2t和4t的货车,要从 P 点出发,把货物运到 $A \sim J$ 共10个目的地,每车每次运行距离不超过30km,括号内的数字为需要运送的货物吨数,线路上的数字为路线长度,单位为km。试按节约法确定最优路线方案。

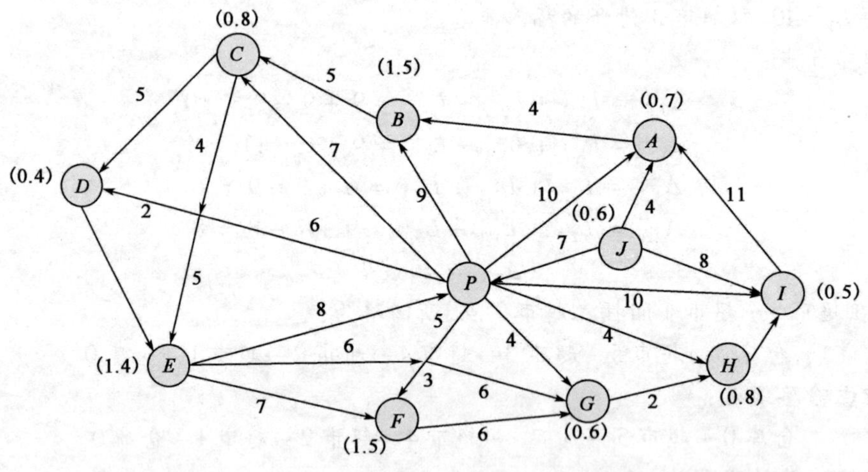

图5-33 节约法

解:节约法的线路设计步骤如下:

①初始方案:行程$(10+9+7+8+8+8+3+4+10+7)\times 2=148$(km),需要2t车10辆。

②二次解决:连接 AB、AJ、BC,同时连接 PC、PJ,则里程为:

$7+4+4+5+7=27$(km),$0.6+0.7+1.5+0.8=3.6$(t),需要4t车一辆。

③三次解决:连接 DE、EF、FG,同时连接 PD、PG,则里程为:

$8+6+7+6+3=30$(km),$0.8+5=1.3$(t),需要4t车一辆。

④四次解决:连接 HI,同时连接 PI、PH,则里程为:

4 + 9 + 10 = 23(km),0.8 + 0.5 = 1.3(t),需要2t车一辆。

共行驶27 + 30 + 23 = 80(km),共需要4t车两辆,2t车一辆,比初始方案节约148 - 80 = 68(km)。

5.4　特种货物运输组织

由于危险品、生鲜冷冻等货物的特殊性,因此在运输组织过程中存在一些有别于普通货物运输的要求。

5.4.1　危险货物运输组织

1)危险货物基础知识

(1)危险货物的概念

危险货物是指具有爆炸、易燃、毒害、感染、腐蚀、放射性等危险特性,在运输、储存、生产、经营、使用和处置中,容易造成人身伤亡、财产损毁或环境污染而需要特别防护的物质和物品。

(2)危险货物运输的特点

①品类繁多,性质各异。按我国目前已公布的法规、标准,有三个国标:《危险货物分类和品名编号》(GB 6944—2012)、《危险货物品名表》(GB 12268—2012)、《化学品分类和危害性公示通则》(GB 13690—2009),将危险化学品分为八大类,每一类又分为若干项。且每年不断新增加的危险品,其物理和化学性质差异很大。

②危险性大。危险货物作为一种特殊品类,在道路运输中具有很大的危险性,容易造成人员伤亡和财产损失。危险品运输事故造成的危害极大。在9类危险货物中,每一类都具有自己独特的危险性,对外界条件有着严格的要求。

③运输管理方面相关规章多。危险品运输是整个道路货物运输的一个重要组成部分,除要遵守道路货物运输共同的规章,还要遵守许多特殊规定。

2)危险货物运输组织工作要点

危险货物在运输过程中应加强管理。托运人只能委托有危险化学品运输资质的运输企业承运;还要提出资质证书以及经办人的危险货物业务培训合格证与身份证。托运剧毒化学品,还应出具目的地各级公安部门办理的通行证。

危险货物运输,要经过受理托运、仓储保管、货物装卸、货物运送、货物交付等环节,这些环节分别由不同岗位人员操作完成。其中,受理托运、货物运送及交接保管工作环节尤其应加强管理,其规范要点如下面的内容所述。

(1)受理托运

①在受理前必须对货物名称、性能、防范方法、形态、包装、单件重量等情况进行详细了解并注明。

②问清包装、规格和标志是否符合国家规定要求,必要时下现场进行了解。

③新产品应检查随附的《技术鉴定书》是否有效。

④按规定需要的“准运证件”是否齐全。做好运输前准备工作,装卸现场、环境要符合安全运输条件,必要时应赴现场勘察。

⑤到达车站、码头的爆炸品、剧毒品、一级氧化剂、放射性物品(天然铀、钍类除外),在受理前应赴现场检查包装等情况,对不符合安全运输要求的,应请托运人改善后再受理。

(2)货物运送

①详细审核托运单内容,发现问题要及时弄清情况,再安排运送作业。

②必须按照货物性质和托运人的要求安排车班、车次,如无法按要求安排作业时,应及时与托运人联系进行协商处理。

③要注意气象预报,掌握雨雪和气温的变化。

④遇有大批量烈性易燃、易爆、剧毒和放射性物资时,须作重点安排,必要时召开专门会议,制订运输方案。

⑤安排大批量爆炸物品与剧毒物品跨省市运输时,应安排有关负责人员带队,指导装卸和运行,确保安全生产。

⑥遇有特殊注意事项,应在行车单上注明。

(3)交接保管

①自货物交付承运起至运达止,承运单位及驾驶、装卸人员应负保管责任。托运人派有押运人员的应明确各自应负的责任。

②严格货物交接,危险货物必须点收点交签证手续完善。

③装货时发现包装不良或不符安全要求,应拒绝装运,待改善后再运。卸货时发生货损货差,收货人不得拒收,并应及时采取安全措施,以避免扩大损失,同时在运输单证上批注清楚。驾驶人、装卸工返回后,应及时汇报,及时处理。

④因故不能及时卸货,在待卸期间行车人员应负责对所运危险货物的看管,同时应及时与托运人取得联系,恰当处理。

⑤如所装货物危及安全时,承运人应立即报请当地运管部门会同有关部门进行处理。

5.4.2 超限货物运输组织

1)超限货物基础知识

(1)超限货物的概念

超限货物运输是道路运输中的特定概念,指使用非常规的超重型汽车列车载运外形尺寸和质量超过常规车辆装载规定的大型物件道路运输。

超限货物是指符合下列条件之一的货物:

①货物外形尺寸,长度在14m以上或宽度在3.4m以上或高度在3m以上的货物。

②质量在20t以上的单体货物或不可解体的成组货物。

(2)超限货物运输的特点

超限货物的运输不同于其他货物的运输,货物的超限等级越高,运输组织工作越复杂,运输安全方面的隐患就越大,所以一定要从它的特殊性出发,常见的特殊性一般体现在如下几个方面:

①超限货物要用超重型挂车作载体,用超重型牵引车牵引和顶推。

②在超限货物运输之前,一定要对道路状况进行勘测,有必要的话,进行适当的工程措施,在运输中采取一定的组织技术措施,使超限货物能够顺利通行。

③在运输超限货物时,要确保安全,不能有任何闪失,否则后果不堪设想。

2)超限货物运输组织工作要点

依据道路超限货物运输的特殊性,其组织工作环节主要包括办理托运、理货、验道、制订运输方案、签订运输合同、线路运输工作组织、运输统计与结算等。

(1)办理托运

由大型物件托运人(单位)向已取得大型物件运输经营资格的运输业户或其代理人办理托运,托运人必须在托运单上如实填写大型物件的名称、规格、件数、件重、起运日期、收发货人详细地址及运输过程中的注意事项。凡未按上述要求办理托运或运单填写不明确,由此发生运输事故的由托运人承担全部责任。

(2)理货

理货是大件运输企业对货物的几何形状、重量和重心位置事先进行了解,取得可靠数据和图纸资料的工作过程。通过理货工作分析,可为确定超限货物级别及运输形式、查验道路以及制订运输方案提供依据。

理货工作的主要内容包括:调查大型物件的几何形状和重量、调查大型物件的重心位置和质量分布情况、查明货物承载位置及装卸方式、查看特殊大型物件的有关技术经济资料,以及完成书面形式的理货报告。

(3)验道

验道工作的主要内容包括:查验运输沿线全部道路的路面、路基、纵向坡度、横向坡度及弯道超高处的横坡坡度、道路的竖曲线半径、通道宽度及弯道半径,查验沿线桥梁涵洞、高空障碍,查看装卸货现场、倒载转运现场,了解沿线地理环境及气候情况。根据上述查验结果预测作业时间、编制运行路线图,完成验道报告。

(4)制订运输方案

在充分研究、分析理货报告及验道报告基础上,制订安全可行的运输方案。其主要内容包括:配备牵引车、挂车组及附件,配备动力机组及压载块,确定限定最高车速,制订运行技术措施,配备辅助车辆,制订货物装卸与捆扎加固方案,制订和验算运输技术方案,完成运输方案书面文件。

(5)签订运输合同

根据托运方填写的委托运输文件及承运方进行理货分析、验道、制订运输方案的结果,承托双方签订书面形式的运输合同,其主要内容包括明确托运与承运方、大型物件数据及运输车辆数据、运输起讫地点、运距与运输时间,明确合同生效时间、承托双方应负责任、有关法律手续及运费结算方式、付款方式等。

(6)线路运输工作组织

线路运输工作组织包括:建立临时性的大件运输工作领导小组负责实施运输方案,执行运输合同和相应对外联系。领导小组下设行车、机务、安全、后勤生活、材料供应等工作小组及工作岗位并制定相关工作岗位责任制,组织大型物件运输工作所需牵引车驾驶人、挂车操作员、修理工、装卸工、工具材料员、技术人员及安全员等依照运输工作岗位责任及整体要求认真操作、协调工作,保证大件运输工作全面、准确完成。

(7)运输统计与结算

运输统计指完成道路大型物件运输工作各项技术经济指标统计,运输结算即完成运输工作后按运输合同有关规定结算运费及相关费用。

5.4.3 鲜活易腐货物运输组织

1）鲜活易腐货物基础知识

（1）基本概念

鲜活易腐货物，指在运输过程中，需要采取一定措施，以防止死亡和腐烂变质的货物。道路运输的鲜活易腐货物主要有：鲜鱼虾、鲜肉、瓜果、蔬菜、牲畜、观赏野生动物、花木秧苗、蜜蜂等。

（2）鲜活易腐货物运输的特点

①季节性强、运量变化大；②运送时间上要求紧迫；③运输途中需要特殊照料。

2）鲜活易腐货物运输组织工作要点

良好的运输组织工作，对保证鲜活易腐货物的质量十分重要。鲜活易腐货物运输的特殊性，要求保证及时运输。应充分发挥道路运输快速、直达的特点，协调好仓储、配载、运送各环节，及时送达。

配载运送时，应对货物的质量、包装和温度要求进行认真的检查，包装要合乎要求，温度要符合规定。应根据货物的种类、运送季节、运送距离与运送地方确定相应的运输服务方法，及时地组织适宜车辆予以装运。鲜活易腐货物装车前，必须认真检查车辆及设备的完好状态，应注意清洗和消毒，装车时应根据不同货物的特点，确定其装载方法。如为保持冷冻货物的冷藏温度，可紧密堆码；水果、蔬菜等需要通风散热的货物，必须在货件之间保留一定的空隙；怕压的货物必须在车内加隔板，分层装载。

【知识应用与拓展】

道路货物运输路线选择案例

假设装载能力为10的车辆在0点到达货源点开始装货为10个需求点提供送货服务，且需求点之间的距离、需求及服务时间已知（表5-6、表5-7）。假设不同路段不同行驶方向具有相同的速度函数，并成周期性变化。速度周期变化函数离散化为如图5-34所示函数，各路段沿不同方向函数为图5-34所示函数按表5-8所给位移量向左做相应位移。比如，从需求点2到需求点3不同时刻路段行驶速度函数即为图5-34图形向左位移4个时间单位，形成需求点2到需求点3不同时刻行驶速度函数（图5-35），需求点3到需求点2不同时刻行驶速度函数见图5-36，其他路段速度函数同理可得。

需求点间距离（0为货源点） 表5-6

需求点间距离（行：需求点；列：需求点）	1	2	3	4	5	6	7	8	9	10
0	18	9	13	9	18	12	17	9	20	2
1		11	2	6	20	18	2	11	9	16

续上表

需求点间距离（需求点＼需求点）	1	2	3	4	5	6	7	8	9	10
2			9	20	15	16	13	14	16	4
3				18	18	16	14	19	17	17
4					7	20	16	11	19	8
5						2	16	17	7	6
6							8	12	7	14
7								17	16	16
8									3	3
9										19

客户需求量(0为货源点) 表5-7

客户	0	1	2	3	4	5	6	7	8	9	10
需求	0	3	5	2	4	2	5	1	2	4	4
服务时间	0.5	0.2	0.3	0.1	0.3	0.1	0.3	0.1	0.1	0.3	0.3

路段拥堵时间位移量 表5-8

位移量（路段＼路段）	0	1	2	3	4	5	6	7	8	9	10
0	—	4	2	4	4	1	4	1	4	2	3
1	4	—	4	2	3	4	2	3	3	2	2
2	2	3	—	4	1	4	3	3	3	1	3
3	1	4	2	—	2	1	2	3	1	1	2
4	3	4	4	1	—	3	3	4	3	1	1
5	2	4	4	4	2	—	2	2	3	3	4
6	2	3	4	1	4	1	—	1	2	3	1
7	1	2	1	3	4	1	2	—	1	2	4
8	2	2	2	4	4	4	3	2	—	3	3
9	4	4	1	2	4	3	2	3	3	—	4
10	3	4	3	1	2	2	3	4	4	2	—

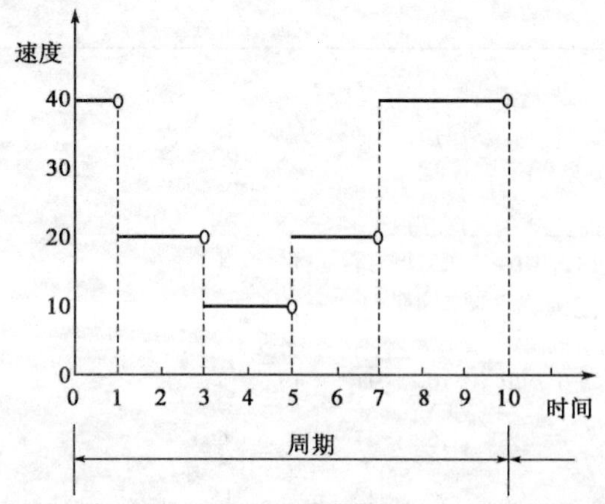

图 5-34　各路段速度周期变化基准

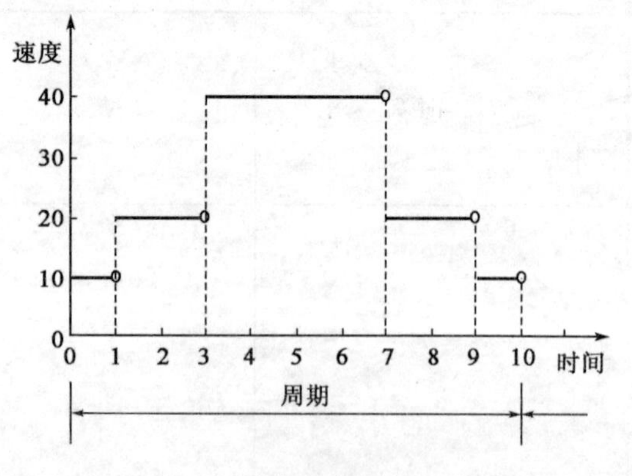

图 5-35　需求点 2 到需求点 3 速度函数

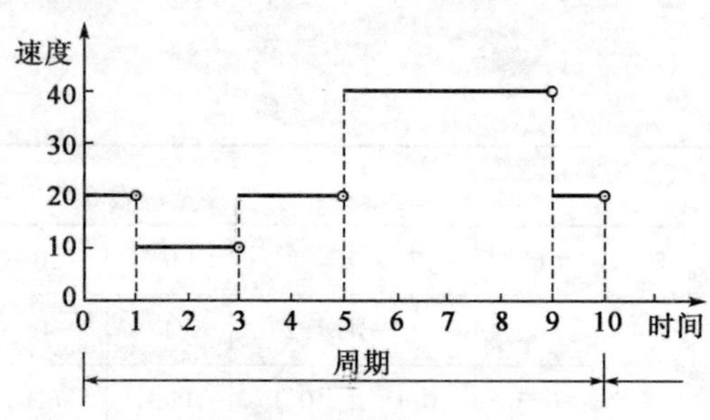

图 5-36　需求点 3 到需求点 2 速度函数

问题：如何合理安排路径，可以尽量减少总送货时间？

问题分析：

1. 建立时变单车路径优化模型

不失一般性，令图 $G=(N,E)$，顶点集合 $N=\{0,1,\cdots,n\}$，其中 0 为货源点，$\overline{N}=N/\{0\}$ 表示需求点集合；$E=\{(i,j):i\neq j;i,j\in N\}$，为顶点间的连接弧，顶点间距离 $D=\{d_{i,j};i,j\in N\}$，其中 $d_{ii}=0$。客户 i 需求为 q_i，$q_0=0$，表示货源点需求为 0。i 点服务时间为 t_{s_i}，当 $i\in\overline{N}$ 时，t_{s_i}表示在相应需求点卸货等消耗时间，当 $i=0$ 时，t_{s_0}表示车辆在货源点装载货物等消耗的时间。令 t_{a_i}为车辆到达 i 点的时间。函数 $t_{ij}(t_{a_i}+t_{s_i})$表示从需求点离开到达需求点消耗的时间。R 为送货路径集合。$Q_{\max}$为车辆最大装载量(即车辆装载能力)。

定义决策变量 $x_{ij}^r(i,j\in N,i\neq j,r\in R)$，如果车辆在路径 r 中为点 i 完成服务后下一服务点为 j 时，$x_{ij}^r=1$；否则，$x_{ij}^r=0$。则时变单车路径优化问题数学描述如下：

$$\text{minize}Z=\sum_{r\in R}\sum_{i\in N}\sum_{j\in N,j\neq i}t_{ij}(t_{a_i}+t_{s_i})x_{ij}^r \tag{5-3}$$

$$\sum_{i\in N}q_i\sum_{j\in N,j\neq i}x_{ij}^r\leqslant Q_{\max},\ \forall r\in R \tag{5-4}$$

$$\sum_{r\in R}\sum_{j\in N,j\neq i}x_{ij}^r=1,\ \forall i\in\overline{N} \tag{5-5}$$

$$\sum_{i\in N,i\neq k}x_{ik}^r-\sum_{j\in N,j\neq k}x_{kj}^r=0,\ \forall k\in N,\ \forall i\in R \tag{5-6}$$

$$\sum_{i\in U}\sum_{j\in U,j\neq i}x_{ij}^r\leqslant|U|-1,\ \forall U\in\overline{N},\ \forall i\in R \tag{5-7}$$

$$[t_{a_i}+t_{s_i}+t_{ij}(t_{a_i}+t_{s_i})-t_{a_j}]x_{ij}^r=0,\ \forall i<j\in N,i\neq j \tag{5-8}$$

式(5-3)给出模型优化目标为车辆从货源点装货开始为客户提供送货服务到完成所有客户送货服务返回货源点时间最早。式(5-4)为车辆能力约束，即车辆服务的任意一条路径上的客户需求总量不能超过车辆装载能力。式(5-5)表示每个需求点仅由此车提供一次服务。式(5-6)为平衡条件，即车辆到达某点次数与车辆离开其点次数相同。式(5-7)确保送货回路通过货源点。式(5-8)为送货路径各点先后顺序时间逻辑。

2. 满足 FIFO 规则的行驶时间计算

为了便于计算，且不失一般性，将时间区间$[a_0,b_0]$分作K个时间段，每个时间段分别记为$\Gamma_k=(q_k,\xi_k)(k=1,2,\cdots,K)$，其中$q_1=a_0,\xi_K=b_0$。对于不同实际问题可以按照实际情况进行时间段划分。车辆在任意时间段$\Gamma_k(k=1,2,\cdots,K)$内，i点j到点行驶速度为常数$v_{ij}^k(k=1,2,\cdots,K)$，且当$k\geqslant K$时，i点到j点行驶速度为常数$v_{ij}^{k-eK}\left(e=\left[\dfrac{K}{k}\right]\right)$；当$t=\xi_k$时，$i$点到$j$点行驶速度为常数$v'_{ij}$。

设车辆$t_0\in\Gamma_k$于时刻离开i点驶往点j，行驶时间为$t_{ij}(t_0)$，则$t_{ij}(t_0)$计算方法为：

(1)$t\leftarrow t_0,d\leftarrow d_{ij};t'\leftarrow t+\dfrac{d}{v_{ij}^k}$

(2)while $t'>\xi_k d_0$

$d\leftarrow d-v_{ij}^k(\xi_k-t)$

$t\leftarrow\xi_k$

$k\leftarrow k+1$

$t'\leftarrow t+\dfrac{d}{v_{ij}^k}$

(3)$t_{ij}(t_0)\leftarrow t'-t_0$

上述方法保证了车辆行驶时间满足 FIFO 规则。

3. 计算方法：动态规划优化方法

由于车辆在送货过程中的任意时刻均可能返回货源点进行补货，而车辆送货需求点顺序具有多种组合，因此，难于找到本书所给问题精确解。可以对以上模型增加补货策略：在确定好一种车辆送货客户顺序后，车辆在货源点总是装满货物，对未完成送货的客户按顺序进行送货，此时，车辆上装载货物也在不断减少，当车辆装载货物不能满足下一送货客户需求时才返回货源点装满货再进行送货服务，送货服务目标是找到一客户送货顺序，使满足该补货策略的送货时间最短。在原问题模型中，没有约束要求车辆在不能满足下一送货客户需求时才返回货源点装满货再进行送货服务，即车辆可在余货能满足下一客户，甚至是下几个客户需求情况下提前回货源点补货(且补货也不需要一定要装满)。通过增加此补货策略，实际上限定了补货的多种可能性，但这一补货策略也符合现实中的送货实际。由于在这一补货策略下，送货人员总是尽量争取在回货源点补货之前能完成更多客户送货需求，而回到货源点补货总是争取能尽量多装载货物，因此，可将这一补货策略称之为贪婪补货策略。

可设计如下动态规划算法给出增加贪婪补货策略车辆路径优化送货顺序。但增加贪婪补货策略限定了原问题多种补货可能性，因此，所给解对原问题仅为满意解。

路网中客户顶点集合$\overline{N}=N/\{0\}$。定义第阶段状态变量s_k为第k阶段完成送货的k个客户的集合，其中，s_0表示车辆刚到货源点装好货尚未出发时的状态。第k阶段从状态s_k出发允许的决策集合为$\overline{N}/s_k$。定义函数为$T_k(s_k,j)$第k阶段完成送货k个客户且最后完成送货的客户为j时总共消耗的送货时间。定义$t^k(i,j)$为第k阶段车辆完成客户i送货后驶往客户j所消耗时间，若车辆剩余装载量不能满足j，则车辆将先到货源点0装满货物再到j点。令Q_i^{left}为车辆完成客户i送货服务后剩余装载量，则有：

$$t^k(i,j) = \begin{cases} t_{ij}(T_{k-1}(s_{k-1},i) + ts_i) & \text{if } Q_i^{\text{left}} - q_j \geqslant 0 \\ t_{i0}(T_{k-1}(s_{k-1},i) + ts_i) + t_{0j}\{T_{k-1}(s_{k-1},i) + t_{i0}[T_{k-1}(s_{k-1},i) + ts_i] + ts_0\} & \text{if } Q_i^{\text{left}} - q_j < 0 \end{cases}$$

令货源点0发车时间 T_0。则完成所有客户送货总共消耗时间递推方程为：

$$\begin{cases} T_k(s_k,j) = \min\limits_{i \in s_{k-1}}[T_{k-1}(s_{k-1},i) + t^k(i,j)], \forall j \in \overline{N}/s_k, k = 1,2,\cdots,n \\ T_0(s_0,0) = T_0 + ts_0 \end{cases}$$

所给问题优化目标可表达为：$\min\limits_{i \in s_n}\{T_n(s_n,i) + t_{i0}[T_n(s_n,i) + ts_i]\}$。

4. 计算结果

根据所给算法，在贪婪补货策略下，总送货时间为8.04。

【思考与练习】

1. 简述道路货物运输组织的工作流程。
2. 汇集式行驶路线的选择方法有哪些？
3. 吨位利用率与实载率的区别与联系是什么？
4. 运输服务质量包括哪些特性？
5. 简述道路超限货物运输组织工作要点。

第6章

城市轨道运营组织

【导读】

城市轨道运营绩效评估体系（Metro Operational Performance Evaluation System，MOPES），诞生于2009年3月。由我国交通运输协会城市轨道交通专业委员会进行统一管理，各参加的地铁运营企业委派一名能够代表该企业的技术代表成立“绩效评估小组”，由技术秘书处来负责日常工作。

参加MOPES的运营企业条件是：第一，专业委员会的城市轨道交通运营单位；第二，至少运营一条线路；第三，运营里程超过10km；第四，试运营时间在一年以上；第五，愿意提供绩效评估体系内的相关数据。对于已开工建设城市轨道交通线路但尚未开通运营的城市，考虑在召开年度评估会议时邀请部分城市参与，以利于分享MOPES的运营经验。目前有10个城市的11家地铁运营企业参与MOPES体系。

MOPES的目的是加强轨道交通行业内部的密切联系、统一运营绩效评估指标和统计方式、树立绩效参照标杆、建立经验交流平台和组织开展专题攻关等。所有的成员提供的数据及研究成果都只作为内部资料使用，禁止对外传播。运营绩效评估体系每年的研究成果只有中国城市轨道交通网才有权限进行公开发布。

整个评价体系含基础指标2类8个，绩效指标6类75个。基础指标包括线网指标和车站指标，是基础设施的评价数据。绩效指标是指客流指标、运行指标、服务指标、安全指标、能耗指标和成本指标，指在一定基础设施的条件下，所反映运营效率的主要指标（表6-1）。

MOPES 评估指标体系

表6-1

指标分类		指标名称	指标代码	单位
线网指标		网络运营长度	LI3	公里
		网络运营长度增长率	LI4	%
车站指标		网络车站总数	ST3	座
客流指标	客运量	网络日均客运量	PA6	万乘次/日
		网络客运量增长率	PA8	%
		网络出行量增长率	PA11	%
	周转量	网络日均客运周转量	PB2	万乘次公里/日
	换乘量	网络日均换乘客流量	PC2	万人次/日
		网络换乘系数	PC3	无
	运距/乘距	网络平均乘距	PD2	km/人次
	强度/负荷	网络客运强度	PE3	万乘次/km·日
		网络负荷强度	PE4	万乘次公里/km·日
		网络出行强度	PE5	万人次/km·日
运行指标	基础数据	单位运营长度的企业员工数	TA4-1	人/km
		网络配属车辆数	TA6-1	列
			TA6-2	辆
		网络每公里配车数	TA7	列/km
		驾驶人配备率	TA8	人/列
		驾驶人生产率	TA9	列km/人·日
		全员生产率	TA10	人km/人·日
	里程利用率	网络日均运营里程	TB4-1	万列km/日
			TB4-2	万车km/日
		网络里程利用率	TB5	%
	兑现率	网络日均开行列次	TC7	列次/日
		网络平均兑现率	TC5	%
	准点率	网络平均准点率	TD3	%
	列车服务可靠度	网络列车服务可靠度	5（含）~15min	万车公里/件
			15（含）~30min	
			30min以上	
	清客频率	网络清客频率	TF2	万车km/列次
成本指标		车公里成本	Co3	元/车km
		人公里成本	Co4	元/人km
		运营成本比	Co5	无
车站指标		平均站间距	ST4	km

续上表

指标分类		指标名称	指标代码	单　位
客流指标	客运量	线路客运量增长率	PA3	%
	运距/乘距	线路平均运距	PD1	km/乘次
	强度/负荷	线路客运强度	PE1	万乘次/km·日
		线路负荷强度	PE2	万乘次公里/km·日
运行指标	基础数据	线路每公里配车数	TA3	列/km
	里程利用率	线路里程利用率	TB3	%
	兑现率	线路日均开行列次	TC6	列次/日
		列车运行图兑现率	TC4	%
	准点率	线路列车准点率	TD2	%

6.1　运营组织内容框架

6.1.1　运营组织的范畴与定位

城市轨道运营组织是综合利用相关设施为旅客提供优质服务的保证。城市轨道交通运营企业不但要提供良好的乘车环境,而且要有配套完善的基础设施和保障机制。为了保证城市轨道交通高效运转、优质服务和安全运营,不仅需要优质高效的硬件设备,还要有与系统规模相适应的运营管理、高素质的人才。

城市轨道交通是一个庞大而复杂的技术系统,其专业涵盖了土建、机械、电机电器、自动控制、运输组织等技术范畴。从运营功能看,城市轨道交通大体可分为三大系统。

(1)列车运行系统:线路、车辆、牵引供电、通信信号、控制中心等。

(2)客运服务系统:车站、自动售检票、导向标识、消防环控、火灾报警、给排水等。

(3)检修保障系统:为保障城市轨道交通设备性能良好,应具备的检修手段及检修能力等。

6.1.2　运营组织的核心内容

城市轨道运营组织的目的是为规范和引导城市轨道运营的各项工作,使轨道运营得以安全、高效、科学地运作实施。轨道运营组织的内容包括行车管理、站务管理、票务管理、车站设备管理四个部分。

1)行车管理

行车管理按生产、组织、管理流程,可以分为运输计划的编制(客流计划和全日行车计划)、车辆配备计划、列车牵引计划、列车运行图的铺画、列车交路计划、运输能力计算、列车运行和行车调度指挥等内容。

2)站务管理

轨道交通的站务管理是指密切关注车站乘客动态,发现危及行车和乘客安全的情况,及时与有关人员联系,进行处理,站台工作人员还需要与乘务人员密切配合。站务管理是全线行车指挥和车站行车组织的必要支持和补充,共同确保列车运行安全和乘务安全。

3)票务管理

票务管理主要包括票制、票价的确定和自动检票系统及其运用、管理。由车站组织检票工作,负责设备的养护维修和运用管理,并根据客流情况对售票系统的设置进行调整。由运营公司票务管理部门对全线的运量、运营指标进行统计和进行财务、经济的核算与评价。

4)车站设备管理

一个完整的城市轨道交通系统的设备运营管理包括车站服务实施系统、通信及信号系统、收费系统、供电系统、环控系统、通风及排烟系统、防灾系统、给排水及消防系统、自动扶梯及电梯运载系统等设施、设备的操作运用和养护维修管理。作为设备的运用,一般可分为正常状态下的日常运用,非正常情况下(故障运行)的运用及紧急情况时的运用。

6.2 运 营 计 划

6.2.1 客流计划

1)客流计划的定义及其相关概念

客流是指轨道交通运营线路上旅客在固定方向上的数量之和,因为类似于水流,所以称之为客流。客流既有数量也有方向,与矢量有着许多相似之处。

客流计划:运营部门需要了解未来一定时期内客流的情况,因此需要对客流做出相应的规划,这个规划就是我们常提到的客流计划。

断面客流量:在轨道交通两站之间、平均每单位时间内运载的乘客人数。

最大客流量:每个断面客流量各异,那么在所有断面中客流量最大的就是最大客流量。

高峰小时最大断面客流量:运营时间可以被分成若干个小时,而客流量最大的小时被称作高峰小时,在高峰小时内所有断面中客流最大的那个断面的客流量被称为高峰小时最大断面客流量。

2)客流计划的主要内容

客流计划是对未来客流情况的一种规划,它是编制运输计划的基础。对未投入运营的城市轨道交通来说,客流计划的编制需要非常复杂的预测才能够得出误差较小的客流量。在已运营一段时间的线路上,客流计划的编制需要每天详细的运营数据作为参考得出未来的客流量。客流计划的主要内容为各站到发客流量、各站分方向的发送人数、全日分时段断面客流分布和全日高峰小时断面客流分布。

为满足广大市民的出行需求以及经济有效、有条不紊地使用运营设备和组织安排运输任务,编制客流计划十分必要。

(1)沿线各站到发客流量

沿线各站到发客流量可以通过统计各站的到发客流量,整理成 OD 矩阵的形式表现出来,并且为其他客流计划的内容奠定了数据基础。表 6-2 是一个五站间的轨道交通线路 OD 矩阵,右下角为全线客流总量。

某轨道线路五站间的OD表(单位:人次)　　表6-2

始发＼到达	A	B	C	D	E	合计
A	—	3260	2200	1980	1950	9390
B	2100	—	2190	2330	6530	13150
C	5800	4900	—	3220	4600	18520
D	5420	4100	3200	—	4390	17110
E	1200	4320	7860	3420	—	16800
合计	14520	16580	15450	10950	17470	74970

(2)各站分方向上下车人数

根据表6-2可以统计各站上、下车人数。计算方法十分简单,每列之和为下车人数,每行之和为上车人数。方向的确定还要看当地的运营部门的具体规定。

(3)全日、高峰小时、低峰小时断面客流量

断面客流量的计算:

$$P_{i+1} = P_i - P_x + P_s \tag{6-1}$$

式中:P_{i+1}——第 $i+1$ 个断面客流量;

P_i——第 i 个断面客流量;

P_x——在车站下车人数;

P_s——在车站上车人数。

比如计算A~B区间下行方向断面客流根据公式(6-1),需知道A-B之前的区间的断面客流量,在A站上车、下车的人数。

断面客流也可用图6-1和表6-3表示,高峰小时的断面客流可以通过高峰小时的OD矩阵来推算。

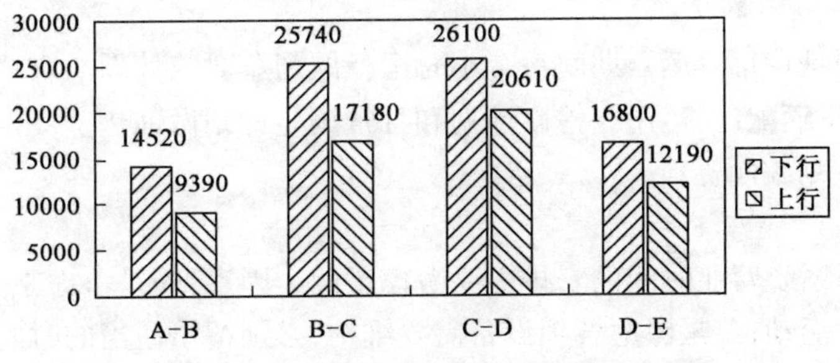

图6-1　各区间断面客流量

各区间断面客流量　　表6-3

下　行	区　间	上　行
14520	A-B	9390
25740	B-C	17180
26100	C-D	20610
16800	D-E	12190

(4)全日分时段最大断面客流

城市轨道交通的各站间客流 OD 表示计算全日分时段最大断面客流量的基础数据。根据表中的数据先做出各站分方向发送人数,根据这个表,做出各断面的客流分布,从中搜索出客流量最大的断面即可(表6-4、图6-2)。

北京地铁按车站统计的一个模拟断面表

表6-4

站名	西直门	车公庄	阜成门	复兴门	长椿街	宣武门
上车人数	29160	23358	19459	84011	14728	16252
下车人数	29960	23554	20721	83461	12378	18735
合计	59120	46912	40180	167479	27106	34987

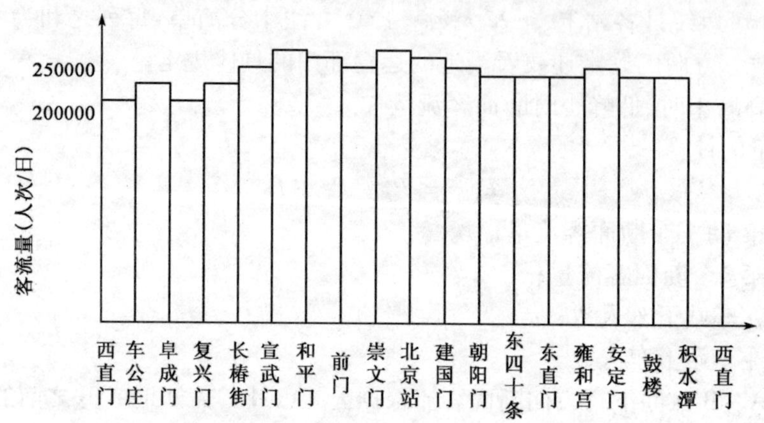

图6-2 北京地铁2号线模拟断面客流分布图

6.2.2 行车计划

全日行车计划是在每天运营期间每个小时运行的列车对数计划。它的编制以客流计划为数据基础,为编制车辆配备、运用与检修计划和日常调整计划做铺垫。

1)全日行车计划编制资料

(1)营业时间

城市轨道交通系统营业时间的安排主要考虑了两个因素:一是考虑乘客的出行特征,方便旅客进行各种日常活动;二是考虑各项设备需要维护,必须留出适当的时间进行检修。

(2)列车定员数

列车定员数是列车编组辆数和车辆定员数的乘积。列车编组辆数的确定以高峰小时最大断面客流量作为基本依据。

在客流量非常大时,为了解决乘客拥堵的问题除了可以采用提高行车密度外,还可以加挂车辆提高列车定员数。然而在车流密度已经很大时,为了适应客流的增加,通常应用后者。

不同的车型有着不同的体积和内饰布置,这些都是决定列车定员的因素。因此购置什么样的车型也成为决定列车定员的一个必不可少的因素。

(3)线路断面满载率

线路断面满载率是指在单位时间中某个指定断面上列车搭载乘客的效率。在日常工作中,大多数表示高峰小时或客流最大断面的线路断面满载率。计算公式如下:

$$\beta = \frac{P_{\max}}{C_{\max}} \tag{6-2}$$

式中:β——线路断面满载率;

$P_{\max}$——单向最大断面客流量(人);

$C_{\max}$——高峰小时线路输送能力(人)。

线路断面满载率不仅体现了最大客流量断面的载客效率,还体现了列车给乘客带来舒适的程度。

在实际工作中不仅要考虑乘客是否满意,还要考虑到城市轨道交通运营的成本,为了经济有效地进行运输组织,可以采用在高峰小时适量地进行超载运输。

2)全日行车计划的编制程序

(1)计算营业时间内每小时应开行列车数

$$n_i = \frac{P_{\max}}{P_{列}\beta} \tag{6-3}$$

式中:n_i——全日分时开行列车数(列或对);

$P_{列}$——列车定员数(人)。

(2)计算行车间隔时间

$$t_{间隔} = \frac{3600}{n_i} \tag{6-4}$$

式中:$t_{间隔}$——行车间隔时间(s)。

3)确定全日行车计划

通过上面所述的公式可以求出每个小时开行列车的对数,以及每辆列车的发车间隔,此时还应该再根据具体情况进行调整,避免客流的堆积。

如果一味地考虑运营成本,把发车间隔规定地太长,会使乘客焦躁不安,不太希望乘坐地铁,这样会造成客流量的损失。因此在高峰小时,行车间隔一般不大于7min;在其余的时间发车间隔最好不大于10min。

4)全日行车计划的实例

以西安地铁2号线的全日行车计划的编制为实例,以下是编制的过程。

(1)计算全日分时段最大断面客流量

计算全日分时段最大断面客流量应先根据每个时段的站间OD客流表计算出每个断面的全日分时段客流分布(表6-5),再通过比较每个时段中的所有断面的客流量,确定出每个时段的单向最大客流量作为全日分时段最大断面客流量。如图6-3所示。

西安地铁2号线全日分时段最大断面客流量 表6-5

时　段	最大断面客流量	时　段	最大断面客流量
6:30—7:30	9282	8:30—9:30	34354
7:30—8:30	48639	9:30—10:30	30738

续上表

时　段	最大断面客流量	时　段	最大断面客流量
10:30—11:30	28930	17:30—18:30	40231
11:30—12:30	25766	18:30—19:30	31190
12:30—13:30	16002	19:30—20:30	24410
13:30—14:30	17629	20:30—21:30	15369
14:30—15:30	21697	21:30—22:30	11753
15:30—16:30	25766	22:30—23:30	8137
16:30—17:30	23054		

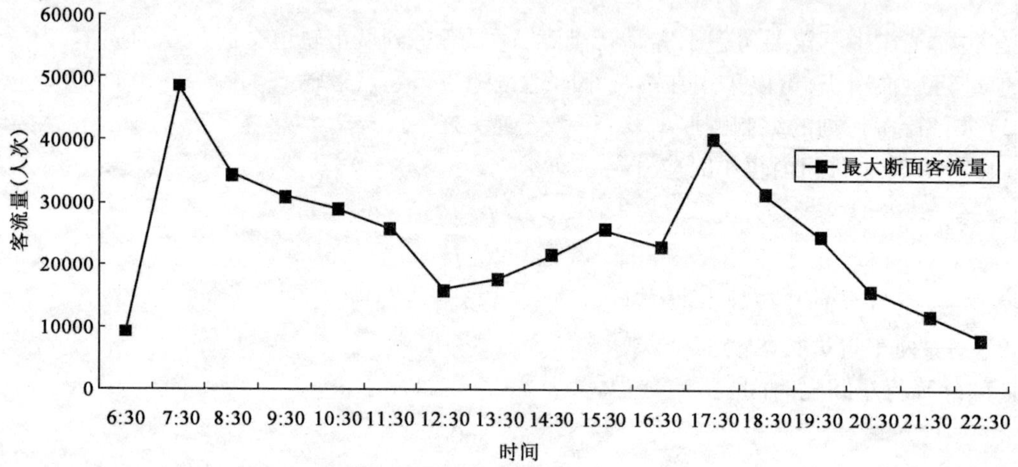

图6-3　西安地铁2号线全日分时段最大断面客流量曲线图

(2)营业时间、列车定员、线路满载率的确定

根据详细的调查,西安地铁2号线的营业时间为6:30—23:30,共17小时。列车为6辆编组,车辆定员为244人。根据公式(6-2)计算出早晚高峰线路满载率为1.1,其他运营时间为0.9。

(3)全日行车计划的确定

根据全日分时段最大断面客流量、列车定员数与线路满载率,通过公式(6-3)计算分时开行列车数,通过公式(6-4)计算出分时段行车间隔。同时还要注意调整非高峰时间过长的行车间隔,增加开行列车数,保持一定的服务水平。西安地铁2号线的全日行车计划如表6-6所示。

西安地铁2号线全日行车计划　　表6-6

时　段	开行列车数	行车间隔
6:30—7:30	7	8min34s
7:30—8:30	30	2min
8:30—9:30	26	2min18s
9:30—10:30	23	2min37s
10:30—11:30	22	2min44s

续上表

时　　段	开行列车数	行车间隔
11:30—12:30	20	3min
12:30—13:30	12	5min
13:30—14:30	13	4min37s
14:30—15:30	16	3min45s
15:30—16:30	20	3min
16:30—17:30	17	3min32s
17:30—18:30	25	2min24s
18:30—19:30	24	2min30s
19:30—20:30	19	3min9s
20:30—21:30	12	5min
21:30—22:30	9	6min40s
22:30—23:30	6	10min

6.2.3　车辆配备、运用与检修计划

车辆配备、运用与检修计划是指为完成全线全日行车计划所需要的列车保有数计划。列车保有数计划包括运用车辆数、检修车辆数和备用车辆数三部分。在此还把列车交路计划也纳入到该节一起讨论。

1)车辆运用

城市轨道交通的技术非常的复杂,属于系统工程的范畴,涉及的领域非常众多。若合理有效地组织这么一个庞大的架联动机,必须掌握好车辆运用的组织方法。

列车运转流程包括列车出车、列车正线运行、列车回库收车、列车场内检修及整备作业。他们必须按照车辆运用部门发出的命令同意配合来完成各项任务。

(1)列车出车

列车出车工作流程分为制订发车计划、出乘作业及发车作业三部分,从制订发车计划开始到列车发车结束。其中制订发车计划可分为编制下达、发车计划,检修交车、确认计划两个环节。出乘作业可细分为驾驶人出勤、出车前检查、列车出库三个环节。出车工作流程图如图6-4所示。

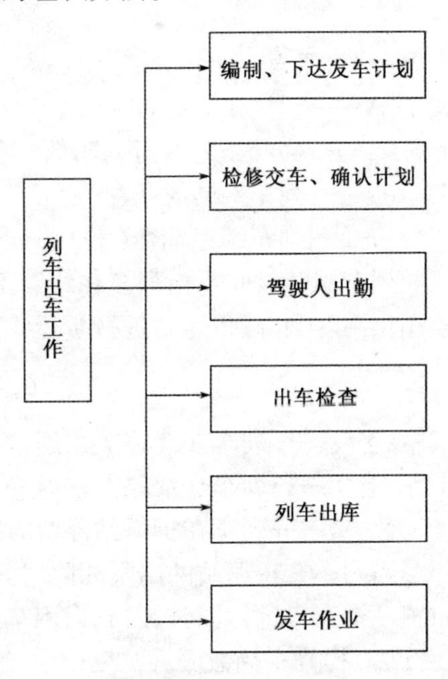

图6-4　出车工作流程图

(2)列车正线运行

列车正线运行主要由乘务员来完成。主要工作内容包括正线运行中的信息交流、正线交接班作业。

①正线运行中信息流转换。

正线列车或其他行车设备发生故障时,驾驶人应及时报告行车调度员故障车次、故障时间、故障现象及处理

结果。

行车调度员将故障车次/车号、故障情况及其他相关信息通报维修部门。

驾驶人除汇报行车调度员有关故障信息外,还应将故障信息在报单上记录备案。

对运营中列车因故障而导致下线,行车调度员应及时通知运转值班员。

②正线交接班有关规定。

驾驶人在正线交接班时应提前 20min 至有关地点出勤,出勤方式按部门制定的相应规定执行。

驾驶人在途中交接班时必须向接班人员说明列车的运行技术状态及有关行车注意事项,并填写在驾驶人报单上,内容包括制动性能、故障情况、线路情况、当前有效调度命令及执行情况以及其他必须交接的情况。

(3)列车收车工作

列车回库收车工作流程分为接车及回库作业,其中回库作业可分为列车入库、回库检查及收车、驾驶人退勤三个环节(图 6-5)。

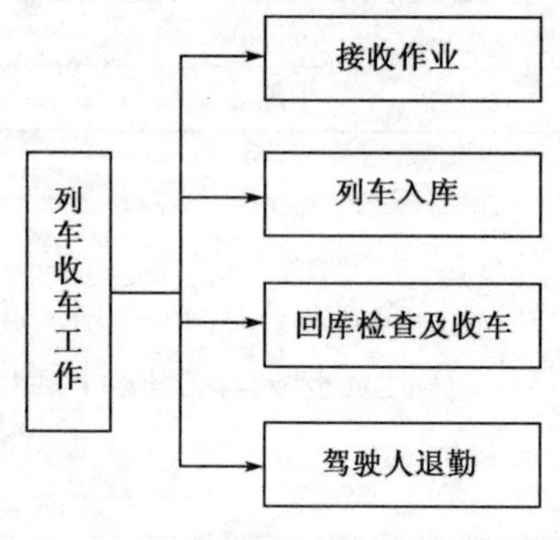

图 6-5 列车回库收车工作流程图

2)列车保有数计划

为进行正常的运营工作,城市轨道交通必须存储一些备用车辆。车辆按运用上的区别,分为运用车、检修车和备用车。

(1)运用车辆数

为了进行正常的运营,防止因为意外事故而造成线路长时间的中断,需要储备状态优秀的车辆,这些车被称为运用车。其数量的确定需要列车旅行速度、折返站停留时间以及高峰小时开行对数的确定,并按如下公式计算:

$$N = \frac{n_{高峰}\theta_{列}\, m}{3600} \tag{6-5}$$

式中:N——运用车辆数(辆);

$n_{高峰}$——高峰小时开行列车数(对);

$\theta_{列}$——列车周转时间(s);

m——列车编组辆数(辆)。

列车周转时间是指列车在线路上往返一次所需要的全部时间。它不仅包括列车在中间站停车供乘客乘降、折返站进行折返作业,还包括列车在区间运行的全过程。

$$\theta_{列} = \sum t_{运} + \sum t_{站} + \sum t_{折停} \tag{6-6}$$

式中:$\sum t_{运}$——列车在线路上往返一次各区间运行时间的和(s);

$\sum t_{站}$——列车在线路上往返一次各中间站停站时间的和(s);

$\sum t_{折停}$——列车在折返站停留时间的和(s)。

当列车在折返站的出发间隔时间大于高峰小时的行车间隔时间时,必须在折返线上预先布置一个列车进行周转,因此运用车的数量也要增加。

(2)检修车辆数

检修车是指处于定期检修状态的车辆。车辆的定期检修是一项有计划的预防性维修制度。车辆经过一段时间的运用后,各部件会产生磨耗、变形或损坏,为保证车辆技术状态良好和延长使用寿命,需要定期对车辆进行检修。检修计划表见表6-7。

检修计划表 表6-7

检修级别	运用时间	走行公里(km)	检修停时
双周检	2周	4000	4h
双月检	2月	20000	2h
定修	1年	100000	10d
架修	5年	500000	25d
大修	10年	1000000	40d

(3)备用车辆数

为了适应客流变化,确保完成临时紧急的运输任务,以及预防运用车发生故障,必须保有若干技术状态良好的备用车辆。备用车的数量一般控制在运用车数的10%左右。备用车原则上停放在线路两端终点站或车辆段内。

6.2.4 列车交路计划

列车交路包含列车开行区段以及折返站等内容。城市轨道交通是城市公交系统的顶梁柱,拥有高速度、大载荷、长运距等特点,可以保障大量乘客的出行需要。尤其是对生活在市郊和城乡接合部的人们,带来了极大的方便。对城市的交通拥堵问题有着显著的解决效果。城市轨道交通的合理运营十分复杂,其中的列车交路的规定也十分不易,必须统计大量的基础数据才能做最后的决定,但是列车交路计划必须遵守以下五条原则:

①最大限度地使客流顺畅。

②把城市轨道交通的高速度和远距运输能力发挥得淋漓尽致。

③满足城市轨道交通运营设备载荷的要求。

④与其他城市轨道交通线路配合安排。

⑤考虑实际工作中的可行性。

1)交路方案模式及其优点

(1)单一交路模式

全线单一交路是指列车在城市轨道交通的线路上的每站都停,并在线路的起讫点折返,为每个站的旅客提供运输服务(图6-6)。该交路是最简单最基础的交路,适用于每个断面的客流量比较均衡的情况。

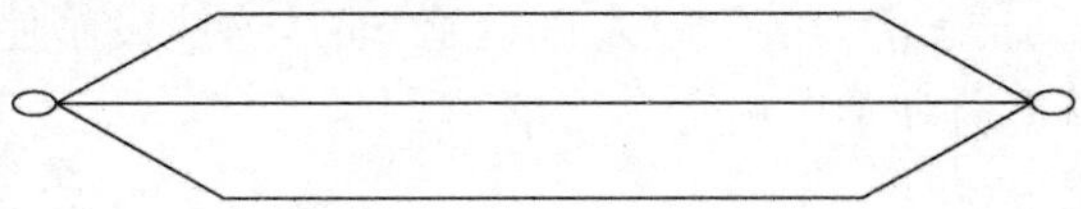

图6-6 单一交路模式

(2)衔接交路模式

衔接交路是指列车只在规定的某个区段内运行,并不跑完全程,在城市轨道交通线路中的某一个中间站和终点站折返(图6-7)。这种交路可以满足几个断面客流量有着明显不同的区段的需要,同时还可以降低运输成本。

(3)大小交路嵌套模式

大小嵌套交路是指有的列车只在规定的两个中间站之间运行,其他的列车每站都停并在线路两端折返(图6-8)。该列车交路计划可以用于中间几个车站断面的客流与其他断面有着非常明显的区别的情况。

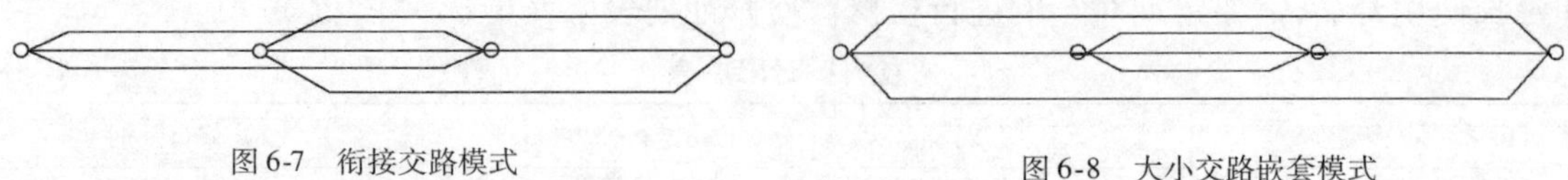

图 6-7 衔接交路模式

图 6-8 大小交路嵌套模式

2)不同列车交路比较

采用符合实际情况的列车交路计划,可以提高城市轨道交通的运营效率,降低运营成本。在保证原有的服务水平上提高列车的运载能力。单一交路可以使每个站的可达性十分均衡,但是有时会造成列车运载能力的浪费。大小嵌套交路和衔接交路较单一交路可以提高运输组织效率并且节约成本,但是对列车的组织要求非常高。

3)列车交路计划的确定

列车计划的确定,首先需要所有断面大量的客流量的数据并加以详细的分析,然后考虑各种计划实施的可行性,最后制订列车交路计划。

首先,对所有断面的客流在时间和空间上进行细致的分析,总结出每个断面客流的特征,再进行不均衡性的分析,所有的这些分析都是列车交路计划必须要做好的基础。

其次,由于建设成本的关系,每个城市轨道交通车站不会都修建用于折返的线路,而且由于行车条件的限制,不同的发车间隔会制约着某些交路上列车的运行,因此必须要对这两方面加以充分的考虑。

再次,车站的客运服务程度也应该是必须考虑的因素之一。车站的客运服务如果做得好,会在较短的时间内疏散大量的客流,可以为列车运行图的铺画创造有利条件,同时为列车交路的确定提供更宽松的环境。相反,如果客运服务做得差,会影响列车的停站时间,打乱整个的运输计划和列车交路计划。因此在制订列车交路计划之前一定要调查好每个车站客运服务的情况。

6.2.5 网络化运营管理

随着管辖线路里程和线路数量的不断增加,城市轨道交通系统由简单的单线系统逐步形成网络化系统,由单线运营模式迈入网络化运营时代。网络化运营随之带来了许多新问题,如网络化运营管理体制、换乘枢纽的管理、系统互联互通、设施设备资源共享、线路间运力协调、运营组织配合等。

在城市轨道交通网络上,线路、车辆及信号等制式往往多样化,设有大型的换乘枢纽、折返系统、车辆段等大型基础设施,通过这些设施使线路之间实现互联互通、资源共享,从而满足城市交通和乘客出行的需求。

6.3 列车运行图与运输能力

6.3.1 列车运行图

1)列车运行图的定义

列车运行图是运用坐标原理来表示列车运行时空关系的图解关系,体现了列车运行时间与时空关系，是表示列车在各个区间运行及在各车站停车或通过状态的二维线条图，又称为时距图(Distance-Time Diagram)。在轨道交通系统中，列车运行图规定了列车占用区间的次序，列车在每一个车站出发、到达或通过的时间，区间运行时分，车站停车时分，在折返线的折返作业时间，以及列车交路和列车出入车辆段时刻等，能直观地显示出各次列车在时间上和空间上的相互位置对应关系；它是列车运行的综合计划，因此列车运行图也就规定了线路、站场、车辆和通信信号灯设备的运用和与行车有关各部门的工作。因此，列车运行图是各项运输工作的综合计划、行车组织的基础，是协调城市轨道交通系统各个部门、单位按一定程序进行生产活动的重要文件。

此外，列车运行图是城市轨道交通系统的综合性计划，城市轨道交通运营的各业务部门都需要根据列车运行图来安排工作。例如，控制中心根据列车运行图调度、指挥和监控列车运行；车站根据列车运行图组织行车、客运和其他站内工作；车辆段则需要根据列车运行图安排相关工作，维修部门每天要做好上线列车的整备工作，运转部门要确定上线列车数、车辆段出入段顺序及时间、乘务员作息时间和列检等；机电、供电、通电和工务等部门应根据列车运行图的规定来安排施工计划和维修计划。总之，围绕着城市轨道交通运营的各个业务部门都要遵循“按图办事”的原则。列车运行图对保证城市轨道交通运营各部门的相互配合和协调起非常重要的作用。

2)列车运行图的图解

用列车运行图表示列车运行时空过程的图解形式一般有两种。①以横坐标表示时间，纵坐标表示距离，运行图上的水平线表示车站的中心线，垂直线表示时间；水平线间的间隔表示车站间的距离，垂直线间的间隔表示时间的单位。②以横坐标表示距离，纵坐标表示时间，运行图上的水平线表示时间，垂直线表示车站的中心线；水平线间的间隔表示时间的单位，垂直线间的间隔表示车站间的距离。在我国，目前列车运行图图解方式采用第一种方式。

列车运行图有两种输出形式：时刻表和图解表。其中图解表又称为时距图，它利用坐标原理表示列车运行状况和行车时刻，将列车看作一个质点，斜线就是列车运行的轨迹，代表列车的运行线。坐标系有两种表示方法，如图6-9所示。

在图6-9a)中，横坐标表示时间，纵坐标表示距离。这时，运行图上的水平线表示车站的中心线，垂直线表示时间；水平线间的间隔表示车站间的距离，垂直线间的间隔表示时间的单位。

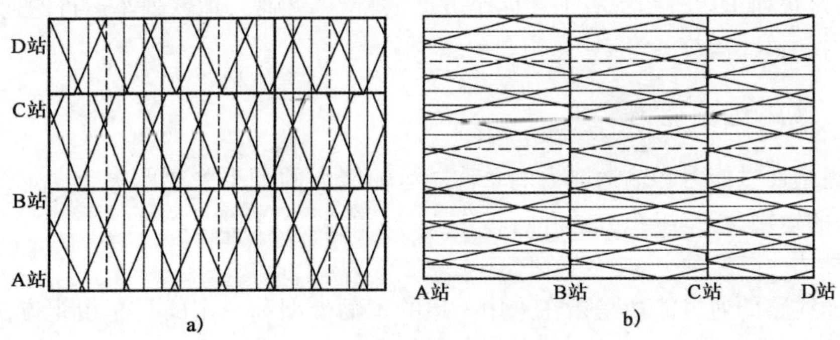

图6-9 列车运行图图解表示

图6-9b)的表示方法正好与图6-9a)相反,以横坐标表示距离,纵坐标表示时间。这时,列车运行图上的水平线表示时间,垂直线表示车站的中心线,水平线间的间隔表示时间的单位,垂直线间的间隔表示车站间的距离。

时刻表规定了运营线路的每个运营周期(一般为每天)的起止时间、高峰期起止时间、各次列车占用区间的顺序、列车在一个车站到达和出发(通过)的时刻、列车在区间的运行时分、列车在车站的停站时分、折返站列车折返作业时间及列车出入车辆段的时刻。

3)列车运行图的分类

根据区间正线数目、列车运行速度、上下行方向列车数目和同方向列车运行方式等条件,列车运行图的分类如下:

按区间正线数目的不同,列车运行图可分为:

(1)单线运行图:列车运行图上、下行列车都在同一正线上运行,上下行方向列车交会必须在车站进行。

(2)双线运行图:列车运行图上,下行列车在各自的正线上运行,上下行方向列车交会可在区间或车站进行。

(3)单双线运行图:单双线运行图兼有单线和双线运行图的特点,列车在单线区间和双线区间分别按单线运行图和双线运行图运行。

按列车运行速度的不同,列车运行图可分为:

(1)平行运行图:列车运行图上,同方向列车的运行速度相同。

(2)非平行运行图:列车运行图上,同方向列车的运行速度或旅行速度不相同。

按上下行方向列车数目的不同,列车运行图可分为:

(1)成对运行图:列车运行图上,下行方向的列车数相等。

(2)不成对运行图:列车运行图上,下行方向的列车数不相等。

按同方向列车运行方式的不同,列车运行图可分为:

(1)连发运行图:列车运行图上,同方向列车的运行以站间区间为间隔,采用连发运行时,在连发的一组列车之间不铺画对向列车。

(2)追踪运行图:列车运行图上,同方向列车的运行以闭塞分区(轨道电路区段)或制动距离加上安全防护距离为间隔,即在一个区间内允许有一列以上同方向列车运行。采用追踪运行图必须是安装自动闭塞设备的线路。

实践中,每张列车运行图都有上述四个方面的特点。例如,地铁列车运行图通常是采用双线、平行、成对和追踪运行图类型。

6.3.2 线路运输能力

运输能力是通过能力和输送能力的总称。运输能力的大小主要取决于固定设备、活动设备、技术设备的运用、行车组织方法和行车作业人员的数量、技能水平。

1)通过能力

轨道交通线路的通过能力是指在采用一定的车辆类型和一定的行车组织方法条件下,轨道交通线路的各项固定设备在单位时间内(通常是高峰小时)所能通过的最大列车数。研究影响通过能力的因素、通过能力的计算确定和提高通过能力的途径、措施等问题,对于轨道交通新线的规划设计和既有线路的日常运能安排、扩能技术改造，都具有重要的理论和实践意义。

地铁、轻轨的通过能力按下列固定设备计算：

线路，是指由区间和车站构成的整体，其通过能力主要受正线数、列车停站时间、列车运行控制方式、车站是否设备配线、车辆技术性能、进出站线路平纵断面和行车组织方法等因素影响。

列车折返设备，其通过能力主要受折返站的配线布置形式及折返方式、列车停站时间、车站信号设备类型、车载设备反应时间、折返作业进路长度、调车速度以及列车长度等因素影响。

车辆段设备，其通过能力主要受车辆的检修台位、停车线等设备的数量和容量等因素影响。

牵引供电设备，其通过能力受牵引变动所的配置和容量等因素影响。

根据以上各项固定设备计算出来的通过能力一般是各不相同的，其通过能力最小的固定设备限制了整条线路的通过能力，该项固定设备的通过能力即为整条线路的最终通过能力。

因此，通过能力是各项设备的综合能力。根据分阶段发展的可能性，各项固定设备的通过能力配置相互匹配、协调，以避免出现通过能力紧张或闲置的现象。

$$n_{最终} = \min\{n_{线路}, n_{折返}, n_{车辆}, n_{供电}\} \tag{6-7}$$

式中：$n_{最终}$——最终通过能力（列）；

$n_{线路}$——线路通过能力（列）；

$n_{折返}$——折返设备通过能力（列）；

$n_{车辆}$——车辆段设备通过能力（列）；

$n_{供电}$——牵引供电设备通过能力（列）。

在实际工作中，通常还把通过能力分为设计通过能力、现有通过能力和需要通过能力三个不同的概念。设计通过能力，是指新建线路或技术改造后的既有线路所能达到的通过能力。

现有通过能力，是指在现有固定设备和现有行车组织方法条件下，线路能够达到的通过能力。需要通过能力，是指为了适应中、远期规划年度的客运需求，线路应具备的包括后备能力在内的通过能力。

2）输送能力

轨道交通线路的输送能力是指在一定的车辆类型、固定设备和行车组织方法的条件下，安装现有活动设备的数量、容量和乘务人员的数量，轨道交通线路在单位时间内（通常是高峰小时，一昼夜或一年）所能运送的乘客人数。输送能力是衡量轨道交通技术水平与服务水平的重要指标。

在最终通过能力一定的条件下，输送能力可按下式公式计算：

$$P = n_{最终} m P_{车} \tag{6-8}$$

式中：P——小时内单位最大输送能力（人）；

m——列车编组辆数（辆）；

$P_{车}$——车辆定员数（人）。

6.4 列车运行组织

6.4.1 行车组织

城市轨道交通的行车组织工作是指在运输生产的过程中,为完成运送乘客的任务所进行的一系列与运输有关的工作。行车组织工作是整个轨道运输生产的核心内容,组织工作的好坏,直接影响乘客的选择意愿,甚至乘客的生命安全。

与铁路相比,城市轨道交通系统的技术设备自动化程度较高,因此城市轨道交通系统的运输组织和运营工作都比铁路相对简单。正常情况下的行车组织工作是指在设备及客流比较稳定的情况下,列车运行实现自动控制。

6.4.2 正常情况下列车运行组织

行车组织工作包括列车进出车辆段、正线列车运行组织和车站接发列车三部分,分别由控制中心、车站和车辆段三地协调完成。城市轨道交通的列车运行由控制中心统一指挥,车站和车辆段作为二级调度,按照控制中心的指挥组织列车运行。

为统一指挥日常运输生产工作,城市轨道交通的行车工作必须坚持“高度集中、统一指挥、逐级负责”的原则。城市轨道交通具有行车密度高、运行间隔小、安全运营要求高等特点。根据信号设备所提供的运行条件,一般分为调度监督下的自动运行控制、调度集中控制和调度监督下的半自动运行控制三种方式,按照列车运行图规定的行车计划组织列车运行。

(1)调度监督下的自动运行控制

列车自动运行控制是城市轨道交通列车运行组织的主要控制方式,自动运行控制方式利用计算机技术对列车运行实行自动指挥和自动运行监护,并有列车运行保护系统可以提高行车安全系数。在正常情况下,系统根据列车运行图自动排列列车进路,列车以自动驾驶模式运行;在非正常情况下,按调度指令调整行车计划。调度监督下的自动运行控制可实现的基本条件如下:

计算机系统可输入及储存多套列车运行图,并可根据设定的列车运行图实现行车指挥功能。对正线运行列车实行自动跟踪,显示进路、道岔位置、区间及线路占用情况。可自动或人工对列车运行进行调整,可人工对进路排列、信号开放、道岔转换进行控制。提供中央及车站两级运行控制模式,并可根据需要进行控制权转换。

列车运行自动保护系统对列车运行设定防护区段,控制前后列车运行的安全间距。列车可使用自动驾驶功能,也可采用人工驾驶,列车占用区间的凭证是列车收到的速度码。通过计算机系统自动绘制列车实际运行图,并进行有关运营数据统计。

(2)调度集中控制

调度集中控制下的行车组织方式,在控制中心行车调度员的统一指挥下,利用行车设备对列车在车站的到达、出发、折返等作业进行人工控制及调整。调度集中控制下的组织指挥由行车调度员实施。在大多数情况下,车站不直接参与行车组织工作。调度集中控制可实现的基本条件如下:应具有微机联锁和电气集中联锁设备,实现远程控制功能,并从设备方面提供列车的运行安全保障。通过控制屏或显示器可监护全线列车运行状态、信号显示、道岔位置及线路占用情况。应能利用微机联锁或电气集中联锁设备转换道岔、排列进路、开放信号,指挥和调整列车运行。应能自动或人工绘制列车实际运行图。

(3)调度监督下的半自动运行控制

此方式是在控制中心行车调度员的统一指挥和监督下,由车站行车值班员操作车站微机联锁设备、电气集中联锁设备或临时信号设备控制列车运行。在一些新线上,由于信号系统尚未安装调试完毕,在过渡期运营时会采取这种方式进行行车组织。在信号设备完全安装完毕的条件下,当中央列车自动监控子系统设备发生故障时或在特殊情况下也可采取此种方式。调度监督下的半自动运行控制可实现的功能有:

①车站信号控制系统具有联锁功能,可对进路排列、道岔转换、信号开放实行人工操作。

②可实时反映进路占用、信号及道岔等工作状态,对线路上的列车运行进行监控。

③可储存信号开放时刻、道岔动作、列车运行等各类运行资料,并根据需要调用。

④车站根据调度指令对列车运行进行调整。

⑤计算机自动绘制或人工绘制列车实际运行图。

6.4.3 特殊事件下列车运行组织

非正常情况下的行车组织是相对于正常情况下的行车组织而言的,其主要是指由于人、设备或环境等因素导致不能继续采用正常情况下的行车组织方法组织行车的情况。

城市轨道交通由于采用了较多的先进设备,自动化程度较高,因此出现意外情况的概率较小。也正是由于平时很少遇到故障情况,一旦出现故障,如果处理不当就很容易导致大面积的晚点,严重地甚至造成人员伤亡的事故。因此,各大城市轨道交通运营单位都非常重视非正常情况下的列车行车组织,都制订出了详细的应急处理方法和预案,在日常的培训和管理中,重点加强员工对非正常情况下应急处理能力的培训及演练,提高员工的应急处理水平,降低事故造成的影响。

非正常情况根据发生的原因主要分为以下几类:

(1)设备故障

一般对于列车正常运行影响较大的设备故障包括列车故障、信号系统故障、轨道线路故障、供电系统故障、通信系统故障及其他设备设施故障。

列车故障包括制动系统故障、牵引系统故障、车辆构件故障等。

信号系统故障包括联锁系统故障(包括系统故障,轨道电路、道岔及信号机故障等)、列车自动监控子系统故障、车载列车自动防护子系统故障、轨旁列车自动防护子系统故障等。轨道线路故障主要是指钢轨故障,包括钢轨变形、断裂、破损,道岔转动故障、无显示等情况。

供电系统故障主要包括停电、变电系统故障、接触网故障等。

通信系统故障主要是指用于行车组织的通信工具故障,它会影响正常指挥信息的传递并影响列车的运行指挥。

其他设备设施故障包括建筑结构变形侵限、部件脱落,直接威胁到行车安全等。

(2)自然灾害

自然灾害通常是指强台风、暴雨、暴雪、地震等灾害,自然灾害一方面可以直接影响正常的行车组织,另一方面也会影响设备系统的运作而引发故障,从而影响正常的行车组织。

(3)人为因素

这主要是指由于人为操作失误(包括故障处理失当)、故意行为等造成影响列车运行组织的情况。过往事故的统计数据表明,约70%以上事故的发生都是由于人为因素造成的。

6.5 客运管理

6.5.1 客流组织

车站是城市轨道交通客流的集散地,一般由入口及通道、站厅层、站台层、设备用房、管理用房、生活用房等几部分构成。但也有些简易车站无站厅层。

城市轨道交通车站有很多不同的分类,按车站客流量大小可分为:大车站、中等车站、小车站;按车站的运营功能不同可分为:终点站即始发站、中间站、换乘站;按车站站台形式可分为:岛式站台车站、侧式站台车站、混合式站台车站。车站根据具体的地理环境、车站类型,车站的具体形式也是多种多样的。

城市轨道交通车站的规模应能满足远期预测客流集散量的需求,并设置与之相应的出入口数,以方便乘客出入。车站的大小在很大程度上取决于站台的长度,而站台应满足远期预测客流的要求,且站台的宽度取决于高峰小时的客流量。

因此,在进行车站设计确定站台的客流组织方法的过程中,在依照客流组织的原则下,宜因地制宜依据不同的车站形式来确定站台的客流组织方法。

城市轨道交通车站的选址、规模在城市轨道交通建设时已经确定,一般不能再改变,出入口及通道宽度、站厅及站台的规模一般在建设时根据预测客流量确定,在运营管理中如何正确设置售检票位置、合理布置付费区、进行合理的导向对客流组织起很重要作用。在布置时一般要以符合运营时最大客流量、保持客流的畅通为原则,因此一般按以下要求进行布置。

(1)售检票位置与出入口、楼梯应保持一定距离。售检票位置一般不设置在出入口、通道内,并尽量保持与出入口、楼梯有一定的距离,从而保证出入口和楼梯的畅通。

(2)保持售检票位置前通道宽敞。售检票位置一般选择站厅内宽敞位置设置,以便于售检票位置前客流的疏导,售检票位置应适当保持一定距离,避免排队时拥挤。

(3)售检票位置根据出入口数量相对集中布置。因城市轨道交通车站一般有多个出入口,为了减少乘客进入车站后的走行距离,一般设置多处售检票位置,但过多设置售检票容易造成设备的使用不平衡,降低设备使用效率,并且不利于管理,因而售检票位置应根据车站客流的大小相对集中布置。

(4)应尽量避免客流的对流。客流的对流减缓了乘客出行的速度,同时也不利于车站的管理。因此车站一般对进出客流进行分流,进出车站检票位置分开设置,保持乘客经过出入口和售检票位置的线路不至于发生对流。

车站具有多种形式，在确定站台客流组织方法时，应使行人流动线简单、明确，尽量减少客流交叉、对流。对不用的车站采取灵活策略。

换乘站一般客流比较大，同时客流流线复杂，客流组织相对其他车站较为复杂。换乘站根据不同的换乘方式在客流组织管理上应采用不同的方法，总的原则在于应组织好换乘客流，缩短换乘路径，减少换乘客流与进出站客流的交叉、干扰。

车站日常客流组织主要由进站客流组织、出站客流组织、换乘客流组织三部分组成。

1）进站客流组织

按照进站客流的路线流程进行组织，有下列几种方式：

(1)组织引导客流经出入口、楼梯、自动扶梯（或垂直电梯），通过通道进入车站站厅层。

(2)组织引导部分乘客在自动售票机、客服中心或临时售票亭购票后检票通过进站闸机进入付费区，引导部分持储值票、月票等不用购票的乘客直接检票通过进站闸机进入付费区。

(3)乘客入闸检票或人工检票进入站厅付费区后，组织引导乘客再通过楼梯、自动扶梯（或垂直电梯）进入站台层候车。

(4)乘客到达站台，应组织引导乘客站在黄线内候车，通过导向标识和乘客咨询系统选择乘车方向和了解列车到发时刻。

(5)列车到站停稳开门后，引导乘客按先下后上的顺序乘车，站台工作人员要注意做好引导工作，防止乘客因抢上抢下导致安全和纠纷问题的产生。

2）出站客流组织

按照出站客流的流动过程进行客流组织，有下列几种方式：

(1)乘客下车到达车站站台，组织引导其经楼梯、自动扶梯（或垂直电梯）进入站厅层付费区。

(2)通过出站闸机（单程票出闸时将被收回）或人工验票，进入站厅层非付费区后，组织引导客流（通过导向标志）找到相应的出入口，经通道、出入口出站。

(3)组织引导车票车资不足（无效车票）或无票乘车的乘客到客服中心办理相关补票事宜后，方可出站。

3）换乘客流组织

(1)按照换乘地点的不同，客流换乘形式主要有两种，即付费区换乘和非付费区换乘。

①付费区换乘。乘客到达换乘站下车后，不需通过车站闸机，直接在付费区内根据换乘导向标志指引经楼梯、自动扶梯（或垂直电梯）、换乘通道或平台到达另一站台层换乘候车。付费区换乘一般包括同站台平面换乘、站台立体换乘及通道换乘。这种换乘组织要求有良好的引导标志和通道设计，在容易走错方向的地点安排工作人员值守引导，保证乘客尤其是初乘者安全顺利地完成换乘。

②非付费区换乘。乘客到达换乘站下车后，根据换乘导向标志指引，经楼梯、自动扶梯（或垂直电梯）到达站厅层付费区，通过出站闸机进入非付费区或出站，到另一线路重新进入付费区或进站进行换乘。这种换乘组织需要最大限度缩短乘客的走行距离，具有良好的衔接引导标志，并且要避免换乘客流与其他进、出站客流的交叉干扰。

(2)换乘方式。换乘方式首先决定于轨道交通两条线路的走向和相互交织形式。一般常见的有垂直交叉、斜交、平行交织等多种线路交织形式。轨道交通不同线路间的换乘方式主要有站台换乘、站厅换乘、通道换乘、站外换乘和组合式换乘几种类型。如图6-10所示。

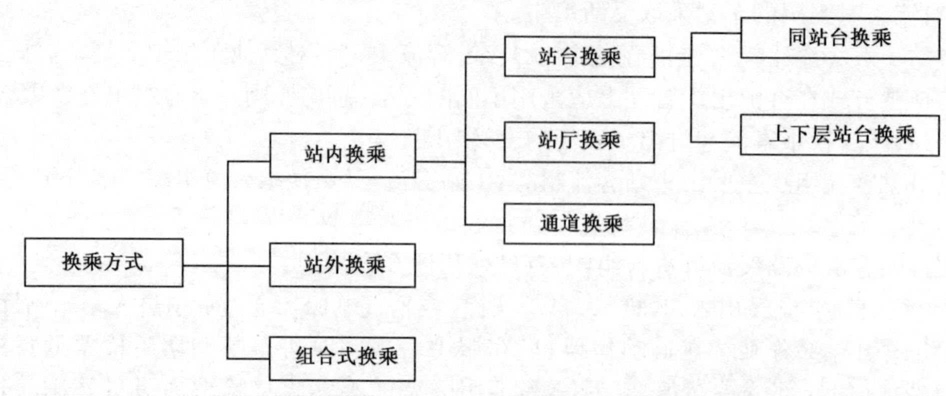

图6-10　城市轨道交通不同线路间的换乘方式

①站台直接换乘。站台直接换乘有两种方式,同站台换乘和上下层站台换乘。

同站台换乘一般适用于两条平行交织的线路,且采用岛式站台的设计,两条不同线路的车辆分别停靠在同一站台的两侧,乘客换乘时由岛式站台的一侧下车,穿越站台至另一侧上车,即完成了转线换乘,换乘极为方便。同站台换乘要求站台能够满足换乘高峰客流量的需要,乘客无需换乘行走,换乘时间短,但换乘方向受限。双岛式站台通过同一站厅能实现四个方向的换乘,单岛式站台每一层只能实现两个方向的换乘,其余换乘方向的乘客仍然要通过站厅或自动扶梯、楼梯进行换乘,换乘时间相应增加。在所有换乘方式中同站台换乘的换乘能力最大,适用于优势方向换乘客流较大的情形。这种换乘方式的主要制约因素是站台的宽度和列车的行车间隔,前者关系到站台的容量,后者关系到站台出清速度的快慢。

北京城市轨道交通网络中的第一个同站台换乘站——国家图书馆站,是北京地铁4号线与北京地铁9号线(建设中)的换乘站,4号线与9号线站台位于同一层面,为地下双岛式车站,如图6-11所示。

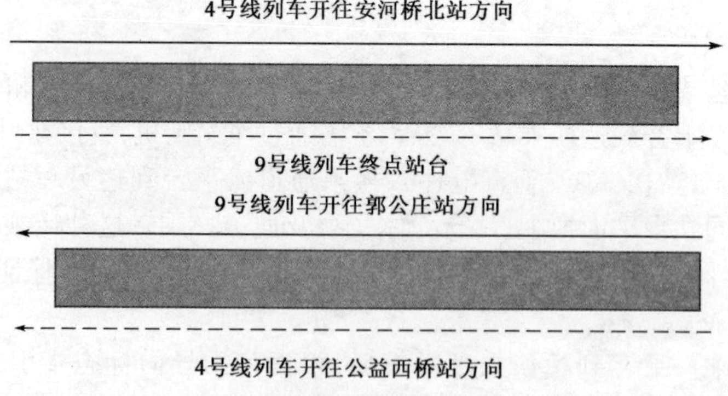

图6-11　北京地铁4号线国家图书馆站同站台换乘示意图

上下层站台换乘是指乘客由站台通过楼梯或自动扶梯到另一站台直接换乘。根据地铁线路交叉的情况及两车站的位置,可形成站台与站台的十字换乘、T形换乘、L形换乘和平行换乘的模式,如图6-12、图6-13所示。

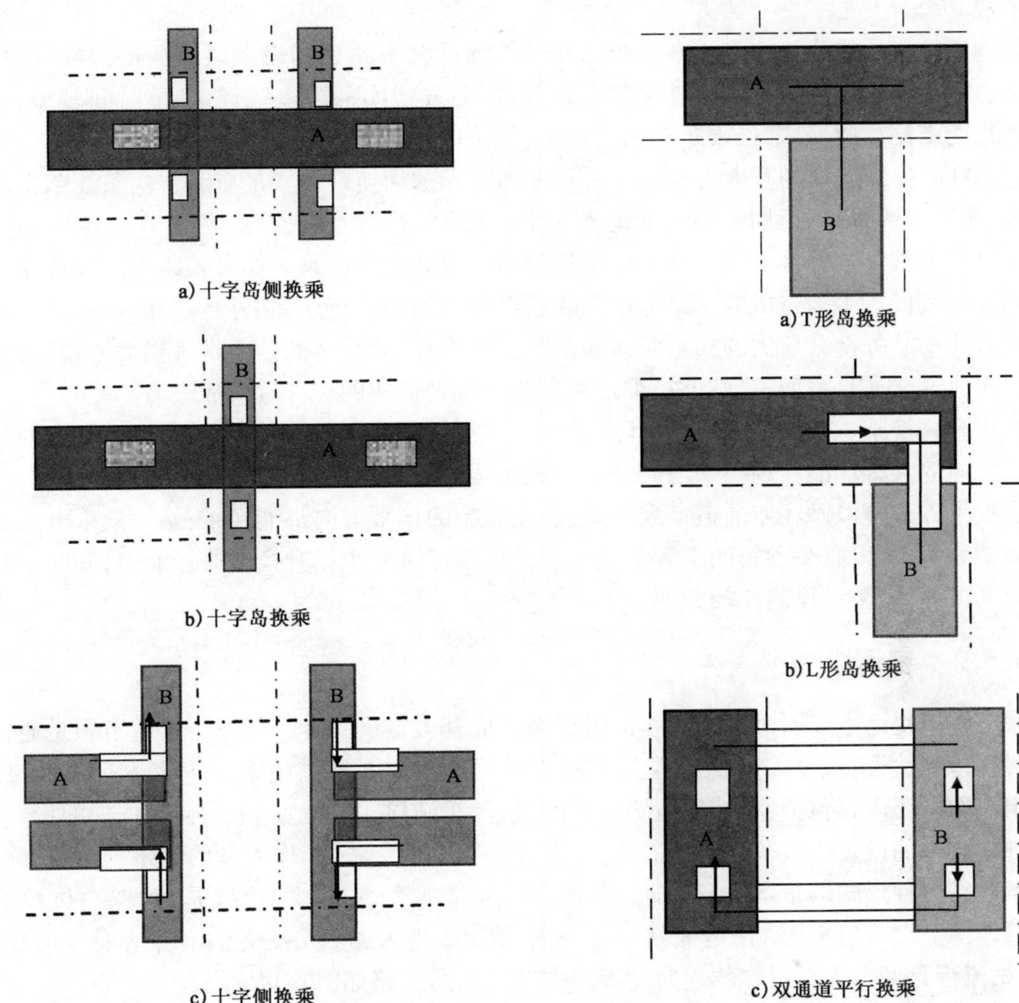

图 6-12 城市轨道交通车站十字换乘模式

图 6-13 城市轨道交通车站 T 形、L 形、平行换乘模式

上下层站台换乘方式的关键在于楼梯或自动扶梯的宽度，该宽度往往受岛式站台总宽度的限制，使其通过能力不能满足乘客流量的需要。这种换乘方式要求换乘楼梯或自动扶梯应有足够的宽度，以免高峰客流时发生乘客堆积和拥挤。在所有换乘方式中，这种换乘方式的换乘能力最小，其制约因素是自动扶梯（楼梯）的运量。在上下层站台配置的组合中，线路的交叉点越少，则换乘能力越小。实践中，通过增加站台宽度以扩大交叉处面积，是提高上下层站台换乘能力的基本途径。

②站厅换乘。站厅换乘一般用于相交车站的换乘，设置两线或多线的共用站厅，或相互连通形成统一的换乘大厅。乘客下车后，无论是出站还是换乘，都必须经过站厅，再根据导向标志出站或进入另一个站台继续乘车。由于下车客流到站厅分流，减少了站台上人流交织，乘客行进速度快，在站台上的滞留时间减少，但换乘距离比站台直接换乘要长。若换乘过程中需要进出收费区，检票口的能力可能成为限制因素。

站厅换乘方式中，乘客换乘线路必须先上（或下），再下（或上），换乘总高度落差大。若是站台与站厅之间是自动扶梯连接，可改善换乘条件。这种换乘方式有利于各条线路分期修建、后期形成。

③通道换乘。通道换乘是指在两个或几个单独设置车站之间设置联络通道等换乘设施，方便乘客完成换乘。通道可直接连接两个站台，这种方式换乘距离较近，换乘时间较短；通道不可连接两个站厅收费区，换乘距离相对较远，换乘时间较长。一般情况下，换乘通道长度不宜超过100m，换乘通道的宽度可根据客流状况加宽。这种换乘方式最有利于两条线路工程分期实施，预留工程最少，后期线路位置调节有较大的灵活性。

④站外换乘。站外换乘是指乘客在车站付费区以外进行换乘。此种换乘方式往往是客观条件不允许或设计不当造成的。乘客换乘线路可分割为出站行走、站外行走和进站行走，在所有换乘方式中站外换乘所需的换乘时间和换乘距离最长，给乘客的换乘带来很大不便，应尽量避免。对轨道交通自身而言，站外换乘是缺乏线网规划造成的一种后遗症。

⑤组合式换乘。在换乘方式的实际应用中，往往采用两种或几种换乘方式组合，以便使所有换乘方向的乘客均能实现换乘。同时组合式换乘可改善换乘条件，方便乘客的使用。例如：同站台换乘方式辅以站厅或通道换乘方式，可使所有的换乘方向都能换乘；站厅换乘方式辅以通道换乘方式，可以减少预留的工程量。组合式换乘可进一步提升换乘通过能力，同时还具有比较大的灵活性，工程设施比较方便。

6.5.2 客运服务

城市轨道交通主要通过合理的客运组织来完成其大容量的客运任务。客运组织是通过合理布置客运有关设备、设施以及对客流采取有效的分流或引导措施来组织客流运送的过程。客运组织的主要内容包括：车站售检票位置的设置、车站导向的设置、车站自动扶梯的设置、隔离栏杆等设施的设置以及车站广播的导向、售检票数量的配备、工作人员的配备、应急措施等。

不管是何种形式的车站（高架、地下、地面），进站乘客最基本的流线是：购票→过检票机→通过楼梯上台阶（侧式站台地面站→侧乘客可直接进入站台）→乘车。出站乘客则反之。进、出站流程是两个完全对称的逆向过程。乘客进出站线路如图6-14所示。

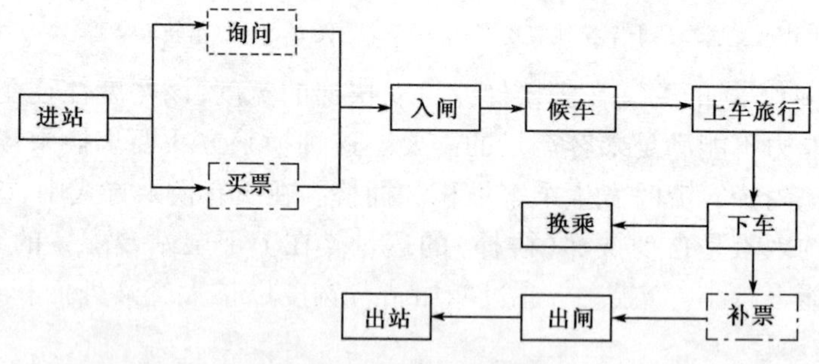

图6-14 乘客进站线路图

影响客运组织的因素较多，不同类型的车站其客运组织比较简单，而大车站、换乘站因客流较大、客流方向比较复杂，其客运组织也比较复杂。侧式站台的车站相对于岛式站台的车站容易将不同方向的客流分开，但不利于乘客的换乘，售检票设置较分散，不利于车站管理。

城市轨道交通客运工作的特点决定客运组织应以保证客流运送的安全，保持客流运送过程的畅通，尽量减少乘客出行的时间，避免拥挤，便于大客流发生时的及时疏散为目的。为此，在进行客运组织时应特别考虑下面几个方面的原则：

(1)合理安排售检票位置、出入口、楼梯,行人流动线简单、明确,尽量减少客流交叉、对流。

(2)乘客换乘其他交通工具之间顺利连接。人流与车流的行驶路线严格分开,以保证行人的安全和车辆行驶不受干扰。

(3)完善诱导系统,快速分流,减少客流集聚和过分拥挤现象。

(4)满足换乘客流的方便性、安全性、舒适性等一些基本要求。如:适宜的换乘步行距离、恶劣天气下的保护、气候调节,对残疾人专门设计无障碍通道;又如照明、开阔的视野以及突发事件应急系统等。

这些客运设计的基本要求也是评价客流交通组织合理性的重要方面。

6.5.3 票务管理

轨道交通车站现金来源主要有两类,即备用金和票款。备用金指由上级部门配发给车站,专用于给乘客兑零、找零、自动售票机补币、与银行兑零等用途的周转资金。票款指车站通过自动售票机、半自动售票机或临时票务处人工向乘客发售车票及办理票卡充值、更新等售、补票业务过程中收取的现金。由车站具体负责对备用金及票款的安全管理。

(1)现金的管理流程

备用现金发配到车站后,主要供车站流通使用。自动售票机及票务处的票款经车站清点后,需及时存入企业在银行的专用账户。现金管理流程如图6-15所示。

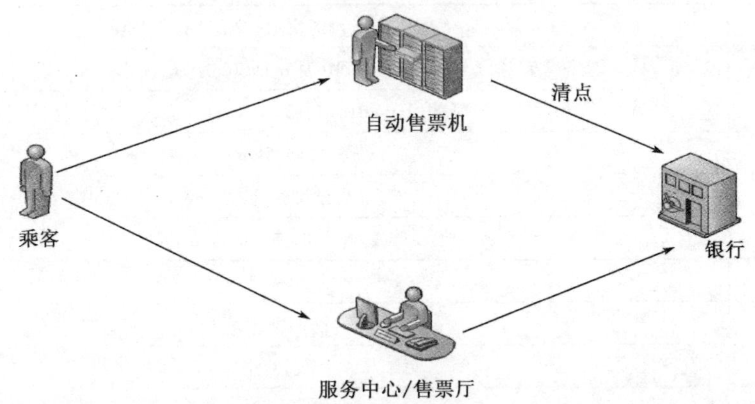

图6-15　现金管理流程

(2)现金的安全管理规定

车站备用金及票款收入作为城市轨道交通企业现金收益的重要部分,其安全管理直接影响企业收益安全。以保证现金安全为目的,原则上车站现金只能存放于专门的安全管理区域,主要包括票务收益室、客服中心和自动售票机。

票务收益室、客服中心应设有防盗门,并随时保持锁闭状态,门钥匙由专人保管及使用。室内应配置监视设备,能对所有现金操作环节进行实时监视和实时录像,并留存一定时间段的录像可供回放查看。除车站当班票务工作人员及其他指定票务工作人员外,其他人员不得随意进入票务收益室、客服中心,确需进入时,必须得到当班值班站长或以上级别人员的许可,并由当班值班员陪同方可进入。车站需设立台账,记录批准人员和进入人员姓名、进入原因、进入时间以及离开时间等,当值班员离开点钞室或站务员离开票务处时,票务收益室、客服中心内所有人员必须同时离开,不得逗留。除现金交接、钱箱清点外,其他时间票务收益室内的所有现金只能保管在保险柜、补币箱、待清点钱箱或已锁闭的尾箱内,站务员在处理现金时,应将现金放在乘客接触不到的地方。

【知识应用与拓展】

重庆市轨道交通3号线列车运行图优化

1)重庆市轨道交通3号线概况

重庆市轨道交通3号线南起鱼洞,北至江北机场,全长约55.5km,设车站39座,为南北方向的轨道交通骨干线,采用跨座式单轨交通系统。3号线将巴南区、南岸区、渝中区、江北区、北部新城区衔接起来,并与1号线、2号线、6号线共同构成主城轨道交通线网骨架,有效地缓解沿线交通压力。3号线的建成对提高轨道交通的运行效率、吸引客流、促进城市经济发展、改善公共交通环境、提高社会效益发挥重大作用。

(1)重庆市轨道交通3号线基本信息(表6-8)

重庆市轨道交通3号线基本信息　　表6-8

运营单位	重庆市轨道交通(集团)有限公司
开通日期	一、二期工程于2011年9月29日、10月8日、12月30日分三次分段开通载客试运营
	南延伸段于2012年12月28日开通载客试运营
运营里程	55.5km
运营速度	最高设计时速:75km/h
	平均时速:40km/h
运营时间	6:30—22:30
运行方式	三个交路交替开行
运营状况	运营中
车辆制式	跨座式单轨车辆
轨道标准	0.85m×1.5m预制混凝土轨道梁
列车编组	6辆编组
车辆基地	童家院子综合基地、道角车辆段
车站总数	39
换乘车站	两路口换乘1号线、牛角沱换乘2号线、红旗河沟换乘6号线

(2)重庆市轨道交通3号线简介

重庆市轨道交通3号线,又称重庆轻轨3号线,是中国重庆市一条运营中的轨道线路,是重庆市第3条开通的轨道交通线。3号线于2007年4月6日动工,全长约66km,途经鱼洞、南坪、菜园坝、两路口、牛角沱、观音桥、红旗河沟、新牌坊、龙头寺等地。3号线全部建成后极大缓解了重庆的交通拥堵状况,这也将是重庆最长的一条单轨线路,该线路横跨巴南、南岸、渝中、江北、渝北五区，并与江北机场、两个火车站（重庆站和重庆北站）、四个长途汽车站（南坪、菜园坝、红旗河沟和龙头寺客站）对接，成为重庆南北方向交通的主动脉。2011 年 12 月 30 日，一、二期工程二塘到江北机场段全线通车运营，2012 年 12 月 28 日，南延伸段通车运营。至此 3 号线全长达到 55.5km，超越日本大阪高速铁道，成为世界上最长的跨座式单轨交通线路。

（3）重庆市轨道交通 3 号线车站列表（表 6-9）

重庆市轨道交通 3 号线车站列表　　表 6-9

车站编号	车站名称	英文名称	车站类型	换乘路线	所在地
301	鱼洞	Yudong	高架双岛式	2 号线	巴南区
302	金竹	Jinzhu	高架侧式		
303	鱼胡路	Yuhulu	高架岛式		
304	学堂湾	Xuetangwan	高架侧式		
305	大山村	Dashancun	高架侧式		
306	花溪	Huaxi	高架侧式		
307	岔路口	Chalukou	高架侧式		
308	九公里	jiugongli	高架岛式		
309	麒龙	Qilong	高架侧式		
310	八公里	Bagongli	高架侧式		
311	二塘	Ertang	高架侧式		南岸区
312	六公里	Liugongli	高架侧式		
313	五公里	Wugongli	高架侧式		
314	四公里	Sigongli	高架岛式	环线	
315	南坪	nanping	地下岛式		
316	工贸	Gongmao	地下岛式		
317	铜元局	Tongyuanju	高架侧式		
318	两路口	Lianglukou	地下岛式	1 号线	渝中区
319	牛角沱	Niujiaotuo	高架侧式	2 号线	
320	华新街	huaxinjie	高架岛式		江北区
321	观音桥	guanyinqiao	地下侧式	9 号线	
322	红旗河沟	Hongqihegou	地下岛式	6 号线	渝北区
323	嘉州路	Jiazhoulu	地下岛式		
324	郑家院子	Zhengjiayuanzi	地下岛式		
325	唐家院子	Tangjiayuanzi	高架侧式		
326	狮子坪	Shiziping	高架侧式		
327	重庆北站	Chongqingbei Railway Station	地下侧式	环线、10 号线	
328	龙头寺	Longtousi	地下岛式	4 号线	
329	童家院子	Tongjiayuanzi	地面侧式		

续上表

车站编号	车站名称	英文名称	车站类型	换乘路线	所在地
330	金渝	Jinyu	高架侧式		渝北区
331	金童路	Jintonglu	高架侧式		
332	鸳鸯	yuanyang	高架侧式		
333	园博园	Expo park	高架侧式		
334	翠云	Cuiyun	高架侧式		
335	长福路	Changfulu	高架岛式		
336	回兴	huixing	高架侧式		
337	双龙	Shuanglong	高架侧式		
338	碧津	Bijin	高架双岛式	机场支线	
339	江北机场	Jiangbei Airport	地下侧式		

2)重庆市轨道交通3号线现状运行时刻(表6-10～表6-15)

上行方向鱼洞到郑家院子短交路行车时刻表 表6-10

车次	鱼洞			鱼胡路		
	到站	离站	停车时间(s)	到站	离站	停车时间(s)
3050	16:47:00	17:00:00	780	17:05:05	17:05:45	40
3017	17:03:49	17:10:20	390	17:15:12	17:15:42	30
3023	17:17:25	17:21:25	240	17:26:40	17:27:22	42
3049	17:24:30	17:33:20	590	17:38:30	17:39:03	33
3056	17:36:00	17:43:40	460	17:48:45	17:49:30	45
3008	17:47:20	17:55:25	485	18:00:34	18:01:09	35

车次	大山村			九公里		
	到站	离站	停车时间(s)	到站	离站	停车时间(s)
3050	17:10:47	17:11:17	30	17:18:40	17:19:50	70
3017	17:20:41	17:21:20	39	17:28:55	17:29:50	55
3023	17:32:30	17:32:59	29	17:40:35	17:41:35	60
3049	17:44:04	17:44:31	27	17:52:05	17:53:15	70
3056	17:54:25	17:54:52	27	18:02:15	18:03:15	60
3008	18:06:13	18:06:42	29	18:14:10	18:15:05	55

车次	二塘			四公里		
	到站	离站	停车时间(s)	到站	离站	停车时间(s)
3050	17:25:40	17:26:06	26	17:32:00	17:32:30	30
3017	17:35:54	17:36:47	53	17:42:53	17:43:42	49
3023	17:47:50	17:48:43	53	17:54:34	17:55:20	56
3049	17:59:24	18:00:04	40	18:06:03	18:06:49	46
3056	18:09:24	18:10:01	37	18:16:11	18:16:51	40
3008	18:21:12	18:21:48	60	18:27:52	18:28:40	48

续上表

车次	南坪			两路口		
	到站	离站	停车时间(s)	到站	离站	停车时间(s)
3050	17:34:22	17:35:11	48	17:42:21	17:43:56	95
3017	17:45:28	17:46:33	65	17:53:31	17:55:05	94
3023	17:57:04	17:58:12	68	18:05:23	18:07:27	124
3049	18:08:32	18:09:58	86	18:16:45	18:18:19	94
3056	18:18:38	18:19:39	61	18:27:53	18:29:48	115
3008	18:30:22	18:31:34	72	18:39:36	18:41:41	125
车次	牛角沱			红旗河沟		
	到站	离站	停车时间(s)	到站	离站	停车时间(s)
3050	17:45:21	17:46:28	67	17:53:21	17:54:51	90
3017	17:56:31	17:57:35	64	18:04:08	18:05:22	74
3023	18:08:52	18:10:28	96	18:17:31	18:18:30	59
3049	18:19:43	18:20:54	71	18:27:28	18:28:27	59
3056	18:31:13	18:32:37	84	18:39:15	18:41:25	70
3008	18:43:07	18:44:17	70	18:51:02	18:51:58	56
车次	郑家院子					
	到站	离站	停车时间(s)			
3050	17:58:57	18:00:47	50			
3017	18:10:30	18:12:31	121			
3023	18:22:54	18:24:02	68			
3049	18:32:41	18:35:50	189			
3056	18:45:37	18:46:50	73			
3008	18:56:12	18:57:10	58			

上行方向九公里到郑家院子短交路运行时刻表 表6-11

车次	九公里			二塘		
	到站	离站	停车时间(s)	到站	离站	停车时间(s)
03003	17:34:45	17:35:55	70	17:41:57	17:42:42	45
03032	17:45:35	17:46:55	80	17:53:00	17:53:30	30
03009	17:56:45	17:57:50	60	18:03:39	18:04:12	33
03001	18:07:35	18:08:40	65	18:14:26	18:15:01	35
03052	18:18:35	18:19:45	70	18:25:50	18:26:20	30
03040	17:06:36	17:07:56	80	17:13:42	17:14:12	30
03004	17:12:25	17:13:40	75	17:19:52	17:20:23	26
03019	17:23:20	17:24:00	40	17:29:55	17:30:30	35

续上表

车次	四公里			南坪		
	到站	离站	停车时间(s)	到站	离站	停车时间(s)
03003	17:48:42	17:49:35	53	17:51:19	17:52:28	69
03032	17:59:41	18:00:26	45	18:02:11	18:03:19	68
03009	18:10:20	18:11:10	50	18:12:53	18:13:52	59
03001	18:21:11	18:21:50	39	18:23:47	18:25:04	77
03052	18:32:05	18:32:57	52	18:35:03	18:37:23	140
03040	17:20:42	17:21:19	37	17:23:02	17:24:02	60
03004	17:26:56	17:27:47	51	17:29:31	17:30:32	61
03019	17:37:06	17:37:44	38	17:39:31	17:40:21	50
车次	两路口			牛角沱		
	到站	离站	停车时间(s)	到站	离站	停车时间(s)
03003	17:59:26	18:01:10	104	18:02:34	18:04:10	96
03032	18:11:05	18:12:54	109	18:14:20	18:15:43	83
03009	18:22:19	18:23:52	93	18:25:17	18:26:27	70
03001	18:34:07	18:35:46	99	18:37:08	18:38:26	78
03052	18:46:00	18:47:29	79	18:48:52	18:50:00	68
03040	17:31:12	17:32:30	78	17:33:58	17:34:56	58
03004	17:37:27	17:38:53	86	17:40:18	17:41:11	53
03019	17:47:44	17:49:03	79	17:50:28	17:51:36	68
车次	红旗河沟			郑家院子		
	到站	离站	停车时间(s)	到站	离站	停车时间(s)
03003	18:11:06	18:12:16	70	18:16:45	18:17:58	73
03032	18:22:30	18:23:24	54	18:27:42	18:29:06	84
03009	18:33:01	18:35:01	60	18:39:21	18:41:02	101
03001	18:45:30	18:46:28	58	18:50:52	18:52:10	78
03052	18:56:19	18:57:16	57	19:01:36	19:02:08	50
03040	17:42:48	17:43:44	56	17:48:02	17:50:19	137
03004	17:48:09	17:49:37	88	17:53:52	17:55:19	87
03019	17:59:16	18:00:06	50	18:04:21	18:06:50	149

上行方向四公里到江北机场方向长交路运行时刻表　　表6-12

车次	四公里			南坪		
	到站	离站	停车时间(s)	到站	离站	停车时间(s)
03005	17:01:07	17:01:49	42	17:03:33	17:04:21	48
03027	17:06:47	17:08:15	88	17:10:00	17:10:44	44
03035	17:12:39	17:13:52	73	17:15:36	17:16:14	38
03002	17:18:06	17:19:14	68	17:20:59	17:21:43	44

续上表

车次	四公里			南坪		
	到站	离站	停车时间(s)	到站	离站	停车时间(s)
03025	17:23:24	17:25:05	101	17:26:49	17:27:31	42
03028	17:29:38	17:30:59	81	17:32:43	17:33:26	43
03024	17:34:18	17:35:45	87	17:37:29	17:38:15	46
03045	17:39:45	17:41:31	106	17:43:13	17:44:18	65
03020	17:45:23	17:46:46	83	17:48:29	17:49:14	45
03038	17:51:16	17:52:25	69	17:54:07	17:54:49	42

车次	两路口			牛角沱		
	到站	离站	停车时间(s)	到站	离站	停车时间(s)
03005	17:10:53	17:12:16	79	17:13:43	17:14:37	54
03027	17:17:12	17:18:37	85	17:20:04	17:21:20	76
03035	17:23:08	17:24:34	86	17:26:01	17:27:10	69
03002	17:28:40	17:30:03	83	17:31:29	17:32:42	73
03025	17:34:17	17:35:21	65	17:36:50	17:38:35	105
03028	17:39:59	17:41:19	80	17:42:47	17:43:49	62
03024	17:45:07	17:46:37	90	17:48:02	17:49:04	62
03045	17:50:59	17:52:27	88	17:53:51	17:55:12	81
03020	17:56:23	17:57:47	84	17:59:14	18:00:51	96
03038	18:02:11	18:03:39	88	18:05:15	18:06:54	89

车次	红旗河沟			郑家院子		
	到站	离站	停车时间(s)	到站	离站	停车时间(s)
03005	17:23:09	17:23:55	46	17:28:34	17:29:17	103
03027	17:27:51	17:28:41	50	17:35:30	17:36:25	55
03035	17:33:52	17:35:30	98	17:41:00	17:41:46	46
03002	17:40:14	17:41:15	61	17:45:35	17:46:24	49
03025	17:45:13	17:46:06	53	17:51:53	17:52:42	59
03028	17:51:08	17:52:19	71	17:56:46	17:57:32	46
03024	17:56:31	17:57:40	69	18:02:24	18:03:13	49
03045	18:01:53	18:02:58	65	18:08:20	18:09:12	52
03020	18:07:32	18:08:38	66	18:14:15	18:15:03	48
03038	18:13:42	18:14:45	63	18:19:23	18:20:21	58

车次	唐家院子			重庆北站		
	到站	离站	停车时间(s)	到站	离站	停车时间(s)
03005	17:30:49	17:31:20	31	17:34:38	17:35:18	40
03027	17:37:56	17:38:27	31	17:41:55	17:42:37	42
03035	17:43:16	17:43:50	34	17:47:22	17:48:08	46

续上表

车次	唐家院子			重庆北站		
	到站	离站	停车时间(s)	到站	离站	停车时间(s)
03002	17:47:54	17:48:26	32	17:52:00	17:52:52	52
03025	17:54:16	17:54:52	36	17:58:26	17:59:18	52
03028	17:59:02	17:59:37	35	18:03:07	18:03:44	37
03024	18:04:46	18:05:19	33	18:08:53	18:09:48	55
03045	18:10:42	18:11:17	35	18:14:53	18:15:49	56
03020	18:16:38	18:17:12	34	18:20:42	18.21.25	43
03038	18:21:52	18:22:37	45	18:20:42	18:21:25	43

车次	龙头寺			园博园		
	到站	离站	停车时间(s)	到站	离站	停车时间(s)
03005	17:36:51	17:38:08	77	17:50:47	17:51:19	32
03027	17:44:10	17:45:21	71	17:57:56	17:58:29	33
03035	17:49:40	17:50:34	54	18:03:27	18:04:09	42
03002	17:54:26	17:55:19	53	18:07:38	18:08:05	27
03025	18:00:50	18:01:47	57	18:14:28	18:14:58	30
03028	18:05:19	18:06:25	66	18:18:58	18:19:27	29
03024	18:11:20	18:12:18	58	18:25:08	18:25:37	29
03045	18:17:25	18:18:08	43	18:30:40	18:31:09	29
03020	18:22:57	18:24:05	68	18:37:09	18:37:42	33
03038	18:28:29	18:29:22	53	18:41:50	18:42:18	28

车次	长福路			碧津		
	到站	离站	停车时间(s)	到站	离站	停车时间(s)
03005	17:55:54	17:56:28	34	18:05:16	18:06:43	87
03027	18:03:04	18:03:35	31	18:12:14	18:13:03	49
03035	18:08:44	18:09:19	35	18:17:56	18:18:44	48
03002	18:12:33	18:13:25	52	18:21:50	18:23:00	70
03025	18:19:43	18:20:18	35	18:29:40	18:30:32	52
03028	18:23:55	18:24:34	39	18:33:48	18:34:32	44
03024	18:30:06	18:30:38	32	18:39:12	18:40:38	86
03045	18:35:34	18:36:03	29	18:44:33	18:46:04	91
03020	18:42:33	18:43:11	38	18:52:16	18:53:16	60
03038	18:46:43	18:47:13	30	18:55:44	18:57:10	86

车次	江北机场		
	到站	离站	停车时间(s)
03005	18:09:12	18:12:37	205
03027	18:15:22	18:18:02	160

续上表

车次	江北机场					
	到站	离站	停车时间(s)			
03035	18:21:04	18:24:06	182			
03002	18:25:46	18:29:10	204			
03025	18:32:50	18:35:00	130			
03028	18:37:20	18:40:09	169			
03024	18:42:51	18:45:41	170			
03045	18:48:23	18:51:40	197			
03020	18:55:46	18:58:21	155			
03038	18:55:46	18:58:21	155			

下行方向江北机场到四公里长交路运行时刻表　表6-13

车次	江北机场			碧津		
	到站	离站	停车时间(s)	到站	离站	停车时间(s)
03047	16:58:32	17:01:24	172	17:03:15	17:04:00	45
03034	17:03:04	17:07:15	78	17:09:05	17:09:35	30
03055	17:08:52	17:12:16	204	17:14:25	17:15:05	40
03057	17:14:05	17:17:31	206	17:19:45	17:20:35	50
03029	17:19:31	17:23:16	225	17:25:15	17:25:55	40
03054	17:25:00	17:29:10	250	17:31:05	17:31:50	45
03039	17:31:03	17:34:10	187	17:36:10	17:36:45	35
03046	17:36:10	17:39:52	222	17:41:40	17:42:10	30
车次	长福路			园博园		
	到站	离站	停车时间(s)	到站	离站	停车时间(s)
03047	17:12:42	17:13:19	37	17:18:01	17:18:37	36
03034	17:18:12	17:18:53	41	17:23:40	17:24:18	38
03055	17:23:43	17:24:20	37	17:28:58	17:29:34	36
03057	17:29:13	17:29:48	35	17:34:29	17:35:02	33
03029	17:34:26	17:35:03	37	17:39:35	17:40:07	32
03054	17:40:31	17:41:15	44	17:45:42	17:46:21	39
03039	17:45:15	17:45:47	32	17:50:15	17:50:50	35
03046	17:50:48	17:51:21	33	17:55:45	17:56:17	32
车次	龙头寺			重庆北站		
	到站	离站	停车时间(s)	到站	离站	停车时间(s)
03047	17:31:30	17:32:49	79	17:34:16	17:35:12	56
03034	17:37:40	17:38:49	69	17:40:20	17:41:19	59
03055	17:42:16	17:43:16	60	17:44:43	17:45:29	46
03057	17:48:23	17:49:14	51	17:50:42	17:51:28	46

续上表

车次	龙头寺			重庆北站		
	到站	离站	停车时间(s)	到站	离站	停车时间(s)
03029	17:53:40	17:54:46	66	17:56:15	17:57:15	60
03054	17:59:30	18:00:30	60	18:01:59	18:03:14	75
03039	18:03:32	18:04:29	57	18:05:58	18:06:52	54
03046	18:09:00	18:11:00	120	18:12:30	18:13:40	70
车次	唐家院子			郑家院子		
	到站	离站	停车时间(s)	到站	离站	停车时间(s)
03047	17:38:40	17:39:21	41	17:40:50	17:41:38	48
03034	17:45:58	17:46:48	50	17:47:16	17:48:00	44
03055	17:49:02	17:50:03	61	17:51:53	17:52:36	43
03057	17:54:58	17:55:38	40	17:57:06	17:57:47	41
03029	18:00:55	18:01:46	51	18:03:18	18:04:03	45
03054	18:06:56	18:07:39	43	18:09:07	18:09:58	51
03039	18:10:35	18:11:12	37	18:13:58	18:15:10	72
03046	18:17:26	18:18:22	56	18:19:53	18:20:36	43
车次	红旗河沟			牛角沱		
	到站	离站	停车时间(s)	到站	离站	停车时间(s)
03047	17:46:26	17:47:38	72	17:54:21	17:55:36	75
03034	17:52:20	17:53:32	72	18:00:31	18:02:00	89
03055	17:57:22	17:58:39	77	18:05:30	18:06:42	72
03057	18:02:12	18:03:35	73	18:10:14	18:11:24	70
03029	18:08:41	18:10:06	85	18:17:14	18:18:38	84
03054	18:15:00	18:16:05	65	18:23:11	18:24:32	81
03039	18:19:59	18:21:17	78	18:28:15	18:29:28	73
03046	18:25:04	18:26:27	73	18:33:31	18:34:58	77
车次	两路口			南坪		
	到站	离站	停车时间(s)	到站	离站	停车时间(s)
03047	17:57:29	17:58:55	86	18:05:38	18:06:33	55
03034	18:03:22	18:05:01	99	18:11:43	18:12:42	59
03055	18:08:55	18:10:21	86	18:16:59	18:17:41	42
03057	18:13:59	18:15:26	87	18:22:07	18:22:59	52
03029	18:20:04	18:21:30	86	18:28:17	18:29:07	50
03054	18:26:05	18:27:40	95	18:34:05	18:34:52	47
03039	18:31:07	18:32:50	103	18:39:33	18:40:18	45
03046	18:36:35	18:37:44	69	18:44:31	18:45:16	45

续上表

车次	四公里					
	到站	离站	停车时间(s)			
03047	18:08:20	18:09:52	72			
03034	18:14:32	18:15:35	63			
03055	18:19:31	18:20:17	46			
03057	18:24:44	18:25:48	64			
03029	18:30:53	18:32:00	67			
03054	18:36:35	18:37:35	60			
03039	18:42:06	18:42:56	50			
03046	18:47:01	18:48:11	70			

下行方向郑家院子到九公里短交路运行时刻表 表6-14

车次	郑家院子			红旗河沟		
	到站	离站	停车时间(s)	到站	离站	停车时间(s)
03032	17:00:16	17:01:02	46	17:05:06	18:06:09	63
03009	17:10:34	17:11:09	35	17:15:15	17:16:08	53
03001	17:21:26	17:22:01	35	17:26:19	17:27:28	51
03052	17:33:35	17:34:10	35	17:38:34	17:39:34	60
03014	17:43:41	17:44:28	47	17:48:55	17:49:51	56
03040	17:54:53	17:55:40	47	17:59:56	18:00:58	62
03050	通过			18:11:29	18:13:16	107
03017	18:17:12	18:17:54	42	18:22:30	18:23:24	54
车次	牛角沱			两路口		
	到站	离站	停车时间(s)	到站	离站	停车时间(s)
03032	17:12:30	17:13:22	52	17:14:54	17:16:12	78
03009	17:22:30	17:23:22	52	17:25:18	17:26:30	72
03001	17:34:05	17:35:21	76	17:36:47	17:38:18	91
03052	17:46:10	17:47:19	69	17:48:49	17:50:10	81
03014	17:56:47	17:57:54	67	18:00:00	18:01:22	82
03040	18:07:54	18:09:08	74	18:11:25	18:12:58	93
03050	18:20:22	18:21:51	89	18:23:16	18:24:57	111
03017	18:30:28	18:31:33	65	18:33:52	18:35:21	89
车次	南坪			四公里		
	到站	离站	停车时间(s)	到站	离站	停车时间(s)
03032	17:22:52	17:23:44	52	17:25:59	17:26:37	38
03009	17:33:32	17:34:17	45	17:36:07	17:36:50	43
03001	17:44:56	17:45:51	55	17:47:40	17:48:23	43
03052	17:56:59	17:57:56	57	17:59:41	18:00:30	49
03014	18:08:09	18:09:02	53	18:11:13	18:12:01	48

续上表

车次	南坪			四公里		
	到站	离站	停车时间(s)	到站	离站	停车时间(s)
03040	18:19:20	18:20:18	58	18:22:04	18:22:45	41
03050	18:31:44	18:32:42	58	18:34:28	18:35:25	57
03017	18:42:11	18:43:02	51	18:44:49	18:45:32	43
车次	二塘			九公里		
	到站	离站	停车时间(s)	到站	离站	停车时间(s)
03032	17:32:17	17:32:35	18	17:38:45	17:40:25	100
03009	17:42:34	17:42:46	12	17:48:50	17:50:00	70
03001	17:54:00	17:54:20	20	18:00:10	18:01:15	65
03052	18:06:15	18:06:40	25	18:12:30	18:13:40	75
03014	18:17:45	18:18:10	25	18:24:15	18:25:25	70
03040	18:28:18	18:28:40	22	18:34:30	18:35:30	70
03050	18:41:18	18:41:38	20	18:47:45	18:48:50	65
03017	18:51:18	18:51:38	20	18:57:35	18:58:45	70

下行方向郑家院子到鱼洞方向短交路运行时刻表 表 6-15

车次	郑家院子			红旗河沟		
	到站	离站	停车时间(s)	到站	离站	停车时间(s)
03021	17:05:12	17:05:46	34	17:09:59	17:10:42	43
03030	17:16:25	17:17:02	37	17:21:22	17:22:29	67
03037	17:26:44	17:27:17	33	17:31:46	17:32:35	49
03018	17:38:35	17:39:30	55	17:43:58	17:45:14	76
03026	17:49:59	17:50:42	53	17:55:04	17:56:13	69
03004	17:59:53	18:00:40	47	18:05:16	18:06:24	68
车次	牛角沱			两路口		
	到站	离站	停车时间(s)	到站	离站	停车时间(s)
03021	17:15:00	17:16:08	68	17:17:32	17:18:46	74
03030	17:29:05	17:30:10	55	17:31:33	17:32:47	74
03037	17:38:54	17:40:01	65	17:41:40	17:43:10	90
03018	17:51:48	17:53:05	77	17:54:29	17:56:15	106
03026	18:03:15	18:04:32	77	18:06:13	18:07:51	98
03004	18:13:06	18:14:42	96	18:16:36	18:18:07	91
车次	南坪			四公里		
	到站	离站	停车时间(s)	到站	离站	停车时间(s)
03021	17:25:19	17:26:09	50	17:28:00	17:30:03	123
03030	17:39:41	17:40:36	55	17:42:27	17:43:10	43
03037	17:50:10	17:51:08	58	17:53:00	17:53:45	45

续上表

车次	南坪			四公里		
	到站	离站	停车时间(s)	到站	离站	停车时间(s)
03018	18:02:59	18:03:57	58	18:05:45	18:06:45	60
03026	18:14:38	18:15:36	58	18:17:25	18:18:24	59
03004	18:24:58	18:25:51	53	18:27:40	18:28:43	63
车次	二塘			九公里		
	到站	离站	停车时间(s)	到站	离站	停车时间(s)
03021	17:37:38	17:38:01	23	17:44:00	17:45:30	85
03030	17:48:50	17:49:10	20	17:50:00	17:56:00	60
03037	17:59:34	17:59:58	24	18:05:45	18:06:50	65
03018	18:12:27	18:12:44	17	18:18:50	18:19:50	60
03026	18:24:18	18:24:41	23	18:30:35	18:31:30	65
03004	18:34:28	18:34:45	17	18:40:35	18:41:35	60
车次	大山村			鱼胡路		
	到站	离站	停车时间(s)	到站	离站	停车时间(s)
03021	17:53:16	17:53:46	30	17:58:40	17:59:25	45
03030	18:03:21	18:03:51	30	18:08:49	18:09:34	45
03037	18:14:12	18:14:43	31	18:19:39	18:20:14	35
03018	18:27:20	18:27:54	34	18:32:52	18:33:37	45
03026	18:39:22	18:39:52	30	18:44:45	18:45:22	37
03004	18:48:57	18:49:29	32	18:54:27	18:55:02	35
车次	鱼洞					
	到站	离站	停车时间(s)			
03021	18:04:17	18:06:00	103			
03030	18:14:29	18:15:03	34			
03037	18:25:10	18:25:38	28			
03018	18:38:30	18:39:03	33			
03026	18:50:20	18:51:12	52			
03004	18:59:55	19:00:20	25			

3)重庆市轨道交通3号线现状运行图(图6-16)

4)重庆市轨道交通3号线列车运行图优化

(1)现状运行图存在的问题

①对于进行转车的乘客需要花费更多的等待时间,例如某人从鱼洞到江北机场,将在龙头寺以内车站转车,将会比有大交路的情况花费更多的时间。

②在客流高峰期,经常会出现某一站或几站客流量太大,而发车密度不够,导致乘客在站台停留时间长,造成乘客滞留的情况。

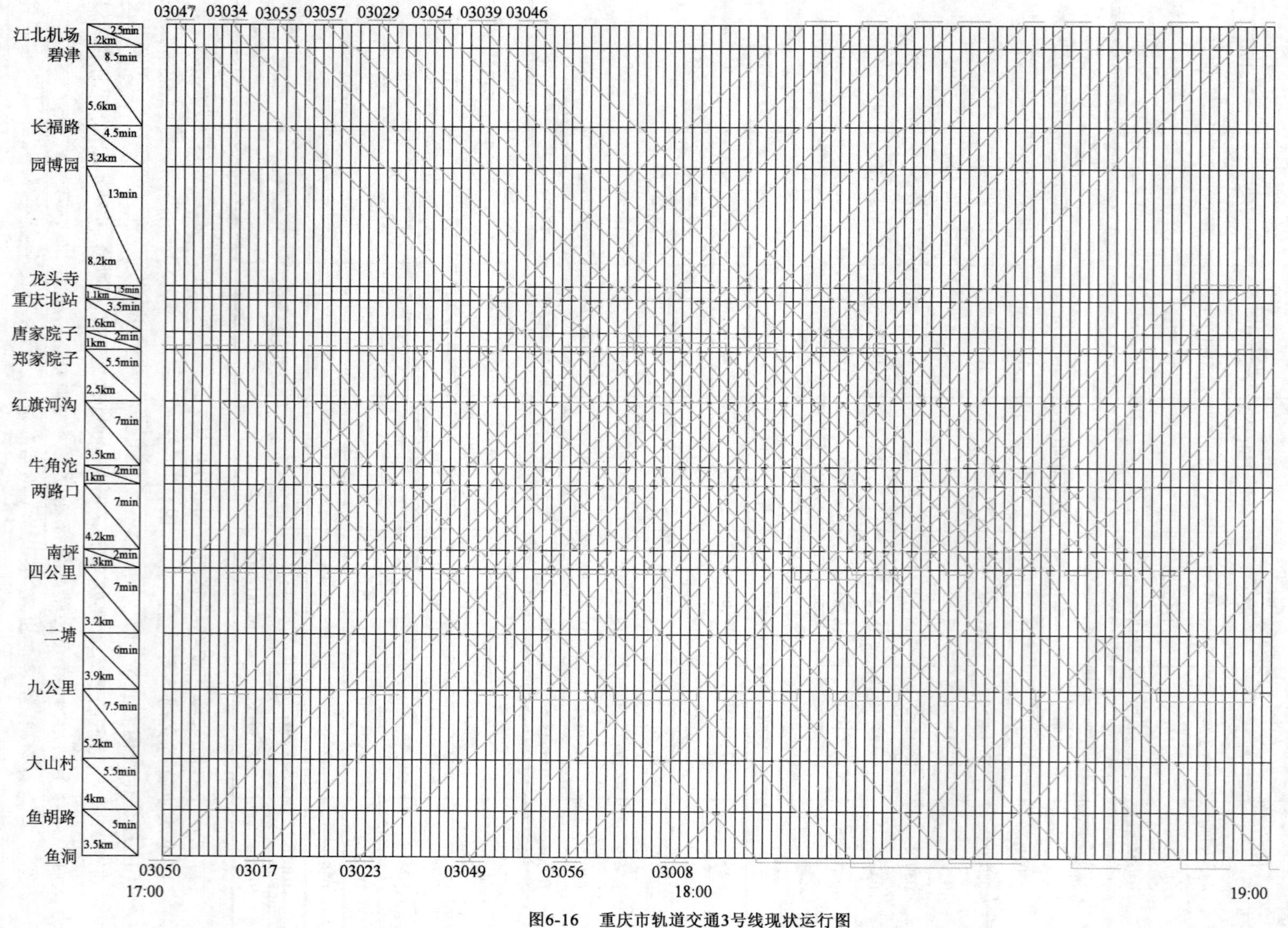

图6-16 重庆市轨道交通3号线现状运行图

③运行线路两端(九公里和龙头寺以外站)车站等车间隔时间普遍就是十几分钟,等待时间较长,发车密度相对中间车站要少,给乘客的出行带来不便。

④列车运营期间各车站的停站时间相差太大,部分列车在部分站台停站时间过长,以致后续列车无法进站,造成等待或晚点。车站工作人员过少,在列车已满无法乘坐的情况下无法最大限度劝导乘客乘坐下一辆列车。以致列车关门时出现未能关严的问题,导致车门重新开启,二次关闭,受客流量的大小和乘客不遵守上下车秩序的影响较大。同时不同的驾驶人使用的起步停车时间也有所差异,也就造成了有时候列车会在某两个站之间突然停下,对乘客造成恐慌以及影响列车运行速度和发车时间间隔,同时也就影响了轨道交通的准时性。

(2)城市轨道交通列车运行图优化方法

①在保证安全可靠的条件下,提高列车的运行速度,缩小列车的运行时分;高峰时段加开列车,缩短列车发车间隔。列车运行速度高是城市轨道交通系统的主要优势,在安全得到保证的前提下,通过提高列车运行速度,压缩折返时间,减少出入库作业时间等方式,提高系统的运行效率和服务水平。

②尽量方便乘客。城市轨道交通系统是城市公共交通的重要组成部分,编制运行图时主要考虑列车发车间隔在满足运行技术前提下尽量选择最小值,从而减少乘客的候车时间。在高峰时段尽量多安排几个站台值班人员,以免因为拥挤造成列车停站时间过长。在安排低谷运行时,最大的列车运行图间隔不宜过大。

③充分利用线路的能力和车辆的能力。通常情况下,折返站的折返能力是限制全线能力的关键,因此必须对折返线的折返作业时间进行精确的计算,尽可能安排平行作业。当车辆周转达不到运营要求时,要合理安排车辆解决高峰客流组织。

④在保证运量需求的条件下,运营车底组数达到最少。在保证运量需求的条件下,综合考虑高峰时段列车运行速度、折返时间、列车开行方式等要素,使运营列车数量达到最少,从而降低系统的车辆保有量与运营成本。

(3)运行图优化的具体优化方案

①严格控制大站、换乘站的停站时间。列车停站时间决定线路的通过能力,也决定了发车间隔,在轨道交通运营中的作用举足轻重。它与客流量大小、车内站立密度、车门数量、车门开关作业时间、运营管理水平、乘客文明程度等均有关系。

主要措施有:

a.加强站台乘务人员管理力度,要求站台乘务人员对乘客做好安全防护、紧急隔离屏蔽门与疏散工作。

b.加强乘客文明乘车宣传力度,尽量让乘客做到按照轻轨车站管理要求有秩序地、文明地乘车。

c.增强列车输送能力,增加车辆编组数量。

②严格按照规定的速度运行。从运行图中发现,有鱼洞开往江北机场方向的03030次列车在九公里—二塘段速度明显超过规定的运行,存在着很严重的安全隐患,必须严格按照规定速度行驶。

③在高峰时段,对客流量相对较多的车站区段加开班次。在调查红旗河沟车站的时候,发现在晚高峰时期,红旗河沟车站客流量非常大,由于发车密度不够,很容易造成车站站台大量客流滞留,因为乘客过多,很难疏散,引起乘客上下车无秩序,导致列车停站时间过长,影响行

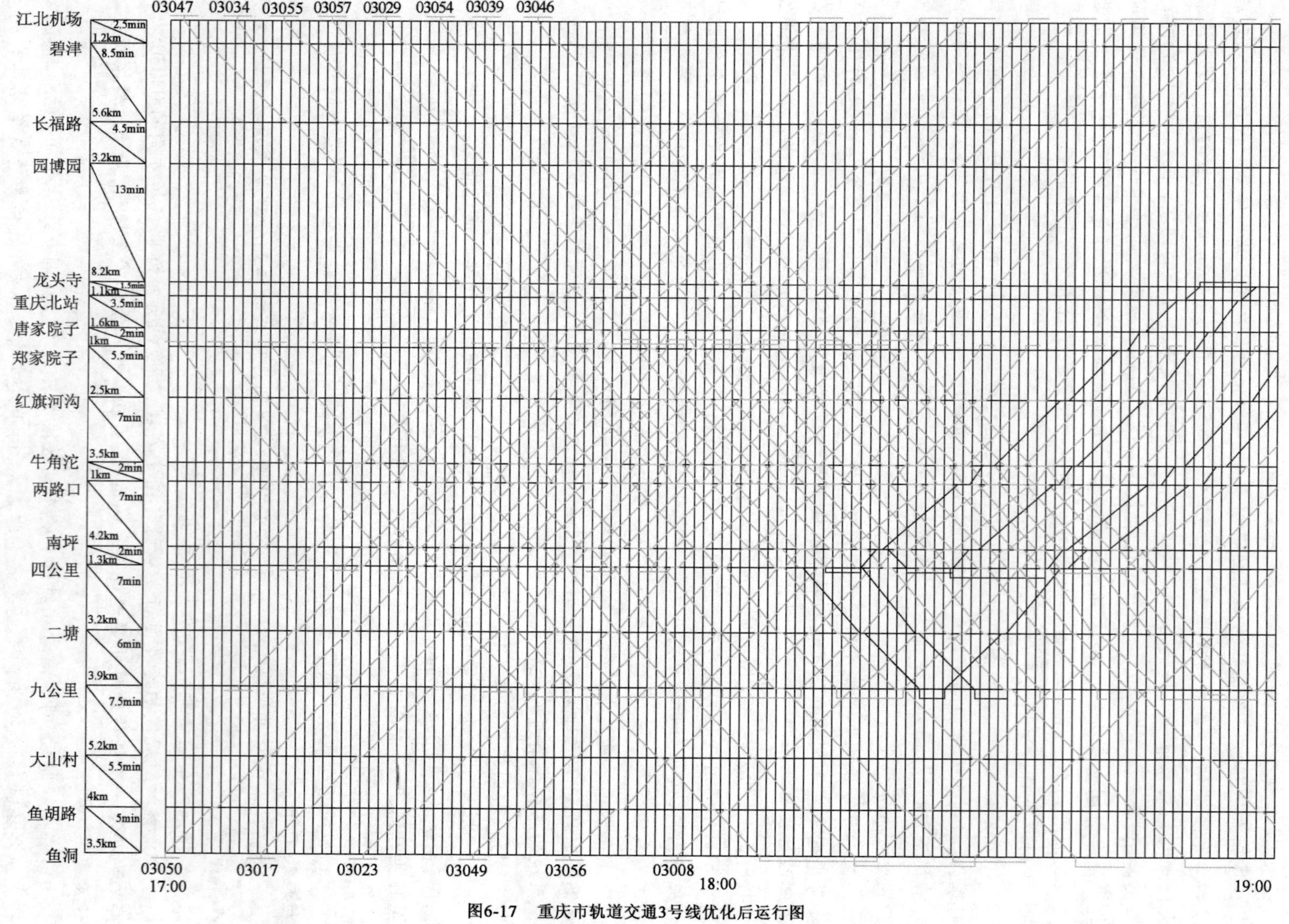

图6-17 重庆市轨道交通3号线优化后运行图

车组织。通过调查,发现周边区段的几个大站(牛角沱两路口、观音桥、南坪)也经常出现类似情况。针对以上情况,解决措施是:可以在郑家院子折返站和四公里站之间在高峰期间增开一条小交路,用于疏散两站之间几个大站的客流,保证站台的承受能力和正常的行车组织。

④增开跨站运行的快速列车。由于3号线线路过长,在鱼洞和江北机场之间实行小交路运行,没有从鱼洞到江北机场的大交路,给一些小交路以外的乘客和长距离出行的乘客带来不便。针对此种现状的解决办法是:在鱼洞到江北机场增开全线运行的跨站式快速列车,即在一些客流量相对较少的车站列车不停靠,直接通过,仅在一些大站、重要站点或客流量相对较多的车站停靠,在满足乘客长距离出行的同时缩短乘车时间。以便真正实现3号线的长短交路运行。

重庆市轨道交通3号线列车运行图优化结果见图6-17。

【思考与练习】

1. 简述乘客进、出轨道车站的基本流程。
2. 简述城市轨道车站客流空间分布特征。
3. 简述大客流组织的主要措施。
4. 按乘客换乘的客流组织不同,换乘方式可分为哪几类?
5. 换乘站的形式有哪几种?
6. 试述城市轨道交通车站与城市间铁路车站的区别及城市轨道交通车站分布的原则。
7. 城市轨道交通设计能力与可用能力的区别是什么?他们和哪些因素有关?应如何计算?

第 7 章

航空运输组织

【导读】

2015 年,在世界经济增速放缓,国内经济下行压力较大的情况下,民航主要运输指标继续保持平稳较快增长。

(1)运输周转量

2015 年全行业完成运输总周转量 851.65 亿吨公里,比上年增长 13.8%,完成旅客周转量 7282.55 万人公里,比上年增长 15.0%;完成货邮周转量 208.07 亿吨公里,比上年增长 10.8%。其中,国内航线完成运输总周转量 559.04 亿吨公里,比上年增长 10.0%,其中港澳台航线完成 16.22 亿吨公里,比上年增长 0.3%;国际航线完成运输总周转量 292.61 亿吨公里,比上年增长 21.9%。

(2)旅客运输量

2015 年全行业完成旅客运输量 43618 万人次,比上年增长 11.3%。国内航线完成旅客运输量 39411 万人次,比上年增长 9.4%,其中港澳台航线完成 1020 万人次,比上年增长 1.4%;国际航线完成旅客运输量 4207 万人次,比上年增长 33.3%。

(3)货邮运输量

2015 年全行业完成货邮运输量 629.3 万吨,比上年增长 5.9%。国内航线完成货邮运输量 442.4 万吨,比上年增长 3.9%,其中港澳台航线完成 22.1 万吨,比上年减少 1.0%;国际航线完成货邮运输量186.8万吨,比上年增长10.9%。

(4)机场业务量

2015年全国民航运输机场完成旅客吞吐量9.15亿人次,比上年增长10.0%。其中:东部地区完成旅客吞吐量5.02亿人次,东北地区完成旅客吞吐量0.55亿人次,中部地区完成旅客吞吐量0.90亿人次,西部地区完成旅客吞吐量2.69亿人次。

完成货邮吞吐量1409.40万吨,比上年增长3.9%。其中:东部地区完成货邮吞吐量1062.88万吨,东北地区完成货邮吞吐量48.87万吨,中部地区完成货邮吞吐量85.89万吨,西部地区完成货邮吞吐量211.76万吨。

完成起降架次856.55万架次,比上年增长8.0%。

年旅客吞吐量100万人次以上的运输机场70个,其中北京、上海和广州三大城市机场旅客吞吐量占全部机场旅客吞吐量的27.3%。

年货邮吞吐量1万吨以上的运输机场51个,其中北京、上海和广州三大城市机场货邮吞吐量占全部机场货邮吞吐量的50.9%。

北京首都机场完成旅客吞吐量0.90亿人次,连续六年位居世界第二;上海浦东机场完成货邮吞吐量327.5万吨,连续八年位居世界第三。

(5)运输机队

截至2015年年底,民航全行业运输飞机期末在册架数2650架,比上年增加280架。

(6)机场数量

截至2015年年底,我国共有颁证运输机场210个,比上年增加8个。2015年新增机场分别为山东日照三字河机场、广东惠州平潭机场、云南宁蒗泸沽湖机场、青海海西花土沟机场、新疆富蕴可可托海机场、新疆石河子花园机场、辽宁营口兰旗机场、山西忻州五台山机场。另外,完成了山东烟台机场、辽宁锦州机场迁建。陕西安康机场、新疆且末机场年内停航。

(7)航线网络

截至2015年年底,我国共有定期航班航线3326条,按重复距离计算的航线里程为786.6万公里,按不重复距离计算的航线里程为531.7万公里。定期航班国内通航城市204个(不含香港、澳门、台湾)。我国航空公司国际定期航班通航55个国家的137个城市,国内航空公司定期航班从38个内地城市通航香港,从12个内地城市通航澳门,大陆航空公司从43个大陆城市通航台湾地区。

(8)对外关系

截至2015年年底,我国与其他国家或地区签订双边航空运输协定118个,比2014年年底增加2个。其中亚洲有43个(含东盟),非洲有24个,欧洲有36个,美洲有9个,大洋洲有5个。

(9)运输航空(集团)公司生产

截至2015年年底,我国共有运输航空公司55家,比上年底净增4家,按不同所有制类别划分:国有控股公司41家,民营和民营控股公司14家;全部运输航空公司中:全货运航空公司7家,中外合资航空公司12家,上市公司7家。

中航集团完成飞行小时211.6万小时,完成运输总周转量235.0亿吨公里,比上年增加12.8%;完成旅客运输量1.04亿人次,比上年增加9.5%;完成货邮运输量178.2万吨,比上年增加7.0%。

东航集团完成飞行小时181.7万小时,完成运输总周转量178.3亿吨公里,比上年增加10.7%;完成旅客运输量0.94亿人次,比上年增加11.9%;完成货邮运输量139.9万吨,比上年增加2.6%。

南航集团完成飞行小时223.8万小时,完成运输总周转量223.9亿吨公里,比上年增加13.3%;完成旅客运输量1.09亿人次,比上年增加7.9%;完成货邮运输量151.2万吨,比上年增加5.6%。

海航集团完成飞行小时116.5万小时,完成运输总周转量115.6亿吨公里,比上年增加15.7%;完成旅客运输量0.68亿人次,比上年增加13.3%;完成货邮运输量77.7万吨,比上年增加6.9%。

其他航空公司共完成飞行小时118.0万小时,完成运输总周转量98.8亿吨公里,比上年增加21.8%;完成旅客运输量0.62亿人次,比上年增加19.2%;完成货邮运输量82.3万吨,比上年增加9.3%。

7.1 航空运输组织导论

航空运输是将旅客、货物、行李和邮件从始发地运送到目的地而产生位移的过程。航空运输的组织涉及航空运输体系和服务对象的协调和规划。

7.1.1 航空运输体系

航空运输体系主要包括飞机、机场、空中交通管理系统和飞行航线四个部分。

飞机是航空运输的运载工具。飞机正常运行率的大小将直接影响着航空运输的运营。

机场是提供飞机起飞、着陆、停驻、维护、补充给养及组织飞行保障活动的场所,也是旅客和货物的起点、终点或转折点。机场由供飞机使用的部分和供旅客接用货物使用的部分组成。其中飞机使用部分包括飞机用于起飞降落的飞行区和用于地面服务的航站区。旅客接用货物使用部分包括办理手续和上下飞机的航站楼、机场的地面交通设施及各种附属设施。

空中交通管理系统是为了保证飞行安全、提高空域和机场飞行区的利用效率而设置的各种助航设备和空中交通管制机构及规则。助航设备包括用于航路、进近、机场的管制飞行的仪表助航设备(通信、导航、监视等装置)和用于引导飞机起降、滑行的目视助航设备(灯光、信号、标志等)。空中交通管制机构通常按区域、进近、塔台设置。空中交通管制机构及规则包括飞行层的配备、垂直间隔和水平间隔的控制等。

飞行航线是航空运输的线路,是由空管部门设定飞机从一个机场至另一个机场的通道。其基本要素包括起点、经停点、终点、航路、宽度、高度、班次和班期时刻等。航线不仅确定有航行的具体方向、起点、终点与经停地点,还根据空中交通管理的需要,规定了航路的宽度和飞行的高度层,以维护空中交通秩序,保证飞行安全。

除了上述四个基本组成部分外,航空运输体系还包括日常运行、机务维护、油料供应、地面辅助及保障系统等。

7.1.2 航空运输的服务对象

对于航空运输而言,其运输服务对象主要有旅客(PASSENGER,简写为P)、货物(CARGO,简写为C)、行李(BAGGAGE,简写为B)和邮件(MAIL,简写为M)。因此,按照运输服务对象的不同,可以将航空运输分为航空旅客运输和航空货物运输两大类。其中,航空旅客运输的服务对象主要是旅客和行李,而航空货物运输的服务对象主要是货物和邮件。

7.1.3 航空运输组织

对于航空运输的服务对象来说,在运输过程中要经历始发地机场和目的地机场两个运输节点。无论在始发地机场还是目的地机场,旅客都要办理一些手续,如在始发地机场,旅客要办理值机手续、安全检查等。每项手续需要的时间、办理手续时各工序所需柜台的数量、柜台间的间距、候机厅的容量等都将直接影响整个航班的运营时间。要想缩短运营时间、提高运营效率,就要做好整个系统各工序的空间和时间的组织。

1)航空运输的空间组织

简单地说,航空运输空间组织就是针对整个航空运输过程中涉及的设施设备进行合理的空间布局,以便于航空运输工作展开。以机场为例,空间组织体现在对机场的各项服务设施和场地进行合理布置和设计,从而节省整个系统的工作时间,如将机场办理乘机手续的柜台进行合理的空间位置安排、科学配置柜台开放数量等。在进行空间布局时主要考虑的因素有:服务设施的数量要充足,应当满足运输的要求;服务设施的布置应满足生产过程的要求,以避免相互交叉和迂回运输,节省旅客或货物完成所有手续的时间;联系和协作关系密切的服务设施应相互靠近,以提高设备的利用率;服务设施要有扩建的余地,以满足航班班次增加和扩大生产的需要;不同的服务设施间的距离要合理,尽可能方便旅客和工作人员的操作。

2)航空运输的时间组织

航空运输时间组织是指合理安排整个系统中各工序的衔接,达到减少整个系统运输时间的目的。以旅客办理手续为例,时间组织体现在通过合理安排,使某一个航班的所有旅客在机场办理乘机手续、托运行李和安全检查的总时间最短,在时间上实现相互衔接和配置。

航空运输组织包括很多内容,从系统的角度看,在航班正常的情况下,主要包括以下3项工作内容:

(1)运输计划的制定

航空运输一般以计划进行。航空运输生产的依据是生产计划。有了生产计划,运输就可以按照生产组织流程进行生产了。生产计划包括航班计划、飞行路线设计、机组排班、地面服务人员排班等。其中,最重要的生产计划是航班计划。

(2)飞机最大可用业载的计算

即在航班计划确定之后第一时间准确地计算出本次航班的最大业务载质量。在可用业载下进行航空运输,既能保证航班的飞行安全,避免超载飞行,又能最大限度地减少航班的空载,以提高航空运输的经济效益。

(3)服务对象手续办理

不同于其他运输方式,航空运输的服务对象在完成运输的过程中涉及诸多程序和手续,比如旅客办理登机手续、货物或行李的收运手续等。由于该项工作直接与服务对象接触,其组织工作的好坏直接反映了所属场内航空运输服务质量的高低。因此,该项工作的组织要求流畅、合理,以减少服务对象办理乘机手续的时间,提高航空运输的效率。

7.2 航空运输生产组织优化

航空运输生产是从航空公司售卖机票开始,经过相关工作人员的操作,将旅客、货物、行李和邮件输入航空运输生产系统,最终将其送达目的地。航空运输生产与其他运输方式生产类似,即生产过程和消费过程合二为一,同时发生同时结束。因此,航空运输生产组织是运用系统的方法和理论,将输入生产过程的人、财、物、信息等生产工具要素有效地结合起来,并实现在不同的条件下,人员、物资、资金等的有效配置,以取得最大经济效益。

7.2.1 航班计划及其组织

如前所述,航班计划是航空运输生产计划的核心。航空公司航班计划有广义和狭义之分。广义航班计划是指和航空生产活动相关的一系列生产计划,包括航线安排、航班频率、航班时刻、机型指派、飞机路线和机组排班。狭义航班计划是指航班频率、班期、航班时刻等的决策问题。具体包括:

(1)确定航班频率

即确定每周班次。每周班次的确定应根据航空公司自身的运量、运力、机型和经济效益等因素来安排。在实际安排过程中,航空公司和服务对象对航班频率的要求往往不一致。从旅客和货主的要求来看,航班密度越大越好,这样可以随时满足其需要。但从航空企业的角度来看,航班密度过大,就会造成载运比率下降,影响企业的经济效益,因此往往在运量大、运力充足时增加航班密度;反之,则减少航班密度。综上,航班频率的确定应以最大限度满足社会需要与尽可能提高企业经济效益相结合的原则,使计划的每周班次能够保证载运比率达到或超过平衡载运率。

(2)确定班期

即确定航班的飞行日期。班期的确定应当本着均匀分布的原则来安排,这样既方便了旅客和货主,也便于民航企业自身的客货组织工作。

(3)确定航班时刻

即确定航班的起飞时间。起飞时刻的确定应根据机场容量、管制要求、服务对象出行要求、内部结构调整、航班之间的衔接等因素来安排。

7.2.2 航班频率优化

1)单航线航班频率计算

假定某航空公司垄断航线的第 i 条航线,使用第 k 种机型,根据需求 D_i,可用下式计算航班频率:

$$N_i = \frac{D_i}{l_i s_k} \tag{7-1}$$

式中:l_i——客座率;

s_k——飞机 k 的提供座位数(即飞机容量)。

如果第 i 条航线不是垄断航线,有两家航空公司竞争,本公司的市场分担率为 MS_{1i},则

$$MS_{1i} = \frac{N_{1i}s_{1k}}{N_{1i}s_{1k} + N_{2i}s_{2k}}$$

$$N_{1i}l_{1i}s_{1k} + N_{2i}l_{2i}s_{2k} = D_i$$

式中,N_{1i}、$s_{1k'}$、l_{1i} 和 N_{2i}、s_{2k}、l_{2i} 分别表示本公司和竞争对手公司的航班频率、机型座位数和航线客座率。解这两个方程可得:

$$N_{1i} = \frac{D_i}{s_{1k}\left[l_{1i} + l_{2i}\frac{1}{MS_{1i} - 1}\right]} \tag{7-2}$$

和

$$N_{2i} = \frac{D_i}{s_{2k}\left[\frac{l_{1i}MS_{1i}}{1 - MS_{1i}} + l_{2i}\right]} \tag{7-3}$$

由式(7-2)和式(7-3)知,N_{1i} 和 N_{2i} 是本公司市场分担率的函数。以横轴作为公司市场分担率,取不同数值计算出两家航空公司航班频率,可得航班频率随本公司市场分担率的变化曲线,如图 7-1 所示。

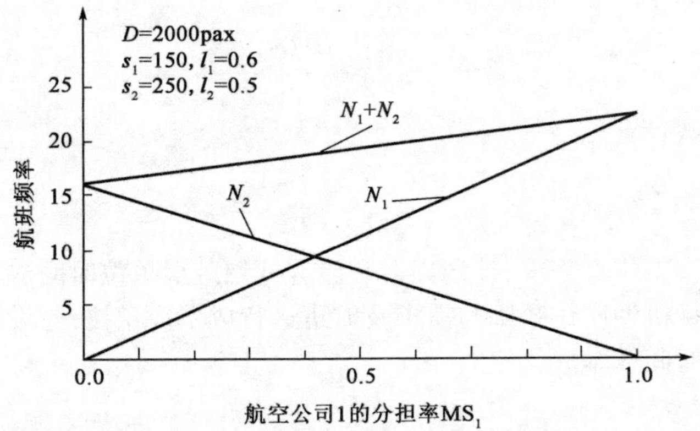

图 7-1 航班频率随本公司市场分担率的变化曲线

可见本公司航班频率随市场分担率的增长呈线性增加,而竞争对手的航班频率则线性减少。同时考察两家航空公司的航班频率之和知,航班频率之和不是常数,而是随着本公司市场分担率的增加而线性增加。

根据上述结果可以计算航线的客座率:

$$l_i = \frac{D_i}{N_{1i}s_{1k} + N_{2i}s_{2k}} \tag{7-4}$$

如果本公司客座率 $l_{1i} > l_i$,则公司的生产效率较高,表明该公司在竞争中处于优势。

对于单航线航班频率优化方法来说,有以下两种优化方法:

(1)成本最小化法

该方法以航线成本为目标函数对航班频率进行优化。其中,航线成本包括航班运行成本、旅客旅行时间成本。因此有:

$$C = c_f N + D\left[\frac{c_{sd} T}{4N} + c_{td}\left(\frac{L}{v} + t_d\right) + a_0\right] \tag{7-5}$$

式中：c_f——单个航班运行成本；

N——航班频率；

D——旅客需求；

c_{sd}——旅客计划延误单位时间成本；

T——计划周期；

c_{td}——旅客单位旅途时间成本；

L/v——飞机实际飞行时间；

t_d——航班延误时间；

a_0——成本调整系数。

综上，式(7-5)中，其中第1大项是航班运行成本。第2大项是旅客旅行时间成本，括弧中第1项是旅客计划延误时间，T是计划周期，即在周期T内安排频率为N的航班；第二项是旅客旅途时间，包括飞行时间和实际延误时间。

将式(7-5)对航班频率求导，并令其等于零：

$$\frac{dC}{dN} = -\frac{DTc_{sd}}{N^2} + c_f = 0$$

解得最优的航班频率：

$$N^* = \frac{1}{2}\sqrt{\frac{DTc_{sd}}{c_f}} \tag{7-6}$$

最优的机型座位数：

$$s^* = \frac{2}{l}\sqrt{\frac{Dc_f}{Tc_{sd}}} \tag{7-7}$$

可见最优航班频率与旅客需求、计划周期和旅客计划延误单位时间成本成正比，与航班运行成本成反比。而最优机型座位数则与需求及航班运行成本成正比，与设计客座率、计划周期和旅客计划延误单位时间成本成反比。

(2)利润最大化法

该方法以航线运行中的利润为目标函数进行航班频率的优化。其中，航线利润等于航线收入减去运行成本，运行成本包括航路运行成本加上起降费和旅客成本。因此，航线利润等于：

$$R = (p - c_p)D - (c_r + c_l)N \tag{7-8}$$

式(7-8)中，p是平均票价，c_p是旅客成本，c_r和c_l分别是航路运行成本和起降费，旅客需求D是航班频率N的函数。

将式(7-8)对航班频率求导，令导数等于零得：

$$\frac{dR}{dN} = (p - c_p)\frac{dD}{dN} - (c_r + c_l) = 0 \tag{7-9}$$

引进需求对航班频率的弹性概念：

$$e = \frac{\frac{dD}{dN}}{\frac{D}{N}}$$

因此有

$$\frac{\mathrm{d}D}{\mathrm{d}N}=\frac{eD}{N}$$

代入式(7-9)中,解出最优航班频率:

$$N^{*}=\frac{(p-c_{\mathrm{p}})eD}{c_{\mathrm{r}}+c_{l}} \tag{7-10}$$

其中 c_{p} 相比 p 较小,常可忽略不计。此时,最优航班频率与航线旅客需求和机票价格成正比,与航班成本成反比。对比式(7-6)和式(7-10)可见,两种方法求出的最优频率有较大的不同。

2)多条航线航班频率优化

本小节讨论多条航线、一种机型条件下,以旅客计划总延误时间最小为目标函数的航班频率优化问题。假设航空公司只有一种机型,座位数为 s,在计划周期 T 中可提供 S_{p} 个座位小时的生产能力,经营 m 条航线,第 i 条航线飞行时间为 t_i 小时,需求为 D_i,航班频率为 N_i,因此旅客计划总延误最小的目标函数为:

$$\min \mathrm{SD}=\frac{T}{4}\sum_{i=1}^{m}\frac{D_i}{N_i} \tag{7-11}$$

同时受到总座位小时数的约束:

$$\sum_{i=1}^{m}N_i t_i s=S_{\mathrm{p}} \tag{7-12}$$

用 Lagrangian 乘子将上述约束条件并入目标函数式(7-11),得:

$$\overline{\mathrm{SD}}=\frac{T}{4}\sum_{i=1}^{m}\frac{D_i}{N_i}+\lambda\left(\sum_{i=1}^{m}N_i t_i s-S_{\mathrm{p}}\right)$$

应用条件极值法则,得

$$\frac{\partial(\overline{\mathrm{SD}})}{\partial N_i}=-\frac{T}{4}\cdot\frac{D_i}{N_i^2}+\lambda t_i s=0$$

$$\frac{\partial(\overline{\mathrm{SD}})}{\partial \lambda}=\sum_{i=1}^{m}N_i t_i s-S_{\mathrm{p}}=0$$

由此解得

$$\lambda=\frac{T}{4s}\cdot\frac{D_1}{N_1^2 t_1}=\frac{T}{4s}\cdot\frac{D_2}{N_2^2 t_2}=\cdots=\frac{T}{4s}\cdot\frac{D_m}{N_m^2 t_m}$$

因此

$$N_i=\sqrt{\frac{\dfrac{D_i}{t_i}}{\dfrac{D_1}{t_1}}}N_1$$

代入约束条件得

$$\sum_{i=1}^{m}N_i t_i s=sN_1\frac{\sum_{i=1}^{m}\sqrt{D_i t_i}}{\sqrt{\dfrac{D_1}{t_1}}}=S_{\mathrm{p}}$$

解得

$$N_1^* = \frac{S_p\sqrt{\dfrac{D_1}{t_1}}}{s\sum_{i=1}^{m}\sqrt{D_i t_i}} = \frac{S_p\sqrt{D_1 t_1}}{st_1\sum_{i=1}^{m}\sqrt{D_i t_i}} = \frac{T_p\sqrt{D_1 t_1}}{t_1\sum_{i=1}^{m}\sqrt{D_i t_i}}$$

进一步可得到其他航线的最优航班频率,一般的有

$$N_l^* = \frac{S_p\sqrt{D_l t_l}}{st_l\sum_{i=1}^{m}\sqrt{D_i t_i}} = \frac{T_p\sqrt{D_l t_l}}{t_l\sum_{i=1}^{m}\sqrt{D_i t_i}} \quad (l = 1,2,\cdots,m) \tag{7-13}$$

其中 $T_p = S_p/s$ 是机型的总利用率,因子 $n_p = T_p/t_l$ 是机型总利用率期间飞机可执行的理论航班频率。如果将 $D_l t_l$ 看作是航线 l 的旅客运输量,那么 $w_l = \sqrt{D_l t_l}/\sum_{i=1}^{m}\sqrt{D_i t_i}$ 即是航线 l 旅客运输量的平方根比例,叫做旅客运输量权重。可见多航线最优航班频率等于理论航班频率乘以旅客运输量权重。表明用服务质量(旅客计划延误时间)来规划航班频率时,各航线航班频率按照 $\sqrt{D_i t_i}$ 的比例分配飞机总利用率。

7.2.3 航班时刻优化

航班时刻通常指起飞时刻,它在航空公司客运竞争中起到相当重要的作用。同等条件下,较好的时刻能够吸引更多的旅客。

一个合理的航班时刻应满足大部分旅客的出行愿望,航班时刻的影响因素可以分为:

1)外部因素

(1)机场容量限制。

(2)航空管制限制。

(3)旅客出行时刻要求。

2)内部因素

(1)航班结构调整。

航空旅客存在明显的时空特性,即航空旅客的流量、流向会随时间动态地变化,这意味着航空公司会根据市场的变化情况调整航班结构,包括航班密度、时刻等调整。

(2)航班衔接的影响。

航班衔接指航段之间在时空关系上的链接。例如一架飞机执行重庆至北京的航班,假设该飞机12点到达北京,经过必要的过站准备时间(假设最小过站时间为30min),应该安排一个约12点30分从北京出发的航班。

7.2.4 航班业载量的确定

无论任何一种运输工具,由于自身结构强度、客货舱容积、运行条件及环境等因素,都必须有最大装载量的限制。飞机是空中飞行的运输工具,要求具有更高的可靠性和安全性以及更好的平衡状态。因此严格限制飞机的最大装载量具有重要的意义。

(1)可以确保飞行安全,杜绝超载飞行。超载飞行会造成极严重的后果。因此,实际的业载绝对不能超过本次航班的最大允许业载。

(2)可以充分利用飞机的装载能力,尽量减少空载。计算出飞机的最大允许业载和实际

业载之后，就可知道航班的剩余业载。此时，如果还有旅客要求乘坐本次航班或者还有本次航班运出的货物需求，则可适量接收旅客和货物，最大限度减少航班空载，提高航班的利用率和载运率。

1）航空油量的确定

航段耗油量（TFW）是指飞机由出发站到目的站航段需要消耗的燃油量。航段耗油量是根据航段距离和飞机的平均时速以及飞机的平均耗油量确定，计算公式见式（7-14）。

$$\text{航段耗油量}=\frac{\text{航段距离}}{\text{飞机平均时速}}\times\text{平均小时耗油量} \tag{7-14}$$

在实际飞行过程中航段耗油量受天气、风向、风速、高度等因素影响，因而是变值。

备用油量（RFW）是指飞机由目的站到其备降机场并在备降机场上空还可以飞行45min所需耗用的油量。有时由于目的站因为某种原因不能让飞机降落，需要让飞机在其备降机场降落，因此执行航班任务的飞机都应携带备用油量。

备用油量的计算公式见式（7-15）。

$$\text{备用油量}=\left(\frac{\text{目的站与其备降机场距离}}{\text{飞机的平均地速}}+\frac{45}{60}\right)\times\text{平均小时耗油量} \tag{7-15}$$

因此，飞机在起飞时应拥有的燃油量按公式（7-16）计算。

$$\text{起飞油量}=\text{航段耗油量}+\text{备用油量} \tag{7-16}$$

2）载质量的计算

飞机最大业载是飞机出厂时最大允许的商务载重。航班最大允许业载是指执行航班任务的飞机允许装载的旅客、行李、货物、邮件的最大质量，主要受飞机最大起飞质量、最大着陆质量、最大无油质量、航段耗油量、备用油量等影响。航班最大业载量的求算，应保证飞机在起飞着陆和无油时都不超过其限制质量，并取其中最小值作为飞行的最大业载量。

（1）方法一

主要根据飞机的起飞质量、落地质量和实际无油质量的实际值不应超过各自的最大值。

$$\text{修正后的基本质量}+\text{起飞油量}+\text{实际业载质量}\leqslant\text{最大起飞质量}$$

$$\text{修正后的基本质量}+\text{备用油量}+\text{实际业载质量}\leqslant\text{最大落地质量}$$

$$\text{修正后的基本质量}+\text{实际业载质量}\leqslant\text{最大无油质量}$$

由上述三个不等式可以计算出三个最大业载量如下：

$$\text{最大业载量①}=\text{最大起飞质量}-\text{修正后基本质量}-\text{起飞油量}$$

$$\text{最大业载量②}=\text{最大落地质量}-\text{修正后基本质量}-\text{备用油量}$$

$$\text{最大业载量③}=\text{最大无油质量}-\text{修正后基本质量}$$

飞机实际可用的最大允许业载量应为此三个最大业载量的最小者，并且不应超过飞机的最大业载限额。因此应有：

允许的最大业载量 = min（最大业载量①、最大业载量②、最大业载量③、最大业载限额）

【例7-1】 某飞机执行航班任务，基本质量为32327kg，增加一名机组人员（按80kg计算）。起飞油量为9800kg，航段耗油量为5900kg。飞机的最大起飞质量为60554kg，最大落地质量为49895kg，最大无油质量为46493kg。计算本次航班的最大业载。

解： 修正后的基本质量 = 32327 + 80 = 32407（kg）

备用油量 = 9800 − 5900 = 3900（kg）

最大业载量① = 60554 − 32407 − 9800 = 18337(kg)

最大业载量② = 49895 − 32407 − 3900 = 13588(kg)

最大业载量③ = 46493 − 32407 = 14086(kg)

本机型最大的业载限额为 15780kg。因此,本次航班的最大允许业载为:min(18337、13588、14086、15780) = 13588(kg)

(2)方法二

由上述公式可得:

最大起飞质量 = 修正后的基本质量 + 起飞油量 + 最大业载量①

最大落地质量 = 修正后的基本质量 + 备用油量 + 最大业载量②

最大无油质量 = 修正后的基本质量 + 最大业载量③

在计算最大落地质量公式的等号左右两端同时加航段耗油量,则有:

最大落地质量 + 航段耗油量 = 修正后的基本质量 + 起飞油量 + 最大业载量②

在计算最大无油质量公式的等号左右两端同时加进起飞油量,则有:

最大无油质量 + 起飞油量 = 修正后的基本质量 + 起飞油量 + 最大业载量③

套用最大起飞质量公式则得到:

最大起飞质量② = 最大落地质量 + 航段耗油量

最大起飞质量③ = 最大无油质量 + 起飞油量

由上述公式可知,最大业载量①、②、③中的最小者,对应于最大起飞质量①、②、③中的最小值。

因此可以先求出最大起飞质量①、②、③中的最小值,然后减去操作质量,其差值再与该机型的最大业载限额进行比较,其中最小者便为本次航班的最大业载量。

在实际工作中多采用方法二。

【例 7-2】 用方法二计算【例 7-1】中航班的最大业载量。

解:由上述公式可得:

最大起飞质量① = 60554(kg)

最大起飞质量② = 49895 + 5900 = 55795(kg)

最大起飞质量③ = 46493 + 9800 = 56293(kg)

操作质量 = 32407 + 9800 = 42207(kg)

于是有:

允许的起飞质量 − 操作质量 = 55795 − 42207 = 13588(kg)

本机型飞机最大业载限额为 15780kg,由于 13588 < 15780,因此本次航班的最大业载量为 13588kg。

7.3 航空旅客运输组织

旅客运输是民航运输中最重要的部分。旅客运输工作的好坏直接反映了民航服务的质量,也直接影响旅客的旅行生活、工作以及航空公司的信誉和经济效益。对于航空客运来说,在具体运作中会涉及承运人、销售代理人、地面服务代理人等多个主体;运输方式则涉及国内航空运输、国际航空运输；运输对象除了旅客以外，还包括旅客行李。由此可见，旅客运输的全过程涉及很多部分，这些部门的工作都与旅客运输工作的质量有着密切的关系，因此各部门要各司其职，同时又要相互配合，顾全大局，保证整个旅客运输组织工作的完成。

7.3.1 旅客及行李组织流程

1）旅客的进离港流程

旅客进离港流程如图7-2所示。可以看出，旅客进离港路线比较复杂，包含了国内出发、国际出发、国际到达、国内到达、过境和中转等多个流程。在流程中通常包括值机、检查、候机和登机、行李认领等程序。

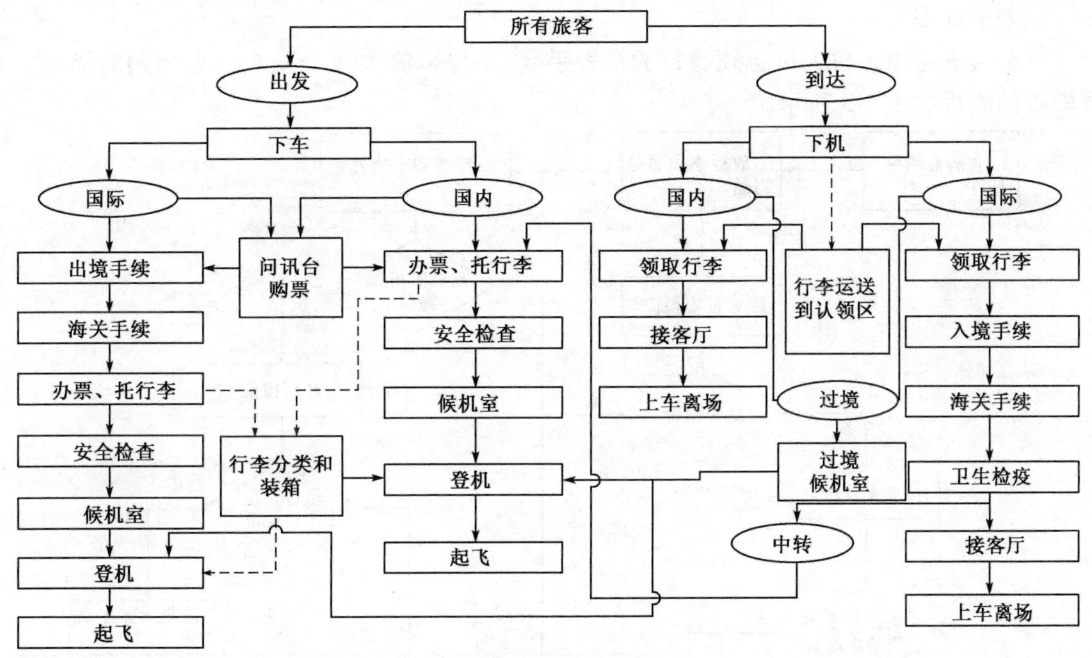

图7-2 旅客进离港流程

（1）值机

所谓值机，是指为旅客办理乘机手续，包括换登机牌、收运旅客的托运行李、安排旅客的座位等。值机的过程涉及以下内容：柜台的分配方式；旅客队列形状；航班值机开放时间和关闭时间。

值机柜台的分配有两种方式：专用式和公用式。专用柜台由某航空公司单独使用，各柜台只办理指定航班的旅客值机手续；公用柜台不专门租给某个航空公司，各柜台可同时办理各航空公司航班的旅客值机手续。采用哪种方式取决于机场管理当局的资源分配政策和离港系统是否统一。一般来说，公用柜台方式使用效率高于专用方式。

柜台采用专用方式时，值机一般采用一个柜台一个队列的排队形状，形成一个个单服务台单队列排队系统；采用公用方式时，旅客值机队列有两种形式：

①一个柜台一个队列。

②多个柜台一个队列。

第二种队形比第一种队形更有效率。但在值机刚开放时，往往由于等候的旅客较多，第二种队形会给旅客一种错觉,好像队列很长,排队时间一定也很长,因而引起旅客不满。实际上这种队列看上去长,旅客的平均排队时间比单队列要短许多。

不同的机场、不同的航空公司甚至不同的航班,对值机开放时间有着不同的规定。开放时间直接影响以下三个因素:

①行李分拣厅的人力安排。

②候机厅座位的紧缺程度。

③对登机门和停机位指派要求大小。

(2)检查

在航空旅客运输中,检查分为安全检查、海关和检验检疫检查、边防检查三种形式。

①安全检查。

安全检查是出入机人员必须履行的检查手续,是保障旅客人身安全的重要预防措施。安全检查的流程如图7-3所示。

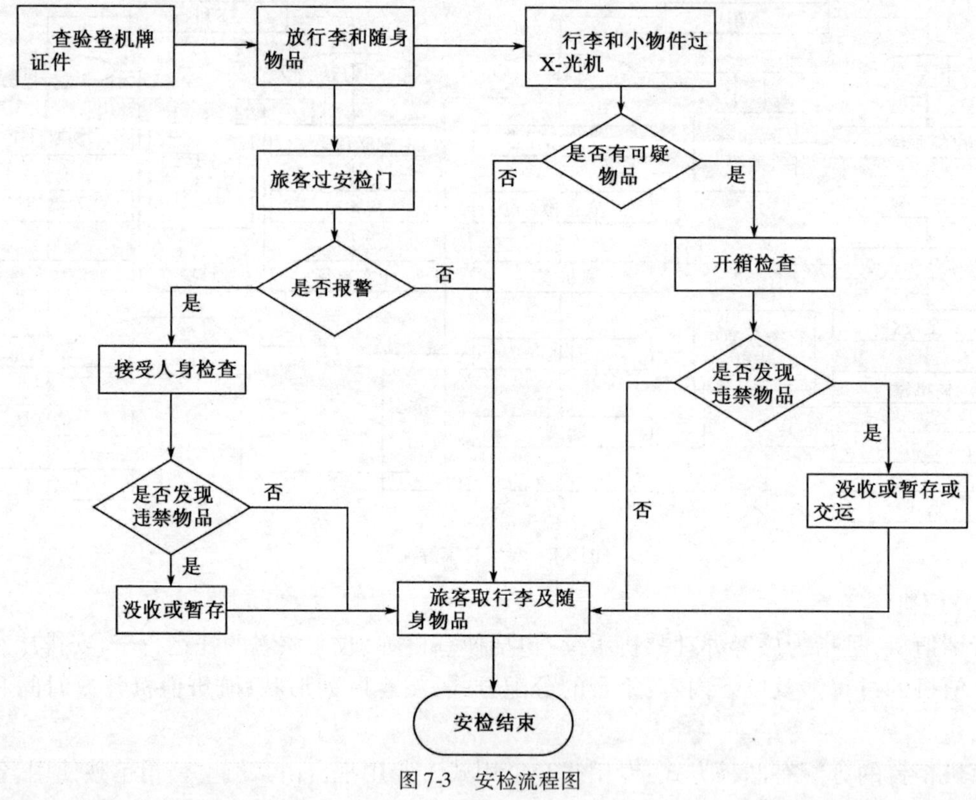

图7-3 安检流程图

②海关、检验检疫检查。

国际航班的旅客必须出示登机牌、护照和机票给保安人员检查,然后接受海关检查,旅客将已填好的申报单交给海关检查员即可,海关只抽样检查个别旅客,被抽查的旅客随身携带行李应放在X-光机上进行扫描。海关申报完后,进入隔离区。

正常情况下,对出入境旅客不进行检验检疫检查。但发生国际性流行病时,则必须接受规定的检查。

③边防检查。

国际航班旅客必须接受边防检查。到达边检柜台时,提交护照查验,并提交入境申请单即可。

(3)候机和登机

检查结束后,旅客就可以进入候机大厅候机,等待航班登机通知。

(4)行李认领

国内航班到港旅客根据机场行李认领大厅内的电子信息屏提供的行李转盘号,找到和确认自己的行李后取下,通过地面服务人员确认无误后离开。国际航班旅客则首先通过边防检查,然后才认领行李。领取行李后再通过海关和检验检疫检查后即可离开。

2)中转旅客流程

中转是指从始发地到目的地,经过一个或多个地点利用飞机运输到目的地的过程。中转旅客由于在到达目的地过程中要经过多个运输地,其运送流程与直达旅客有不同之处。航空运输中转旅客流程如图7-4所示。

3)中转行李流程

由于一架到港的飞机上载有中转到多个航班上的旅客,同时又将载着来自多个航班的中转旅客出港。行李必须随着旅客一起飞行,人与行李不能分离。因此一个航班到达后,必须根据中转的下一个航班对行李进行有效分拣。对于到达的航班,将行李按照到达和中转分别进行分拣,再将中转行李运送到将要出发的航班上;对于将要出发的航班,应当结集来自各到达航班的行李。这个流程需要仔细设计,以防止行李的错送、漏送和破损。

如果未采用行李自动分拣系统,中转行李的流程如图7-5所示。

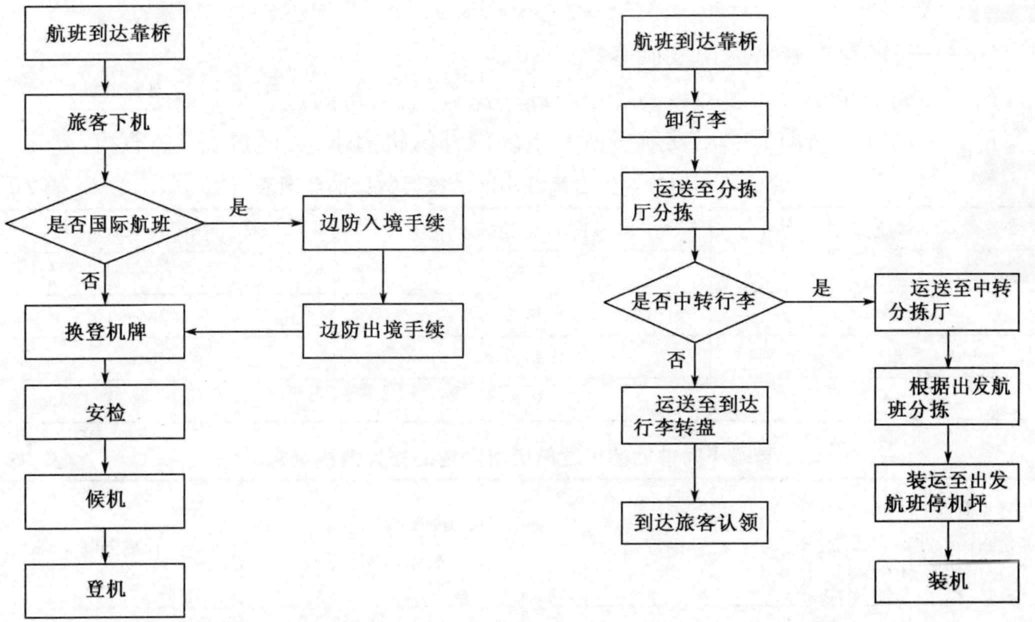

图7-4 中转旅客流程图

图7-5 中转行李流程图

如果采用了行李自动分拣系统,行李卸机后用行李拖车运送至行李分拣厅,卸放在行李分拣系统的传送带上,自动分拣系统通过采集和分析行李上的RFID芯片/条纹码的信息,进行自动分拣,并将到达行李送至到达行李转盘上,中转行李分送至各出发航班行李拖车上。自动分拣系统能自动分析各出发航班行李是否已结集齐了,若已完成结集,拖车将中转行李拖运至出发航班停机坪,然后装机。

7.3.2 旅客运输组织设计

1)旅客组织设计

为统一处理旅客流程,可以将旅客流程划分为:服务部分、等待部分和连接部分三种类型。其中服务部分是为旅客办理登机手续的场所,如值机柜台、安检通道等;等待部分是旅客排队和等待休息的场所,如值机大厅、安检前的安检排队场所、候机厅和行李认领厅等;连接部分是连接服务部分供旅客行走的通道。旅客流程中各环节都设计有服务部分和等待部分,各环节之间都有连接部分。旅客流程的组织可以针对这三种实施分别进行。

(1)服务部分组织设计

①值机组织设计。

值机组织设计包含以下内容:值机柜台数的确定;值机柜台的分配;旅客队列结构优化。

下面主要探讨值机柜台数的确定和值机柜台的分配问题。

a. 值机柜台数的确定。

确定值机柜台的数量是值机组织设计中的重要内容,这里给出两种值机柜台数量的计算方法。

方法一

第一步,计算高峰半小时内需要提供值机服务的旅客需求(X)。当航班计划时刻表和值机柜台旅客到达分布不可获得时,令:

$$X = P_{HP} \times F_1 \times F_2$$

式中:P_{HP}——高峰小时经济舱出发旅客数;

F_1——高峰半小时旅客数占高峰小时旅客总数比例,可通过表 7-1 查得;

F_2——高峰小时前后的出发航班所产生的额外值机需求,可通过表 7-2 查得。

高峰半小时旅客数占高峰小时总旅客数比例参照表 表 7-1

高峰小时航班数	国内旅客/短途国际旅客	国际长途旅客
1	39%	29%
2	36%	28%
3	33%	26%
≥4	30%	25%

高峰小时前后的出发航班所产生的额外值机需求 表 7-2

高峰小时前后一小时旅客量占高峰小时总人数比例的平均值	国内	申根(Schengen)/短途国际旅客	长途国际旅客
90%	1.37	1.43	1.62
80%	1.31	1.40	1.54
70%	1.26	1.35	1.47
60%	1.22	1.30	1.40
50%	1.18	1.25	1.33
40%	1.14	1.20	1.26

续上表

高峰小时前后一小时旅客量占高峰小时总人数比例的平均值	国内	申根(Schengen)/短途国际旅客	长途国际旅客
30%	1.11	1.15	1.19
20%	1.07	1.10	1.12
10%	1.03	1.06	1.06

第二步，根据 X 和允许最长排队时间(MQT)查图7-6，得标准曲线下 X 对应的值机柜台数的参考值(S)。

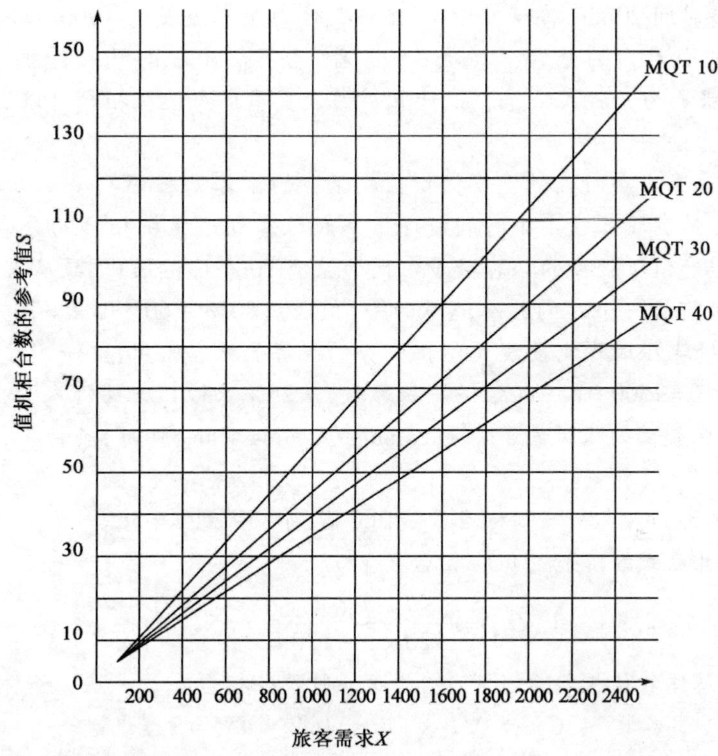

图7-6 不同最长排队时间下的 X 与 S 的标准参考曲线

第三步，计算经济舱的开放式值机柜台数量(C_{1Y})。

$$C_{1Y} = \frac{S \times T_P}{120} \tag{7-17}$$

式中：T_P——平均值机服务时间(s)。

第四步，计算值机柜台总数(包括商务舱服务柜台)(C_1)。

$$C_1 = C_{1Y} + C_{1J} \tag{7-18}$$

式中，$C_{1J} = 0.2 \times C_{1Y}$，是公务舱旅客需要的值机柜台数。考虑公务舱需要的值机柜台数不超过经济舱的20%，这里采用最大可能值进行计算。

方法二

第一步，获得高峰半小时内需要提供值机服务的经济舱旅客数(X)。

第二步，计算开放式的经济舱值机柜台数量(C_{1Y})。

$$C_{1Y}=\frac{XT_P(T_{MQ}+T_P)}{30T_{MQ}} \tag{7-19}$$

式中，T_{MQ}为最长排队时间(min)，该式中 T_P 的单位也是分钟(min)。

第三步，计算总体的值机柜台数量(C_1)。

$$C_1=C_{1Y}+C_{1J} \tag{7-20}$$

式中，$C_{1J}=0.2\times C_{1Y}$。

【例 7-3】 设高峰小时 10 个国际航班的始发旅客为 2500 名，其中包括 15% 的商务舱旅客。最长排队等待时间 20min，高峰小时之前一小时的旅客流量为 1900 名(占 P_{HP} 约 80%)，高峰小时之后的一小时内的旅客流量为 1500 名(占 P_{HP} 60%)，航班值机平均服务时间为 150s，所有的值机服务为开放式值机。试计算应该设置多少个值机柜台可以满足服务要求。

解：首先采用方法一。

第一步，计算高峰半小时内的需要提供值机服务的旅客需求(X)。

由于没有特定的关于高峰半小时的航班信息和旅客到达值机柜台的分布信息，需要确定高峰半小时需要接受值机服务的旅客数量。因为共有 10 个国际航班，故从表 7-1 可查得 $F_1=25\%$。又高峰小时前后一小时的旅客流量的平均值为 $(80\%+60\%)/2=70\%$，从表 7-2 查得 $F_2=1.47$，因此高峰半小时内需要提供值机服务的经济舱旅客需求：

$$X=2500\times85\%(\text{经济舱旅客数})\times25\%\times1.47=781(\text{人})$$

第二步，在考虑最大排队时间 T_{MQ}(Maximum Queuing Time，MQT)条件下，确定标准曲线下 X 对应的柜台数参考值(S)。

本例中 T_{MQ} 为 20min，查相应的标准曲线图 7-6，可以得到 $S=36$。

第三步，计算开放式经济舱的值机柜台数量。

$$C_{1Y}=\frac{S\times T_P}{120}=\frac{36\times150}{120}=45$$

第四步，计算总体的值机柜台数量(包括商务舱服务柜台)。

$$C_{1J}=0.2\times C_{1Y}=0.2\times45=9$$

$$C_1=C_{1Y}+C_{1J}=45+9=54$$

因此总共需要 54 个值机柜台可以满足最大排队时间为 20min 服务水平的要求。

再采用方法二。

第一步，经济舱高峰半小时旅客数 $X=781$(人)

第二步，计算经济舱旅客需要值机柜台数。根据公式(7-19)，可得

$$C_{1Y}=\frac{XT_P(T_{MQ}+T_P)}{30T_{MQ}}=\frac{781\times2.5\times(20+2.5)}{30\times20}=73$$

第三步，计算值机柜台总数。

$$C_1=1.2\times C_{1Y}=1.2\times73=88$$

可见方法二计算结果比方法一的计算结果大。从实际情况看，方法一计算结果偏小，方法二计算结果稍偏大。

b. 值机柜台的分配。

对于每天航班量比较多的航空公司，机场通常会将值机柜台租用给航空公司，这部分采用航空公司专用方式；而对航班量较少的航空公司则采用公用方式。可根据各航空公司的市场分担率进行柜台的分配。

某机场如果有 100 个值机柜台，有三家航空公司，市场分担率分别是 0.4、0.3、0.2，其他所有航空公司占有 0.1，这样原则上三家航空公司应分别分配 40、30 和 20 个值机柜台，剩余 10 个柜台为公用柜台。

从提高设备利用率的角度来优化柜台分配，应当采用公用方式。公用方式提高了柜台的共享程度，减少了设备的不平衡使用，从而提高了利用率。根据排队论的结论知，设施的共享程度越高，它的利用率就越高。因此在有条件时，值机柜台应当尽量采取公用方式。

②安检组织设计。

安检组织设计包括以下两个内容：安检通道数确定；安检通道结构设计。

下面主要讨论安检通道数的确定。安检通道数量的计算步骤如下：

第一步，计算值机手续结束后的高峰 10min 内的旅客流量（S_M）。

$$S_M = C_{1Y} \times (1 + J\%) \times \frac{600}{T_P}$$

式中：C_{1Y}——经济舱值机柜台数量；

J——商务舱旅客的比例；

T_P——值机服务时间（s）。

第二步，计算安检通道数量（S_C）。

$$S_C = S_M \times \frac{T_{PS}}{600} = C_{1Y} \times (1 + J\%) \times T_{PS} \tag{7-21}$$

式中：T_{PS}——平均安检时间（s）。

第三步，计算最大队列长度。

$$M_{QI} = M_{QT} \times S_C \times \frac{60}{T_{PS}} \tag{7-22}$$

式中：M_{QT}——标准规定最大排队时间（min）。

（2）等待部分组织设计

由前述定义，等待部分包括候机厅、行李认领大厅、到达大厅。等待部分组织设计主要内容包括候机厅、行李认领厅、到达大厅的容量设计。

①候机厅的容量设计。

候机厅的容量主要是指可供有座位旅客人数和无座位旅客人数的面积之和，与航班的客座率有较大关系。候机厅的面积计算公式可以表述如下：

GHS（m^2）= 80% 飞机容量 × 有座位旅客比例（%）× 1.7 + 80% 飞机容量 × 无座位旅客比例（%）× 1.2

②行李认领大厅的容量设计。

行李提取处占用面积计算公式如下：

$$B_A = \begin{matrix}\text{高峰小时进}\\\text{港旅客人数}\end{matrix} \times \begin{matrix}\text{每位旅客平均}\\\text{逗留时间(min)}\end{matrix} \times \frac{\begin{matrix}\text{每位旅客所需要面积}\\\text{(C 级标准为 }1.2\text{m}^2\text{)}\end{matrix}}{60} \tag{7-23}$$

③到达大厅的容量设计。

到达大厅的面积计算公式为：

$$A_A = S_{PP} \times \left(A_{OP} \times \frac{P_{HP}}{60}\right) + S_{PP} \times \left(A_{OV} \times P_{HP} \times \frac{V_{PP}}{60}\right) \quad (7\text{-}24)$$

式中：S_{PP}——每位旅客所需要面积（按C级服务标准或 2.0m^2）；

A_{OP}——每位到港旅客的到达厅内的逗留时间（min）或设为5min；

P_{HP}——高峰小时到港旅客数；

A_{OV}——每位迎客者在候机厅内的逗留时间（min）或设为30min；

V_{PP}——每位旅客的迎客者人数。

【例7-4】 设高峰小时到港旅客数为2400人，且每位旅客有0.7位迎客者。试计算 A_A。

解：根据公式（7-24），得到 $A_A = 2 \times (5 \times 2400/60) + 2 \times (30 \times 2400 \times 0.7/60) = 2080(\text{m}^2)$。

（3）连接部分组织设计

连接部分即连接两个服务部分的过道，主要是该部分的容量设计问题。其容量 C_L 取决于宽度 B。

$$C_L = B \times V_P$$

式中：V_P——旅客行走的平均速度，通常成年人的步速约1m/s。

连接部分的宽度由高峰小时旅客流量 X 计算。

$$B = \frac{1.2X}{3600v_P}B_P \quad (7\text{-}25)$$

式中：B_P——旅客平均肩宽（m）加上提行李所需宽度，成年人肩宽一般为0.45～0.55m，提行李宽度一般为0.7m。

【例7-5】 高峰小时某过道（连接部分）的流量为3600人/h，旅客平均行走速度是0.7m/s，平均肩宽为0.52m，行李平均宽度为0.7m，试计算该过道宽度。

解：根据公式（7-25），计算得该过道的宽度为：

$$B = \frac{1.2 \times 3600 \times 1.22}{3600 \times 0.7} = 2.1(\text{m})$$

该过道宽度应为2.1m。

（4）中转旅客组织设计

中转旅客组织设计与旅客最短衔接时间（航空公司进行航班波设计时应保证出发波的第一个航班与到达波的最后一个航班之间的间隔不小于最短衔接时间）、旅客中转的效率等都有密切关系。中转旅客组织设计的基本要求是：中转手续尽可能简捷；旅客中转行走距离尽可能短。为实现这些要求，中转旅客流程组织应遵守以下原则：

①中转流程与到达流程、出发流程分开。例如设置专门的中转航站楼或专门的中转楼层，旅客可以在同一层楼中办完中转手续，并且与其他流程不相互干扰。

②中转流程都设在隔离区内，减少流程长度。

③国际中转旅客免除过境签证，不用重新经过边防检查。

④中转值机柜台设在旅客最为方便的候机厅两侧，以方便旅客办理中转手续。

⑤如果旅客在起点站即已办好中转登机手续，应设有地面引导人员引导旅客登机。

⑥中转标志设置应当醒目清晰，避免旅客因信息不清而耽误乘机。

2）行李组织设计

（1）旅客等待时间和密度的关系

国内航班旅客由于下机后直接前往行李认领大厅，因此往往先于行李到达认领大厅，在行李到达前，旅客已在转盘旁等待行李。设 $A(t)$ 是旅客到达累计比例分布，$B(t)$ 是出现在行李转盘上的行李占行李总量的累计比例分布，$C(t)$ 是旅客到达并且发现自己行李的累计比例分布。假设旅客到达和行李到达是相互独立的事件，并且属于同一位旅客的多件行李同时到达，则有：

$$C(t) = A(t) \times B(t) \tag{7-26}$$

注：由于国内航班旅客大多数交运一件行李，国际旅客可能交运 1～3 件行李，但一件行李的旅客也超过一半，因此尽管对于交运多件行李的旅客不能保证同时看到所有的行李，式（7-26）可看作近似情况。

一般情况下，旅客看到行李不一定正好在自己跟前，需要一定时间行李才能转到身边，也就是旅客从看到行李到取到行李有一个时间差。这个时间差可近似等于：

$$t_0 = \frac{L}{2v} \tag{7-27}$$

式中：L——面向旅客的转盘长度；

v——转盘运转速度。

图 7-7 中的曲线 $C'(t)$ 表示拿到行李并且已经离开的旅客所占的比例，可以用公式（7-28）计算得到：

$$C'(t) = C(t - t_0) \tag{7-28}$$

也即

$$C'(t) = C\left(t - \frac{L}{2v}\right) \tag{7-29}$$

式（7-29）适用于不拥挤的情况。如果发生旅客拥挤，则即使行李已转至旅客跟前，也由于旅客不能靠近行李转盘而不能取走行李，此时 $C'(t)$ 只是旅客看到行李转到自己跟前的累计分布，而不是旅客离开的累计分布，如图 7-7 所示，旅客从行李到自己跟前到挤到转盘旁并领到行李又需要花费一段时间。

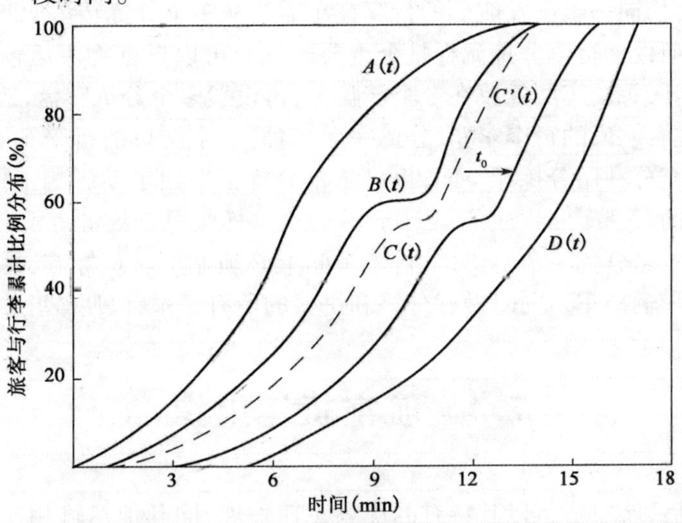

图 7-7 行李转盘周围旅客与行李累计分布

如果一个转盘只服务一个航班的行李，那么在行李大厅等待行李的旅客累计比例为 $A(t)-D(t)$，在没有拥挤现象时等于 $A(t)-C'(t)$。将这一个累计比例统一表示成 $A(t)-D(t)$，当不拥挤时，$D(t)=C'(t)$。该航班共有旅客 P 人，则在转盘旁有旅客：

$$P_q(t)=[A(t)-D(t)]P$$

因此转盘旁旅客密度为：

$$\delta(t)=\frac{P_q(t)}{L}=\frac{[A(t)-D(t)]P}{L} \tag{7-30}$$

上述公式中的累积分布曲线 $A(t)$、$B(t)$、$D(t)$ 等可以通过现场调查获得有关数据，然后通过统计处理获得，也可以通过计算机仿真结果获得。

旅客在行李大厅的等待时间 t(min) 和转盘旁的旅客密度存在如下一般关系：

$$t=\begin{cases}0.54+3.9(\delta-0.4) & (\delta>0.4)\\ 0.54 & (0\leqslant\delta\leqslant 0.4)\end{cases} \tag{7-31}$$

也就是说，当旅客密度在一定范围内，旅客等待行李的时间基本不变，但超过某一临界值后将随密度呈线性增加。

(2) 中转行李组织设计

由 7.3.1 节 3) 中内容可知，如果采用了行李自动分拣系统，中转行李的分拣流程是自动完成的。但在非自动分拣系统中，行李分拣主要靠人工完成。为防止出错和有秩序地开展中转行李分拣工作，在行李分拣厅应当设置中转行李分拣区，目的是设置分拣转盘专门用于分拣中转行李。航班到达后，从飞机腹舱卸行李时，装卸工根据行李上的标签识别是否中转行李，将到达行李独装一节车厢，与中转行李分开。行李装运至行李分拣厅后，到达行李运送至到达行李转盘，中转行李运送至中转行李分拣区的指定分拣转盘上进行分拣，由人工分拣后运送至出发航班停机坪装机。

因为中转航班量较大，出发航班的行李来自许多其他航班（包括始发旅客的行李），如果只有一个分拣转盘，一是容量可能不足，二是转盘周围不能同时容纳几个航班的行李拖车；如果使用几个分拣转盘，同一个出发航班的行李拖车需要从多个分拣转盘上取来行李，这将影响分拣效率。应该如何设计行李分拣流程是个重要问题。可以根据物流运输装配原理，将一辆行李拖车的车厢分开，每个车厢停放在一个转盘旁，再设置多个分拣转盘，例如 4 个，每个转盘周围可停放 20 个左右航班的行李车厢，分拣完后，将同一个航班的行李车厢连接起来拖送至停机坪。这样可以充分利用分拣厅空间，也可防止分拣工来回走动影响工作效率。但必须防止将两个不同航班的行李车厢拼成了一个行李拖车，这样张冠李戴将铸成大错。为此，一个航班的行李车只能由一名分拣工负责拼接，行李车厢上必须贴上航班标签，拼接时认真核对，准确无误时才拼接成一辆拖车。同时做好分拣和拼接的所有记录，以便查验。

7.4 航空货运组织

自飞机诞生以后，航空货运以其特有的优势飞速发展，同其他运输相比具有速度快、破损率低、安全性好、空间跨度大等优势，可以满足一些客户的特殊要求。采用航空货运形式的货物,要经过机场货站、运输等过程,其组织方式具有一定的特殊性。

7.4.1 机场货站功能与作业流程

1)机场货站系统与设备

机场货站是航空货物的重要集散地,是国家海关监控货物进出口的重要站点。机场货站为航空公司、货代公司和货主提供了进港、出港、转运货物和邮件的理货、分拣等实物操作服务,具有货物集散、运输调度与管理等功能,同时也提供货物运输类文件、报关文件、货物跟踪查询等信息服务,其工作效率直接影响货物进出的速度和质量。

硬件设备是影响货站操作效率的重要因素,目前国内外机场货站通常采用自动化立体仓库技术。自动化立体仓库技术是由一套完全由计算机控制的高度精密的货物操作系统,通过集装货物处理系统、散货处理系统、控制系统和其他辅助设备来组板或者分解货物。

(1)集装货物处理系统

集装货物处理系统完成集装货物的分解、组合、装运等作业。根据航空货物的运输特点可将集装货物处理系统分为进出港货物分解组合子系统、国际邮件处理子系统、国际出港组合系统、国际进港分解系统。集装货物处理系统的机械设备包括同一轨道运行的自动垂直升降转运车(Elevating Transfer Vehicle,简称 ETV)有轨堆垛起重机、存储货架、水平转运车(Transfer Vehicle,简称 TV)转运台、动力辊台、无动力轨道台、旋转直角转向台、轮式工作站、进出输送辊道。

(2)散货处理系统

散货处理系统完成散货的自动化存储和控制作业。散货处理系统的机械设备包括散货立体货架、有轨堆垛起重机、有轨堆垛起重机地面控制台、有轨堆垛起重机手动控制台。散货处理的控制方式分为计算机在线自动控制方式、单机自动控制和手动三种。

(3)控制系统

集装货物系统的控制分为堆垛机上的程序控制和货库各出口处的操作程序控制,各程序控制与计算机服务器通过网络联接在一起。集装货物系统的监控调度由计算机负责,并通过通信接口与各设备控制系统中的程序控制进行通信。在每个货物进出口处设有终端操作台,用于输入进出货箱/货板的数据和操作指令。这些数据由主机汇集处理,并与集装货系统的监控计算机交换数据。

2)机场货站作业流程

航空货物运输的业务流程是为了满足货物运输消费者的需求而进行的从托运人发货到收件人收货的物流、信息流的实现和控制管理的过程。航空货物运输业务流程包括货站进港和出港两大部分。货站进港业务流程分为国内货物进港和国际货物进港两种业务流程。在航空货物运输发展的不同阶段,货运流程呈现不同的特征,在中国目前的航空货运实践中,各地区航空货物发展水平差别较大,流程也不尽相同。机场货站主要承担货物组合、分解等作业。一般情况下,机场货站将国内货物和国际货物的区域分开处理,再将出港和进港货物分开处理,以避免混乱。出港货物经过理货后有一部分转入集装货组合区处理,另一部分货物则直接进入待装区。集装货到达后,一部分在分解后直接由客户取走,另外一部分分驳到货运代理库区。图 7-8 和图 7-9 分别为机场货站出港和进港货物处理流程图。

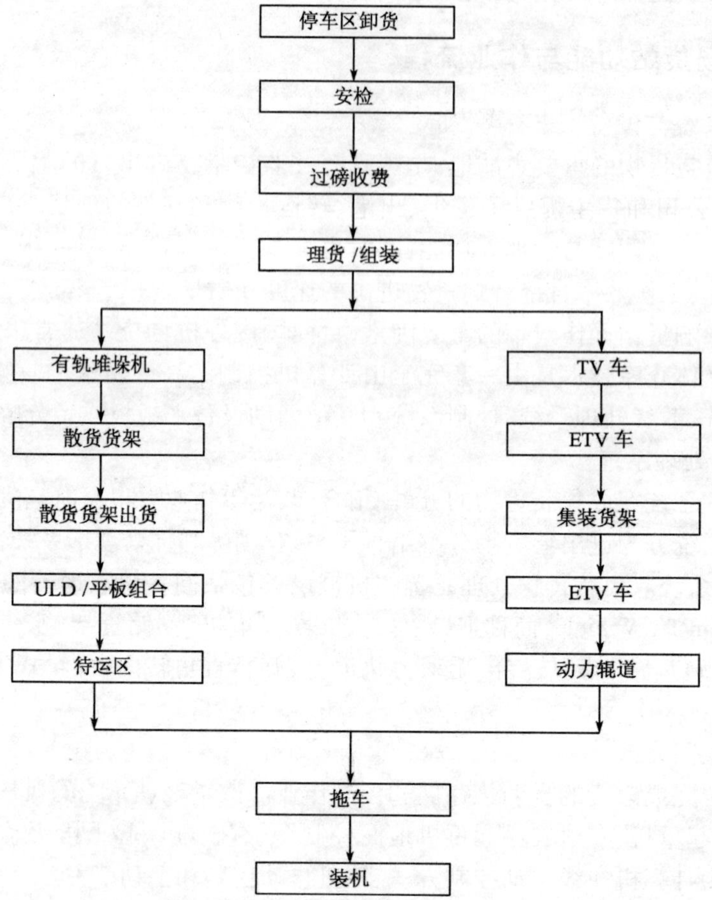

图7-8　货站出港货物流程图

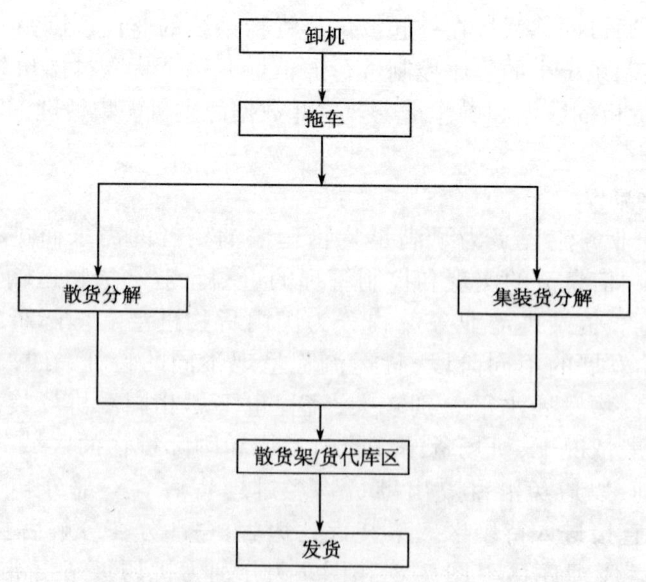

图7-9　货站进港货物流程图

其中,集装货的组合和分解由人工完成,集装器(United Load Device,ULD)(包括集装箱和集装板)进库由TV车接驳,由操作员控制货架内堆垛机以自动寻址完成存货或者取货作业。集装货处理流程如图7-10所示。散货系统的装箱工作由人工完成,采用中央控制系统控制散货架内高架堆垛机的取/存货和寻址及监控货位管理。散货处理流程如图7-11所示。

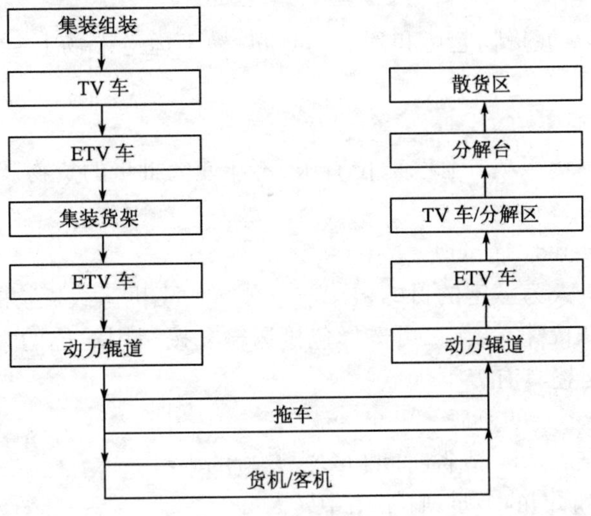

图7-10 货站集装货处理流程图

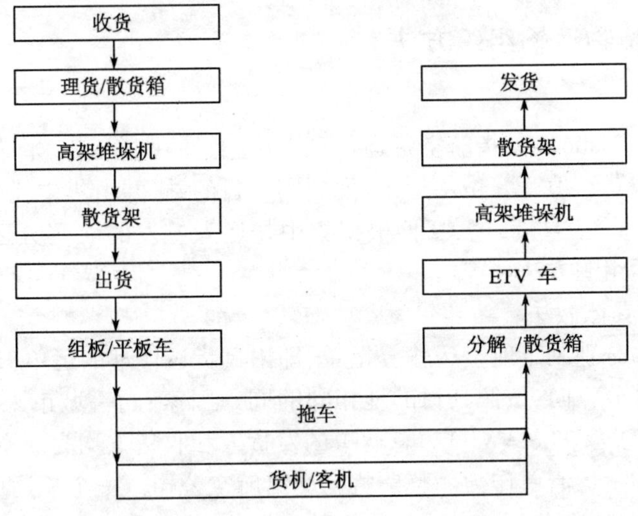

图7-11 货站散货处理流程图

7.4.2 航空货物运输的生产组织方式

1)班机运输(Scheduled Airline)

按业务对象不同,班机运输分为客运航班和货运航班。客运航班一般使用客货混合型飞机,同时搭载旅客和货物,但受飞机最大业载量的限制,只运送少量货物。货运航班只承揽货物运输,使用全货机,载货量相对较大。

班机运输特点包括以下几点:

(1)迅速准确

班机由于固定航线、固定停靠港和定期开航,因此国际航空货物大多使用班机运输方式,能安全迅速地到达目的地。

(2)方便货主

收、发货人可确切掌握货物起运和到达的时间,易于运送市场上急需的商品、鲜活易腐货物以及贵重商品。

(3)舱位有限

班机运输一般是客货混载,因此,舱位有限,不能使大批量的货物及时出运,往往需要分期分批运输。

2)包机运输(Chartered Carrier)

包机运输是指包机人为一定的目的包用航空公司的飞机运载货物的形式。当班机运输无法满足需要或发货人有特殊需要时,可选择包机运输。按租用舱位的大小可分为整机包机和部分包机两类。包机运输具有以下优点:

(1)解决班机舱位不足的矛盾。

(2)货物全部由包机运出,节省时间和多次发货的手续。

(3)弥补没有直达航班的不足,且不用中转。

(4)减少货损、货差或丢失的现象。

(5)易于解决海鲜、活动物的运输。

7.4.3 航空货物运输组织方法

1)集中托运

集中托运(Consolidation)是指航空货运代理人(也称集中托运人)将若干批单独发往同一方向的货物,组成一整批,填写一份主运单,发到同一目的站,并由集中托运人在目的站的指定代理人(也称分拨代理人)收货、报关,再根据集中托运人签发的航空分运单将货物分拨给各实际收货的航空货运组织方法。

(1)集中托运的具体做法

①将每一票货物分别制定航空运输分运单,即出具货运代理的运单(HAWB)。

②将所有货物区分方向,按照其目的地相同的同一国家、同一城市来集中,向航空公司托运,与航空公司签订总运单(MAWB)。总运单的发货人和收货人均为航空货运代理公司。

③把该总运单和货运清单作为一整票货物交给航空公司。一个总运单可视货物具体情况随附分运单(也可以是一个分运单,也可以是多个分运单)。如一个总运单内有5个分运单,说明此总运单内有5票货,发给5个不同的收货人。

④货物到达目的地站机场后,当地的货运代理公司作为总运单的收货人负责接货、分拨,按不同的分运单制定各自的报关单据并代为报关,为实际收货人办理有关接货交货事宜。

⑤实际收货人在分运单上签收以后,目的站货运代理公司以此向发货的货运代理公司反馈到货信息。

(2)集中托运的限制

①集中托运只适合办理普通货物,对于等级运价的货物,如贵重物品、危险品以及文物等

不能办理集中托运。

②目的地相同或临近的可以办理,如某一国家或地区,其他则不宜办理,例如不能把去美国的货发到欧洲。

(3)集中托运的特点

①节省运费。航空货运公司的集中托运运价一般都低于航空协会的平均运价,发货人可得到低于航空公司运价,从而节省费用。

②提供方便。将货物集中托运,可使货物到达航空公司目的地点以外的地方,延伸了航空公司的服务,方便了货主。

③提早结汇。发货人将货物交于航空货运代理后,即可取得货物分运单,可持分运单到银行尽早办理结汇。

2)航空快递

航空快递(Air Express)又称快件、快运或速递,是指具有独立法人资格的企业将进出境的货物从发货人所在地通过自身的网络运达收货人的一种快速运输方式,它是目前国际航空货运中最快捷的运输方式。

(1)航空快递的特点

①航空快递业务以商务文件、资料、小件样品和小件货物为主。

②中间环节少,速度快于普通的航空货运。

③航空快递中使用一种比普通空运分运单应用更为广泛的交付凭证——POD。

④办理快递业务的大都是国际性的跨国公司,如 DHL、UPS、EMS 等。

(2)航空快递业务的主要形式

①场到场的快递服务。采取这种方式的一般是海关当局有特殊规定的货物。

②门到门(也称桌到桌)的快递服务。

③快递公司派人随机送货。这种形式由专门经营该项业务的航空货运公司与航空公司合作,派专人用最快的速度,在货主、机场、用户之间传送急件的运输服务业务。

7.4.4 货物进出港生产组织与管理

从航空公司角度出发,航空货物运输在运作流程上基本的处理程序为:出发货,收货→仓储→吨位控制→出港;到达货,进港→仓储→发货(交付)。按照运送目的地分类,航空货物运输分为国内货物运输和国际货物运输。

(1)国内货物运输

国内货物运输的流程相对来说比较简单,主要包括货物收运→货物运送→货物到达与交付。

(2)国际货物运输

国际航空货物运输进出港生产组织与管理工作主要包含两大环节:国际航空货物运输的出口和国际航空货物运输的进口的组织与管理。

国际货物运输的进港环节主要包括航空货物进口运输代理业务程序和航空公司的进港货物的操作程序。其流程图如图 7-12 所示。国际货邮航空进口运输的业务主要环节有以下几个。

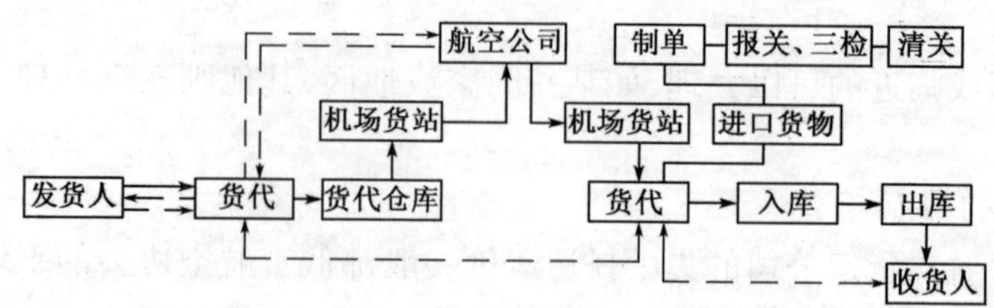

图 7-12 国际货邮进港业务流程图

①代理预报。

在国外发货前，由国外代理公司将运单、航班、件数、重量、品名、实际收货人及其他地址、联系电话等内容发给目的地代理公司。

②交接单、货。

由航空公司承运发货人的货物，到航空货物入境时，与货物相关的单据也随机到达，运输工具及货物处于海关监管之下。货物卸下后，存入航空公司或机场的监管仓库，进行进口货物舱单录入，将舱单上总运单号、收货人、始发站、目的站、件数、重量、货物品名、航班号等信息通过电脑传输给海关留存，供报关用。同时根据运单上的收货人地址寄发取单、提货通知。

③理货与仓储。

机场货站对进港货物进行理货，并提供基本的仓储与保管服务功能。理货可按大货、小货、重货、轻货、单票货、混载货、危险品、贵重品、冷冻品、冷藏品等标准进行操作。当进港货物进入货代公司仓库，货代公司也需要对货物进行理货与仓储操作。

④理单与到货通知。

货运代理公司整理运单，给收货人发出到货通知。

⑤制单、报关。

制单、报关、地面运输有多种形式：货代公司代办制单、报关和运输；货主自行办理制单、报关和地面运输；货代公司代办制单、报关，货主自办地面运输；货主自行办理制单、报关后，委托货代公司进行地面运输；货主自办制单，委托货代公司报关和办理运输。

⑥收费、发货。

发货：办完报关、报检等手续后，货主须凭盖有海关放行章、动植物报验章、卫生检疫报验章的进口提货单到货代所属监管仓库付费提货。

⑦送货与转运。

货代公司可以提供送货上门与转运服务。

【知识应用与拓展】

旅客排队系统组织分析

在旅客运输中，由各种排队系统通过串联和并联方式连接成的网络，叫做排队网络。如图 7-13所示。

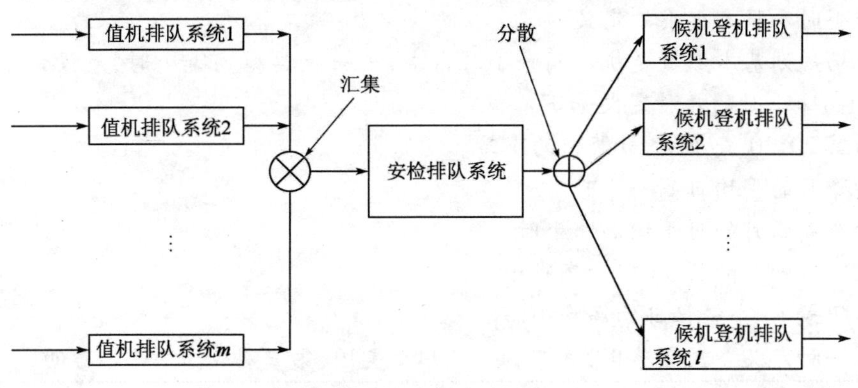

图7-13 旅客排队网络

旅客流程作为一种排队网络，是一种开环网络，叫做Jackson网络。若排队系统是M/M/c系统，并且利用率小于1，则它的输出率等于输入率。如果各种性质的排队系统相互独立，则它们构成的并行排队系统的输出率等于各排队系统的输出率之和。

值机区的各值机排队系统是并行的排队系统。如果不实行航班和航空公司之间的公用设备模式，则可认为一个航班的值机是一个排队系统，这样的排队系统旅客输入过程是非稳态的Poisson过程。如果值机采用公用设备模式，那么如果实现完全的公用模式，则值机区是一个排队系统；如果公用模式只在局部实行，则该局部的所有值机柜台构成一个排队系统。

安检排队系统尽管有许多通道，但采用完全的公用形式，因此可认为是一个排队系统。国际和国内航班安检一般是分离的排队系统。值机排队系统和安检排队系统是串联的，值机系统的输出是安检系统的输出。

因为机场目前常采用公用候机厅方式，旅客也可能去商店购物，候机登机排队系统比较复杂。

1.旅客累计分布曲线分析

对于旅客流程的任一排队系统，非常简单又有用的分析工具是累计分布曲线。它是排队系统的累计到达/离开顾客数随时间的变化曲线，横轴是时间，纵轴是顾客已到达/离开累计数（或占总数的比例）。例如，对于值机排队系统，该累计曲线的横轴是航班起飞前的时间，通常是逆向的，纵轴是已到达旅客数占该航班旅客总数的比例。图7-14是不同时间出发的国内航班值机旅客累计到达分布曲线。

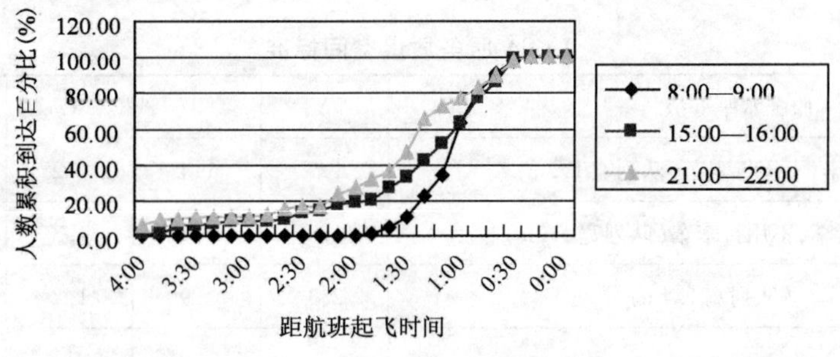

图7-14 国内航班值机旅客累计到达分布曲线

2. 高峰小时和服务标准的定义

用于机场规划基本参数是机场高峰小时需求,又叫做典型高峰小时,或设计小时、高峰小时(DPH)。高峰小时的几种定义如下:

年度的第20、30或40个最繁忙的小时。

年度高峰月的平均日高峰小时。

年度两个高峰月的日平均高峰小时。

年度每百繁忙日的第95天的高峰小时。

年度第7或15个繁忙日的高峰小时。

其中第一种定义多用于英国,第二种定义用于美国,第三种是ICAO推荐的。

高峰小时不是一年中最繁忙的小时,但超过高峰小时(超负荷)的运转次数只有很少几天。

根据统计数据分析发现,每年需求随月份的变化具有相似性,每天各小时需求的变化也具有相似性。因此高峰小时的需求可以用年度预测需求近似计算,转换系数可取0.03%~0.05%之间的某个值,平均值大约为0.033%。机场的年吞吐量越大,峰值显得越平坦,因此转换系数越小。反之,机场的年吞吐量越小,峰值越显著,转换系数取较大值。

到目前为止,国际上对机场的规划设计还没有统一的标准。但已有一些推荐标准,比较常用的有IATA标准。表7-3是服务质量标准的定义,表7-4、表7-5分别是服务质量空间和时间标准。

IATA服务质量等级定义 表7-3

服务水平	标准描述		
	质量和舒适度	人流状态	延误
A	极好	自由无限制	无
B	很好	稳定的	非常少
C	好	稳定的	可接受
D	一般	不稳定的	尚可接受
E	较差	不稳定的	不可接受
F	不可接受	间断流	服务中断

IATA服务质量空间标准 表7-4

服务水平等级	A	B	C	D	E
1. 极少旅客托运行李,不用行李车(队列宽1.2m)	1.7	1.4	1.2	1.1	0.9
2. 每旅客1~2件行李,不用行李车(队列宽1.2m)	1.8	1.5	1.3	1.2	1.1
3. 多数旅客使用行李车(队列宽1.4m)	2.3	1.9	1.7	1.6	1.5
4. 每旅客带有2件及以上的重行李,绝大多数旅客使用行李车(队列宽1.4m)	2.6	2.3	2.0	1.9	1.8

IATA 航站楼处理器时间标准(单位:min)　　表 7-5

服务水平	最短—可接受	可接受—最长
经济舱值机	0 ~ 12	12 ~ 30
公务舱值机	0 ~ 3	3 ~ 5
到达护照查验	0 ~ 7	7 ~ 15
出发护照查验	0 ~ 5	5 ~ 10
行李认领	0 ~ 12	12 ~ 18
安检	0 ~ 3	3 ~ 7

3. 动态排队系统分析

图 7-15 表示了顾客到达率不变,服务率变化情况下队列长度的变化。

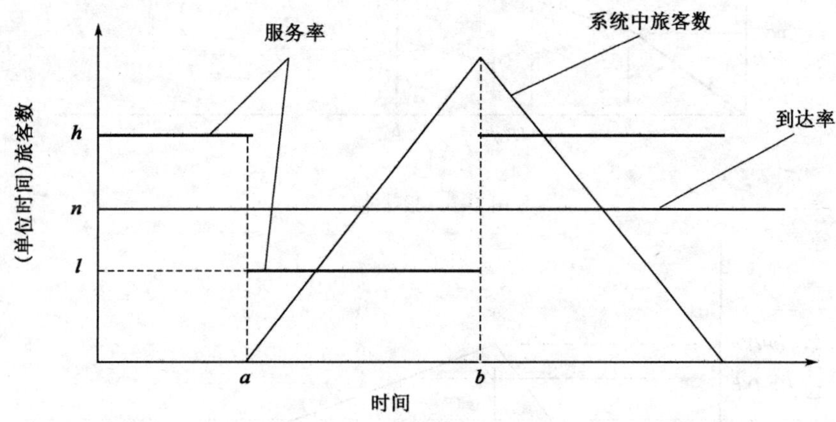

图 7-15　服务率变化引起排队长度的变化

从图 7-15 可以看出,在时刻 a 之前,服务率 h 大于到达率 n,因此队列长度等于 0,在时间区间$[a,b]$上,服务率降为 $l<n$,队列长度以速率 $n-l$ 逐渐增加;直到时刻 b,到达最长队列 $(n-l)(b-a)=(n-l)T$,之后服务率又恢复到高水平 h,队列长度以速率 $h-n$ 逐渐缩短,直到 $b+(n-l)T/(h-n)$ 队列才消失。队列存在了 $T_a=[(n-l)/(h-n)+1]T=[(h-l)/(h-n)]T$ 的时间。所有旅客总延误为图 7-15 中三角形的面积,等于

$$T_d = \frac{1}{2}(n-l)T\frac{h-l}{h-n}T = \frac{(n-l)(h-l)}{2(h-n)}T^2$$

被延误总旅客数为:

$$N_q = nT_q = \frac{h-l}{h-n}nT$$

平均每旅客延误

$$\overline{T}_d = \frac{T_d}{N_q} = \frac{n-l}{2n}T$$

该式表明平均每旅客延误时间和高水平服务率无关,与服务水平降低的时间长度成正比。

我们再来看这种情况下的旅客到达累计曲线和旅客离开累计曲线,如图 7-16 所示。由于旅客到达率为常数,因此旅客到达累计曲线是直线,斜率为 n。由于服务率是分段常数,因此旅客离开累计曲线是分段直线。旅客到达累计曲线和离开累计曲线分离的部分表示了队列的存在,其中两曲线纵坐标之差为队列长度,横坐标之差为某旅客的逗留(延误)时间。可以计

算出 $t=a+lT/n$ 到来的第 $na+lT$ 位旅客的延误时间最长，延误时间为 $T(n-l)/n$。其他旅客的延误时间可以同理算出，其分布如图 7-17 所示。

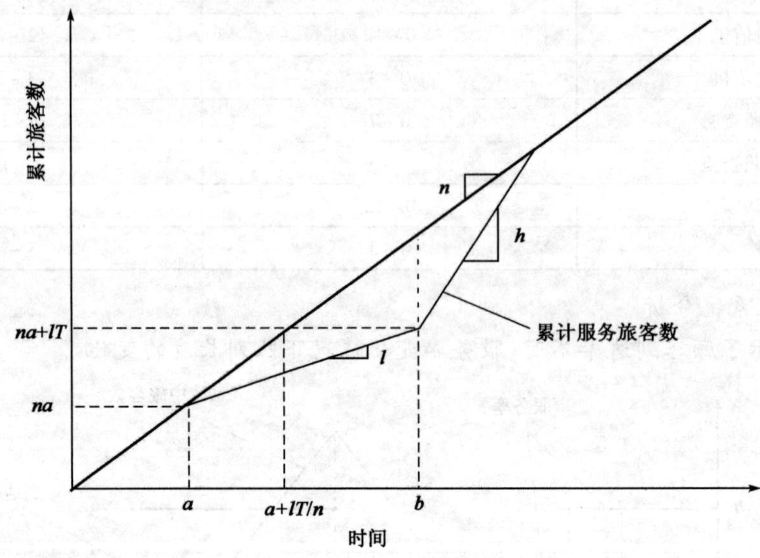

图 7-16 累计曲线

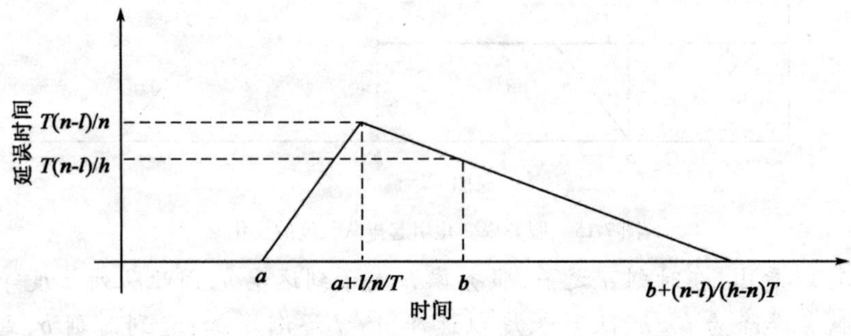

图 7-17 旅客延误分布

一般情况下，不仅服务率可能变化，而且顾客到达率也会发生变化。一般情况下的旅客到达累计曲线、旅客离开累计曲线可能如图 7-18 所示。

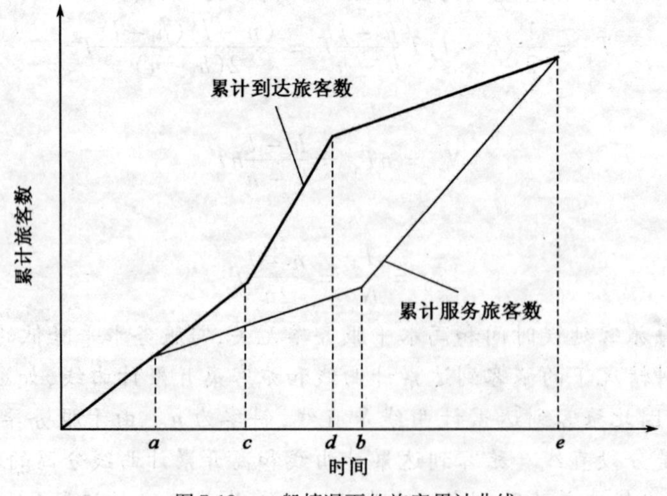

图 7-18 一般情况下的旅客累计曲线

把累计曲线进行分段线性近似，可以计算出各分段时间区间端点的顾客排队长度和相应的排队时间。并由此计算总延误人数和平均延误时间。

【思考与练习】

1. 简述值机柜台的分配方式及其特点。

2. 简述国内航空货物运输的流程。

3. 已知飞机容量为530，70%旅客有座位，30%旅客站立，试计算某一停机位对应候机厅面积。

4. 设高峰小时10个国际航班的始发旅客为2500名，其中包括15%的商务舱旅客。最长排队等待时间20min，高峰小时之前一小时的旅客流量为1900名（占P_{HP}约80%），高峰小时之后的一小时内的旅客流量为1500名（占P_{HP}约60%），航班值机平均服务时间为150s，所有的值机服务为开放式值机。又已知安检平均服务时间为12s。试计算此时的安检柜台数量和最大排队等待时间为3min时的最大队列长度。

5. 设某机场高峰小时进港旅客为3000人，平均每位旅客在行李提取处逗留20min，试求B_A。

第8章

水路运输组织

【导读】

水路运输总体上可以分为旅客运输和货物运输。但是，近年来由于航空运输、高速公路和高速铁路的迅猛发展，水路旅客运输在运输速度、运输时间、运输通达性等方面的劣势凸显，导致全球水路旅客运输量快速下降，在各种运输方式中的占比逐年减少。当前，除了部分地区豪华游轮旅客运输和农村客(渡)船旅客运输外，长距离的、主要以实现旅客空间位移为目的的水路旅客运输量越来越少。据统计，2014 年我国水路客运量 2.63 亿人，只占全社会客运量的 1.19%；旅客周转量 74.34 亿人公里，只占全社会旅客运输周转量的 0.25%，平均运距也只有 28.27km。由此可见，水路旅客运输在人们传统出行选择中的重要性是越来越低。因此，本章主要介绍水路货物运输组织，包括班轮运输组织和租船运输组织等。

目前，世界上经营集装箱班轮运输的船公司有上千家，但其中绝大多数是经营特定航线或区域支线运输的中小型航运公司，从事全球性洲际班轮航线的船公司有将近 50 家。其中，运力规模排名第一的是丹麦马士基航运，第二的是瑞士地中海航运，第三的是法国达飞航运。中国内地的航运企业，中远集团和中海集团分别排在第 6、7 位。

(1)丹麦马士基航运

马士基集团成立于 1904 年，总部设在丹麦哥本哈根，在全球 100 多个国家设有数百间办事机构，雇员逾六万多名，服务遍及世界各地。除航运业外，集团多元化的业务范围还涉及物流、石油及天然气生产、造船、航空、工业生产、超级市场零售和IT等范围。其中，马士基海陆公司，作为集团集装箱海运分支，是全球最大的集装箱承运人，服务网络遍及六大洲。

(2)瑞士地中海航运

地中海航运有限公司成立于1970年，开业初期，地中海航运只有几艘普通货船，时至今日，其已拥有497艘集装箱船，在世界十大集装箱航运公司中排名第二，业务网络遍布世界各地。

(3)法国达飞海航运

达飞海运集团(CMA-CGM)是法国第一、世界第三的集装箱全球承运公司。达飞海运集团始建于1978年，公司总部设在法国马赛。目前，达飞集团在全球运营集装箱船舶430艘，在全球150个国家和地区设立了650家分公司和办事机构，其中中国有63家分支机构办事处。在全球范围内拥有雇员17000人，其航线遍及全球400多个港口，服务网络横跨五洲四海，成为全球航运界的后起之秀。表8-1是2014年世界前20强班轮公司排名。

2014年世界前20强班轮公司排名 表8-1

排名	公司名称	英文名称	国别	总运力(万TEU)	船舶艘数(艘)
1	马士基航运	APM-Maersk	丹麦	2721146	576
2	地中海航运	MSC	瑞士	2480091	497
3	达飞航运	CMA CGM	法国	1583347	430
4	长荣海运	Evergreen	中国台湾	886577	191
5	中远集运	COSCON	中国	785129	136
6	赫伯罗特	Hapag-Lloyd	德国	764671	152
7	中海集运	CSCL	中国	641293	136
8	韩进海运	Hanjin	韩国	593739	98
9	美国总统	APL	新加坡	568272	103
10	商船三井	MOL	日本	567453	111
11	东方海外	OOCL	中国香港	505518	93
12	汉堡南美	Hamburg-Süd	德国	498826	108
13	日本邮船	NYK	日本	494458	109
14	阳明航运	Yang Ming	中国台湾	402786	88
15	现代商船	Hyundai M. M.	韩国	377319	60
16	川崎汽船	K Line	日本	359865	69
17	太平船务	PIL	新加坡	355090	161
18	以星航运	Zim	以色列	346977	85
19	阿拉伯联合航运	UASC	阿拉伯	298415	50
20	南美航运	CSAV	智利	242955	48

8.1 水路运输组织基本环节

8.1.1 揽货业务

在市场上揽取到合适的货载是开展运输、创造利润的必要条件。班轮和不定期船的航次货载由不同途径获得。班轮按公布的船期表招揽货主订舱，或通过挂靠港口的代理揽货；航次租船在租船市场上成交，即靠出租船舶来得到货载。航次租船的成交过程如图 8-1 所示。

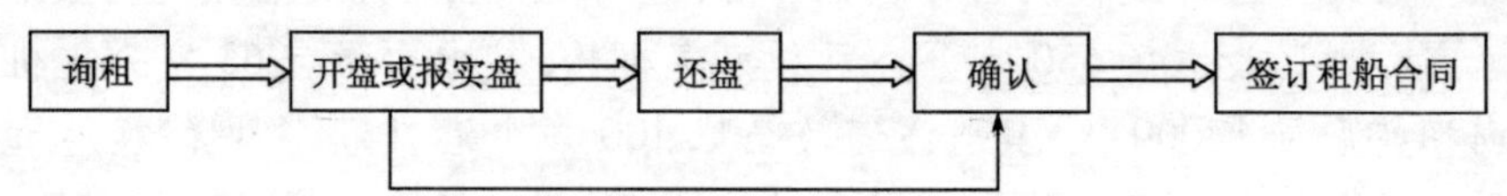

图 8-1 航次租船揽货业务成交过程图

(1)询租(Enquiry)

船东或船舶经营人会经常把自己控制的船舶寻货情况向市场公布或告之航运经纪人。当货主需要运输一批货物时，通常都通过航运经纪人去寻求与货物数量、装卸港、装卸时间、运价等条件相适应的船舶。经纪人按照货主的委托，立刻就是否有船、是否同意货方提出的条件，以及经纪人自己的意向等，向有关的船舶经营人探寻，要求对方报价。这就是通常所说的询租或询价。其主要内容为：装卸港口、货物名称、货物数量、装货日期等。

(2)开盘或报实盘(Firm Offer)

接受询租的船舶经营人认为可以同意货主提出的各项条件时，向货主提出表示同意的书面意见，其上要注明合同成立的必要条件，以及这种表示的有效时间，这叫做开盘或报实盘。接受报实盘的货主，在有效期限内，必须答复是否承诺。按商业习惯，报实盘的船舶经营人在这一有效期内，也不能就同一艘船向第三者提出同样的报实盘。报实盘的主要内容包括：船名、保证的载质量或载货容积、装卸港口、受载期、装卸条件和费用条款、租金或运价、滞期费和速遣费、佣金、拟选定的租船合同范本等。

(3)还盘(Counter Offer)

在货主不同意船舶经营人提出的开盘或报实盘中的部分条件，而做出部分变更以后，再承诺时所提出的报价叫做还盘。还盘就意味着货主对船舶经营人提出的报实盘部分或全面地拒绝，而提出新的建议。船舶经营人也可以再一次提出报实盘，作为对新建议的回答。但是，如果提出的报实盘被对方所接受，就不能再作任何变动或取消。

(4)确认(Confirm)

货主在船舶经营人明示的有效期限内，对报实盘表示承诺的意向，或在一定程度上，对报实盘做些修改后，如果得到对方的承诺，租船合同即告成立，这时即可编制记载有主要条款的订租确认书(Fixture Note)。虽然船舶经营人和货主应分别在这一订租确认书上签字，并且各自保留一份，但是现在几乎都用传真或电子邮件来替代订租确认书。

(5)签订租船合同

船舶经营人和货主之间,经过询租、开盘、还盘、报实盘、成约(编制订租确认书),取得一致意见后,即可制定正式的航次租船合同,这个合同和订租确认书一样要由船舶经营人和货主签字,并由合同双方分别保存。

争夺货源是航运竞争的主要内容。除充分利用经纪人外,大的航运企业一般都设有专职揽货人员,必须充分调动揽货人员的积极性,为自己的船队揽取到充足的货载。这要求揽货人员具有高度的责任感和工作热情;能正确处理各种关系;了解不同货种的运输流程;熟悉船舶各种性能,包括速度、载质量、容积、经济性等;掌握本企业所经营航线的港口设施和收费情况;具有良好的气质,仪表端庄,谈吐自如;具备观察、综合判断、决策、应变及说服他人的能力。同时,揽货人员也要具有关于货物性质、价格及国家政策等方面的知识。揽货人员的工作程序可用图 8-2 描述。

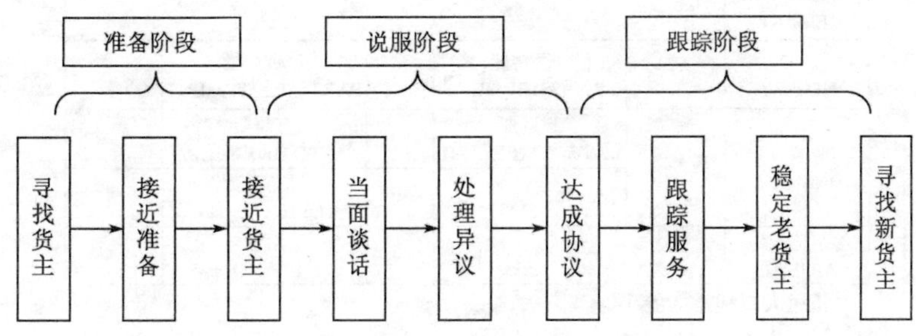

图 8-2　揽货人员的工作程序

8.1.2　货运单据流转过程

船舶在运输过程中,除了接受本公司的指挥、领导之外,还有许多业务要与其他有关单位和部门联系、处理。这些联系通常都是以各种单据或文本为媒介来进行的,尤其是在班轮运输情况下。从货物托运装船到卸船交付,整个运输过程的每一个环节,都伴随着各种货运单据:它们是货方、船方、港方等各方交接货物、划分责任范围的凭证和依据。

从托运人开始托运货物到收货人提走货物的整个运输过程中,主要货运单据的流转过程如下:

(1)填写托运单

托运人向航运公司或所在港口的船方代理人订舱(Booking Space),填写托运单(Shipping Application,S/A)。货主也可以委托货运代理人编制托运单。托运单的主要内容包括:托运人名称、收货人名称、船名、目的港、货物名称、货物件数、重量与尺码、计费币种、运价与支付方式、装船期限、承托运双方的特约事项及签字等。承运人或其代理人如同意承运,并在托运单上签字后,海上货运合同即告成立。托运单如图 8-3 所示。

(2)签发装货单

船公司接受托运单与订舱清单,经核对后,签发装货单(Shipping Order,S/O)交给托运人。装货单是航运公司指示船长将货物装船的单证。详见图 8-4。

海运出口托运单

托运人
SHIPPER
编号　　　　　　　　　　船名
NO.　　　　　　　　　　　S/S
目的港
TO

<table>
<tr><td>标记及号码
MARKS & NOS.</td><td colspan="2">件数
QUANTITY</td><td>货名
DESCRIPTION
OF GOODS</td><td colspan="4">重量千克
WEIGHT KILOS.</td></tr>
<tr><td colspan="4" rowspan="4">共计件数(大写)TOTAL NUMBER OF
PACKAGES IN WRITING</td><td colspan="2">净重
NET</td><td colspan="2">毛重
GROSS</td></tr>
<tr><td colspan="2"></td><td colspan="2"></td></tr>
<tr><td colspan="4">运费付款方式
FREIGHT PREPAID/
FREICHT TO COLLECT</td></tr>
<tr><td colspan="4"></td></tr>
<tr><td>运费
FREIGHT</td><td colspan="3"></td><td colspan="2">尺码
MEASUREMENT</td><td colspan="2"></td></tr>
<tr><td>备注
REMARK</td><td colspan="7"></td></tr>
<tr><td>通知
NOTIFY</td><td></td><td colspan="2">可否转船
TRANSSHIPMENT</td><td></td><td colspan="2">可否分批
PARTIAL SHIPMENT</td><td></td></tr>
<tr><td rowspan="2">收货人
CONSIGNEE</td><td rowspan="2"></td><td colspan="2">装运期
DATE OF SHIPMENT</td><td></td><td colspan="2">有效期
DATE OF EXPIRY</td><td></td></tr>
<tr><td colspan="2">金额
SUM</td><td></td><td colspan="2">提单份数
COPIES OF B/L</td><td></td></tr>
<tr><td>配货要求
APPEAL</td><td colspan="3"></td><td></td><td colspan="2">信用证号
L/C NO.</td><td></td></tr>
</table>

托运人或代理人签字
SIGNED TO THE:
日期
DATE

图 8-3　海运出口托运单

装 货 单
SHIPPING ORDER

托运人
Shipper
编号　　　　　　　　　　船名
NO.　　　　　　　　　　　S/S
目的港
To
For
兹将下列完好状况之货物装船后希签署收货单
Received on board the under mentioned goods apparent in good order condition and sign the accompanying receipt for the same

<table>
<tr><td>标记及号码
Marks & Nos.</td><td>件数
Quantity</td><td>货名
Description of
Goods</td><td colspan="2">重量千克
Weight Kilos.</td></tr>
<tr><td colspan="3" rowspan="2">共计件数(大写)Total Number of Packages in Writing</td><td>净重
Net</td><td>毛重
Gross</td></tr>
<tr><td></td><td></td></tr>
</table>

日期　　　　　　　　　　时间
Date　　　　　　　　　　 Time
装入何舱
Stowed
实收
Received
理货员签字　　　　　　　经办员
Tallied By　　　　　　　 Approved By

图 8-4　海运装货单

(3)取得出口许可证

托运人持装货单到海关办理货物出口申报手续,取得出口许可证,将经商品检验机构检量的货物运到船边或港口仓库。出口许可证详见图 8-5。

中华人民共和国出口许可证

EXPORT LICENCE OF THE PEOPLE'S REPUBLIC OF CHINA

<table>
<tr><td colspan="3">1.出口商：
Exporter</td><td colspan="3">3.出口许可证号：
Exporter Licence No.</td></tr>
<tr><td colspan="3">2.发货人：
Consignor</td><td colspan="3">4.出口许可证有效截止日期：
Export Licence expiry date</td></tr>
<tr><td colspan="3">5.贸易方式：
Terms of trade</td><td colspan="3">8.进口国(地区)：
Country/Region of purchase</td></tr>
<tr><td colspan="3">6.合同号：
Contract No.</td><td colspan="3">9.收款方式：
Payment conditions</td></tr>
<tr><td colspan="3">7.报关口岸：
Place of clearance</td><td colspan="3">10.运输方式：
Mode of transport</td></tr>
<tr><td colspan="6"></td></tr>
<tr><td></td><td></td><td></td><td></td><td></td><td></td></tr>
<tr><td>18.总计
Total</td><td></td><td></td><td></td><td></td><td></td></tr>
<tr><td colspan="3" rowspan="2">19.备注
Supplementary details</td><td colspan="3">20.发证机关签章
Issuing authority's stamp & signature</td></tr>
<tr><td colspan="3">21.发证日期
License date</td></tr>
</table>

对外贸易经济合作部监制

图 8-5 进出口许可证

(4)编制装货清单

航运公司或其代理人根据装货单留底编制装货清单(Loading List)送至船上。装货清单是将全船本航次待装货物按目的港和货物分类编排的装货单的汇总清单。它是大副编制配载图的主要依据。装货清单见图 8-6。

装 货 清 单 船名

Loading List of s.s./m.v. " "

关单号码 S/O No.	件数及包装 No.of Pkgs	货名 Description	重量吨 Weight in Metric tons	估计立方米 Estimated Space in cu. M.	备注 Remarks

图 8-6 海运装货清单

(5)编制货物配载图

大副根据装货清单编制货物配载图,交代理人送交理货、装卸公司。

(6)货物装船

装卸公司按货物配载图将货物装船。

(7)签写大副收据

货物装船后,大副签发大副收据(Mate's Receipt,M/R)给理货员,并由理货员交给托运人。通常,S/A、S/O 和 M/R 为一式三联。

当货主在船边交货时,若货物外表状况不良或有其他原因,大副就会在大副收据上做出相应的批注。如果这种批注转移至提单上,提单就成为不清洁提单。在国际贸易中,一般都要求卖方(托运人)必须凭清洁提单结汇,这样一来卖方(托运人)就不能结汇。承运人、船长或船方代理人应托运人的要求,凭托运人提供的保函而签发清洁提单,使托运人得以顺利结汇。清洁提单表明承运人在装货港收到的货物外表状态良好。因此,对买方或收货人来说,意味着他收到的将是一票与提单标注不符的货物。

(8)换取提单

托运人持大副收据到航运公司或其代理人处(在预付运费的条件下)支付预付运费后,用大副收据换取提单(Bill of Lading,B/L)。提单如图 8-7 所示。

海运提单样本

<table>
<tr><td colspan="3">(1) Shipper</td><td colspan="3" rowspan="6">COSCO
B/L No. (4)
中国远洋运输公司
CHINA OCEAN SHIPPLNC COMPANY
Cable: Telex:
COSCO BEIJING 22264CPCPK CN
GUANGZHOU 44080COSCA CN
SHANGHAI 33057COSCO CN</td></tr>
<tr><td colspan="3">(2) Consignee</td></tr>
<tr><td colspan="3">(3) Notify Party</td></tr>
<tr><td colspan="2">(5) Pre-camiage by</td><td>(6) Port of Receipt</td></tr>
<tr><td colspan="2">(7) Ocean Vessel</td><td>(8) Port of Loading</td></tr>
<tr><td colspan="2">(9) Port of Discharge</td><td>(10) Place of Delivery</td></tr>
<tr><td>(11) Container No.</td><td>(12) Seal No. Marks & Nos.</td><td>(13) No. of Containers or Pkgs.</td><td>(14) Kind of Packages; Description of Goods</td><td>(15) Gross Weight</td><td>(16) Measurc-ment</td></tr>
<tr><td colspan="6">(17) Total Number of Containers of Packages (in Words)</td></tr>
<tr><td>(18) Freight & Charges</td><td>(19) Revenue Tons</td><td>(20) Rate</td><td>(21) Per</td><td>(22) Prepaid</td><td>(23) Collect</td></tr>
<tr><td rowspan="2">(24) Ex.Rate</td><td>(25) Prepaid at</td><td colspan="2">(27) Payabtc at</td><td colspan="2">(29) Place and Date of Issue</td></tr>
<tr><td>(26) Total Prepaid</td><td colspan="2">(28) No. of Original B(s)/L</td><td colspan="2">Signed for the Carrier</td></tr>
<tr><td colspan="4">LADEN ON BOARD THE VESSEL.
(30) Date:
(COSCO STANDARD FORM 07)
BY: COSCO SHANCHAI SHIPPING CO.,LTD.
××
(31) ENDORSEMENT:</td><td colspan="2">COSCO SHANGHAI SHIP-PLNG CO.,LTD.
××
(32) COPIES</td></tr>
</table>

图 8-7 海运提单

(9)信用证结汇,提单转移

托运人(或卖方)持提单到议付银行根据信用证结汇,议付银行将提单寄给开证银行,随后将提单转给收货人。提单是承运人接管货物的证明,提单也是货物所有权的证明,在法律上,拥有提单就如同拥有其上指明的货物。提单的这一作用使得它可以用于结汇、抵押等。

(10)编制出口载货清单,办理出境

航运公司的代理人根据副本提单编制出口载货清单(Manifest),向海关办理船舶出境手续,并交给船上。载货清单是在货物装船完毕后,按卸货港逐票罗列的全船载运的货物汇总清单,它是船舶办理进出境报关手续的必要凭证之一,也是海关对进出口货物监管的凭证之一。出口载货清单详见图8-8。

出 口 载 货 清 单
Export Manifest

船名 VESSEL____ 船次 VOY.____ 从 FROM____ 到 TO____ 开航日期 SAILING DATE____

集装箱号 CONTAINER No.	铅封号 SEAL No.	提单号码 B/L No.	件数及包装 NO.of Pkgs	货名 Description	重量 Weight	收货人 CONSIGNEE	备注 Remarks

图8-8 海运出口载货清单

(11)运费清单和副本提单的移交

航运公司的代理人将运费清单(Freight Manifest)和副本提单邮寄或交大副随船带给航运公司在卸货港的代理人。运费清单是有关全船货载运费情况的汇总单,它是航运公司或其装卸港的代理人收取到付运费的凭证之一。

(12)通知到港

卸货港航运公司代理人接到船舶抵港电报后,通知收货人船舶到港日期。

(13)付清货款,换回提单

收货人到开证银行付清货款,换回提单。

(14)安排卸货

卸货港航运公司代理人根据装货港航运公司代理人寄来或随船带来的货运单证,约定装卸,理货公司安排卸货。

(15)编制进口载货清单

卸货港航运公司代理人编制进口载货清单,向海关办理船舶报关手续。

(16)取得进口许可证

收货人向海关办理货物进口申请,取得进口许可证。

(17)以提单换取提货单

收货人向卸货港船方代理人(在到付运费的条件下)支付到付运费后,以提单换取提货单

(Delivery Order, D/O)。

若船舶抵达卸货港,船方已做好交货准备,收货人尚未收到正本提单,因而不能凭正本提单向承运人或其代理人换取提货单时,收货人可以在向承运人或其代理人提供副本提单的同时,提供一份书面保证(保函),以便换取提货单提货。这种保函通常规定,收货人在收到正本提单后,立即交给承运人或其代理人,换回保函,解除保证。收货人承担应由其支付的到付运费及其他有关费用。因未提交正本提单而提取货物,使承运人遭受的损失或对第三者的赔偿,由收货人负责。提货单详见图8-9。

提 货 单
DELIVERY ORDER

No. COBO0001139

收货人: 日清进出口贸易公司　　致: NAGOYA　　港区、场、站

下列货物已办妥手续,运费结清,准予交付收货人。

收货人开户银行帐号	6101000019881		
船名 TBA	航次 011W	起运港 SHANGHAI	目的地 NAGOYA
提单号 COBL0001082	交付条款 CY/CY	到付海运费 到付	合同号
卸货地点 NAGOYA	抵港日期 2010-06-24	进库场日期	第一程运输

货名		集装箱号/铅封号	
集装箱数	20' CONTAINER X 1		
件数	1000CARTON		
重量	22440 KGS		
体积	22.59 CBM		
标　志			

请核对发货。

收货人章	海关章		
1	2	3	4
5	6	7	8

图8-9　提货单

(18)提货

收货人持提货单到船边或港口仓库提取货物。

在货物装船出口时,货物的外部包装局部破损,或有其他不良状态常常难以避免,托运人又无法及时调换货物包装,或对货物包装加以修复。如签发不清洁提单,托运人无法结汇,贸易合同就不能履行,考虑到收货人的初衷是购买完好的货物,而外部包装轻微不良,一般不会损及货物本身,也不会损害第三者收货人的利益。一旦货物真的发生损坏,收货人也可以就货物的损坏提出索赔。因此承运人在托运人提供保函后签发清洁提单,使托运人顺利结汇,这是保函积极的一面。但是,从保护收货人利益的角度考虑,一些国家的法院常认为这种保函构成托运人与承运人联合对抗第三者收货人进行欺诈,可能判决保函无法律效力。

8.1.3 船舶应携带文件与证书

(1)租船契约或提单。

(2)载货清单。

(3)应纳税货物表。

(4)载重线证书或载重线免除证书(图 8-10)。

(5)货船安全设备结构证书。

(6)安全证书。

(7)货船安全无线电证书。

(8)船舶登记证书(图 8-11)。

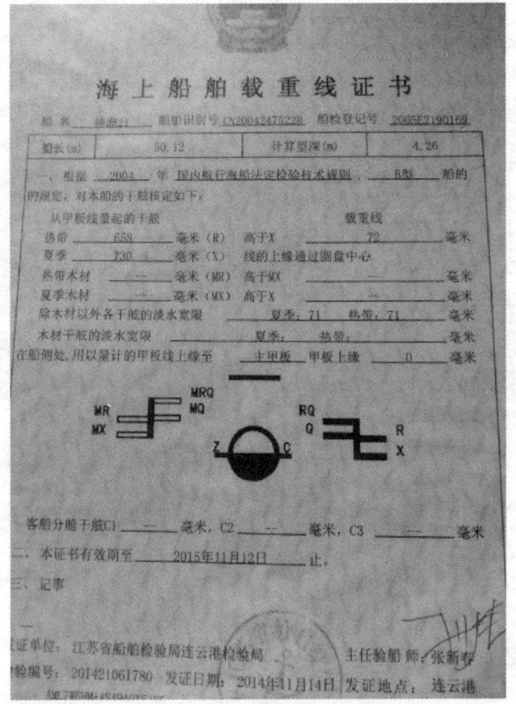

海 上 船 舶 载 重 线 证 书

船名 [illegible] 船舶识别号 CN20042475228 船检登记号 2005E2190169

船长(m)	50.12	计算型深(m)	4.26

一、根据 2004 年 国内航行海船法定检验技术规则，B型 船的的规定，对本船的干舷核定如下：

从甲板线量起的干舷 载重线

热带 658 毫米(R) 高于X 72 毫米

夏季 730 毫米(X) 线的上缘通过圆盘中心

热带木材 — 毫米(MR) 高于MX — 毫米

夏季木材 — 毫米(MX) 高于X — 毫米

除木材以外各干舷的淡水宽限 夏季：71 热带：71 毫米

木材干舷的淡水宽限 夏季： 热带： 毫米

在船侧处，用以量计的甲板线上缘至 主甲板 甲板上缘 0 毫米

客船分舱干舷C1 — 毫米，C2 — 毫米，C3 — 毫米

二、本证书有效期至 2015年11月12日 止。

三、记事

—

发证单位：江苏省船舶检验局连云港检验局 主任验船师：张新春

检验编号：201421061780 发证日期：2014年11月14日 发证地点：连云港

图 8-10 船舶载重线证书

图 8-11 船舶所有权登记证书

(9)船员名单及船员等级证书。

(10)驾驶、轮机、无线电等各种日志(图 8-12)。

除上述各种文件、证书外，根据具体航次及货载的特点，还可能使用到其他一些单证。如，货物容积/重量证明书、积载检验报告、谷物证书、装船证书、油舱清洁证明书、危险货物安全装载证明书、冷藏设备合格证书、货物溢短单、货物残损单、货物查询单等。船方应办妥上述有关文件与证书，并随船携带，以备检查。

图 8-12 航海日志

8.1.4 生产作业环节

图8-13描述了在国际航线上营运的商船的主要生产作业过程。商船运输的基本生产周期是航次,货船、客船的航次是指它从事货物或旅客运输的一个完整的生产过程。船舶在其营运期内周而复始地、有规律地完成一个又一个航次。为划分航次界限,通常规定:客船、货船或驳船自上航次终点港卸完所载货物(或下完旅客)时起,至本航次终点港卸完所载货物(或下完旅客)时止,计为一个航次,对应的这段时间叫航次时间。航次所包括的一系列作业,可分为三类:一类为基本作业,即装卸货物或上下旅客,船舶航行;一类为辅助作业,如装卸货前的准备作业,办理文件签证,编解船队,供应燃物料、淡水等作业;一类为非生产性作业,如因等泊位、等货、等调度命令的停泊等。一个航次的时间是完成上述三类作业时间的总和时间(重叠部分时间应扣除)。

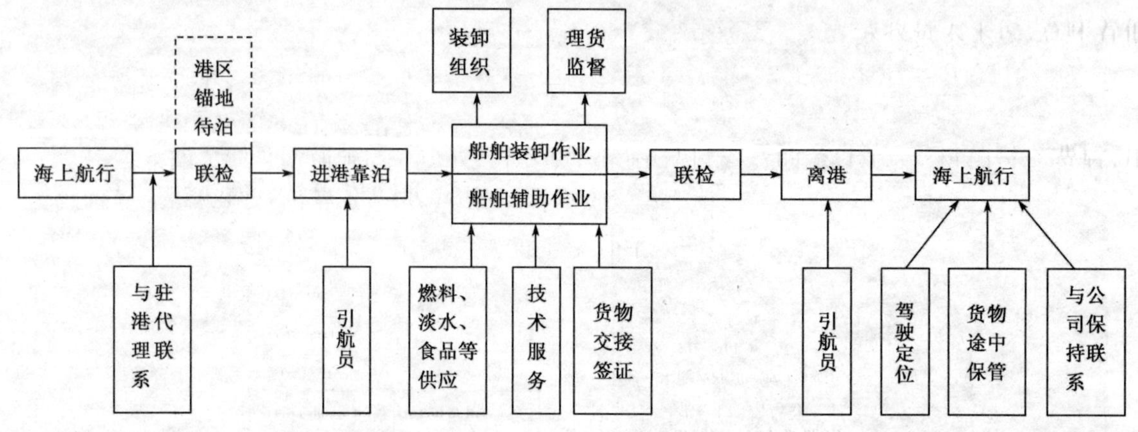

图8-13 商船运输基本作业环节

船舶航次一般分为两种形式:

①简单航次——船舶在两港间完成的航次。即船舶在装载港装船(或旅客登船)启程,不在中途挂靠港口,直达卸载港卸空全部货物(或旅客离船)。

②复杂航次——船舶在多个港口间完成的航次。即船舶在到达终点港之前,还在中途一个或几个港口装或卸(上或下)部分货物(旅客)。

简单航次的生产过程主要由以下的一些环节组成。

(1)订舱配货

托运人向承运人(船务公司)预订货运舱位后,船方根据托运人提出的有关托运货物的种类、数量、流向、运送时间等情况,以及能利用的船舶的营运技术性能,为船舶分配货载。分配给各船每一航次的具体任务,即装什么货,各装多少吨,以及装货港、卸货港等,以航次命令及装货清单的形式下达给船长。

(2)船舶配载

船舶接到航次命令及装货清单后,由大副负责配载。在保证船舶安全、货物完整无损和力求获得最佳营运效果的前提下,将装货清单上列出的货物正确合理地分配在货舱内(或甲板上)的适当位置上,以配载图(Cargo Plan)的方式表达出来。它是理货员理货、装卸公司装船的依据。配载图要由船长审批。

(3)装船

船舶在装货前必须做好一切装货准备工作。对某些要求较高或有特殊要求的货物,在装船前需经检验检疫局(在国外为相应的公证鉴定机构)验舱,取得合格证明后方可装船;装散货时,需申请商检检量;装危险货物时,在我国要向海事管理部门申请监装;为了核实交接货物数量和检查货物外表质量,还需申请理货公司代船方理货。在货物装船过程中,往往由于种种原因需对原配载计划做出部分调整,使货物实际装载位置可能会与原定的配载图有差别。为了确切反映货物的实际装舱位置,采用理货员在货物全部装完后要绘制积载图(Stowage Plan)的方式表示出来。它是理货员理货、装货公司装船的依据。

在货物装船的同时,船方常进行一些其他作业,如补充燃油、淡水、物料及供应品,维修保养船体、轮机或导航设备。有些情况下,特别像滚装船和集装箱船,装载的同时还要随时调节压载水。船舶在港期间补给燃物料、淡水、食品等,由驻港燃料供应公司或外轮供应公司解决。

(4)运送

船方在船舶起航前和航行时要尽职尽责,使船舶处于适航状态。船舶适航的含义包括下述三个方面:

①船体结构、船舶稳性、轮机设备等的性能和技术状态能够抵御本航次航行中通常出现的或能合理预计的风险,并不要求船舶必须具备抵御航次中出现任何风险的能力。

②妥善地配备船员、装备船舶和储备供应品。配备船员妥善与否,应从船员数量和质量两方面考察。在数量上,要满足正常航行值班与作业的需要;在质量上,各级船员都能胜任本职工作,具有相应的知识和技能,高级船员应持有相应的职务证书,没有不适合船上工作的缺陷。妥善装备船舶是指船舶在航行、载货等各方面的设施完善,使其能装载、运送、保管和卸下货物;要求雷达、罗经等助航仪器,锚、缆等系泊设备,以及海图、航路指南等航行资料齐全,且使用可靠。妥善储备供应品是指船舶必须携带能航行到下一个补给港的充足的燃料、物料、淡水、食品等。在准备这些物品时,除了按正常航程或时间计算外,还要考虑风浪等各种不利因素的影响。

③船舶适于货载。要求货舱及其设备功能正常,满足该航次货载的要求包括货舱应清洁、干燥、无味,污水沟和通风筒应畅通,舱盖应水密,吊装、索具等设备应齐全并处于有效状态。如装运冷藏货物,冷藏设备应运行正常。

(5)卸货

国际航线船舶运输涉及船员及货物出入国境,各国为了维护本国主权,在船舶进出港方面都有一系列的规定,如进出港强制引航、办理出入境手续、联检等。航行在国内各港口之间的近、沿海船舶通过经常的联系,海事管理部门基本都能够掌握其动态,故不需要进行联检,绝大多数船也不需要申请引航员,船舶可根据港方通知直接进港。

船靠码头后,由港方安排卸货。卸货期间,船方应向理货公司申请理货。如果对货物质量、数量发生争议,还可以申请商检人员来检验,出具检验证明,货物卸完后,船方和港方(或货主)办理交接、签证手续。交货签证标志着船舶承运一批货物运输过程的结束,通过签证表示船方对货物的数量、质量及信用期内所承担的法律责任已经解除。如果在签证中发生分歧,应根据各种原始记录和单据做结论。所有卸货业务完成后,开始下一航次的活动,或等待下一航次命令。

船舶到达国际港口,除了必须向港务管理当局申报并接受海关、移民局、检疫机构等的检查与监督外，运输的货物还必须通过商品检验机构的检验，从各种供应公司取得燃料、物料、淡水、食品等的供应，与装卸公司、理货公司、仓储公司以及绑扎、洗舱等各种劳务公司发生联系。

8.2 班轮运输组织

班轮运输是指船舶按预先公布的船期表，在固定航线上的挂靠港口之间进行的有规律运输。班轮运输又称为定期船运输，从事班轮运输的船舶称为班轮。班轮营运组织主要从事班轮航线论证、航线系统配船优化、班轮船期表的编制等工作。

8.2.1 班轮航线参数

班轮航线参数能反映航线的特征，主要包括以下几个方面：

(1)航线总距离($L_{线}$)和港间距离($L_{间}$)

航线总距离是指第一个始发港至最后一个目的港的距离。对于环状航线，则表示绕航线一圈的距离。港间距离是指两个港口之间的距离。航线总距离可通过累加航线上各相邻两港之间的距离求得。海上运输距离用海里表示，内河用千米表示。

(2)航线发船间隔时间($t_{间}$)和发船频率(γ)

航线发船间隔时间是指一个班次的船舶驶离港口后，直至下一班次的船舶再次驶离该港的时间间隔。可按下式计算：

$$t_{间} = \frac{T_{历}}{\frac{\sum Q}{\alpha_{发} D_{净}}} \tag{8-1}$$

式中：$T_{历}$——该航线的历期时间(d)；

$\sum Q$——在历期时间内，航线始发港至目的港所运各种货物之和(t 或 TEU)，取往返航次中货运量最大的为计算依据；

$\alpha_{发}$——船舶在货运量较大方向上的发航负载率指标(%)；

$D_{净}$——船舶净载质量(t 或 TEU)。

发船频率(也称发船密度)是指单位时间内，在同一航线、同一港口，向同一方向发出的船次数，是发船间隔的倒数。

$$\gamma = \frac{1}{t_{间}} \tag{8-2}$$

这两个指标反映了服务质量的高低。

(3)航线往返航次时间($t_{往返}$)

航线上船舶的往返航次时间，是船舶在空间上完成一个循环总的延续时间，它包括正向航行时间、反向航行时间，及在始发港、终点港、中途港的停泊时间。

$$t_{往返} = t_{正} + t_{反} + t_{始} + t_{终} + t_{中} \tag{8-3}$$

式中：$t_{往返}$——航线上船舶的往返航次时间(h)；

$t_{正}$——正向航行时间(h)；

$t_{反}$——反向航行时间(h)；

$t_{始}$——始发港停泊时间(h)；

$t_{终}$——终点港停泊时间(h);

$t_{中}$——中途港停泊时间(h)。

在一定服务水平下,该指标影响航线配备船舶数的多少。

(4)航线平均装卸总定额($M_{总}$)

航线平均装卸总定额表示航线上各港口的平均装卸效率,它决定着航线上船舶的在港时间的长短,其数值的大小直接受港口配备的装卸机械配备数量、现代化水平和组织管理的水平等的影响。

(5)航线货流总量($\sum Q$)及各两港间货流量(Q_{ij})

航线货流总量是指一定时期内在该航线上所承运的或可能承运的各港间的货运量之和。两港间货流量则仅指该两港之间在一定时期内的货流量。该指标与发船间隔、配船数关系紧密。

(6)航线货流方向不平衡系数(μ)

班轮航线是循环往复的,具有两个方向,即去向和返回。在通常情况下,两个方向货流量是不平衡的。习惯上规定货运量大的方向为正向,货运量小的方向为反向。为了表示和分析航线上货流的这种特性,引进了方向不平衡系数,其计算公式为:

$$\mu = \frac{\sum Q_{正} + \sum Q_{返}}{\sum Q_{正}} \tag{8-4}$$

式中:$\sum Q_{正}$、$\sum Q_{返}$——正向和反向货运量(t 或 TEU)。

班轮航线货流在方向上的不平衡性对船舶运输效率和经济效果有着不良的影响,其主要损失就是船舶载重能力在反向上得不到充分利用,致使船舶运输成本提高和运输效率降低。在某些班轮航线上,由于货物积载因数较大或其他原因,反向货流需要的船舶载货吨位反而比正向要多,这时应以需要船吨位的方向为准来计算方向不平衡系数。

(7)航线货流时间不平衡系数(ρ)

班轮货流不但在方向上存在着不平衡性,而且同一方向上的货流在不同时期内也具有较大波动性,运输量这种在时间上分配的不平衡现象,用时间不平衡系数 ρ 来表示,它等于全年最高月份的货运量 $Q_{最大}$ 和全年平均每月货运量 $\overline{Q}$ 的比值,其计算公式为:

$$\rho = \frac{Q_{最大}}{\overline{Q}} \tag{8-5}$$

班轮货流在时间上的不平衡性主要受货物运输在各个时期内不均衡的影响,这对船舶运营是不利的。因为在货运量最大时,要求有较多的运力才能满足需求,但在其他货运量较少时期,有一部分运力便不能得到充分利用。在班轮运输中,通常按较为稳定的平均货运量来计算所需的船舶运力。当运力紧张时,可通过租船的方法予以解决。

(8)航线货流密度(λ)

班轮航线货流量的大小可用货流密度表示。其定义为在一定时期内,每千米或每海里航线所通过的货运量,即

$$\lambda = \frac{\sum Q}{L} \tag{8-6}$$

式中:λ——货流密度(t/km 或 TEU/km);

L——航线距离(km);

$\sum Q$——在航线距离上，一定时期内生成的货流量(t 或 TEU)。

货流密度越大，表明班轮航线货流充沛，即船舶不需挂靠过多的港口即可满足船舶额定载质量，创造较好的船公司经济效益。

8.2.2 班轮运输航线结构的确定

班轮运输航线结构的确定分两步进行，首先确定班轮运输航线形式，然后确定航线挂靠港口及挂靠顺序。

1)班轮运输航线形式选择

班轮运输航线形式通常有多港挂靠和干线/支线转运两种。

传统的班轮运输方式常采用多港挂靠航线形式，其优点是可减少运输中转环节，具有较高的送达速度和货运质量。但是，为增加载箱率而挂靠过多的港口，其时间和成本都会大幅增加。干线/支线转运方式是在航线两端各选择一个枢纽港，两个枢纽港之间构成了航线的干线。干线往往是跨洋航线，运距长，水深条件好，适宜大吨位船舶航行。每一端枢纽港负责所在航线端的集疏运工作，即枢纽港与其他港口之间再组成支线，支线运输可采用小吨位船。但干线/支线转运方式存在一些缺点，即不仅货物装卸费用大幅增加，而且延长了货物运输时间。

由于货流、航线、港口和船舶等诸多因素均会影响船公司的盈利水平，故采用单位运输成本比较法进行定量计算，以选择对船公司较为有利的运输方式。

集装箱船按一个往返航次计的单位运输成本为：

$$S_{TEU} = (K_{单固} + K_{单燃} + K_{单使} + K_{单陆}) \cdot \frac{1}{\mu\alpha_{发}} + K_{单装} \tag{8-7}$$

式中：S_{TEU}——运输每个集装箱的成本；

$K_{单固}$——往返航次单箱固定费用；

$K_{单燃}$——往返航次单箱燃料费用；

$K_{单使}$——往返航次单箱港口使费；

$K_{单陆}$——往返航次单箱滞留码头和内陆费用；

$K_{单装}$——往返航次单箱平均装卸费用；

μ——货流方向不平衡系数；

$\alpha_{发}$——正向发航负载率。

多港挂靠航线形式单位运输成本可按式(8-7)计算。

干/支线航线形式单位运输成本计算分为两部分，即 $S = S_1 + S_2$。其中 S_1 是干线单位运输成本；S_2 是支线单位运输成本。在 S_2 的计算中，一是要注意扣除以主干港为目的港的集装箱，二是要注意内陆滞留费不要重复计算。

应用上述计算方法，可分别计算多港挂靠和干线/支线两种航线形式的单位运输成本，并加以比较。在其他条件相同情况下，一般选择单位运输成本最低的航线形式。

2)班轮挂靠港口及其挂靠顺序的确定

班轮挂靠港口的多少及其挂靠顺序直接影响班轮航线的运输成本及运输效率与效益，必须慎重选择。不同的班轮航线挂靠港口及其挂靠顺序，其经济效果是不同的。班轮最佳的挂靠港口及其挂靠顺序的定义为能够获得最大的运费收入或利润的挂靠港口及其挂靠顺序方案。由于在一般情况下可组成挂靠港口及其挂靠顺序的方案很多，加之班轮有着需要满足运量、船舶装载能力及班期等条件的限制,计算工作量大。因此,有必要建立数学模型,并通过计算机对其进行求解。

设 E 和 W 分别为班轮航线两端所有可能的挂靠港口的集合,其中 E 代表始发港群,W 代表目的港群。H 和 G 分别是 E 和 W 的子集,并且是按进港时间先后排序的有序港口集合,H 和 G 共同构成了班轮航线挂靠港口及其挂靠顺序方案 R,$R = G + H$,运算符号"+"表示按 G 的排序先于 H 的排序规则对两集合相加。实际上 R 是由 G 和 H 共同决定一个有序港口的排列,即航线。

挂靠港口及其挂靠顺序的选择问题可表达为:在发船间隔及航线配备船舶已知的条件下,在满足运量、船舶载重能力和计划往返航次时间的前提下,找出能够获得最大运费收入或利润的港口有序排列 R。

目标函数

$$F = \sum_i \sum_j f_{ij} x_{ij} \longrightarrow \max \tag{8-8}$$

约束条件:

(1)承运量约束:

$$\begin{cases} x_{ij} \geqslant 0 \\ x_{ij} \leqslant \begin{cases} Q_{ij} & (t_{ij} < T_{ij}) \\ Q_{ij} - E_{ij}(t_{ij} - T_{ij}) & \left(T_{ij} \leqslant t_{ij} < T_{ij} + \dfrac{Q_{ij}}{E_{ij}}\right) \\ 0 & \left(t_{ij} \geqslant T_{ij} + \dfrac{Q_{ij}}{E_{ij}}\right) \end{cases} \end{cases} \tag{8-9}$$

(2)船舶装载能力约束

$$\begin{cases} \sum\limits_{i \in H_i, \in G_k} \sum x_{ij} + \sum\limits_{i \in G_k, j \in H} \sum x_{ij} \leqslant N & \forall k \in G \\ \sum\limits_{i \in G_j, j \in H_k} \sum x_{ij} + \sum\limits_{i \in H_k, j \in G} \sum x_{ij} \leqslant N & \forall k \in H \end{cases} \tag{8-10}$$

(3)往返航次时间约束

$$t_{ij} = \begin{cases} t_j - t_i & (t_j > t_i) \\ t_{间} \times m - t_i & (t_j < t_i) \end{cases} \tag{8-11}$$

$$t_j - t_i = \frac{L_{间ij}}{v} + t_{港i} + \frac{\sum\limits_{\substack{k \in G, \forall i \in H 或 \\ k \in H, \forall i \in G}} (x_{ij} + x_{ki})}{M_i} \tag{8-12}$$

$$t_n + \frac{L_{间ij}}{v} + t_{港n} + \frac{\{(x_{nk} + x_{kn})\}}{M_n} \leqslant m \times t_{间} \tag{8-13}$$

式中:x_{ij}——船舶在一个往返航次内承运的 i 港至 j 港的货物数量,是模型的决策变量(TEU 或 t);

i、j——航线两端点港口的下标;

f_{ij}——两港间货物的平均运费率(元/TEU 或元/t);

F——总运费收入(元);

Q_{ij}——两港间所具有的最大货运量(TEU 或 t);

T_{ij}——两港间货流的临界允许送达时间(h);

E_{ij}——两港间货流因晚到而减小比例(TEU/h 或 t/h);

t_{ij}——两港间船舶运行时间(h);

t_i、t_j——抵达 i 港、j 港的时间(h);

N——船舶装载能力(TEU 或 t);

$t_{间}$——发船间隔(d);

m——航线上配船数(艘);

G、H——航线两端挂靠港口的有序子集;

G_k——G 中 k 港前的港口子集,$\overline{G}_k = G - G_k$;

H_k——H 中 k 港前的子集,$\overline{H}_k = H - H_k$;

$L_{间ij}$——两港间的航行距离(n mile 或 km);

v——船舶航速(n mile/h 或 km/h);

$t_{港i}$——i 港的进出时间(h);

M_i——港口的装卸效率(TEU/船·h 或 t/艘·h);

1、n——航线上的第一始发港和最后一个目的港。

公式(8-9)表示在一定的发船间隔内,船舶所能承运的最大货运量,在 Q_{ij}、T_{ij}、E_{ij} 已知的条件下,它随 t_{ij} 的大小而变化。式中 T_{ij} 数值反映了托运人对货物运送时间的具体要求,能在 T_{ij} 时间内送到,船公司可以承运全部货运量 Q_{ij};当送达时间超过 T_{ij},船公司能够承运的货运量 Q_{ij} 将减少,其降低速率为 E_{ij},即每晚送到一小时,货运量将减少的 TEU 或吨数。T_{ij} 的引入反映了班轮服务质量对船公司揽货能力的影响程度。

公式(8-10)是船舶装载能力约束,它保证了船舶在航线上任一港口船上所装货物数量不超过船舶载货能力。船舶在航线上任一港口 k 进港时,船上承运的到 k 港和 k 港后续港口的货物,加上与 k 港同属一端点港群的 k 港前已挂靠的港口装船到另一端点港群的总货运量必须小于船舶载货能力。

公式(8-11)和式(8-12)是计算船舶在两港之间的运行时间。计算时,设航线第一个始发港的船舶到港时间为零,运用公式(8-12)可顺序计算出航线上各港的船舶到港时间,然后利用公式(8-11)可计算航线上任意两港的船舶到港时间差值 t_{ij}。公式(8-13)则保证船舶的实际往返航次时间小于或等于计划的往返航次时间。

由于班轮挂靠港口选择的优化模型中含有时间的约束条件,线性规划的单纯形法难以求解此类问题,需要采用探试法,这是一种近似的优化算法,求解时需借助计算机辅助计算。首先,在航线两端港群 E 和 W 中各自选取一个港口作为航线两端初始挂靠港口,构成最简单的班轮航线,根据约束条件和目标函数公式可计算相应的运费收入。在此基础上,从 E 和 W 中再选取一个港口,顺序地加入到初始港后面,构成新的班轮航线。重新计算运费收入,如新的运费收入比上一方案大,说明此港口挂靠方案较前一方案好,保留此方案,然后再重复上述计算过程,直至实际往返航次时间等于计划往返航次为止。有些装卸量大的港口可能会出现两次挂靠,即第一次挂靠只卸不装,第二次挂靠只装不卸。通过上述计算,即可选出最佳班轮挂靠港口方案。

8.2.3 班轮运输航线配船

1)航线配船的原则

航线配船一般遵循“大船大线”理论,即航速高、吨位大的船舶优先配备在长航线、航线挂靠港口装卸效率高的航线上。

在航线配船时，首先应考虑船舶技术营运性能与航线条件、货运任务等是否相适应，主要有：

(1)船舶的尺度性能要能适应航道水深、泊位水深、船闸尺度、回转区水域面积及桥梁或过河电缆的净空高度等。

(2)船舶的结构性能、装卸性能及船舶设备等应满足航线货物与港口装卸条件等要求，如大型单甲板船不适应运输件杂货；船舱通风设备不好的船舶，不宜长途运输散粮；舱口及舱内尺度过小的船舶，不宜用来运送长大件货物；无装卸设备的船舶不宜挂靠装卸设备不能满足装卸货物要求的港口等。

(3)船舶的航行性能要适应航线的营运条件。如续航力低、航速低、抗风浪差的船舶不宜配在航程长、水流速大、风浪大的航线上。

其次，在确定班轮航线船舶吨位、船舶数量配置时，应既考虑货主的需求，也考虑船公司的效益。

2)航线配船应准备的资料

应充分收集以下资料：

(1)各类船舶构造、载重吨位、货舱容积、航速、燃料种类及消耗量、续航力、舱口尺度、装卸设备的起重能力、各种证书的有效起止日期等。

(2)航线两端以及中途挂靠港的水文气象、港口码头、装卸设备、库场、驳运、工人、修船、燃料、淡水供应、锚位等情况，海关、边防、卫检、港口使费等情况。

(3)航线沿途经过港口的燃料供应、燃料价格、进出口港费用等。

(4)货物的性质、包装、积载因数、亏舱率以及贸易条件、合同内双方的权利和义务等条件。

3)航线配船

由于航线配船情况较为复杂和多变，不存在一个万能的方法以适合所有情况，一般是根据具体情况具体分析而提出解决问题的具体方法。

(1)航线配船的评价标准

船公司精心组织航线配船的目的是为了最大地获取利润。由于班轮航线一经开辟，不会轻易退出。开辟航线的目的就是要承运此航线上的货运量，在班轮航线货运量、运价及揽货能力基本确定的情况下，航线上的收入也就明确，只要营运成本最低，船公司即可获得最大的经济效益，因此，总成本最低指标往往作为班轮配船的评价标准。

(2)航线配船的常用方法

航线配船常用方法有两种，一是计算比较法，二是线性规划法。

①计算比较法。

计算比较法就是在具体配船中，根据货源、航线、船舶的具体情况，逐船进行营运总成本的计算，并进行分析对比，从而选择经济效益最佳的船舶。该方法的优点是可行性强，而且针对具体问题进行分析和计算，符合实际情况；缺点是计算量大。

②线性规划法。

应用线性规划进行航线配船的基本思路是：首先明确可供使用的船型、船舶吨位及其数量、各航线及其预测运量，再根据一定的目标及约束条件对船舶进行合理分配。其基本步骤如下：

首先，收集、整理、分析有关资料并计算各船型在不同航线上的运输能力和营运费用。

其次，建立航线配船的线性规划模型。线性规划模型分运力大于运量和运力小于运量两种情况。

a. 当运力大于运量时，取营运费用最小为目标，其数学模型为：

目标函数：

$$\min C = \sum_{i=1}^{m}\sum_{j=1}^{n} C_{ij}x_{ij} \tag{8-14}$$

约束条件：

$$\sum_{i=1}^{n} P_{ij}x_{ij} = Q_j \qquad (j = 1, \cdots, n) \tag{8-15}$$

$$\sum_{j=1}^{n} x_{ij} \leqslant 1 \qquad (i = 1, \cdots, m) \tag{8-16}$$

$$x_{ij} > 0 \qquad (i = 1, \cdots, m; j = 1, \cdots, n) \tag{8-17}$$

式中：i——船型编号，$i = 1, \cdots, m$；

j——航线编号，$j = 1, \cdots, n$；

P_{ij}——第 i 型船在整个历期内全部安排在 j 航线上的运输能力；

C_{ij}——第 i 型船在整个历期内全部安排在 j 航线上的营运费用；

Q_j——j 航线上历期内的货运任务；

x_{ij}——第 i 型船安排在 j 航线上的艘天比例，决策变量。

第一个约束条件表示投入 j 航线上的运力能完成 j 航线上的货运量；第二个约束条件表示 i 型船在各航线上的工作艘天之和小于该型船总的营运艘天；第三个约束条件表示 i 型船在 j 航线上的工作艘天占总营运艘天的比例不应该是负值。

b. 当运力小于运量，可取货运量最大为目标，其数学模型为：

目标函数：

$$\max Q = \sum_{i=1}^{m}\sum_{j=1}^{n} x_{ij}P_{ij} \tag{8-18}$$

约束条件：

$$\sum_{i=1}^{m} P_{ij}x_{ij} \leqslant Q_j \qquad (j = 1, \cdots, n) \tag{8-19}$$

$$\sum_{j=1}^{n} x_{ij} \leqslant 1 \qquad (i = 1, \cdots, m) \tag{8-20}$$

$$x_{ij} > 0 \qquad (i = 1, \cdots, m; j = 1, \cdots, n) \tag{8-21}$$

式中参数及变量含义同前。

c. 如果事先不能确定运输能力的多寡，当采用运力大于运量建模方法时，可在模型中增加船型 $i = m + 1$，并假定运输能力足够大；当采用运力小于运量建模方法时，可在模型中增加航线 $j = n + 1$，并假定其运量足够大，以保证解的存在。

接着，对模型进行求解，在一般情况下，上述模型可采用单纯形法求解。

最后，根据实际情况，对求解的结果作适当的调整，并确定具体的安排。

上述模型是同类模型中最简单、最基本的模型，实践中使用的模型一般均是在此模型的基础上演变发展而成的。

8.2.4 班轮航线船期表的编制

1）班轮船期表及其作用

班轮船期表是以表格的形式反映班轮在运营的时间和路线上运行的计划文件。主要内容有航线、船名、航次编号、中途挂靠港、终到港的港名、各港的到离时间等。船期表的具体形式如表 8-2 所示。

华东北/美西周班航线船期表　　表 8-2

船名	航次	新港	大连	青岛	釜山	温哥华	长滩	新港
晶河	115E/W	30-01/10	02-02/10	03-04/10	05-05/10	18-19/10	22-24/10	11-12/11
枫河	102E/W	07-07/10	09-09/10	10-11/10	12-12/10	25-26/10	29-31/10	18-19/11
普河	200E/W	14-15/10	16-16/10	17-18/10	19-19/10	01-02/11	05-07/11	25-26/11
东河	202E/W		24-24/10	24-25/10	26-26/10	08-09/11	12-14/11	02-02/12
泰河	210E/W		31-31/10	31-01/10	02-02/11	15-16/11	19-21/11	09-10/12

制订班轮船期表是班轮营运组织管理工作的一项重要内容。公司颁布班轮船期表有多方面的作用：首先，是为了招揽航线途经港口的货载，既满足了货主的需要，又体现了服务的质量；其次，是有利于船舶、港口和货物及时衔接，使船舶有可能在挂靠港口的短暂时间内取得尽可能高的工作效率；再次，是有利于提高船公司航线经营管理的质量。

2）编制班轮船期表应注意的问题

在一般情况下制订班轮船期表应满足下列要求：

（1）船舶的往返航次时间必须是发船间隔的整倍数

由于船舶往返航次时间 $t_{往返}$、发船间隔 $t_{间}$、航线配船数 n 之间存在着一定的关系，见公式（8-23），航线上投入的船舶艘数应为整数。因此，船舶的往返航次时间必须是发船间隔的整倍数。

在实际中，按航线参数及船舶技术参数计算得到的往返航次时间往往不能满足这一要求，必须对其进行调整，多数情况下采取延长实际往返航次时间的方法，来满足要求。

（2）船舶在各段的运行或作业时间均要留有一定的余地

船期表制定的船舶各项运行或作业时间应留有余地，以适应航运外界条件变化所带来的影响。如近海班轮航线航程短、挂靠港少，船舶能较为准确地按船期表规定的时间运行，富余时间可少留些，而远洋班轮航线航程长、挂靠港多，航区气象海况复杂，船公司很难掌握班轮运行途中可能发生的各种情况，富余时间可多留些。所以，在船期表制定过程中，需根据统计资料或经验数据，对航行时间加以修正。港口停泊时间的计算也应根据各港具体情况，预先留有一定的富余时间，以避免经常出现"脱班"现象。

（3）船舶到达和驶离港口的时间要恰当

船舶到达港口的时间应便于靠泊后立即开始装卸作业。由于有些港口工作班制和非作业时间各不相同，尽量避免安排船舶在非工作日到达港口，且船舶到港时间应尽可能安排在港口作业开始之前，以便于及时开工，此外应尽量避免与其他使用同一泊位的班轮同时到港。

船舶出港尽可能避免在非工作时间、节假日出港，以减少船舶在港口的非工作停泊时间和有关费用的支出。港口白天工班雇佣装卸工人容易，且人工费用相对比较便宜，所以船舶应尽可能在当地时间早晨6:00左右抵达港口，靠上码头后即可进行装卸作业，减少等工人时间和夜间工作的加班费用。船舶驶离港口的时间也应根据具体的实际情况加以考虑。以船舶出日本港为例，出港口的时间不同，所负担的港口使费大不相同，详见表8-3。

不同时间离港的综合港口使费比较表　　表8-3

离岗时间	23:00 离港	06:00 离港	09:00 离港
引航费	460000 日元	460000 日元	330000 日元
拖轮费	390000 日元	300000 日元	190000 日元
系解缆费	69000 日元	52000 日元	37000 日元
码头靠泊费	140000 日元	235000 日元(超 12h)	235000 日元
合计	1059000 日元	1047000 日元	792000 日元

从表8-3可看出，23:00离港与06:00离港合计费用相差不大，但23:00离港可减少8h的班期时间。如班期时间允许，选择09:00离港可节省267000日元，近2万元人民币，与此同时，船员可得到充分休息，保障船舶的航行安全。

(4)留出等潮的时间

在船舶吃水受限的航段或港口，如需利用潮高进出港口，应留出等潮的时间。

3)船期表的编制

(1)班轮往返航次时间的计算

班轮往返航次时间的计算是以航线里程、船舶平均航速、港口装卸效率和在港装卸货物的数量以及其他可能发生的耗时，并以较大的货运量作为计算依据。

其计算公式为：

$$t_{往返} = \frac{L}{v} + \sum\left(\frac{Q_{装} + Q_{卸}}{M}\right) \tag{8-22}$$

式中：$t_{往返}$——船舶往返航次时间(d)；

L——航线往返里程(n mile)；

v——航行速度(n mile/d)；

$Q_{装}$、$Q_{卸}$——航线上各港装货量与卸货量(t)；

M——航线上各港装卸总定额(t/d)。

(2)航线配船数的确定

在通常情况下，维持一条班轮航线的正常运转往往需要配置多艘船舶，船舶数的多少主要与往返航次时间、航线货运需求量、船舶载质量、竞争实力和服务水平等因素有关。具体计算公式如下：

$$n = \frac{t_{往返} \cdot Q_{正}}{\alpha \cdot D_{定} \cdot 365} \tag{8-23}$$

式中：n——航线配船数(艘)；

$t_{往返}$——船舶往返航次时间(d)；

$Q_{正}$——船舶的正向年货物发运量(t)；

α——船舶载质量利用率(%)；

$D_{定}$——船舶定额载质量(t)。

(3)航线发船间隔的确定

航线发船间隔时间可按公式(8-24)计算,也可根据船舶往返航次时间及航线配船数计算,即

$$t_{间} = \frac{t_{往返}}{n} \tag{8-24}$$

班轮的发船间隔必须具有一定的规律性,常以旬、周、日为班次。因此,计算所得的发船间隔时间必须按规律加以调整。如计算的发船间隔5.4d,取整为5d,即每5d发一次船。

在充分考虑富余时间、各挂靠港口的条件和规章制度及收费标准、安排最恰当的进出港口的时间等后,即可确定船舶到离各港口的具体时间,编制船期表。

8.3 租船运输组织

租船运输也叫不定期船运输,其主要运输对象是货物本身价格较低的大宗散货,如:煤炭、矿石、粮食、铝矾土、石油、石油产品及其他农、林产品和少部分干杂货。租船合同形式主要有:光船租船合同、期租合同、程租合同、航次期租合同、连续航次租船合同、包运合同等。

8.3.1 不定期船航次估算

由于不定期船每一个航次所装的货物不同,始发、终到港不同,航线的具体航行条件不同,产生的成本和收入也不相同。作为船公司必须对船舶可能营运的航次有清楚、全面的了解,以便做出是否承揽或承揽哪一航次的货载经济效益最好的正确决策。

1)收集航次估算所需资料

航次估算所需的资料有:船舶资料、货载信息资料、港口资料、航线资料等。

(1)船舶资料

船舶资料包括:船名、建造时间、船级、舱室结构和数目、机舱位置、夏季和冬季载重线的载质量、船舶载重标尺、散装或包装舱容、船舶重载或压载速度、航行和停泊燃油消耗、船舶数、船舶营运天费用(包括船员工资、船舶保险费、修理和维持费、船舶物料和杂项费用等)、船舶每天资本成本及企业管理费分摊。其中有些资料是提供给客户的,有些是航次估算所必需的。

(2)货载信息资料

货载信息资料是租船人在谈判过程中提供给船东的,事实上也是租船合同中的主要内容,包括航次的货物数量、允许船方选择的货物数量变化范围、货物种类、积载因数、装货港和卸货港、货物装卸时间和除外条件、货物装卸费用分担条款、运费率、佣金、租船合同范本。

(3)港口资料

港口资料包括港名、限制水深、港口使费、装卸效率、港口拥挤情况、燃油价格等。

(4)航线资料

需要收集的航线资料是港间距离、所经航区及允许使用的载重线、所经运河及运河费用等。

2)航次时间的计算

一般航次时间是由航行时间和停泊时间组成。航行时间又可分为空驶时间和重载时间,

停泊时间也可分为装卸时间和其他停泊时间。航次时间的计算公式为：

$$t_{次} = \frac{L_{空}}{24v_{压}} + \frac{L_{重}}{24v_{重}} + t_{装} + t_{卸} + t_{其他} \tag{8-25}$$

式中：$L_{空}$——空航距离（km 或 n mile）；

$v_{压}$——压载速度（km/h 或 kn）；

$L_{重}$——重航距离（km 或 n mile）；

$v_{重}$——重载速度（km/h 或 kn）；

$t_{装}$、$t_{卸}$——装货、卸货时间（h）；

$t_{其他}$——其他时间（h），如加油、等待泊位、节假日等。

3）航次加油量计算

航次加油量的计算依据是航次燃料消耗量和航次燃料安全储备量，同时需考虑上航次所剩燃料数量和预估下一航次挂靠港可能的油价，最后确定本航次的加油量。

航次燃料消耗量包括主机的燃油消耗量和辅机的柴油消耗量，主机的燃油消耗量（f_{oc}）可按下式计算：

$$f_{oc} = t_{航} M_{主航} + t_{停} M_{主停} \tag{8-26}$$

式中：$t_{航}$——航行时间（d）；

$M_{主航}$——主机航行燃料消耗定额（t/d）；

$t_{停}$——加油前停泊时间（d）；

$M_{主停}$——主机停泊燃料消耗定额（t/d）。

辅机的柴油消耗量（d_{oc}）可按下式计算：

$$d_{oc} = t_{航} M_{辅航} + t_{停} M_{辅停} \tag{8-27}$$

式中：$M_{辅航}$——辅机航行燃料消耗定额（t/d）；

$M_{辅停}$——辅机停泊燃料消耗定额（t/d）。

航次燃料安全储备量的计算方法有两种：一是根据航次距离的长短，确定燃油和柴油的航行储备天数；二是仅考虑航次最后一个航段所需的安全储备，途中如遇风浪，其消耗的油量可在后续挂靠港补足。而最后一个航段如遇风浪则较难加油，需带足安全储备油量以防万一，安全储备油量一般为该段正常消耗量的25%左右。

由于在每一个航次中，船公司总是希望能充分利用船舶装载能力多装货，以尽可能获得较多的利润。但由于世界各地的油价差异较大，有时甚至会出现多加油比多装货更有利的现象，即油差价比货物运费率更大。因此，在某些情况下，如上航次卸货港或本航次装货港油价过高，甚至不能加油，或船舶续航力低，需要途中加油。后两种情况只需根据实际情况处理，第一种情况就需判断选择。此时，船公司就需首先考虑选择某一合适的加油港，然后再计算加油量。判断是否停靠该港加油可依下式进行：

$$(P_1 - P_2)J > K_{港} + K_{绕} \tag{8-28}$$

式中：P_1——本航次装货港油价或上航次卸货港油价（元/t）；

P_2——加油港的油价（元/t）；

J——需加油的数量（t）；

$K_{港}$——加油港的港口使费（元）；

$K_{绕}$——船舶绕航去加油港所需的航行费用（元）。

4）航次载货量的计算

如果租船人所提供的货物数量小于船舶的航次净载质量，一般有多少货就承运多少。若本航次加油港的油价便宜，可考虑多装燃油以充分利用船舶的装载能力，此时，需计算该船在本航次的净载质量，减去载货量和其他质量，即可得本航次的可装油量。

如果租船人提供货物运量与船舶的净载质量大致相同，并给船公司一定的上下浮动范围，由其选择，船东必须认真考虑影响船舶载货量的各种因素，尽可能多装货物。为此，首先要查清所挂港口吃水是否有限，接着确定本航次所允许使用的载重线及其相应的总载质量，取其中小者为本航次的总载质量，然后再计算船舶携带燃料油数量。如果中途加油港的油价太高或下航次加油困难，船东也可以考虑多带一些燃油。对于船员行李、备品、润滑油、淡水和船舶污水、隔舱等质量，估算时可作为常定质量。值得注意的是，当船舶由海水港装货，至淡水港卸货时，船舶吃水会增加。吃水增加的量可按下式近似计算：

$$\Delta d = d_{海} \cdot \frac{\rho_{海} - \rho_{淡}}{\rho_{淡}} \tag{8-29}$$

式中：Δd——吃水变化量；

$d_{海}$——船舶海水中吃水；

$\rho_{海}$——海水的密度；

$\rho_{淡}$——淡水的密度。

最后还需考虑货物积载因数对载货量的影响，即根据船舶舱容系数、货物积载因数计算相应载货量。再与预定载货量比较，取小者为本航次可装载的最大载货量。

5）航次收入的计算

航次载货量 Q 一经确定，航次收入 F 很容易根据下式确定：

$$F = QR \tag{8-30}$$

式中：R——预估的运费率（元/t）。

6）航次变动成本的计算

航次变动成本主要计算航次消耗的燃料费用和港口使费。

（1）航次燃料费用

航次燃料消耗量包括航行和停泊时消耗的燃油和柴油。当上一航次所剩燃料数量多于本航次实际所需数量时，船舶在本航次无需加油，只要根据上一航次燃油价格，即可算出本航次所需燃油费用。如上一航次所剩燃料数量少于本航次实际所需数量时，就需计算船舶在本航次的加油量，根据上一航次燃油价格及本航次加油地点的油价，可算出本航次所需燃油费用。

（2）港口使费

港口使费在航次费用中占较大比例，与燃料费构成了航次费用中最主要两项费用。港口使费的估算较麻烦，因为世界各港的收费标准不同。通常可以采用三种方法估计：其一是公司保存的该港过去的港口使费记录；其二是可以采用 BIMCO（Baltic and International Maritime Conference）提供的港口使费资料；其三是可以通过代理或者国际航运组织来提供港口收费的各项标准，然后加以估算。由于前两个提供的资料及时性和可靠性较差，费用也较多，以第三种方法估算的最为准确，但仍要花费一定的代价。

（3）运河费

运河费是按船舶运河吨位征收的。多数运河对重载和压载船舶分别收取费用。有时，运河当局还对货物征收费用，在这种情况下，船公司需充分了解租船合同的条款，弄清由谁负责该项费用。

(4)额外附加保险费

船舶保险费是船舶营业费用的组成部分，属固定费用。然而，在下述情况下，由于航次的特殊性，船公司必须加保，支付额外附加保险费。否则，一旦出现问题，保险人不承担由此引起的损失。

①船舶本航次挂靠的港口或行驶的区域超出了保险的地理区域。

②船舶驶往战争险规定船舶不允许到达的地区。

③货物保险人对15年以上的老龄船收取的额外费用，在航运市场不景气时，租船人一般在合同中加进一项条款，让船公司承担此项费用。

(5)货物装卸费

货物装卸费包括交货、装货、平舱、积载、卸货等项费用。这些费用是否由船公司承担，取决于租船合同。在多数情况下，船公司不承担此项费用，但有时租船人要求船公司承担一定比例或全部装卸费用。

(6)其他费用

其他变动成本，如理货费、货损货差费、代理费、速遣费、洗舱费以及船舶行驶到非常寒冷的地区，需购买保暖服装等额外费用。

7)航次盈亏估算与分析

通过上述计算，已经确定出航次时间、载货量和航次变动成本，再加上航次营运费、折旧费即船舶固定费用，即可进行航次的盈亏分析。

航次估算盈利的评价指标是每天净收益。其计算按下列公式进行：

$$航次总收入=预计运费率\times航次货运量+滞期费+亏舱费$$

$$航次净收入=航次总收入-佣金$$

$$航次毛收益=航次净收入-航次变动成本$$

$$每天毛收益=航次毛收益/航次时间$$

$$每天净收益=每天毛收益-每天营运成本$$

$$每天净利润=每天净收益-每天折旧$$

如果航次运费按一次总付方式支付，计算航次总收入时，直接代入该值即可。佣金包括支付给租船人的委托佣金和支付给经纪人的佣金。在一般情况下，此项费用是按运费收入的一定比例支付。

采用此种方法进行航次估算时，每天净收益指标实质上仅反映航次运输结果对船舶资本的贡献程度，并不能反映是否真正赢利，而每天净利润指标则能较好地反映是否盈利。

由于航次估算是在租船成交之前进行的，其运费率并没有确定，在谈判过程中，其数值可以上下浮动。为了能及时反映运费率变化对每天净收益的影响，引入了每10美分费率指标。

即当运费率每增加或减少10美分时，每天净收益增加或减少的数量。具体计算公式如下：

$$每10美分费率=\frac{0.1美元\times航次货运量}{航次天数} \tag{8-31}$$

在不定期租船市场上，船公司除航次租船外，还可期租。为了比较航次租船和期租哪一个对船公司更为有利,需要计算航次租船的相当期租租金费率与期租进行比较,即计算采用航次租船方式船舶每载重吨每月可获得的收入。具体计算公式如下:

$$\text{相当期租租金费率} = \frac{\text{航次总收入} - \text{航次变动成本}}{\text{船舶夏季总载重吨} \times \text{航次天数}} \times 30 \tag{8-32}$$

将计算得出的相当期租租金费率与市场上的期租租金率比较,如果相当期租租金费率低于市场上的期租租金率,表明采取航次租船方式所获得的收益不如期租方式好,还是应将船期租出去较为有利。

目前国际航运市场上,船公司在选择租船合同时,一般采用计算机进行航次估算。有些船东的估算准则是及时算出相应保本运费率,所需资料和有关数据与航次估算一样。所采用的基本运算公式是:

$$f = \frac{K_{\text{固}} \cdot T + K_{\text{港}} + K_{\text{燃}} + X \pm D}{(1 - t)Q} \tag{8-33}$$

式中:f——保本运费率;

$K_{\text{固}}$——每天固定成本;

T——航次时间;

$K_{\text{港}}$——港口使费;

$K_{\text{燃}}$——航次燃料费用;

X——航次其他费用;

D——速遣费(+)或滞期费(-);

t——佣金所占运费的百分比;

Q——货运量。

在此基础上,还可以测算船舶在不同航速时的相应的保本运费率。

上述计算结果可以作为航次租船决策的重要参考依据,真正做决策时还需考虑一些其他因素。

8.3.2 船舶的经济航速

在相同的经营环境下,船舶采用不同的航行速度,其运营效果是不一样的。航速过低,航次时间延长而可能会失去效益;航速过高,会使燃料费用急剧上升而产生亏损。因此,国际航运界通常作法是船公司在给远洋运输船舶下达航次任务的同时指示船舶的航行速度。经济航速的定义是在具体营运环境和经济条件下,航行 1n mile 或 lkm 航行费用最低的航速。

1)按定义推导和确定经济航速

船舶航行一天的费用 $K_{\text{航}}$:

$$K_{\text{航}} = K_{\text{固}} + K_{\text{航燃}} \tag{8-34}$$

式中:$K_{\text{固}}$——船舶每天的固定费用(元);

$K_{\text{航燃}}$——船舶航行一天的燃料费用。

$$K_{\text{航燃}} = 24 \times 10^{-6} \times g' \times P_{\text{b}} \times C_{\text{燃}} \tag{8-35}$$

式中:g'——船舶主机单位燃油消耗定额[g/(kW·h)];

P_{b}——船舶主机功率(kW),$P_{\text{b}} = \Delta^{2/3} v^3 / C_{\text{海}}$;

$\Delta^{2/3}$——船舶排水量(t);

v——船舶技术速度(kn 或 km/h);

$C_{海}$——船舶海军常数;

$C_{燃}$——燃油单价(元/t)。

将 $P_b = \Delta^{2/3} v^3 / C_{海}$ 带入公式(8-35)得:

$$K_{航燃} = \frac{24 \times 10^{-6} \times g' \times C_{燃} \times \Delta^{2/3} v^3}{C_{海}} \tag{8-36}$$

令

$$k = \frac{24 \times 10^{-6} \times g' \times C_{燃} \times \Delta^{2/3}}{C_{海}} \tag{8-37}$$

式中:k——船舶机能系数。

利用公式(8-37),$K_{航}$ 可表示为:

$$K_{航} = K_{固} + kv^3 \tag{8-38}$$

如不考虑船舶速度的增减值,船舶航行 1n mile 或 1km 所需航行费用为:

$$S_{里} = \frac{(K_{固} + kv^3)}{24v} \tag{8-39}$$

将式(8-39)对 v 求导,并令 $\mathrm{d}S_{里}/\mathrm{d}v = 0$,得经济航速 $V_{经}$,即

$$V_{经} = \sqrt[3]{\frac{K_{固}}{2k}} \tag{8-40}$$

2)间接推导和确定经济速度

经济速度的含义是要求采用某一航速所节省的燃油费应大于因延长航次时间而增加的航次固定费用,且使两者之差达到最大。

(1)采用经济速度增加的航次时间 $\Delta t_{航}$

$$\Delta t_{航} = \frac{L}{24v} - \frac{L}{24v_0} \tag{8-41}$$

式中:v_0——船舶在航次中某一初始航行速度(kn 或 km/h)。

(2)采用经济速度节约的燃料费

$$E_{燃} = kv_0{}^3 \times \frac{L}{24v_0} - kv^3 \times \frac{L}{24v} = \frac{Lk}{24}(v_0^2 - v^2) \tag{8-42}$$

(3)增加的航次固定费用

$$E_{固} = K_{固} \times \frac{L}{24v} - K_{固} \times \frac{L}{24v_0} = K_{固}\frac{L}{24}\left(\frac{1}{v} - \frac{1}{v_0}\right) \tag{8-43}$$

记

$$E = E_{燃} - E_{固}$$

则

$$E = \frac{Lk}{24}(v_0^2 - v^2) - K_{固}\frac{L}{24}\left(\frac{1}{v} - \frac{1}{v_0}\right) \tag{8-44}$$

令

$$\frac{\mathrm{d}E}{\mathrm{d}v} = -\frac{Lk}{24} \times 2v + K_{固}\frac{L}{24}\frac{1}{v^2} = 0$$

得

$$V_{经} = \sqrt[3]{\frac{K_{固}}{2k}} \tag{8-45}$$

从公式(8-45)可知,经济速度主要取决于船舶的机能系数和船天固定费用。而船舶的机

能系数又取决于燃料价格、船舶排水量、主机单位油耗、主机功率等,其中变化较大的是燃油价格。船天固定费用取决于船舶造价、折旧年限、修理费用和船员工资等。

根据经济速度计算公式可以得出:采用经济速度时,每航行天的燃料费用 $kv^3 = K_{固}/2$,即每航行天的燃料费用等于船天固定费用之半。如果油价提高,每航行天的燃料费用超过船天固定费用,经济速度就要降低;反之,则要提高。因此,经济速度的经济意义在于:在一定油价和一定的固定费用条件下,存在一个每里航行费用最低的经济速度,而不是速度越低越经济。

【知识应用与拓展】

【例 8-1】 在两条运量已定的航线上,有三类船舶可以采用。每一航线上的运量、不同类型船舶在各航线上的运输能力及营运费用如表 8-4 所示,在保证完成运输任务前提下,试编制使营运费用最小的航线配船方案。

船舶在各航线上的运输能力及营运费用表

表 8-4

方　案	船舶运输能力(10^6t · n mile/d)		船舶营运费用(千元/d)		营运期(d)
	航线 1	航线 2	航线 1	航线 2	
船型 1	10	15	4	8	300
船型 2	5	10	3	4	300
船型 3	12	10	5	4	300
运量(10^6t · n mile)	3600	4800			

解:取 X_{ij} 为决策变量,表示 i 型船分配到 j 航线上运输的营运期份额($0 \leqslant X_{ij} \leqslant 1$)。此时,目标函数为:

$$\min c_1 = 300 \times (4x_{11} + 8x_{12} + 3x_{21} + 4x_{22} + 5x_{31} + 4x_{32})$$

约束条件有以下三项:

第一项为每一条航线上的运量必须保证完成,其约束条件为:

$$300 \times (10x_{11} + 5x_{21} + 12x_{31}) = 3600$$
$$300 \times (15x_{12} + 10x_{22} + 10x_{32}) = 4800$$

第二项为各船型在两条航线上工作的营运期份额的总和不可超过 1,约束条件为:

$$\begin{cases} x_{11} + x_{12} \leqslant 1 \\ x_{21} + x_{22} \leqslant 1 \\ x_{31} + x_{32} \leqslant 1 \end{cases}$$

第三项为非负约束,即

$$x_{ij} \geqslant 0 \qquad (i = 1,2,3; j = 1,2)$$

显然,可以取函数 $C = C_1/300$ 的最小值取代 c_1 而最终将得到同样的解。对第一项约束条件进行类似的简化,可得问题的模型如下:

目标函数:　　$\min C = 4x_{11} + 8x_{12} + 3x_{21} + 4x_{22} + 5x_{31} + 4x_{32}$

约束条件：
$$\begin{cases}10x_{11}+5x_{21}+12x_{31}=12\\15x_{12}+10x_{22}+10x_{32}=16\\x_{11}+x_{12}\leqslant 1\\x_{21}+x_{22}\leqslant 1\\x_{31}+x_{31}\leqslant 1\\x_{ij}\geqslant 0\end{cases}\qquad(i=1,2,3;j=1,2)$$

求得：
$$\begin{cases}x_{11}=1,x_{12}=0\\x_{21}=0,x_{22}=1\\x_{31}=1/6,x_{32}=3/5\end{cases}$$

最小的营运费用 $C_1=300\times C_{\min}=300\times 337/30=3370$（千元）

具体配船为：船型 1 全部安排在航线 1 上；船型 2 全部安排在航线 2；船型 3 在航线 1 上安排 1/6 的运力，在航线 2 上安排 3/5 的运力，余下的运力可安排完成其他运输任务。

【思考与练习】

1. 班轮运输航线结构有几种？各有什么特点？

2. 制定班轮船期表需考虑哪些因素？

3. 在同一种船型，同一种油价下，不同船公司之间的经济速度可能不一样，可能的原因是什么？

4. 已知某班轮航线年货运量为 180 万吨，拟采用载质量为 5000t 船进行运输，该航线年运营为 200d，发航负载率为 90%。试求此航线的发船间隔和发船密度。

第9章

多式联运

【导读】

渝 新 欧

“渝新欧”是重庆至欧洲国际铁路大通道，是指利用南线欧亚大陆桥这条国际铁路通道，从重庆出发，经西安、兰州、乌鲁木齐，向西过北疆铁路，到达边境口岸阿拉山口，进入哈萨克斯坦，再经俄罗斯、白俄罗斯、波兰，至德国的杜伊斯堡，全长11179km。是一条由沿途六个国家铁路、海关部门共同协调建立的铁路运输通道。

渝新欧跨境班列于2011年1月28日开通。2012年合资成立渝新欧物流公司，德国、俄罗斯与哈萨克斯坦的铁路公司各占16.3%；大陆中铁联运公司占10%；重庆交运集团占41.1%。渝新欧跨境班列去程可达150班，回程则有100班。现今每周固定有3～4班，每班列车都有41节车厢。渝新欧跨境班列每两个标准货柜每公里运费0.4美元。货物经渝新欧铁路运往欧洲，运输时间约13～15d，而自重庆沿长江水运或铁路运往上海，转货轮到欧洲，需30～40d。

渝新欧跨境班列的开通，成功解决了沿途各国的通关问题，实现了一次报关、一次查验、全线放行的便捷通关模式；其次，成功解决了宽轨、准轨之间的转换问题，进一步明确了沿线各国铁路部门的责权利；第三，成功自主研发了电子锁，实现了“渝新欧”班列电子产品全程安全监控,在提高安全的同时进一步降低了运输价格;第四,成立了由德铁、俄铁、哈铁、中铁和重庆市政府共同组建的"四国五方"渝新欧(重庆)物流公司,建立了各国铁路的信息沟通机制和快速处理突发事故机制;第五,实现了全程统一运单,进一步节约了运行时间,简化了程序;第六,基本解决了电子产品冬季试运输方案。

9.1 多式联运概述

9.1.1 多式联运含义与特点

运输按其协作程度可分为单一运输方式实现的运输和多种运输方式联合实现的运输(多式联运),如汽车运输、火车运输等一般运输,铁海联运、公铁联运、公海联运、公铁水联运等多式联运。在多式联运情况下,各种运输方式在运输过程中遵照统一的规章或协议,使用同一运输凭证或通过代办中转业务,采用两种或两种以上的运输方式,联合实现货物或旅客的全程运输。铁水多式联运如图 9-1 所示。

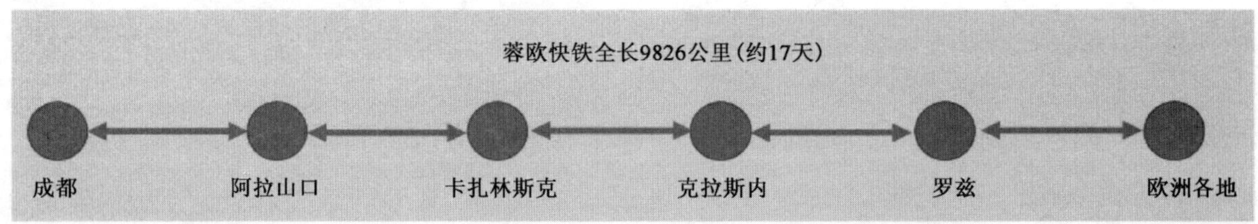

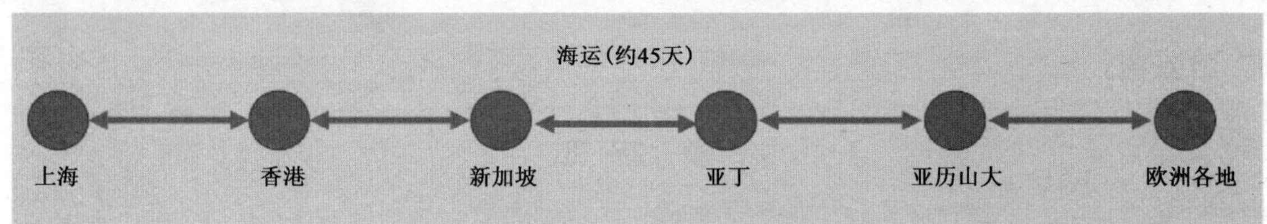

图 9-1 铁水多式联运:蓉欧快铁 + 长江黄金水道

多式联运在运输系统中所表现的特点主要有以下几个方面:

(1)全程性

多式联运是两种以上运输方式的连续运输组织实现客货运输需求。

(2)通用性

由于多式联运涉及不同的运输方式、两程以上运输的衔接配合,以及企业之间的运输协作,多式联运所使用的商务活动的模式与规则,运输所依据的国际、国内法规、合同的性质、作用,使用的单证文件应具有通用性,使之能适应不同运输方式、不同企业之间衔接的工作需要。

(3)协同性

搞好多式联运要依赖联运各个环节紧密协作与配合。这种协同性不仅体现在运输组织和管理上协调一致,而且也体现在技术装备上的协调发展、同步建设方面,使港、站、库、场、集疏运系统相互配套,实现运输设备和设施的协调性。这种协调性是多式联运发展的必要条件。

多式联运是按照社会化大生产要求组织运输的一种方法,它打破了传统的不同运输方式、不同运输企业独立经营、独立组织运输的局面,将不同运输方式、运输枢纽、运输企业、运输服务企业有机地联结在一起,综合利用多式联运系统中各运输方式的技术经济性,扬长避短,以最合理、最有效的方式实现货物运输过程。它在旅客和货物多次中转连续运输的全程运输过程中,在不同运输区段、不同运输方式的结合部(中转、换装地点)发挥纽带、贯通和衔接的作用,可以最大限度地方便旅客和货主,加速客货运输过程,进一步实现运输合理化,从而提高运输的社会经济效益。

9.1.2 多式联运的分类

多式联运的种类可以按不同要求进行划分,按各种运输方式的组合,可以形成铁水联运、公水联运、铁公联运、水陆空联运等多种形式;多式联运按地域概念可以分为国内联运和国际联运;按运输对象可以分为货物联运和旅客联运。

9.1.3 多式联运影响因素

多式联运过程涉及铁路、水路、公路、航空等多种运输方式,每种运输方式都有自己固有的运输组织方法和固定的线路网,怎样在综合路网中选择合适的线路及恰当的运输方式组合是从事多式联运的决策者应当首先考虑的问题。

1)运输需求角度

多式联运的发展是在运输市场规模不断扩大、运输需求多元化发展、运输方式多样化存在的背景下提出的。运输需求是驱动运输产业的运输资源优化配置的根本动力,因此多式联运业的发展应该以满足不同产业部门的运输需求为指导思想。运输市场的运输需求涉及的范围相当广泛,影响的因素众多,并且随着经济结构调整具有动态的变化过程,对多式联运方案的选择具有非常大的影响力。多式联运业的发展必须要考虑运输市场的需求特点,有针对性地提供运输服务,才能保证运输过程的高效性,产生经济效益,提高运输业的服务水平。

从事多式联运的企业在运输过程中不但要考虑从运输的供给数量上满足运输的需求,更要考虑提高运输服务的水平以满足相关利益主体的利益。运输需求者出于自身利益及货物运输安全的考虑,都希望货物能及时准确安全地到达目的地。

(1)安全性

安全性是所有社会生产活动的首要要求,运输生产也不例外,出于自身利益的考虑,保证运输对象的安全性,即是运输需求者的要求,也是运输执行者自身的运输要求。运输对象的不同性质决定了其运输方案的选择,有些货物可以由多种运输方式运输,而有的货物可能只能由某种运输方式运输,在实际运输生产活动中,运输安全是首要考虑的要求。

(2)时效性

同一事物在不同的时间具有很大的性质上的差异,这种差异性就称为时效性。货物运输需要消耗一定的运输时间,导致时效性发挥作用,有些货物时效性不明显,但有些货物的时效性却起着很大的市场决策作用,如鲜活、易腐易烂货物,高价值量货物等,都对运输的时效性要求很高。运输对象的时效性会对运输方案的选择产生影响,时效性要求运输必须迅速及时。

(3)经济性

在运输过程中,实现运输的经济性是运输过程的核心,运输的时效性、准确性、方便性是与运输的经济性相关联的,最后都体现在运输的经济性上,因此,多式联运的决策者必须考虑货物运输需求的经济性,从经济角度衡量多式联运方案的选择和运输资源的优化利用。运输过程的经济性主要可以从四方面的费用对不同运输方案进行比较,分别是运输的费用、运输的时间价值、运输的空间价值及运输的附加价值,如图9-2所示。

运输费用与货物的运量、运输距离、运输构成有关,包括运输过程中运输需求者需要支付的运费、货物保险费、办理运输的手续费、货物运输途中的仓储费用及中转费用等。

运输的时间价值是货物运输的途中因为运输时间的消耗而损失的价值,包括货物自身的时间价值和货物占用资金的时间价值两部分,不同的货物时间价值不同,易腐、易烂及价值量比较高的货物对运输的时效性要求很高,相对来说时间价值就相对较高。

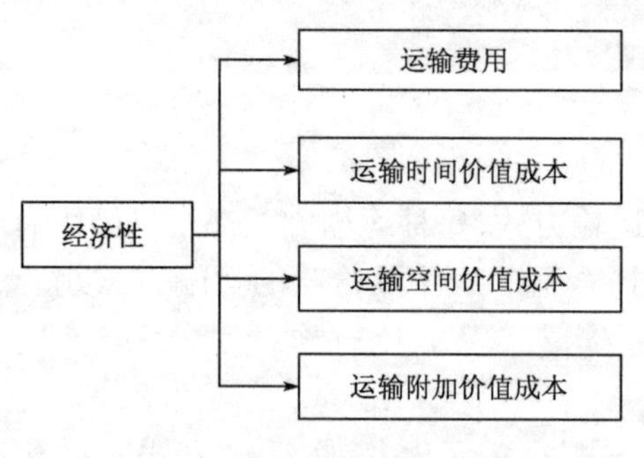

图9-2 运输过程经济性构成

运输的空间价值是货物的起运地与目的地的市场差价,货物的空间价值通过运输过程得以实现,运输的距离长短是实现货物空间价值的方式。

运输的附加成本是由于多式联运过程是通过多种运输方式,多部门联合协作完成,运输过程涉及的范围广泛,耗时较长,会产生仓储管理费、包装费、货损等相关费用。

(4)准确性

准确性即运输对象被准确得运送到目的地,不出现运输差错问题。出现运输货差即影响运输需求者的利益,也对运输方的利益及信誉造成不利的影响。

(5)便利性

不管是从运输需求方还是运输供给方,都希望能便捷得实现运输对象的空间转移,越便捷则工作组织越简单,中间环节越少,反之运输过程复杂困难。在选择多式联运方案时,应考虑运输过程的便利性,主要体现在运输换装的便利性上。

对于运输方式的选择主体,运输执行方会在保证运输过程安全性前提下,充分分析各种运输方案的经济性、时效性、准确性、方便性等因素,对运输方案进行选择,这也是运输需求对多式联运方案选择的主要影响因素。

在制订运输方案时,准确把握客户运输需求尤为重要。比如,某制造商要求选择最快的运输方式承运货物,其理由是它目前生产所需要的原材料总是延迟到达,而它的生产线却不允许停工,因此,它认为自己的运输要求是"快"。但事实上,这并不是它的真正要求,他真正的运输要求是"准时"。再比如,某客户需要将一批流行服装空运至欧洲,他声称自己的需求是要求最低的运费。目前,这批货物采用普通的包装,采用挂衣箱会导致运费增加,但如果运费增加额低于因采用普通包装而需增加的拆包、熨平等费用，则采用后一种包装形式更加合理，因此，该客户的真正需要不是要求运费最低，而是要求整个运输产生的费用最低。

2）交通供给角度

多式联运作为综合运输体系的运输组织形式，运输过程涉及采用不同运输方式来完成整个运输过程，不同运输方式的特点、路网的规模、枢纽及换装点间不同运输方式间的衔接能力，都对运输过程的实现及联合路径的选择产生巨大的影响。

（1）路网规模

路网的规模对运输路径选择起着重要的影响，路网的规模可以用路网密度来描述，即路网总长度与地区面积的比值，路网密度越高，表示路网覆盖率越高，交通越便捷，在进行运输路径选择时可供选择的路径也就越多，组织多式联运的硬件条件越充足。

（2）枢纽的衔接水平

多式联运过程是不同运输方式或不同运输企业来共同完成客、货的运输任务，因此运输过程中必然会涉及不同运输方式、不同运输企业间的旅客换乘和货物的换装作业，给换乘、换装提供技术设施及作业的场所可定义为多式联运的结合部。多式联运结合部的范围仅限于运输枢纽内不同运输方式联合使用的港、站及其所具有的技术设备，完善枢纽内换装结合部的协调工作，对于多式联运的发展，实现安全、快速、经济的运输服务是非常重要的，要实现运输路径的联合，就必须确保多式联运各运输方式之间能实现良好的衔接，多式联运结合部要有便利的协调各运输方式的条件。

多式联运结合部的协调目的是要实现运输过程的连续性，不同运输方式间技术作业过程能无延误地完成全部作业。多式联运结合部的协调大致可以分为三个方面的协调：经济层面的协调、技术层面的协调、技术作业面的协调。经济方面的协调为运输方式各利益方之间利益的协调；技术层面的协调主要是各运输方式运输设备的协调，主要是确保能力吻合，相互能够衔接；而技术作业面的协调主要是指具体的作业过程的协调，即前一作业与后一作业之间的衔接关系或者并行作业之间的相互关系的协调。

枢纽的运输方式之间的协调能力及协调程度决定了其从事多式联运时的作业效率与成本，多式联运方式的组织比单种运输方式复杂得多，运输单位及企业在选择多式联运方式时，为了保证高效性及经济性，对各运输方式之间的衔接程度及运输成本有较高的要求，因此，枢纽的运输方式衔接水平对路径的选择有重要影响。

比如，仁川机场不断完善联运衔接配套设施，提升联运衔接服务水平，提高物流效率，降低物流成本，使其在国际多式联运中成为具有较强竞争力的联运方案节点。便捷迅速的“一站式”电子通关系统——UNI-PASS 投入使用，进出口货物的清关效率得到显著提升，在 169 个世界海关组织成员国中，其清关效率最高。强大的航空物流信息管理系统——AIRCIS，有效地整合航空物流链信息资源，促进各航空物流参与方，如航空公司、地面服务公司、货运代理和船运公司等之间的相互合作，为客户提供一体化解决方案。此外，AIRCIS 网站还成为韩国最大的航空货运社区，大约有 250 个与物流行业相关的企业参与其中。其衔接水平可以通过其高效的航空货运地面服务标准展现，见表 9-1。

仁川机场航空货运地面服务标准　　表9-1

货物类型	服务内容	服务标准
陆侧服务(出口货物)	卡车等候时间	<30min
	货物接受	<15min
	货物放行	<30min
	货运单据分类	<3h
集装货物拆解(进口货物)	客机(机腹载货)	<3h
	窄体货机	<4.5h
	宽体货机	<7.5h
	鲜活货物	<2.5h
	快递货物	<2h
	处理出错率	<0.05%

(3)不同运输方式的特点

现代五种运输方式中,管道运输由于其在货物运输方面的局限性,多式联运过程中通常不加以考虑,目前,多式联运过程主要为铁路、水路、公路、航空四种运输方式的联合。不同的运输方式在其运载工具的技术特点,路网的建设水平,部门内的管理模式等各方面都存在差异,在一定的区域、范围内具有其他运输方式不可替代的优势。多式联运正是利用不同运输方式的特点,形成优势互补、分工协作的联合关系。各种运输方式的存在是以需求的多样性为前提的,但同时运输方式的特点也可以影响运输需求在不同运输方式间的分配。

不同运输方式在运输速度、运输成本、机动性、安全性、对环境的影响方面都存在差异,对于多式联运的决策者来说,运输过程线路、方式的组合选择,在考虑运输需求、货物特点的前提下,必须根据不同运输方式的特点,进行相应的选择。不同运输方式有其各自的合理运距,其运输的可达性也不同,所有这些都构成联合路径选择的影响因素。

(4)运输方式的联合程度

多式联运企业作为运输的代理行业,它在为货主提供运输服务的同时也为运输企业服务,是独立核算、自负盈亏的经济实体。多式联运是经济效益高的新型产业,基础差、设备少,必须在铁路、公路、水路及民航等部门的支持下开展多式联运工作,同时,多式联运企业也必须依赖于运输企业的运输生产才能完成运输任务。因此,多式联运的实现必然受到运输方式的联合程度的影响,联合方式的联合程度包括两个方面:不同运输部门的联合程度、运输企业的联合程度。

①不同运输部门的联合。

我国不同运输部门的纵向联系较强,横向联系不够,不同的运输方式属于不同的运输主管部门管理,不同部门根据运输方式的特点,具有部门内一套完整的管理体制和作业计划。多式联运企业的多式联运过程,需要将运输计划按照规定时间、规定的方式向运输过程中采用的运输方式管理部门上报,过程繁琐、耗时较长,严重地制约了多式联运过程的实现。若不同运输部门之间有很好的联合程度,则运输的便利性能大大提高,运输效率也将得到提升;反之,多式联运过程将难以实现。

②运输企业的联合。

多式联运要由运输企业来完成,若某枢纽内不同运输方式的企业之间已有运输联盟关系,组织多式联运的效率将更高,而且运输成本也将更低,若多式联运过程需要由多式联运企业临时去构建运输通道,将极大提高多式联运企业的操作成本,导致整个运输过程的成本上升,运输效益下降。

由此可知,运输方式的联合程度会对多式联运的路径选择造成影响,多式联运企业会选择运输方式联合程度较高的运输路径,以追求更高的运输效益。

(5)运输方式的可达性

运输方式的可达性对多式联运路径选择的影响不言而喻,若运输方式无法连接到下一目的点,在多式联运组织时,运输任务肯定无法由其承担。在运输过程中,不管采用何种运输方式,在不同运输线路上都会突发一些因素,例如地震、泥石流、道路损坏、交通事故等各种运输障碍,引起运输过程的中断或通行能力的降低,增加运输费用和时间,因此,在联运方案选择时,应尽量选择可达性可靠的路径进行运输。

9.2 旅客多式联运

旅客联运本质上是多式联运的一种类型。联运系统主要由水路、铁路、公路和航空四大运输模式构成,同时,一个完整的旅客联运系统还需要一体化的行李运输系统以及可兼容的联运信息系统。

9.2.1 旅客多式联运概述

旅客多式联运是指通过两种或两种以上的运输方式将旅客安全、快速、舒适地送达目的地,将本来由旅客自己订立的运输合同改由联运企业或联营管理机构统一管理,以提供优质、方便高效的全程运输服务。

根据旅客多式联运的定义,可以概括出其主要的基本特征如下:

(1)全程性。联运企业负责全部运输过程及相关的行包等服务。

(2)票务一体化。旅客只需要购买联运客票,便可直接在铁路、公路、水运、航空四种运输方式间进行换乘。

(3)代理性。旅客只需要直接和代理方签订运输合同,与四种运输方式的合同由代理方负责。代理方可以是船务公司、铁路公司、长途汽运公司、航空公司或者第三方。

(4)硬件匹配性。开展联运服务,四种运输方式的硬件设备必须建立一定的衔接,为旅客办理相关手续提供更大的便利。

(5)组织协调性。旅客多式联运服务需要各运输方式在运输组织和管理上建立一定的协调性,以便于多式联运的开展。

(6)通用性。在旅客多式联运中,各运输方式的相关合同、法规、使用的单证文件都需具有通用性,以适用各运输方式之间的衔接工作。

(7)政策性。由于联运涉及水路、铁路、公路和航空四大运输系统,具体的实施更是与城市发展、区域经济密切相关,需要获得国家和地区一定的政策支持。

9.2.2 组织方法及系统组成

1)组织方法

旅客多式联运是通过将不同的运输方式进行衔接,为旅客提供更为便利的一体化服务。根据一体化实现程度的高低,旅客多式联运可以分为两种水平的服务(两种联运组织方法):一是四种运输方式相互衔接,使旅客可以通过一种运输方式换乘到另一种运输方式,办理办票和行李托运等各种手续都在第二种运输方式所在的企业进行办理;二是在第一种服务的基础上所谓的0服务,是指在船务公司、铁路公司、长途汽运公司、航空公司或者第三方为旅客提供的联程服务,在两种运输方式之间换乘的旅客视为中转旅客,换乘之间无需再办理任何手续,而且行李自动转运。这样的一体化联运服务系统就要求船务公司、铁路公司、长途汽运公司、航空公司或者第三方提供联程票务系统、旅客信息和引导系统、火车站配备行李输送系统,以及飞机和列车航班表的协调等。

2)系统组成

旅客行李系统及联运信息系统是旅客多式联运系统的两个重要组成部分。

(1)行李系统

旅客行李可以分为托运行李、自理行李和随身携带物品,在运输过程中,关键是托运行李的处理。如何快速、高效、安全地对托运行李进行运输和管理,是决定整个运输系统效率的重要组成部分。

当旅客多式联运时,在原本单一运输方式行李流程的两端将增加与另一种运输方式行李进行衔接的环节。由于不同运输方式行李的运输标准和安全级别的要求存在差异,在构建联运行李系统时,首先需要建立一个联运的行李标准,对旅客的行李的范围、大小、重量、安全级别进行规范,以便于联运过程中行李的运输和管理。

旅客多式联运业务是一个系统集成的过程,其涉及不同的运输主体和代理商,如果仅仅将传统的各运输方式的行李系统进行简单的叠加,将无法实现真正的联运服务;但如果将行李业务外包给专业的公司运营维护,机场、铁路等部门的角色从经营型向管理型转换,将有可能为旅客提供更为优质的服务。这个专业的公司可以是汽运部门、铁路部门、航空部门或者第三方,可以是单一个体,也可以是不同公司进行分包合作。例如伦敦希思罗机场航站楼里的行李处理系统的维护由ALSTEC公司承担,而安装在行李系统传送带上的安全检查系统由另一家专业的安全检查公司负责。机场方通过签订维护合同,按照合同规定进行绩效考评,然后进行收益的分配。

以机场为例,对于联运的行李系统服务有两种考虑。其一是旅客自携行李去机场。这要求各换乘站布置有宽敞的升降机、自动楼梯。车辆应有宽敞的车门,便于自携行李旅客进出。机场车站站台到出发大厅的旅客行走距离应尽量短。其二是旅客不必自携行李去机场。瑞士、英、法、荷、日等国家发展一种在各车站实行的收费行李服务,使旅客不必自携行李去机场,而是在车站办理登记和行李托运手续。交付行李后,这个服务系统保证行李安全,快速地到达机场行李房。此系统由接受、装运传运系统,定班专用封闭行李车,到达分检传送系统和行李房接受系统组成。此系统还可以实施送行李到家门服务。行李系统如图9-3所示。

(2)联运信息系统

信息共享是旅客多式联运中的核心内容,其中信息的采集、数据交换、数据挖掘等相关技术的实施都需要在各运输方式间共同实施，必须建立统一标准的数据结构、数据模式。需要共享的信息内容主要为旅客个人身份信息，包括旅客的身份证号、姓名等；旅客的旅行信息，包括出发地、座号信息、出发到达时间、换乘地；旅客在途实时信息，主要为旅客实时位置的确定；其他信息包括旅客的行李等。旅客多式联运中的信息应为一种半开放式信息，对于不同的对象只能获取与之权限相符的信息内容。各部门之间应建立完备的信息安全机制。

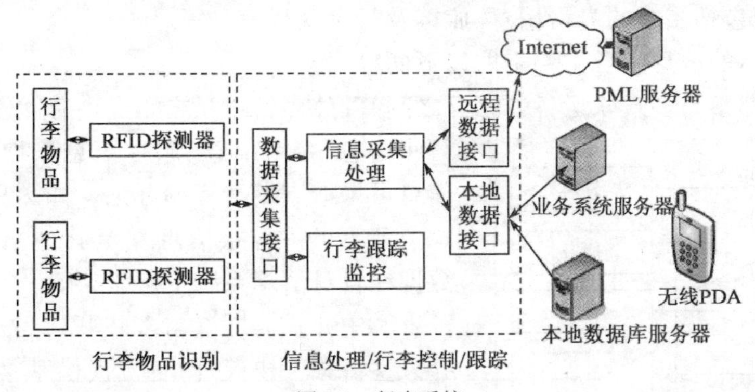

图9-3 行李系统

信息系统应该在各运输部门现有平台的基础上进行扩展，一方面满足各自系统所需要完成的常规业务，另一方面应开发出适用于旅客多式联运的技术管理模块。信息系统主要应该包括几个大的模块：

①售票模块。主要应完成联运客票的预订、销售、退票等功能，适应现行多种售票模式；实现航空与铁路的代码共享，自动选择联运方案；自动计算运价，提供给代理人全面准确的运价信息。

②订座系统。根据客票销售情况及联运各方现有运能情况，为旅客提供相应等级的联运座位方案。

③清分系统。完成客票系统财务的清分功能，生成清分方案，在各部门之间对联运的收益进行合理分配。

④决策支持系统。完成对客流数据的统计，对相应数据进行数据挖掘，为决策者提供有用的数据参考。旅客多式联运信息平台结构如图9-4所示。

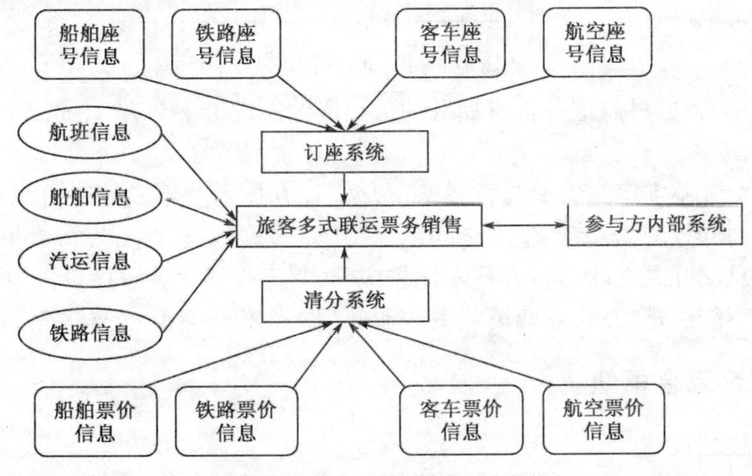

图9-4 旅客多式联运信息平台结构

旅客多式联运系统的整合主要集中在订座信息、清分信息、客票基本信息、旅客信息的整合上。

①订座信息:包括车次及航班现有作为基本信息、占用情况;订座方式(是否属于多式联运);剩余座位的数量、等级;订座的发起人承运人信息;订座时间有效期等。

②清分信息:包括清分的费率、清分方式、清分状态等。

③旅客信息:包括旅客的身份信息、旅客及行李现行信息等。

旅客多式联运的信息整合主要采取以下两种方式:

①互换式。即参与多式联运各方相互之间签订协议,相互之间提供有优先级的信息共享。订座信息、客票信息、旅客信息采取实时互换,清分信息可采取定期清算的办法。如图9-5所示。

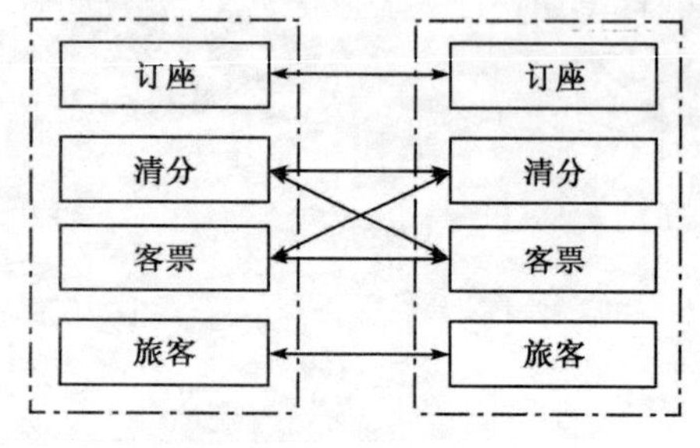

图9-5　互换式信息交互

清算可将客票信息发至其他承运方,返回相应数据在自身清算系统中产生票价。

②中介式。即参与多式联运各承运方与专门中介方签订相关协议,由各方提供基本数据,经中介方整合产生相关信息返回给多式联运各承运方。如图9-6所示。

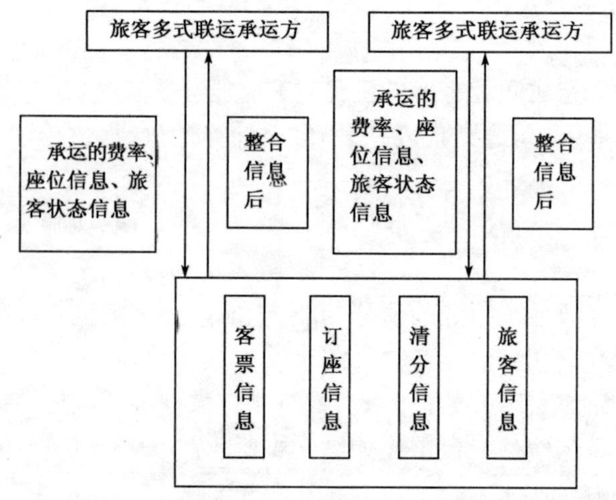

图9-6　中介式信息交互

在此种方式中,各方只需把各自所拥有的信息资源发送给中介方,中介方产生整合后信息提供给各方。

互换式信息交互不需第三方参与,在联运初期,各方技术上不成熟时可采用,其缺点是需要提供自身数据访问权限,容易产生安全问题,且此种方式是一对一,发生在联运中容易产生混乱。中介式信息交互是在联运各方技术比较成熟,其已广泛实施数据量及参与方较多时,一对一的数据交换不能满足需求,需要第三方专业部门来完成信息共享及整合工作。

9.2.3　旅客综合枢纽

1)旅客综合枢纽概述

从枢纽本身讲,枢纽是一个点,连接两条以上线路,为往来客流提供始发、通过、到达或中转服务;从运输系统的角度说,枢纽只是整个运输系统中的一个组成部分,它还包括线路及众多技术设备、人员等;从网络的角度看,枢纽是运输网络上的节点,具有连通不同方向客、货流的作用。

综合运输枢纽具有以下三大特征:在地理位置上,运输枢纽地处两种及以上的运输方式衔接地区或客货流重要集散地;在运输网络上,运输枢纽是运输网络上多条运输干线通过或连接的交汇点,是运输网络的重要组成部分,连接不同方向上的客货流,对运输网络的畅通起着重要作用;在运输组织上,运输枢纽承担着各种运输方式的客货到发,同种运输方式的客货中转及不同运输方式的客货联运等运输作业。因此综合运输枢纽的概念可以深化为:综合运输枢纽是这样一个地区,它汇集两种或者两种以上的干线运输方式,通过各子系统的协作完成其中转、换乘、换装、集散的运输功能,通过其特定的优势带动经济发展和实现经济功能。在综合运输枢纽系统内可以分为两个分系统,货运枢纽系统和客运枢纽系统。依靠枢纽出入口及其枢纽范围内有专用通道和设备,共同完成客、货运作业。

2)客运枢纽的基本功能

客运枢纽的功能可分为交通和商业功能。一般地,客运枢纽是多种交通功能建筑或集交通功能和商业开发功能于一身的建筑综合体。它的交通功能主要体现为对客流的集散,它的商业开发功能则需根据具体的项目情况而定。在对客运枢纽功能进行定位时应首先确保交通功能的实现。客运枢纽由于其自身交通功能势必带来周边区域交通状况的改善,便捷的交通与大量的客流使客运枢纽及其周边区域具有巨大的商业价值,往往随着客运枢纽的建设,其周边区域内必然形成高密度的商业区、办公区等。

尽管商业功能在客运枢纽的设计中占重要位置,但是仍属于枢纽的从属功能。客运枢纽的交通功能是研究的重点,即对枢纽站的到、发客流,按不同的目的和方向,实现换乘、停车、集散、引导四项基本功能。

(1)换乘。对于来自不同方向、不同路线、不同运输方式的乘客,需要转乘到其他运输方式而发生的行为称为换乘。因为这些乘客属于中转客流,需要经过换乘才能到达最终目的地。

(2)停车。对于来自不同方向、不同路线、不同的车辆,提供固定的停车位置和乘降位置,并以不同性质的车辆分区停放,配置合理的道路和场地。

(3)集散。对于到达或出发的乘客和车辆,实现聚集会合和疏散分流,提供客流和车流组织的相关措施,保证畅通、安全。

(4)引导。对城市外来客车引导、截流、集中管理,尽量不进市区;引导市内公交车辆与其接驳换乘,向多层次、一体化发展。对充分发挥各种运输方式的优点,改善客运结构有导向功能。依托枢纽的作用,可以实现各运输方式在客运交通中的合理分工,有目的地引导个体交通向公共交通转移。

客运枢纽的客流和车流来自多方向、多路径、多种目的、多种运输方式,客流方面具有到发量大而集中、多向集散和换乘、各小时段客流不均衡性等特征。因此要求做好客流的组织和衔接管理工作,将换乘客流和到发客流分开,将客流和车流分开,既能各行其道,又能相互贯通、相互转换。保证运输网络与相邻径路不间断地协调工作。

3)旅客综合枢纽协调

(1)旅客综合枢纽运输协调的条件

旅客枢纽内各种设备的布局应服从运输网络的规划,充分保证各种运输方式之间的相互协调。旅客枢纽内各种设备的布局首先应在考虑与相邻枢纽合理分工的前提下进行,不使设备重复或因设备不足而影响运输通畅。并应保证客流在枢纽内的流线顺畅、换乘方便。旅客枢纽作为各种运输方式的主要衔接点,必须充分保证各种运输方式的相互协调。协调的条件包括:

①旅客多式联运的连续性。

旅客运输过程由一系列运输活动构成,各相关活动形成的网络结构属于串并联结构,即一部分活动是顺序串联关系,各环节之间作业上呈流水线状,前一环节为下一环节的前提或条件;另一部分活动是多头并联关系。各运输环节间的紧密衔接保证了运输过程人流和信息流的连续和顺畅,从而不间断、无延误地完成旅客运输任务。比如仁川国际机场的无手续转机系统(Through Check-in System),乘客在出发地托运行李之后,转机时不必提取行李,只需在最终目的地提取行李。假如乘客计划从青岛飞往福冈或者世界其他城市,在仁川国际机场转机,不必担心转机时签证的问题,因为是国际航线至国际航线,所以乘客可以直接通过仁川国际机场的国际通道,无需提取行李,无需办理其他手续。

②与旅客运输过程相衔接的各种设备能力的相互适应。

一方面,旅客枢纽旅客运输中各种方式的运输能力之间应相互适应;另一方面,旅客枢纽旅客运输中的运输能力与枢纽内设施能力之间以及枢纽运输装备能力与通过能力之间都应该相互适应。当然,技术设备的这种相互匹配和适应,也体现在其良好的兼容性,这就要求技术设备参数的统一化和标准化。

③各环节作业时间的相互协调。

这是旅客枢纽运输协调的前提条件。以不能中断的前沿作业作为主要环节,即前一项占用全套设备的时间应小于或等于后项作业占用全套设备的时间。以旅客换乘为例,如果旅客的下车(船、机)后经由通道时间大于全部旅客换乘时上车(船、机)的时间,就有部分旅客不能及时换乘,运输将受到影响。

(2)现代交通换乘衔接的实现

现代交通换乘衔接系统的建设是实现各种交通方式的协调发展、形成一体化的综合交通体系的有效途径。交通换乘枢纽承载着多种交通方式于一处,在换乘枢纽中不同交通方式不是简单地排列和叠加,换乘的本身要求在有限的场地内部解决各种交通工具的流线组织,以及与外部交通系统、周边道路系统的衔接问题,更要求改善整个地区的交通环境问题。因此交通换乘衔接系统建设作为一个系统工程,它的顺利实现要求具备以下几个条件:

①对外交通与内部交通的整合。

对外交通与内部交通的整合是指从城市对外交通与城市内部交通的协调发展的角度,实现城市内外交通的有机结合,使各种对外交通方式在枢纽所依托的城市内有机衔接,保证最方便、快捷地换乘。内外交通的整合主要反映城市交通能够高效、快速地为城市对外交通枢纽(铁路站、航空港等)集结与疏散客流。比如法兰克福国际机场(图9-7)是德国最大航空站、铁路枢纽,法兰克福机场有两座航站楼,2号航站楼,由走廊连接,也可以使用旅客运送工具和巴士。AirRail长途铁路车站,位于一号航站楼旁,机场有市郊列车(S-Bahn)前往法兰克福市区,还有巴士。法兰克福机场的空铁联运是目前世界上最成功的联运案例,高速铁路作为航空运输的“零点高度支线航空”,极大地拓展了机场的腹地范围,旅客在火车站航站楼可以实现1次安检,异地通关。

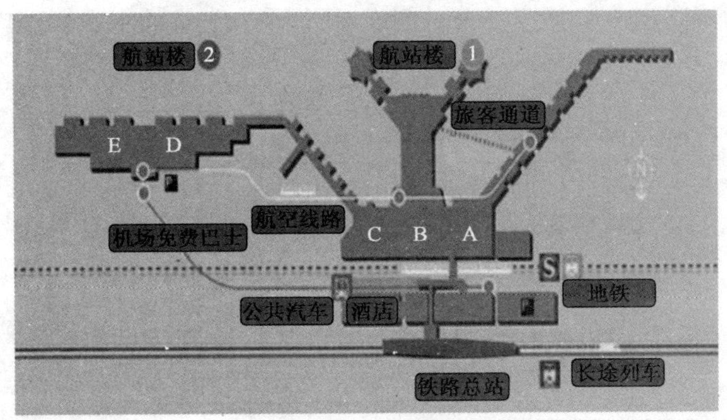

图 9-7　法兰克福机场地形图

②交通设施的平衡发展。

交通设施是城市交通的物质基础，交通设施的发展水平决定了城市交通的供需规模、运行模式与服务水平。所谓"设施平衡"是指在保持城市不同层次的道路网快速平衡发展的同时，重视各种交通方式的换乘、停车与管理设施的建设。"设施平衡"具体包括以下几方面：首先满足各种功能等级的道路分层次地合理衔接，不断优化道路功能，最大限度地提高道路运行效率，保持公交网络、步行网络、自行车网络和机动车网络平衡发展；其次是城市动态交通设施与城市静态交通设施协调平衡，如道路的宽度和车辆数量要保持平衡；再次是通过管理设施将所有交通设施整合在一起，以达到发挥交通设施的综合效益。

③组织调度的相互协调。

交通的良好运行是城市发展的必要条件，其宗旨是为城市发展与市民生活创造优质、安全、高效、舒适的交通空间，由于交通空间包含多种客运交通方式，为维持系统的有序运行，实现不同客运方式的有效衔接，必须满足不同客运方式调度与组织相互协调。通过建立相互协调的运行调度组织系统，提高整个客运系统的机动性、安全性与生产效率，从而实现交通枢纽内客流的顺利集散与接驳。

④管理统一。

管理统一是指不同交通方式的管理部门要协同运作，共享信息资源，以便能够实现高效管理。在交通管理中，应充分发挥政府、市场、公众的各种作用与组合优势，对城市不同交通方式的规划、投资、建设、运行与管理进行综合协调，以达到充分发挥各种交通优势的目的。

总而言之，旅客综合枢纽的协调从时间角度，强调不同运输方式、交通工具到发时刻的衔接，以达到换乘时间最短；从空间角度，协调上表现为场站布局、流线组织的合理性，以达到换乘距离最短，减少人流、车流的交叉冲突。做到衔接、配置合理优化。实现人流、物流和交通流线组织的顺畅、有序（图 9-8）。

(3) 旅客综合枢纽实现协调的方法

旅客综合枢纽实现协调的主要方法有以下几种：

①统一技术作业过程。

搞好旅客运输各个环节协作配合，旅客运输作业过程的协调同参与换乘使用的运输工具、交通设备及作业方式密切相关。为了经济合理地使用既有设施，做好各种运输方式的组织协调工作，旅客枢纽在运输组织上，必须对换乘工作全过程统一指挥。这种统一技术作业过程就是要使相互衔接的不同运输工具按统一时刻表运行;采取先进的组织管理措施,建立旅客枢纽的自动化管理系统。

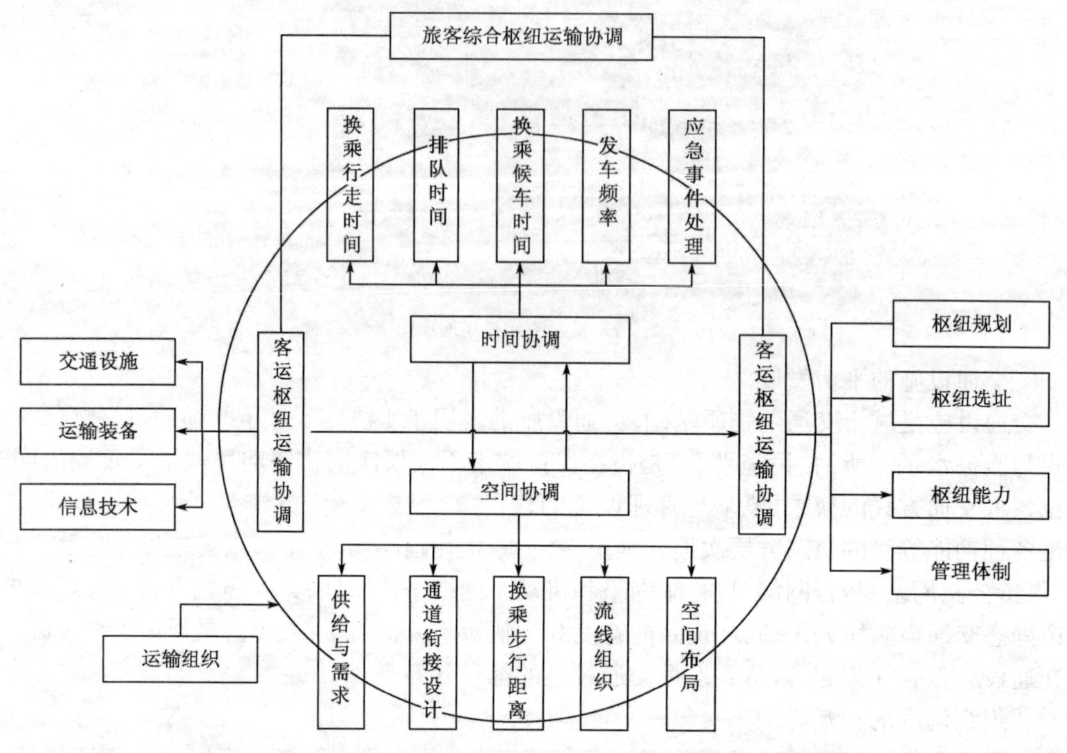

图 9-8　旅客综合枢纽运输协调结构模型框架

②制订开行计划。

铁路、航空、船舶一般都是以列车、飞机、班轮运输形式经营管理的,即按照公布的时刻表或有规则地在固定线路、航线、固定港口间从事旅客运输。公路运输非常机动灵活,汽车可根据需要随机服务于港口枢纽,考虑到列车、飞机、班轮抵港的时间比较固定,内河运输船舶和列车在运量充足的情况下可以效仿班轮的运输组织模式,汽车站以列车时刻表为参考,制订开行方案,实现有效的衔接。在公水联运时,按专门的相互协调的时刻表组织车辆和船舶运行,使车船到达港口的时间大体一致,采用这种方法两种运输方式的车辆和船舶停时将是最少的,并且为实现旅客换乘作业方案创造了有利的条件,从而就能更好地做好公水的协调工作。

③建立完善的运输服务网络。

运输服务具有远距、面广、环节多、连续性、专业化的特点。旅客运输不是简单地运输组织工作,运输服务网络必须相互紧密衔接配合,避免或减少不合理运输,充分运用现有运力,提供运输信息和咨询服务,确保旅客运输合理、高效、协调、有序地运行。这就需要在进行综合交通规划时,政府部门通过一定的政策措施,指导运输企业来补充、完善运输服务网络。

④应用信息协调技术。

由于各种运输方式到达枢纽在时间上存在着很大的不均衡性,所以应采用现代先进信息技术,把枢纽内各种运输方式的作业连成一个有机的整体,各个环节环环相扣,密切衔接。

为了提高管理水平和竞争能力，枢纽应加强综合运输的信息化建设，实现旅客运输信息的安全性、便捷性、舒适性，使各种运输方式间可以最大程度上实现资资源共享，促进枢纽旅客运输管理向信息化、智能化、自动化方向发展，从完备和共享等角度实现枢纽旅客运输的信息协调。

9.3 货物多式联运

9.3.1 货物多式联运概述

货物的全程运输，即从起运地到最终目的地的完整的运输过程在大多数情况下需要使用两种或两种以上的运输工具，通过分段接力形式来完成。在这种货物分段运输的组织形式下，运输组织工作中大部分工作都是由货方及其代理人来安排和完成的。货方为完成货物的全程运输，需要与各区段间的运输衔接协调，而各种方式的承运人仅负责组织、完成自己承担区段货物运输。

在选择全程运输的运输线路和选择各区段的运输方式过程中，不仅要考虑每一种运输方式的特点及技术经济特性，更应充分考虑各种运输方式之间优势互补和由不同运输方式组成的运输路线的整体功能，只有综合利用各种运输方式的技术经济优势，扬长避短，相互补充和协调组织才能把不同运输方式的不同企业有机地结合成一个整体，以提供优质、方便、高效的运输服务和完成全程运输任务。

多式联运与传统单一运输方式相比，其优越性主要表现在：

(1)责任统一，手续简便

在多式联运方式下，不论全程运输距离多么遥远，也不论需要使用多少种不同运输工具，更不论途中要经过多少次转换，一切运输事宜统一由多式联运经营人负责办理，而货主只要办理一次托运、签订一个合同、支付一笔全程单一运费、取得一份联运单据，就履行全部责任。由于责任统一，一旦发生问题，也只要找多式联运经营人便可解决问题。与单一运输方式的分段托运、多头负责相比，不仅手续简便，而且责任更加明确。

(2)减少中间环节，缩短货运时间，降低货损货差，提高货运质量

多式联运通常是以集装箱为媒介的直达连贯运输，货物从发货人仓库装箱验关铅封后直接运至收货人仓库交货，中途无需拆箱捣载，减少很多中间环节，即使经多次换装，也都是使用机械装卸，丝毫不触及箱内货物，货损货差和偷窃丢失事故就大为减少，从而较好地保证货物安全和货运质量。此外，由于是连贯运输，各个运输环节和各种运输工具之间，配合密切，衔接紧凑，货物所到之处，中转迅速及时，减少在途停留时间，故能较好地保证货物安全、迅速、准确、及时地运抵目的地。

(3)降低运输成本，节省运杂费用，有利贸易开展

多式联运是实现“门到门”运输的有效方法。对货方来说，货物装箱或装上第一程运输工具后就可取得联运单据进行结汇，结汇时间提早，有利于加速货物资金周转、减少利息支出。采用集装箱运输，还可以节省货物包装费用和保险费用。此外，多式联运全程使用的是一份联运单据和单一运费，这就大大简化了制单和结算手续，节省大量人力物力，尤其是便于货方事

先核算运输成本,选择合理运输路线,为开展贸易提供了有利条件。

(4)实现"门到门"运输的有效途径

多式联运综合了各种运输方式,扬长避短,组成直达连贯运输,不仅缩短运输里程,降低运输成本,而且加速货运周转,提高货运质量,是组织合理运输、取得最佳经济效果的有效途径。尤其是采用多式联运,可以把货物从发货人内地仓库直运至收货人内地仓库,为实现"门到门"的直达连贯运输奠定了有利基础,工业上自动化大生产是通过自动化生产线,那么多式联运可以说是运输大生产的多式联运生产线。

9.3.2 组织方法及业务流程

1)多式联运组织方法

货物多式联运的全过程就其工作性质的不同,可分为实际运输过程和全程运输组织业务过程两部分。实际运输过程由参加多式联运的各种运输方式的实际承运人完成,其运输组织工作属于各运输方式内部的技术、业务组织。全程运输组织业务过程是由多式联运全程运输的组织者——多式联运企业或机构完成的,主要包括全程运输中所有商务性事务和衔接服务性工作的组织实施。其运输组织方法可以有很多种,但就其组织方式和体制来说,基本上可分为协作式多式联运和衔接式多式联运两大类。

(1)协作式多式联运

协作式多式联运是指两种或两种以上运输方式的运输企业,按照统一的规章或商定的协议,共同将货物从接管货物的地点运到指定交付货物的地点的运输。

在协作式多式联运下,参与联运的承运人均可受理托运人的托运申请,接收货物,签署全程运输单据,并负责自己区段的运输生产;后续承运人除负责自己区段的运输生产外,还需要承担运输衔接工作;而最后承运人则需要承担货物交付以及受理收货人的货损货差的索赔。在这种体制下,参与联运的每个承运人均具有双重身份。对外而言,他们是共同承运人,其中一个承运人(或代表所有承运人的联运机构)与发货人订立的运输合同,对其他承运人均有约束力,即视为每个承运人均与货方存在运输合同关系;对内而言,每个承运人不但有义务完成自己区段的实际运输和有关的货运组织工作,还应根据规章或约定协议,承担风险,分配利益。这种联运组织下的货物运输过程如图9-9所示。

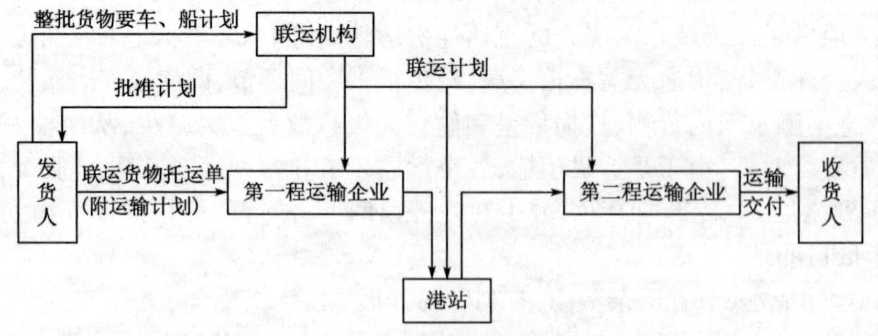

图9-9 协作式多式联运过程示意图

根据开展联运依据的不同,协作式多式联运可进一步细分为法定(多式)联运和协议(多式)联运两种。

法定(多式)联运是指不同运输方式运输企业之间根据国家运输主管部门颁布的规章开展的多式联运。目前铁路、水路运输企业之间根据《铁路和水路货物联运规则》开展的水陆联运即属此种联运。在这种联运形式下,有关运输票据、联运范围、联运受理的条件与程序、运输衔接、货物交付、货物索赔程序以及承运之间的费用清算等,均应符合国家颁布的有关规章的规定,并实行计划运输。这种联运形式无疑有利于保护货方的权利和保证联运生产的顺利进行,但缺点是灵活性较差,适用范围较窄,它不仅在联运方式上仅适用铁路与水路两种运输方式之间的联运,而且对联运路线、货物种类、数量及受理地、换装地也做出了限制。此外,由于货方托运前需要报批运输计划,给货方带来了一定的不便。法定(多式)联运通常适用于保证指令性计划物资、重点物资和国防、抢险、救灾等急需物资的调拨。

协议(多式)联运是指运输企业之间根据商定的协议开展的多式联运。比如,不同运输方式的干线运输企业与支线运输或短途运输企业,根据所签署的联运协议开展的多式联运,即属此种联运。与法定(多式)联运不同,在这种联运形式下,联运采用的运输方式、运输票据、联运范围、联运受理的条件与程序、运输衔接、货物交付、货物索赔程序,以及承运人之间的利益分配与风险承担等,均按联运协议的规定办理。与法定(多式)联运相比,该联运形式的最大缺点是联运执行缺乏权威性,而且联运协议的条款也可能会损害货方或弱小承运人的利益。

(2)衔接式多式联运

衔接式多式联运是指由一个多式联运企业(以下称多式联运经营人)综合组织两种或两种以上运输方式的运输企业,将货物从接管货物的地点运到指定交付货物的地点的运输。在实践中,多式联运经营人既可能由不拥有任何运输工具的国际货运代理、场站经营人、仓储经营人担任,也可能由从事某一区段的实际承运人担任。但无论如何,他都必须持有国家有关主管部门核准的许可证书,能独立承担责任。

在衔接式多式联运下,运输组织工作与实际运输生产实现了分离,多式联运经营人负责全程运输组织工作,各区段的实际承运人负责实际运输生产。在这种体制下,多式联运经营人也具有双重身份。对于货方而言,他是全程承运人,与货方订立全程运输合同,向货方收取全程运费及其他费用,并承担承运人的义务;对于各区段实际承运人而言,他是托运人,他与各区段实际承运人订立分运合同,向实际承运人支付运费及其他必要的费用。这种运输组织与运输生产相互分离的形式,符合分工专业化的原则,由多式联运经营人"一手托两家",不但方便了货主和实际承运人,也有利于运输的衔接工作,因此,它是联运的主要形式。在国内联运中,衔接式多式联运通常称为多式联运,多式联运经营人则称为联运公司。我国在《中华人民共和国合同法》颁布之前,仅对包括海上运输方式在内的国际多式联运经营人的权利与义务,在《中华人民共和国海商法》和《国际集装箱多式联运管理规则》中做了相应的规定,对于其他形式下国际多式联运经营人和国内多式联运经营人的法律地位与责任,并未做出明确的法律规定。《中华人民共和国合同法》颁布后,无论是国内多式联运还是国际多式联运,均应符合该多式联运合同中的规定,这无疑有利于我国多式联运业的发展壮大。

随着市场经济的发展,目前主要采用的组织方法是衔接式多式联运。衔接式多式联运的全程运输组织业务是由多式联运经营人完成的,这种联运组织下的货物运输过程可用图 9-10 来说明。

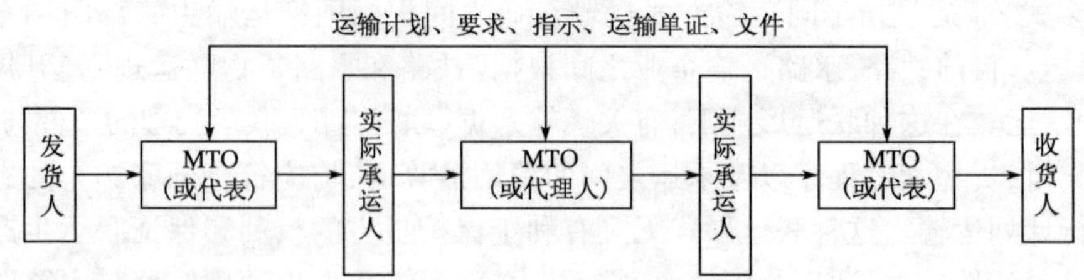

图9-10 衔接式多式联运过程示意图

2)多式联运业务流程

多式联运业务流程通常包括以下环节:

(1)多式联运路线及运输方式的确定,与分包方签订分包合同等。

(2)出运地作业,包括通知相应承运人及场站安排接货装货,托运人根据约定把货物交至指定地点等。

(3)转运地作业,包括通知转运地代理,与分包承运人联系,及时做好货物换装、转运等手续申办和业务安排等。

(4)目的地作业,包括通知货物抵达时间等。

(5)货物运输过程中的跟踪监管,定期向发货人或收货人发布货物位置等信息,及货运事故索赔与理赔业务等。

9.3.3 货运综合枢纽

1)货运综合枢纽概述

货运综合枢纽是综合运输体系的重要组成部分,也是综合运输网络的重要节点。货运综合枢纽作为联结运力和货源的纽带,是在运输线路交汇处或在运输网的节点上,为办理货物的到达、中转、发送所需的兼具各种运输方式设施的货流集散地,对周边地区有较强的吸引和辐射作用。

货运综合枢纽应与交通网络系统实现全面、协调、可持续发展,具体可概括为四个方面的含义:一是指综合货运枢纽规划与交通网络规划保持同步发展;二是整合与优化综合货运枢纽系统与交通网络系统的基础设施,通过综合货运枢纽内部场站设施的合理规划与建设,实现各种交通运输方式之间的有效衔接,从而达到交通系统整体效益最优化的目标;三是综合货运枢纽内部场站系统与交通网络系统的协调运行,通过建立现代化的集中调度指挥系统,实现货物在各种交通运输方式之间的无缝中转;四是通过交通体制、政策法规、运营管理等宏观措施的支持,依靠政府力量推动,保障综合货运枢纽系统与交通网络系统的整体高效运营,实现连续、顺畅、快速、安全的综合运输目标。

2)货运综合枢纽的基本功能

货运综合枢纽应具备以下几个功能:

(1)运输生产组织功能

多式联运枢纽需要满足水路、铁路、公路等传统方式的货物运输生产组织功能,促进运输的组织形式以及手段更加科学合理。

(2)中转换装功能

多式联运枢纽应满足不同的运输方式之间,也可以是不同货运线路的同种运输方式之间的货运中转,且提供方便、快捷的中转换装服务,科学合理地组织辅助服务;也可以提供运输车辆的维修、检测、清洗、加油、保养等辅助服务。

(3)装卸储存功能

多式联运枢纽应当有先进设备提供装卸和搬运服务,有足够空间为货主提供储存保管服务,提供货物运输过程中各种运输方式之间的中转换装、搬运装卸、储存保管、分发配送等功能。

(4)货运代理功能

多式联运枢纽接受各种运输方式的货主委托,承担运输代理,决定最佳的运输线路,科学组织多式联运,并且代办货物运输过程中的报关、仓储保管、分发与配送、金融结算等工作,实现货物运输的“一次托运,全程服务”的目的。

(5)通信信息服务功能

多式联运枢纽设施可以利用发达的通信信息和计算机技术,以互联网为依托,使货运枢纽各个部门、各级主管和各种运输方式有效地结合起来,提供先进的信息平台,确保货物运输准确、及时,并提供相应的查询服务,使组织营运、内部管理、内外联络、车辆配载和货物流通等更加科学合理。

(6)其他辅助功能(略)

3)货运信息系统

货运信息系统是枢纽中信息系统的关键部分,因为相对于人流而言,货物的流动更依赖于信息的组织和管理。为此货运信息系统需要涵盖货物流动的整个过程,包括货物的来货、加工、仓储、配载、发送以及运输的全过程,同时当中还包含有对运输车辆和货物交易资金结算的管理,因此货运信息系统能够实现以下服务:

(1)广泛收集并处理来自枢纽管理服务中心及枢纽外部的信息(如货主需求、车主、车辆运用情况以及铁路货站、港口、其他枢纽货运系统和汽车货运站的货运动态),并通过对这些信息资源的有效利用和共享实现运输的组织。

(2)实现货运交易、仓储和配送、配载和运输组织管理与运行的计算机信息化,对进出战场的车流、货物实行有效的核准和管理。

(3)实行理货大厅、交易大厅、堆场、仓库、停车场等要害部位的中央监控,并在紧急情况下组织救援服务和处理。

(4)采集、加工、汇总、传递货运运营计划、统计、财务管理、安全稽查以及货源、运力、仓储、中转换装、停车、费用结算、运输合同、辅助服务等动态信息,保证企业的经营和核算,同时以此为货运站经营管理者提供货源、运力等分析预测及经营决策的数量依据。

因此,货运信息系统主要由货运交易的管理、货运仓储管理、货物配送管理、货物运输的组织和管理、货运车辆管理和货运信息查询、货运情况的统计和分析等功能子系统组成。

9.3.4 集装箱多式联运

1)集装箱多式联运基础

集装箱多式联运是一种特殊的多式联运形式,其运输单元为集装箱,通过两种或两种以上的运输方式完成整个货物运输过程,并且在运输方式转换的过程中,不对货物本身进行操作,仅对集装箱进行操作。

(1)集装箱分类

集装箱种类很多,分类方法多种多样,有以下分类方法:

①按所装货物种类分,有杂货集装箱、散货集装箱、液体货集装箱、冷藏集装箱(图9-11)以及一些特种专用集装箱,如汽车集装箱、牧畜集装箱(图9-12)、兽皮集装箱等。

图9-11 冷藏集装箱

图9-12 牲畜集装箱

②按制造材料分,有木集装箱、钢集装箱、铝合金集装箱、玻璃钢集装箱、不锈钢集装箱等。

③按结构分,有折叠式集装箱(图9-13)、固定式集装箱、薄壳式集装箱,在固定式集装箱中还可分密闭集装箱、开顶集装箱(图9-14)、板架集装箱等。

图9-13 折叠式集装箱

图9-14 开顶集装箱

(2)集装箱货物交接方式及货运过程

根据集装箱货物装箱数量和方式可分为整箱货和拼箱货两种。

①整箱货(Full Container Load,FCL):由货方在工厂或仓库进行装箱,然后直接交集装箱堆场(CY)(Container Yard)等待装运;货到目的地(港)后,收货人可直接从目的地集装箱堆场提走。

②拼箱货(Less Than Container Load,LCL):货量不足一整箱,须由承运人在集装箱货运站(CFS)(Container Freight Station)负责将不同发货人的少量货物拼装在一个集装箱内,货到目的地(港)后,由承运人拆箱后分拨给各收货人。

集装箱运输中,整箱货和拼箱货在船货双方之间的交接方式有以下几种:

①门到门(Door to Door):由托运人负责装载的集装箱,在其货仓或厂库交承运人验收后,

负责全程运输,直到收货人的货仓或工厂仓库交箱为止。这种全程连线运输,称为“门到门”运输。

②门到场(Door to CY):由发货人货仓或工厂仓库至目的地或卸箱港的集装箱装卸区堆场。

③门到站(Door to CFS):由发货人货仓或工厂仓库至目的地或卸箱港的集装箱货运站。

④场到门(CY to Door):由起运地或装箱港的集装箱装卸区堆场至收货人的货仓或工厂仓库。

⑤场到场(CY to CY):由起运地或装箱港的集装箱装卸区堆场至目的地或卸箱港的集装箱装卸区堆场。

⑥场到站(CY to CFS):由起运地或装箱港的集装箱装卸区堆场至目的地或卸箱港的集装箱货运站。

⑦站到门(CFS to Door):由起运地或装箱港的集装箱货运站至收货人的货仓或工厂仓库。

⑧站到场(CFS to CY):由起运地或装箱港的集装箱货运站至目的地或卸箱港的集装箱装卸区堆场。

⑨站到站(CFS to CFS):由起运地或装箱港的集装箱货运站至目的地或卸箱港的集装箱货运站。

集装箱整箱货物运输流程为:

CY 堆场──→Door 装箱──→运输各个环节──→Door 拆箱──→CY 堆场。

集装箱拼箱货货物运输流程:

货主送货──→CFS 货运站──→运输各个环节──→CFS 货运站──→货主取货。

集装箱货运过程如图 9-15 所示。

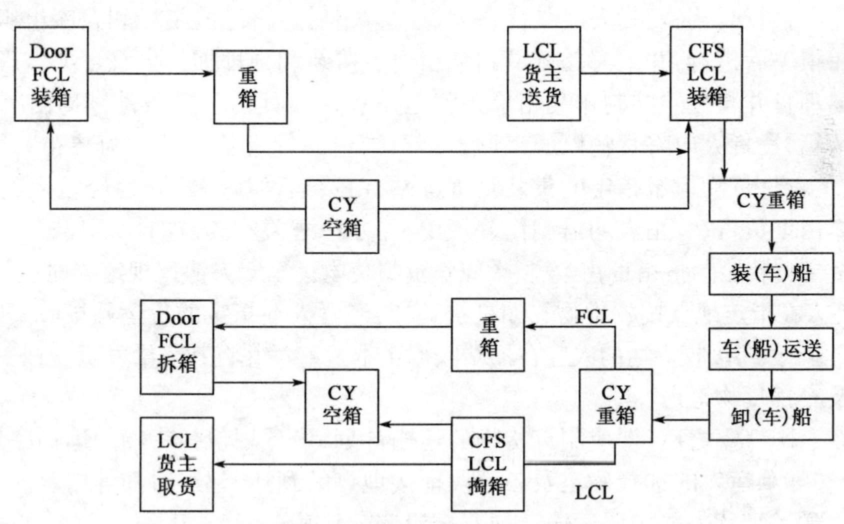

图 9-15 集装箱货运过程

(3)国际集装箱多式联运业务流程及运输单证

国际集装箱多式联运过程复杂、环节多,涉及多个责任人,其业务程序主要涉及以下几个环节:

①接受托运申请,订立多式联运合同。

多式联运经营人根据货主提出的托运申请和自己的运输路线等情况,判断是否接受该托运申请。如果能够接受,则双方议定有关事项后,在交给发货人或其代理人的场站收据副本上签章,证明接受托运申请,多式联运合同已经订立并开始执行。

发货人或其代理人根据双方就货物交接方式、时间、地点、付费方式等达成协议,填写场站收据,并把其送至多式联运经营人处编号,多式联运经营人编号后留下货物托运联,将其他联交还给发货人或其代理人。

②集装箱的发放、提取及运送。

多式联运中使用的集装箱一般应由多式联运经营人提供。这些集装箱来源可能有三个:一是经营人自己购置使用的集装箱;二是由公司租用的集装箱,这类箱一般在货物的起运地附近提箱而在交付货物地点附近还箱;三是由全程运输中的某一区段承运人提供,这类箱一般需要在多式联运经营人为完成合同运输与该分运人订立分运合同后获得使用权。

如果双方协议由发货人自行装箱,则多式联运经营人应签发提箱单,或者租箱公司或区段承运人签发提箱单交给发货人或其代理人,由他们在规定日期到指定的堆场提箱并自行将空箱托运到货物装箱地点准备装货。如发货人委托亦可由经营人办理从堆场装箱地点的空箱托运。如是拼箱货或整箱货但发货人无装箱条件不能自装时,则由多式联运经营人将所用空箱调运至接受货物集装箱货运站,做好装箱准备。

③出口报关。

若联运从港口开始,则在港口报关;若从内陆地区开始,应在附近的海关办理报关。出口报关事宜一般由发货人或其代理人办理,也可委托多式联运经营人代为办理。报关时应提供场站收据、装箱单、出口许可证等有关单据和文件。

④货物装箱及接收货物。

若是发货人自行装箱,发货人或其代理人提取空箱后在自己的工厂和仓库组织装箱,装箱工作一般要在报关后进行,并请海关派员到装箱地点监装和办理加封事宜。如需理货,还应请理货人员现场理货并与之共同制作装箱单。若是发货人不具备装箱条件,可委托多式联运经营或货运站装箱,发货人应将货物以原来形态运至指定的货运站由其代为装箱。如是拼箱货物,发货人应负责将货物运至指定的集装箱货运站,由货运站按多式联运经营人的指示装箱。无论装箱工作由谁负责,装箱人均需制作装箱单,并办理海关监装与加封事宜。

对于由货主自装箱的整箱货物,发货人应负责将货物运至双方协议规定的地点,多式联运经营人或其代理人在指定地点接收货物。如是拼箱货,经营人在指定的货运站接收货物。验收货物后,代表联运经营人接收货物的人应在场站收据正本上签章并将其交给发货人或其代理人。

⑤订舱及安排货物运送。

经营人在合同订立之后,即应制订货物的运输计划,该计划包括货物的运输路线和区段的划分,各区段实际承运人的选择确定及各区段衔接地点的到达、起运时间等内容。这里所说的订舱泛指多式联运经营人要按照运输计划安排洽定各区段的运输工具,与选定的各实际承运人订立各区段的分运合同。这些合同的订立由经营人本人或委托的代理人办理,也可请前一区段的实际承运人作为代表向后一区段的实际承运人订舱。

⑥办理保险。

在发货人方面,应投保货物运输险。该保险由发货人自行办理,或由发货人承担费用由多式联运经营人代为办理。货物运输保险可以是全程,也可分段投保。在多式联运经营人方面,应投保货物责任险和集装箱保险，由经营人或其代理人向保险公司或以其他形式办理。

⑦签发多式联运提单，组织完成货物的全程运输。

多式联运经营人的代表收取货物后，经营人应向发货人签发多式联运提单。在把提单交给发货人前，应注意按双方议定的付费方式及内容、数量向发货人收取全部应付费用。

多式联运经营人有完成或组织完成全程运输的责任和义务。在接收货物后，要组织各区段实际承运人、各派出机构及代表人共同协调工作，完成全程中各区段的运输以及各区段之间的衔接工作，运输过程中所涉及的各种服务性工作和运输单据、文件及有关信息等组织和协调工作。

⑧运输过程中的海关业务。

按惯例国际多式联运的全程运输均应视为国际货物运输。因此该环节工作主要包括货物及集装箱进口国的通关手续，进口国内陆段保税运输手续及结关等内容。如果陆上运输要通过其他国家海关和内陆运输线路时，还应包括这些海关的通关及保税运输手续。

这些涉及海关的手续一般由多式联运经营人的派出所机构或代理人办理，也可由各区段的实际承运人作为多式联运经营人的代表办理，由此产生的全部费用应由发货人或收货人负担。

如果货物在目的港交付，则结关应在港口所在地海关进行。如在内陆地交货，则应在口岸办理保税运输手续，海关加封后方可运往内陆目的地，然后在内陆海关办理结关手续。海关业务流程如图9-16所示。

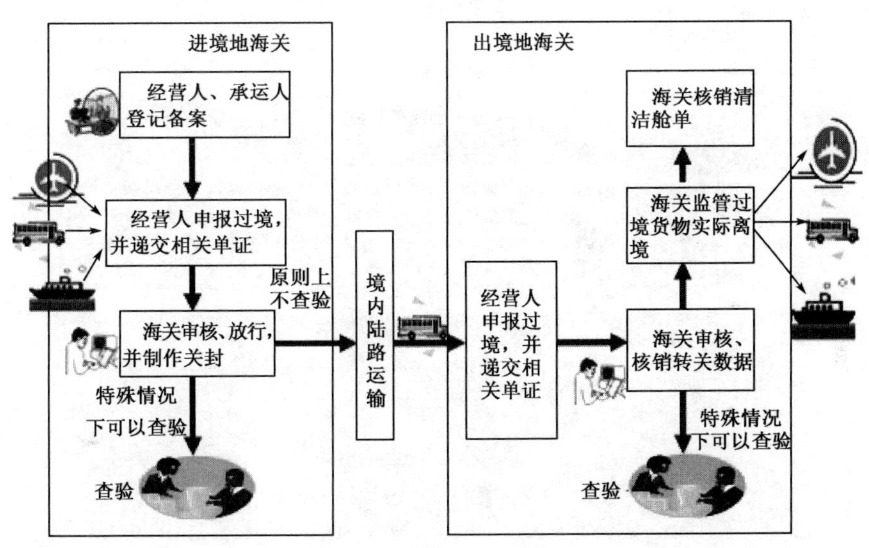

图9-16 海关业务流程图

⑨货物交付。

当货物运至目的地后，由目的地代理通知收货人提货。收货人需凭多式联运提单提货，经营人或其代理人需按合同规定，收取收货人应付的全部费用。收回提单后签发提货单，提货人凭提货单到指定堆场和集装箱货运站提取货物。如果整箱提货，则收货人要负责至掏箱地点的运输，并在货物掏出后将集装箱运回指定的堆场，运输合同终止。

⑩货运事故处理。

如果全程运输中发生了货物灭失、损害和运输延误，无论是否能确定发生的区段，发(收)货人均可向多式联运经营人提出索赔。多式联运经营人根据提单条款及双方协议确定责任并做出赔偿。如果已对货物及责任投保，则存在要求保险公司赔偿和向保险公司进一步追索问题。如果受损人和责任人之间不能取得一致,则需在诉讼时效内通过提起诉讼和仲裁来解决。

在国际集装箱多式联运过程中使用到的单证多达100余种,经过不断的修改和完善,已形成一套完整的、行之有效的国际集装箱运输单证系统,主要由三个单证子系统组成。第一是出口集装箱运输单证子系统,涉及的主要单证有:订舱单、设备交接单、场站收据、装箱单、提单、集装箱装载清单、货物舱单等。第二是进口集装箱运输单证子系统,涉及的主要单证有:货物舱单、提单、集装箱装载清单、到货通知、提货单、实装船图、交货记录、理货报告等。第三是向海关、进出口货物检验检疫、港监等口岸监管部门申报所用的单证子系统,涉及的主要单证有:报关单、贸易合同副本、信用证副本、商业发票、进出口许可证、危险品清单、危险品包装证书等。

2)国际集装箱多式联运组织形式

(1)海陆联运

海陆联运是国际多式联运的主要组织形式,也是远东—欧洲之间国际多式联运的主要组织形式之一。目前主要有班轮公会的三联集团、北荷、冠航和马士基等国际航运公司,以及非班轮公会的中国远洋运输公司、中国台湾长荣航运公司和德国那亚航运公司等组织和经营远东—欧洲海陆联运业务。这种组织形式以航运公司为主体,签发联运提单,与航线两端的内陆运输部门开展联运业务,与大陆桥运输展开竞争。

世界上规模最大的三条主要集装箱航线是远东—北美航线(太平洋航线),远东—欧洲、地中海航线,欧洲—北美航线(大西洋航线)。

全球主要集装箱航线及中转港分布见图9-17。

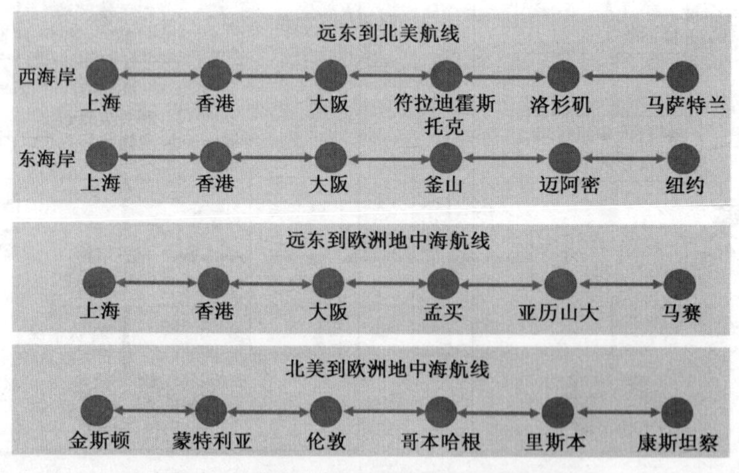

图9-17　全球主要集装箱航线及中转港分布

(2)大陆桥联运

所谓大陆桥运输,是指把横贯大陆的铁路或公路作为中间"桥梁",将大陆两端的集装箱海运航线连接起来,形成跨越大陆、连接海洋的国际联运线。随着国际多式联运的发展,大陆桥运输已代替部分海上航线,成为一种特殊的集装箱运输干线。大陆桥运输比采用海运缩短路程,但增加了装卸次数,所以在某一地域大陆桥运输能否发展,主要取决于它与全程海运比较在运输费用、运输时间等方面的综合竞争力。世界各国主要利用欧亚大陆桥、亚欧第二大陆桥等进行大陆桥运输,也利用后起来的美国小陆桥和微型陆桥进行国际多式联运。

西伯利亚大陆桥也称第一亚欧大陆桥,全长1.3万公里,东起俄罗斯东方港或纳霍德卡,西至俄芬(芬兰)、俄白(白俄罗斯)、俄乌(乌克兰)和俄哈(哈萨克斯坦)边界,过境欧洲和中亚等国家。把太平洋远东地区与前苏联波罗的海、黑海沿岸及西欧大西洋岸连接起来。这条大陆桥运输路线的西端从英国延伸到西欧、中欧、东欧、南欧、北欧整个欧洲大陆和伊朗、近东各国,其东端不仅是日本,而且包括韩国、菲律宾、中国。从西欧到远东,比海上经好望角航线缩短 1/2 的路程,比经苏伊士运河航线缩短 1/3 的路程,同时,运费要低 20% ~25% ,时间可节省 35 天左右。

新亚欧大陆桥又名"第二亚欧大陆桥",是从中国连云港到荷兰鹿特丹的铁路联运线。它东起中国江苏连云港和山东日照市,西到荷兰鹿特丹、比利时的安特卫普,途经江苏、山东、河南、安徽、陕西、甘肃、山西、四川、宁夏、青海、新疆 11 个省、区,89 个地、市、州的 570 多个县、市,到中苏边界的阿拉山口出国境。出国境后可经 3 条线路抵达荷兰的鹿特丹港。中线与俄罗斯铁路友谊站接轨,进入俄罗斯铁路网,途经阿克斗亚、切利诺格勒、古比雪夫、斯摩棱斯克、布列斯特、华沙、柏林抵达荷兰的鹿特丹港,全长 10900km,辐射世界 30 多个国家和地区。它比北线大陆桥减少行程 3000km,比走海路费用节约 20% ,时间减少一半。北线经阿克斗亚、切利诺格勒,到彼罗巴甫洛夫斯克纳,再经莫斯科、布列斯特、华沙、柏林到达鹿特丹港。南线经过阿雷西、伊列次克、布良斯克,再经过布列斯特、华沙、柏林到达鹿特丹港。也可从阿雷西分路,通过伊朗的马什哈德到德黑兰,还可从布良斯克分岔至乔普到达匈牙利的布达佩斯。新亚欧大陆桥中国段全长 4131km,由陇海铁路和兰新铁路组成。以新亚欧大陆桥为纽带,它将中国与独联体国家、伊朗、罗马尼亚、南斯拉夫、保加利亚、匈牙利、捷克、斯洛伐克、波兰、德国、奥地利、比利时、法国、瑞士、意大利、英国紧密相连。

第三亚欧大陆桥以深圳港为代表的广东沿海港口群为起点,由昆明经缅甸、孟加拉国、印度、巴基斯坦、伊朗,从土耳其进入欧洲,最终抵达荷兰鹿特丹港,横贯亚欧 21 个国家(含非洲支线 4 个国家:叙利亚、黎巴嫩、以色列和埃及),全长约 15157km,比目前经东南沿海通过马六甲海峡进入印度洋行程要短 3000km 左右。第三亚欧大陆桥通过 AMBDC 机制(东盟—湄公河流域开发合作机制)下的泛亚铁路西线,把亚洲南部和东南部连接起来,使整个亚洲从东到西、从南到北的广大地区第一次通过铁路网完整地联系起来,成为我国继北部、中部之后,由南部沟通东亚、东南亚、南亚、中亚、西亚及欧洲、非洲的又一最便捷和安全的陆路国际大通道。亚欧大陆桥如图 9-18 所示。

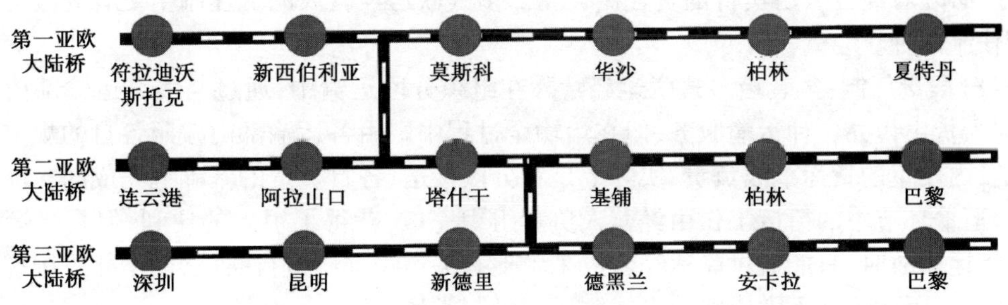

图 9-18 亚欧大陆桥

(3)海空联运

海空联运又称空桥运输。空桥运输与大陆桥运输有所不同。大陆桥运输在整个货运过程中使用的是同一个集装箱,不用换装,而空桥运输的货物通常要在航空港换装成航空集装箱。

海空联运方式始于20世纪60年代,20世纪80年代后有较大发展。采用这种运输方式,运输时间比全程海运少,运输费用比全程空运便宜。运输距离越远,采用海空联运的优越性就越大。

3)国际多式联运经营人

《联合国国际多式联运公约》中对多式联运经营人的定义是这样的:"多式联运经营人是指本人或通过其代表与发货人订立多式联运合同的任何人,他是事主,而不是发货人的代理人或代表或参加多式联运的承运人的代理人或代表,并且负有履行合同的责任。"这就是说,多式联运经营人是多式联运的当事人,是一个独立法律实体。对货主来说,他是货物的承运人;但对于实际承运人来说,他又是货物的托运人。他一方面同货主签订多式联运合同,另一方面又以托运人身份与实际承运人签订运输合同,所以他具有双重身份。但在多式联运方式下,根据合同规定,多式联运经营人始终是货物运输的总承运人,对货物负有全程运输的责任。

多式联运经营人按是否拥有运输工具,实际完成多式联运货物全程运输或部分运输活动的情况,可分为承运人型和无船承运人型两种类型。

(1)承运人型的多式联运经营人。承运人型的多式联运经营人拥有(或掌握)一种或一种以上的运输工具,直接承担并完成全程运输中一个或一个区段以上的货物运输。因此,他不仅是多式联运的契约承运人,对货物全程运输负责,同时也是实际承运人,对自己承担区段货物运输负责。这类经营人一般是由各种单一运输方式的承运人发展而来。

(2)无船承运人型的多式联运经营人。无船承运人型的多式联运经营人是指不拥有(或掌握)任何一种运输工具,在联运全程中各区段的运输都要通过与其他实际承运人订立分运合同来完成的经营人,因此只是组织完成合同规定货物的全程运输。这类经营人一般由传统意义上的运输代理人或无船承运人或其他行业企业或机构发展而来。尽管这类多式联运经营人没有自己的运输工具,但由于在长期工作中与各有关方已建立良好的业务关系,因此在组织全程联运方面具有一定优势。

在两种或两种以上的运输方式中,每一种方式所在区段适用的法律对承运人责任的规定往往是不同的,当货物在运输过程中发生灭失或损坏时,由谁来负责,是采用相同标准还是区别对待就必须看经营人所实行的责任制类型。多式联运经营人的责任制主要有分段责任制和全程责任制两种。

(1)分段责任制:集装箱多式联运经营人在组织分段运输中,通过与多个运输部门签订合同、协议为货主代办各种运输服务,但在运输全过程中则由各运输部门按照各自的规定对自己运输区段内发生的货运事故负责,实际上是在分段接送、各自负责的基础上完成的。就货主而言,各个运输环节中的衔接工作由经营人负责组织完成,获得了很大的便利,但是当运输过程中发生货运事故时,只能通过联运经营人来敦促有关运输部门进行赔偿,而不能采用统一的方法进行解决,因此这是不太成熟的多式联运责任制类型。

(2)全程责任制:由经营人对所承运的集装箱在运输全过程中向货主承担全部责任,又可分为混合责任制和统一责任制。在混合责任制的制度下,经营人向货主承担全部责任局限在各个运输部门规定的责任范围内,由经营人对全过程运输负责,对货物的灭失、损坏、延迟交付,根据各运输方式所适用的法律法规进行处理。在运输全过程中出现的无法判定的货损在本制度下推定为海运段发生。统一责任制下的多式联运经营人在整个运输中都使用相同的责任制对货主负责,只要发生货损事故,无论是明显还是隐蔽的、发生在海上还是在内陆段,都按照统一的责任制度由经营人统一赔偿。这样便消除了承运人相互推卸责任带来的隐患。

从全程责任制的两种责任类型来看:混合责任制减轻了多式联运经营人的风险,对刚起步阶段的多式联运经营人有积极的保护作用;统一责任制是合理的、科学的,而且手续简单,但对经营人来说具有较大的风险,在全球范围内采用得不多。

【知识应用与拓展】

综合案例:考虑班期限制的货物多式联运路径决策

某企业承担运输一批易损值为80,质量约为200t的货物,客户要求货物在子夜零点从重庆市(节点1)运输到江苏南京(节点10),多式联运网络见图9-19,图中数字表示节点编号,其中公、铁、水表示公路、铁路、水路运输。

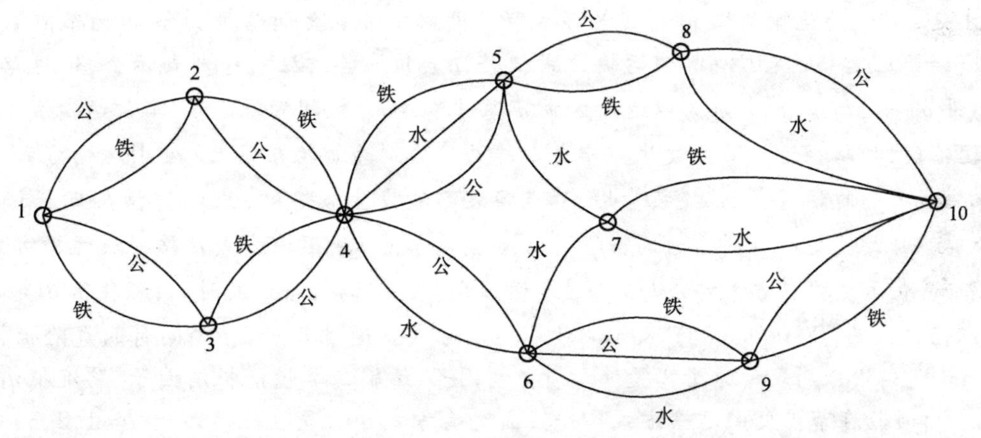

图9-19 多式联运网络结构图

问题:

如何确定多式联运路径?

分析:

(1)路径优化影响因素分析

多式联运运输路径和运输方式的合理选择可以有效地节约运输成本、缩短运输时间、降低运输风险、提高运输质量,安全快捷地将货物送到终点。实际中多式联运输路径的选择受到运输时间、运输费用、运输风险等诸多因素综合影响,而非理论研究中的单目标决策。

①运输费用。

货物运输费用是指将货物从起点运输到终点的全部费用。对于常规货物而言,其多式联运运输费用主要包括货物在节点间运输所需费用和货物在节点换装所需的费用两部分。节点之间货物运输成本的高低主要与运输路径和运输方式有关,而货物在节点换装成本则取决于货物的换装量、换装设备、换装技术等。

②运输时间。

运输时间一共为三部分,即节点之间的运输时间、节点换装时间以及换装结束后等待最近班期出发所需时间。一般而言,火车和货船都有固定班期,货物在某一节点以上述其中一种运输方式到达下一节点时,若存在等待最近班期时,节点等待时间需计入总运输时间。多式联运时间的长短是货物运输的关键指标,受到多式联运托运人与承运人的共同关注,尤其是托运人会依据自身状况对货物的运输时间提出直接要求,这将影响承运人对运输路径和运输方式的选择,从而采取不同的运输方案。

③运输风险。

运输风险是指货物在运输和换装过程中受自身特性以及路况、运输工具、换装工具等外在因素影响下损坏的可能性大小。若通过改善运输和换装工具性能,提高驾驶员和换装操作者技能水平等方式降低货物损坏风险,在计算运输风险时需加入抵消因子。运输风险越大,意味着货物在运输过程中损坏的可能性越大,所以路径优化时尽量选择运输风险较小的路径。

(2)多式联运路径优化模型

①问题描述。

设考虑班期限制的货物多式联运网络为 $G=(V,E,W)$。其中 V 为多式联运网络节点集合,$i=1,2,\cdots,n$,为运输网络节点;E 为多式联运网络中节点之间路段集合,e_{ij} 为节点 i、j 之间的路段($i\neq j,i,j\in V,e_{ij}\in E$);$W$ 为运输方式集合,$a\in W,a=1,2,3$,分别表示公路、铁路、水路运输。设 q_{ij}^{a}、c_{ij}^{a}、d_{ij}^{a}、t_{ij}^{a}、p_{ij}^{a} 分别为以运输方式 a 通过节点 i、j 之间的货运量、单位运输成本、运输距离、运输时间、路径运输事故发生概率;q_{i}^{ab}、c_{i}^{ab}、p_{i}^{ab} 分别为货物在节点 i 处由运输方式 a 换装成运输方式 b 的货运量、单位换装费用、节点换装事故发生概率;t_{j}^{ab} 表示货物在节点 j 由运输方式 a 转换成运输方式 b 所需时间;τf_{j}^{ab} 表示货物在节点 j 由运输方式 a 转换成运输方式 b 结束时刻;τs_{jk}^{b} 表示货物以运输方式 b 从节点 j 运输到节点 k 的最早出发时刻;f_{θ} 表示 θ 类货物易损值,取值区间为[0 100];$(v_{m})_{ij}^{a}$ 表示货物以运输方式 a 通过节点 i、j 之间时的危险性抵消因子值,$m=1,2,3$,分别表示运输驾驶员素质抵消因子、运输工具性能抵消因子、路况抵消因子;$(v_{l})_{i}^{ab}$ 表示货物在节点处由运输方式 a 转换成运输方式 b 的危险抵消因子,$l=1,2,3$,分别表示换装操作员素质抵消因子、换装工具性能抵消因子、换装节点管理水平抵消因子;节点的外邻节点集合为 $\varphi(i)=\{v_{j}\mid e_{ij}\in E\}$,内邻节点集合为 $\psi(i)=\{v_{j}\mid e_{ji}\in E\}$;设决策变量 x_{ij}^{a} 为货物是否以运输方式 a 通过路段 e_{ij},若是,则 x_{ij}^{a} 为1,否则 x_{ij}^{a} 为0;设决策变量 y_{i}^{ab} 为货物是否选择在节点 v_{i} 将运输方式由 a 转换成 b,若是,则 y_{i}^{ab} 为1,否则 y_{i}^{ab} 为0。

②模型建立。

综合分析考虑班期限制的货物多式联运路径优化问题的影响因素,建立以总运输费用、总运输时间、总运输风险为优化目标的考虑班期限制的货物多式联运路径优化模型,即

$$D_{1}=\sum_{i=1}^{n}\sum_{j=1}^{n}\sum_{a=1}^{3}q_{ij}^{a}c_{ij}^{a}d_{ij}^{a}x_{ij}^{a}+\sum_{i=1}^{n}\sum_{a=1}^{3}\sum_{b=1}^{3}q_{i}^{ab}c_{i}^{ab}y_{i}^{ab} \tag{9-1}$$

$$D_{2}=\sum_{i=1}^{n}\sum_{j=1}^{n}\sum_{a=1}^{3}t_{ij}^{a}x_{ij}^{a}+\sum_{j=1}^{n}\sum_{a=1}^{3}\sum_{b=1}^{3}t_{j}^{ab}y_{j}^{ab}+\sum_{j=1}^{n}\sum_{a=1}^{3}\sum_{b=1}^{3}\min(\tau s_{jk}^{b}-\tau f_{j}^{ab})y_{j}^{ab} \tag{9-2}$$

$$D_3 = \sum_{i=1}^{n}\sum_{j=1}^{n}\sum_{a=1}^{3} f_\theta \{ p_{ij}^a \times \prod_{m=1}^{3} [1 - (v_m)_{ij}^a] \} x_{ij}^a + \sum_{i=1}^{n}\sum_{a=1}^{3}\sum_{b=1}^{3} f_\theta \{ p_i^{ab} \times \prod_{l=1}^{3} [1 - (v_l)_i^{ab}] \} y_i^{ab} \quad (9\text{-}3)$$

$$\sum_{a=1}^{3} x_{ij}^a \leqslant 1 \quad (9\text{-}4)$$

$$\sum_{a=1}^{3}\sum_{b=1}^{3} y_j^{ab} \leqslant 1 \quad (9\text{-}5)$$

$$\tau f_j^{ab} = \tau s_{ij}^a + t_{ij}^a + t_j^{ab} \quad \forall i \in V, \forall j \in V, \forall a \in W, \forall b \in W \quad (9\text{-}6)$$

$$\tau s_{ij}^a = \tau f_{hi}^c \quad \forall h \in V, \forall i \in V, \forall j \in V, \forall a \in W, \forall c \in W \quad (9\text{-}7)$$

$$\tau s_{jk}^b - \tau f_j^{ab} \geqslant 0 \quad \forall j \in V, \forall k \in V, \forall a \in W, \forall b \in W \quad (9\text{-}8)$$

$$\sum_{j \in \{j | v_j \in \varphi(i)\}} \sum_{a=1}^{3} x_{ij}^a - \sum_{j \in \{j | v_j \in \psi_i\}} \sum_{a=1}^{3} x_{ji}^a = \begin{cases} 1, & v_i \text{ 为起点} \\ 0, & v_i \text{ 不为起点或终点} \\ -1, & v_i \text{ 为终点} \end{cases} \quad (9\text{-}9)$$

$$\sum_{j \in \{j | v_j \in \psi(i)\}} x_{ji}^a + \sum_{j \in \{j | v_j \in \varphi(i)\}} x_{ij}^b \geqslant 2y_{iab} \quad (9\text{-}10)$$

$$f_\theta \in [0 \quad 100] \quad \forall \theta \in \Theta \quad (9\text{-}11)$$

$$p_{ij}^a \in [0 \quad 1] \quad \forall i \in V, \forall j \in V, \forall a \in W \quad (9\text{-}12)$$

$$p_i^{ab} \in [0 \quad 1] \quad \forall i \in V, \forall a \in W, \forall b \in W \quad (9\text{-}13)$$

$$(v_m)_{ij}^a \in [0 \quad 1] \quad \forall i \in V, \forall j \in V, \forall a \in W, \forall m \in M \quad (9\text{-}14)$$

$$(v_l)_i^{ab} \in [0 \quad 1] \quad \forall i \in V, \forall a \in W, \forall b \in W, \forall l \in L \quad (9\text{-}15)$$

上述模型中,目标函数(9-1)为货物多式联运总运输成本,由货物流动总费用、换装总费用组成;目标函数(9-2)为货物多式联运总运输时间,货物实际到达时间由线路运输时间、节点换装时间、换装结束后等待最近班期所需时间组成;目标函数(9-3)为货物多式联运总风险值,即货物易损值与线路事故发生概率乘积;约束(9-4)保证货物在每一段路上只能选择某一种特定的运输方式;约束(9-5)表示货物在某一节点只能换装一次;约束(9-6)表示货物在 j 点换装结束时刻是由货物在近邻节点 i 出发时刻加运输时间以及在 j 点换装所需时间推算出来的;约束(9-7)表示货物从节点 h 运输到节点 i 的结束时刻便是货物从节点 i 运输到节点 j 的出发时刻;约束(9-8)表示货物在节点出发时刻至少晚于货物在该节点换装结束的时刻;约束(9-9)保证节点货物流量输入输出平衡;约束(9-10)保证货物多式联运的连续性;约束(9-11)表示 θ 类货物易损值,在 0 与 100 之间取值,其值越大表示该货物越容易损坏;约束(9-12)、(9-13)分别表示运输路段、换装节点事故发生概率在 0 与 1 之间;约束(9-14)、(9-15)分别表示运输过程、换装过程中危险抵消因子值。

考虑班期限制的货物多式联运路径优化是多目标优化问题,在解决多目标优化问题时,通常采用线性加权的方法将多目标问题转化为单目标问题进行求解,但由于考虑班期限制的货物多式联运路径优化目标具有不同的量纲,需要进行量纲化为 1 处理。

设该问题有 m 个可行方案,$D_{\xi\eta}$ 为第 η 了个方案的第 ξ 目标方案函数值,$\xi = 1、2、3$,$\eta = 1, 2, \cdots, m$。将目标函数值 $D_{\xi\eta}$ 处理成量纲为 1 的目标 $d_{\xi\eta}$,即

$$d_{\xi\eta} = \begin{cases} 0, & D_{\xi\eta} \leqslant D_{\xi\min} \\ \dfrac{D_{\xi\eta} - D_{\xi\min}}{D_{\xi\max} - D_{\xi\min}} & D_{\xi\min} < D_{\xi\eta} < D_{\xi\max} \\ 1, & D_{\xi\eta} \geqslant D_{\xi\max} \end{cases} \quad (9\text{-}16)$$

式中:$D_{\xi\min}$、$D_{\xi\max}$——目标函数 D_ξ 出现过的最小值和最大值。

设 d_1、d_2、d_3 分别为量纲为 1 的考虑班期限制的货物多式联运总运输成本、总运输时间、总运输风险的目标函数。考虑业主(决策者)的需求选择,设目标函数的权重向量为 $W=(w_1、w_2、w_3)$,d 为综合目标函数,保持原约束条件,将考虑班期限制的货物多式联运路径优化多目标模型变成单目标优化模型,即

$$\min d = w_1 d_1 + w_2 d_2 + w_3 d_3 \tag{9-17}$$

(3)求解算法

考虑班期限制的货物多式联运路径优化问题是一个求解多目标进行无量纲化处理为单一目标的多约束最短路径问题,若以传统方法对该问题的决策变量进行二进制编码,会导致变量个数多,算法收敛速度慢。本部分内容考虑对模型进行转换,将整个多式联运优化分为运输路线选择和运输方式选择两部分。

运输网络分成 n 个层,除去仅有一个选择的层次,仅需完成 m 个决策选择,因此可用 m 个决策变量表示路线选择,又相邻两层之间存在一条运输路线,因此 n 层运输路线有$(n-1)$条路线,可用$(n-1)$个决策变量表示运输方式选择,整个模型转换成$(m+n-1)$决策变量优化模型。以下文运输网络为例,在不考虑节点间运输方式时,可以将其剖析为图 9-20。

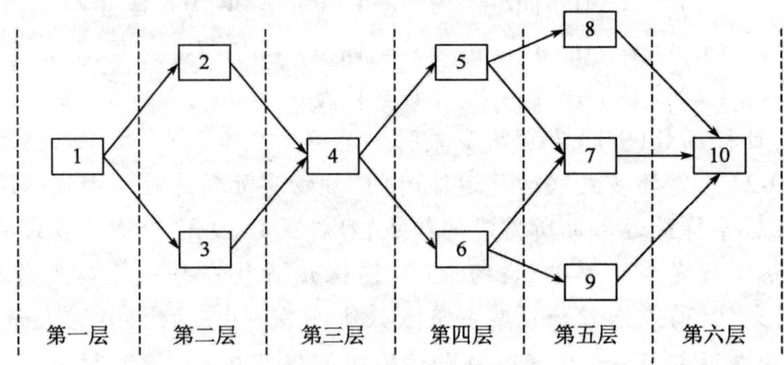

图 9-20 多式联运网络剖析图

如图 9-20 所示,整个运输网络分为{1,(2,3),4,(5,6),(7,8,9),10}6 层,货物运输路径必定经过节点 1、4、10。即第 1、3、6 层不需要决策选择,仅需完成第 2、4、5 层 3 个决策选择,因此可用 3 个路线决策变量表示路线选择,又运输网络共 6 层,相邻两层之间存在一条运输路线,每一条运输路线对应一种运输方式,则可用 5 个决策变量表示运输方式选择,运输路径及运输方式优化转换为 8 个决策变量优化。

多式联运路径优化遗传算法具体流程如下:

Step1:染色体编码与解码。把所需要选择的$(m+n-1)$个决策变量进行编码,生成长度为$(m+n-1)$的个体,前 m 位基因表示路径选择决策变量,后$(n-1)$位基因表示运输方式选择决策变量,每个基因用 0 到 1 之间的随机四位小数表示,即

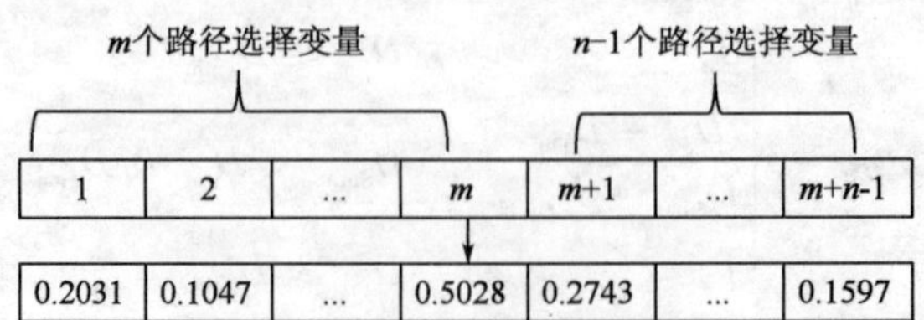

根据某一层的节点数生成将1均分成与节点数等同个的区间，如第二层有两个节点（节点2和3），生成{[0 0.5]、[0.5 1]}两个区间，若第一位基因随机数0.2031属于区间[0 0.5]，则解码成选择节点2作为运输路径中一个节点，当运输路径解码出来后，以同样的方法解码出各节点间的运输方式。

Step2：生成初始种群。随机产生K个初始串结构数据，每个串结构数据称为一个个体。所有个体构成了初始种群。

Step3：适应性评价。将结构串数据解码为$(m+n-1)$个决策变量，确定对应的运输路径及运输方式，计算出该运输方案的目标函数值，以目标函数值的大小衡量个体的适应性，目标函数值越小个体适应性越强，反之个体适应性越弱。

Step4：选择与交叉。按照交叉概率P_c挑选两个父代个体，通过将相异的部分基因进行交换，从而产生新的个体。选取交换后的群体中具有最大适应度的前K个个体作为下一代进行繁殖。

Step5：变异。在群体中随机选择一定数量个体，对于选中的个体以一定的概率P_m随机地改变串结构数据中某个基因的值。

Step6：进化终止条件。由于本部分中模型简化后，变量个数较少，算法收敛速度快，故规定连续迭代100次后终止。

决策：

假设各节点换装信息、节点之间的多式联运网络信息分别见表9-2、表9-3。

节点换装风险与危险性抵消因子信息　　表9-2

节点	运输方式		单位换装费用（元/t）	换装时间（h）	事故发生概率	节点危险性抵消因子			班期时刻表
						抵消因子1	抵消因子2	抵消因子3	
2	1	1	10	0.5	0.16	0.12	0.03	0.14	无
	1	2	20	2.0	0.20	0.09	0.06	0.16	2:00、10:30、18:45
	2	1	20	1.0	0.28	0.14	0.04	0.12	无
	2	2	15	2.0	0.15	0.05	0.08	0.07	9:00、18:00、22:15
3	1	1	10	0.5	0.23	0.08	0.05	0.10	无
	1	2	20	2.0	0.32	0.05	0.06	0.06	9:00、18:45、21:00
	2	1	20	1.0	0.30	0.07	0.04	0.05	无
	2	2	15	1.5	0.21	0.03	0.08	0.11	5:00、10:45、22:15
4	1	1	10	0.5	0.10	0.08	0.09	0.15	无
	1	2	20	2.0	0.28	0.11	0.04	0.17	9:00、18:45、23:45
	1	3	30	1.5	0.47	0.09	0.12	0.13	8:30、18:00
	2	1	20	1.0	0.29	0.10	0.07	0.09	无
	2	2	15	1.5	0.36	0.14	0.04	0.14	9:00、15:20、22:15
	2	3	40	2.0	0.45	0.12	0.08	0.11	8:30、18:00
5	1	1	10	0.5	0.31	0.07	0.03	0.07	无
	1	2	20	2.0	0.17	0.04	0.06	0.05	5:45、18:00、22:15
	1	3	30	1.5	0.29	0.08	0.05	0.09	8:30、18:00

续上表

节点	运输方式		单位换装费用(元/t)	换装时间(h)	事故发生概率	节点危险性抵消因子			班期时刻表
						抵消因子1	抵消因子2	抵消因子3	
5	2	1	20	1.0	0.14	0.09	0.03	0.05	无
	2	2	15	1.5	0.33	0.10	0.07	0.13	9:00、15:00、23:30
	2	3	40	2.0	0.35	0.13	0.06	0.16	8:30、18:00
	3	1	35	1.5	0.27	0.08	0.13	0.10	无
	3	2	45	2.5	0.36	0.12	0.10	0.14	8:00、14:30、20:45
	3	3	25	3.0	0.13	0.05	0.08	0.06	8:30、18:00
6	1	1	10	0.5	0.05	0.07	0.04	0.09	无
	1	2	20	2.0	0.14	0.03	0.05	0.15	9:00、18:00
	1	3	30	1.5	0.22	0.08	0.07	0.12	8:30、18:00
	3	1	35	1.5	0.41	0.15	0.06	0.17	无
	3	2	45	2.5	0.36	0.13	0.04	0.19	5:45、18:00
	3	3	25	3.0	0.25	0.08	0.07	0.13	8:30、18:00
7	3	2	45	2.5	0.39	0.12	0.05	0.16	3:25、9:00、22:15
	3	3	25	3.0	0.14	0.04	0.08	0.09	8:30、18:00
8	1	1	10	0.5	0.09	0.12	0.05	0.12	无
	1	3	30	1.5	0.15	0.06	0.04	0.17	8:30、18:00
	2	1	20	1.0	0.26	0.13	0.08	0.13	无
	2	3	40	2.0	0.32	0.08	0.11	0.18	8:30、18:00
9	1	1	10	0.5	0.23	0.05	0.05	0.20	无
	1	2	20	2.0	0.19	0.11	0.07	0.16	9:00、13:30、22:15
	2	1	20	1.0	0.21	0.04	0.06	0.13	无
	2	2	15	1.5	0.26	0.13	0.08	0.17	9:00、18:00、23:40
	3	1	35	1.5	0.18	0.06	0.05	0.08	无
	3	2	45	2.5	0.38	0.15	0.08	0.18	8:30、18:00

运输网络信息 表9-3

起始节点	终止节点	运输方式	里程(km)	运输时间(h)	运输费用(元/t·km)	事故发生概率	路段危险性抵消因子		
							抵消因子1	抵消因子2	抵消因子3
1	2	1	280	4.5	0.28	0.21	0.08	0.02	0.15
1	2	2	373	3.7	0.15	0.15	0.12	0.05	0.24
1	3	1	205	3.3	0.28	0.28	0.10	0.03	0.12
1	3	2	352	3.2	0.15	0.12	0.09	0.04	0.18
2	4	1	240	4.5	0.28	0.15	0.14	0.05	0.17
2	4	2	301	3.4	0.15	0.13	0.16	0.04	0.22
3	4	1	264	4.8	0.28	0.31	0.12	0.03	0.10

续上表

起始节点	终止节点	运输方式	里程(km)	运输时间(h)	运输费用(元/t·km)	事故发生概率	路段危险性抵消因子		
							抵消因子1	抵消因子2	抵消因子3
3	4	2	317	2.8	0.15	0.15	0.10	0.02	0.19
4	5	1	225	3.7	0.28	0.24	0.15	0.05	0.14
4	5	2	372	3.1	0.15	0.10	0.13	0.03	0.21
4	5	3	180	6.5	0.10	0.34	0.12	0.06	0.08
4	6	1	247	4.4	0.28	0.25	0.08	0.04	0.13
4	6	3	188	7.2	0.10	0.18	0.14	0.07	0.07
5	7	3	158	5.2	0.10	0.26	0.09	0.08	0.09
5	8	1	212	3.5	0.28	0.15	0.14	0.05	0.14
5	8	2	374	3.4	0.15	0.12	0.10	0.03	0.25
6	7	3	139	4.3	0.10	0.27	0.15	0.06	0.12
6	9	1	234	4.2	0.28	0.25	0.07	0.02	0.10
6	9	2	389	3.6	0.15	0.14	0.12	0.06	0.25
6	9	3	157	3.3	0.10	0.29	0.06	0.12	0.07
7	10	2	225	2.2	0.15	0.24	0.13	0.09	0.19
7	10	3	252	8.4	0.10	0.32	0.09	0.06	0.08
8	10	1	158	3.2	0.28	0.24	0.12	0.04	0.15
8	10	3	127	4.5	0.10	0.20	0.16	0.13	0.14
9	10	1	185	3.5	0.28	0.27	0.14	0.05	0.12
9	10	2	147	1.2	0.15	0.15	0.09	0.08	0.19

取运输费用、运输时间、运输风险的权重向量为 $W_1=(0.4,0.3,0.3)$。遗传算法参数设置：种群规模 K 取80，最大进化代数 G 取300，交叉概率 P_c 和变异概率 P_m 分别取0.9、0.05，连续迭代100次终止运算。

采用考虑班期限制的货物多式联运遗传算法求解，运行137.176s，考虑班期限制的货物多式联运最优路径及运输方式为：

$$1 \xrightarrow{2} 2 \xrightarrow{2} 4 \xrightarrow{1} 5 \xrightarrow{1} 8 \xrightarrow{1} 10$$

该货物先由铁路从节点1运达节点2，在节点2由铁路运达节点4，接着在节点4由公路运达节点5，然后在节点5由公路运达节点8，最后在节点8由公路抵达目的地。

采用不考虑班期限制的货物多式联运遗传算法求解，运行112.121s，不考虑班期限制的货物多式联运最优路径及运输方式为：

$$1 \xrightarrow{2} 3 \xrightarrow{2} 4 \xrightarrow{2} 5 \xrightarrow{1} 8 \xrightarrow{1} 10$$

此时，货物先由铁路从节点1运达节点3，在节点3由铁路运达节点4，接着在节点4由铁路运达节点5，然后在节点5由公路运达节点8，最后在节点8由公路抵达目的地。

考虑和不考虑班期限制的货物多式联运路径优化问题的计算结果见表9-4。

遗传算法计算结果

表 9-4

项　目		最 小 值	最 大 值	最优路径 单一目标值	目标函数值
考虑班期时计算结果	运输费用(元)	52650	76982	64100	0.2523
	运输时间(h)	20.20	50.40	26.63	
	运输风险	86.57	156.24	86.61	
不考虑班期时计算结果	运输费用(元)	52650	76982	63950	0.2136
	运输时间(h)	19.90	38.00	21.30	
	运输风险	86.57	156.24	91.48	

由最优路径及运输方式结果表 9-4 可知，考虑班期限制与不考虑班期的多式联运最优路径及运输方式截然不同，货物在考虑班期时运达目的地所需时间明显比不考虑班期时的时间更长，物流企业在制定多式联运路径方案时必须将货物换装后等待最佳班期所需时间计入总运输时间，这样才能得到最优运输方案。

【思考与练习】

1. 影响多式联运方案决策的因素有哪些？
2. 旅客综合枢纽实现联运协调的方法有哪些？
3. 货物多式联运组织方法有哪些？有何优缺点？
4. 集装箱货物交接方式有哪些？
5. 试找出一种运营中的集装箱多式联运组织形式，并对其运营时间、成本等进行分析，对其优缺点进行评述。

参 考 文 献

[1] 王健,杨磊. 智慧巴士的理论与实践[J]. 汽车观察,2011.

[2] 李维斌. 公路运输组织学[M]. 北京:人民交通出版社,1998.

[3] 孟祥茹. 运输组织学[M]. 北京:北京大学出版社,2014.

[4] 骆勇,宇仁德. 道路运输组织学[M]. 北京:人民交通出版社,2005.

[5] 户佐安,薛峰. 交通运输组织学[M]. 成都:西南交通大学出版社,2014.

[6] 戴彤焱,孙学琴,姜华. 运输组织学[M]. 北京:机械工业出版社,2006.

[7] 李维斌. 公路运输组织学[M]. 北京:人民交通出版社,1998.

[8] 董千里. 交通运输组织学[M]. 北京:人民交通出版社,2008.

[9] 陈坚,李武,吴丹,等. 基于 MAST 的智慧公交系统调度优化模型[J]. 重庆交通大学学报(自然科学版),2016.

[10] 肖华刚. 基于客流数据挖掘的公交时刻表的研究[D]. 北京:北京交通大学,2010.

[11] 徐梁. 突发客流条件下的公共交通人员排班问题研究[D]. 北京:北京交通大学,2011.

[12] 韩满江. 基于 GPS/GIS 的出租车调度系统[D]. 大连:大连理工大学,2006.

[13] 李彬. 定制公交与定制公交客车的研究[D]. 西安:长安大学,2013.

[14] 中华人民共和国交通运输部. 道路危险货物运输管理规定(中华人民共和国交通运输部令 2013 年第 2 号). 2013.

[15] 金晓红,顾正红,付丽红. 道路运输组织学[M]. 徐州:中国矿业大学出版社,2015.

[16] 魏娟. 道路货物运输组织[M]. 北京:经济管理出版社,2012.

[17] 李维斌,邵振一. 公路运输组织学[M]. 北京:人民交通出版社,2003.

[18] 王业军,关善勇. 运输组织管理[M]. 北京:科学出版社,2009.

[19] 马晓燕. 公路零担货运发展方式分析[D]. 西安:长安大学,2011.

[20] 许智子. 公路零担物流企业末端配送路径优化研究[D]. 成都:成都理工大学,2015.

[21] 吴彪,藏洁,庞然. 基于现代物流理论的公路快速货运组织[J]. 科技与经济,2008:(1).72-74.

[22] 曲衍国. 汽车甩挂运输的货源条件及组织模式[J]. 物流技术:装备版,2012,(5):21-36.

[23] 彭勇. 变需求车辆路线问题建模及基于 Inver-over 操作的 PSO-DP 算法[J]. 系统工程理论与实践,2008,(28):76-81.

[24] 陈坚,等. 城市轨道交通概论[M]. 长沙:中南大学出版社,2014.

[25] 蔡涵哲. 城市轨道交通运输组织节能因素及方案研究[J]. 现代城市轨道交通,2013,(6):68-71.

[26] 毕湘利. 从网络化运营角度看当前城市轨道交通应关注的问题[J]. 地下工程与隧道,2010,(4):8-11.

[27] 朱金福. 航空运输规划[M]. 西安:西北工业大学出版社,2009.

[28] 鲍香台,何杰主. 运输组织学[M]. 南京:东南大学出版社,2009.

[29] 王效俐. 运输组织学[M]. 北京:立信会计出版社,2006.

[30] 中国民用航空局. 2015 年民航行业发展统计公报[R]. 2016.

[31] 谢新连.船舶运输管理与经营[M].大连:大连海事大学出版社,2009.
[32] 方芳.船舶营运管理学[M].北京:人民交通出版社,2007.
[33] 王义源,等.远洋运输业务[M].北京:人民交通出版社,2002.
[34] 吴长仲.航运管理[M].大连:大连海事大学出版社,1992.
[35] 赵刚.国际航运管理[M].大连:大连海事大学出版社,2006.
[36] 毛侠.远洋船队经营管理[M].北京:中国城市经济社会出版社,1990.
[37] 彭勇,殷树才.时变单车路径优化模型及动态规划算法[J].运筹与管理,2014,(2):158-162.
[38] 朱金福.航空运输规划[M].西安:西北工业大学出版社,2009.
[39] 张军伟.多式联运中全程集装箱运输网络路径合理化研究[D].北京:北京交通大学,2011.
[40] 刘舰.联合运输虚拟企业服务链协调运作的研究[D].兰州:兰州交通大学,2013.
[41] 漆凯.城市客运枢纽站旅客流线优化研究[D].北京:北京交通大学,2013.
[42] 韩增霞.集装箱多式联运路径及运输方式选择研究[D].大连:大连海事大学,2011.
[43] 杨年.国内空铁联合运输网络规划方法研究[D].南京:南京航空航天大学,2012.
[44] 郭嘉.客运专线与城市交通换乘客流预测及衔接方案研究[D].北京:北京交通大学,2008.
[45] 吴思.客运专线综合枢纽换乘条件研究[D].北京:北京交通大学,2009.
[46] 王效俐.运输组织学[M].北京:立信会计出版社,2006.
[47] 姚凤金.旅客综合枢纽运输协调理论研究[D].北京:北京交通大学,2007.
[48] 黄璇.铁路与航空旅客联合运输可行性研究[D].上海:同济大学,2008.
[49] 孙家庆,等.集装箱多式联运[M].北京:中国人民大学出版社,2013.
[50] 杨友会.基于多式联运的货运枢纽选址研究[D].西安:长安大学,2011.
[51] 苏明.基于运输合理化理论的多式联运方案决策研究[D].长沙:中南大学,2011.
[52] 段满珍.国际集装箱运输与多式联运[M].北京:清华大学出版社,2011.
[53] 马宇鹏.多种运输方式衔接运营管理与组织技术研究[D].西安:长安大学,2012.
[54] 彭勇,刘星,罗嘉,等.考虑班期限制的货物多式联运路径优化研究[J].中国科技论文,2017,(12):787-792.

人民交通出版社股份有限公司 公路教育出版中心
土木工程/道路桥梁与渡河工程类本科及以上教材

一、专业基础课

1. 材料力学(郭应征) …………………………… 25 元
2. 理论力学(周志红) …………………………… 29 元
3. 工程力学(郭应征) …………………………… 25 元
4. 结构力学(肖永刚) …………………………… 32 元
5. 材料力学(上册)(李银山) ………………… 49 元
6. 材料力学(下册)(李银山) ………………… 45 元
7. 材料力学(石　晶) …………………………… 42 元
8. 材料力学(少学时)(张新占) ……………… 36 元
9. 弹性力学(孔德森) …………………………… 20 元
10. 水力学(第二版)(王亚玲) ………………… 25 元
11. 结构动力学讲义(曾庆元) ………………… 35 元
12. 土质学与土力学(第五版)(钱建国) ………… 35 元
13. 土木工程制图(第三版)(林国华) …………… 39 元
14. 土木工程制图习题集(第三版)(林国华) …… 25 元
15. 土木工程制图(第二版)(丁建梅) …………… 39 元
16. 土木工程制图习题集(第二版)(丁建梅) …… 22 元
17. ◆土木工程计算机绘图基础(第二版)(袁　果) …………………………………… 45 元
18. ▲道路工程制图(第五版)(谢步瀛) ………… 46 元
19. ▲道路工程制图习题集(第五版)(袁　果) … 28 元
20. 交通土建工程制图(第二版)(和丕壮) ……… 39 元
21. 交通土建工程制图习题集(第二版)(和丕壮) …………………………………… 22 元
22. 工程制图(龚　伟) …………………………… 38 元
23. 工程制图习题集(龚　伟) …………………… 15 元
24. 现代土木工程(第二版)(付宏渊) …………… 59 元
25. 土木工程概论(项海帆) ……………………… 32 元
26. 道路概论(第二版)(孙家驷) ………………… 20 元
27. 桥梁工程概论(第三版)(罗　娜) …………… 32 元
28. 道路与桥梁工程概论(第二版)(黄晓明) …… 40 元
29. 道路与桥梁工程概论(第二版)(苏志忠) …… 49 元
30. 公路工程地质(第四版)(窦明健) …………… 30 元
31. 工程测量(胡伍生) …………………………… 25 元
32. 交通土木工程测量(第四版)(张坤宜) ……… 48 元
33. ◆测量学(第四版)(许娅娅) ………………… 45 元
34. 测量学(姬玉华) ……………………………… 34 元
35. 测量学实验及应用(孙国芳) ………………… 19 元
36. ◆道路工程材料(第五版)(李立寒) ………… 45 元
37. ◆道路工程材料(第二版)(申爱琴) ………… 48 元
38. ◆基础工程(第四版)(王晓谋) ……………… 37 元
39. 基础工程(丁剑霆) …………………………… 40 元
40. ◆基础工程设计原理(袁聚云) ……………… 36 元
41. 桥梁墩台与基础工程(盛洪飞) ……………… 49 元
42. ▲结构设计原理(第三版)(叶见曙) ………… 59 元
43. ◆Principle of Structural Design(结构设计原理)(第二版)(张建仁) ……………………… 60 元
44. 混凝土结构设计原理(薛兴伟) ……………… 45 元
45. ◆预应力混凝土结构设计原理(第二版)(李国平) …………………………………… 30 元
46. 专业英语(第三版)(李　嘉) ………………… 39 元
47. 土木工程材料(孙　凌) ……………………… 48 元
48. 岩体力学(晏长根) …………………………… 38 元
49. 道路与桥梁设计概念(程国柱) ……………… 42 元

二、专业核心课

1. ◆路基路面工程(第五版)(黄晓明) ………… 65 元
2. 路基路面工程(何兆益) ……………………… 45 元
3. ◆▲路基工程(第二版)(凌建明) …………… 25 元
4. ◆道路勘测设计(第四版)(许金良) ………… 49 元
5. ◆道路勘测设计(第三版)(孙家驷) ………… 52 元
6. 道路勘测设计(裴玉龙) ……………………… 38 元
7. ◆公路施工组织及概预算(第三版)(王首绪) … 32 元
8. 公路施工组织与概预算(靳卫东) …………… 45 元
9. 公路施工组织与管理(赖少武) ……………… 35 元
10. 公路工程施工组织学(第二版)(姚玉玲) …… 38 元
11. ◆桥梁工程(第二版)(姚玲森) ……………… 62 元
12. 桥梁工程(土木、交通工程)(第四版)(邵旭东) …………………………………… 65 元
13. ◆桥梁工程(上册)(第三版)(范立础) ……… 54 元
14. ◆桥梁工程(下册)(第三版)(顾安邦) ……… 49 元
15. 桥梁工程(第三版)(陈宝春) ………………… 49 元
16. ◆桥涵水文(第五版)(高冬光) ……………… 35 元
17. 水力学与桥涵水文(第二版)(叶镇国) ……… 46 元
18. ◆公路小桥涵勘测设计(第五版)(孙家驷) …………………………………… 35 元
19. ◆现代钢桥(上)(吴　冲) …………………… 34 元
20. ◆钢桥(第二版)(徐君兰) …………………… 45 元
21. 钢桥(吉伯海) ………………………………… 53 元
22. ▲桥梁施工及组织管理(上)(第三版)(魏红一) …………………………………… 45 元
23. ▲桥梁施工及组织管理(下)(第二版)(邬晓光) …………………………………… 39 元
24. ◆隧道工程(第二版)(上)(王毅才) ………… 65 元
25. 公路工程施工技术(第二版)(盛可鉴) ……… 38 元
26. 桥梁施工(第二版)(徐　伟) ………………… 49 元
27. ▲隧道工程(杨林德) ………………………… 55 元
28. 道路与桥梁设计概论(程国柱) ……………… 42 元
29. ◆桥梁工程控制(向中富) …………………… 38 元
30. 桥梁结构电算(周水兴) ……………………… 35 元
31. 桥梁结构电算(第二版)(石志源) …………… 35 元
32. 土木工程施工(王丽荣) ……………………… 58 元
33. 桥梁墩台与基础工程(盛洪飞) ……………… 49 元

三、专业选修课

1. 土木规划学(石　京) ………………………… 38 元
2. 道路规划与设计(符锌砂) …………………… 46 元
3. ◆道路工程(第二版)(严作人) ……………… 46 元
4. 道路工程(第三版)(凌天清) ………………… 42 元
5. ◆高速公路(第三版)(方守恩) ……………… 34 元

注:◆教育部普通高等教育"十一五"、"十二五"国家级规划教材
▲建设部土建学科专业"十一五"规划教材

6. 高速公路设计(赵一飞) ………………………… 38 元
7. 城市道路设计(第二版)(吴瑞麟) ……………… 26 元
8. 公路施工技术与管理(第二版)(廖正环) …… 40 元
9. ◆公路养护与管理(第二版)(侯相琛) ……… 45 元
10. 路基支挡工程(陈忠达) ………………………… 42 元
11. 路面养护管理与维修技术(刘朝晖) ………… 42 元
12. 路面养护管理系统(武建民) ………………… 30 元
13. 道路与桥梁工程计算机绘图(许金良) ……… 31 元
14. 公路计算机辅助设计(符锌砂) ……………… 30 元
15. 交通计算机辅助工程(任 刚) ……………… 25 元
16. 测绘工程基础(李芹芳) ……………………… 36 元
17. GPS 测量原理及其应用(胡伍生) …………… 28 元
18. 现代道路交通检测原理及应用(孙朝云) …… 38 元
19. 公路测设新技术(维 应) …………………… 36 元
20. 道路与桥梁检测技术(第二版)(胡昌斌) …… 40 元
21. 特殊地区基础工程(冯忠居) ………………… 29 元
22. 软土环境工程地质学(唐益群) ……………… 35 元
23. 地质灾害及其防治(简文彬) ………………… 28 元
24. ◆环境经济学(第二版)(董小林) …………… 40 元
25. 桥位勘测设计(高冬光) ……………………… 20 元
26. 桥梁钢—混凝土组合结构设计原理
(黄 侨) ……………………………………… 26 元
27. ◆桥梁建筑美学(第二版)(盛洪飞) ………… 30 元
28. 桥梁检测与加固(王国鼎) …………………… 27 元
29. 桥梁抗震(第三版)(叶爱君) ………………… 26 元
30. 钢管混凝土(胡曙光) ………………………… 38 元
31. 大跨度桥梁结构计算理论(李传习) ………… 18 元
32. ◆浮桥工程(王建平) ………………………… 36 元
33. 隧道结构力学计算(第二版)(夏永旭) ……… 34 元
34. 公路隧道运营管理(吕康成) ………………… 22 元
35. 隧道与地下工程灾害防护(张庆贺) ………… 45 元
36. 公路隧道机电工程(赵忠杰) ………………… 40 元
37. 公路隧道设计 CAD(王亚琼) ………………… 40 元
38. 地下空间利用概论(叶 飞) ………………… 30 元
39. 建设工程监理概论(张 爽) ………………… 35 元
40. 建筑设备工程(刘丽娜) ……………………… 39 元
41. 机场规划与设计(谈至明) …………………… 35 元
42. 公路工程定额原理与估价(第二版)
(石勇民) …………………………………… 39.5 元
43. Theory and Method for Finite Element Analysis
of Bridge Structures(刘 扬) ………………… 28 元
44. 公路机械化养护技术(丛卓红) ……………… 30 元
45. 舟艇原理与强度(程建生) …………………… 34 元

四、实践环节教材及教参教辅

1. 土木工程试验(张建仁) ……………………… 38 元
2. 土工试验指导书(袁聚云) …………………… 16 元
3. 桥梁结构试验(第二版)(章关永) …………… 30 元
4. 桥梁计算示例丛书—桥梁地基与基础(第二版)
(赵明华) ……………………………………… 18 元
5. 桥梁计算示例丛书—混凝土简支梁(板)桥
(第三版)(易建国) ………………………… 26 元
6. 桥梁计算示例丛书—连续梁桥(邹毅松) …… 58 元
7. 桥梁计算示例丛书—钢管混凝土拱桥
(孙 潮) ……………………………………… 32 元
8. 结构设计原理计算示例(叶见曙) …………… 40 元
9. 土力学复习与习题(钱建国) ………………… 35 元
10. 土力学与基础工程习题集(张 宏) ………… 20 元
11. 道路工程毕业设计指南(应荣华) …………… 34 元
12. 桥梁工程毕业设计指南(向中富) …………… 35 元
13. 道路勘测设计实习指导手册(谢晓莉) ……… 15 元
14. 桥梁工程综合习题精解(汪 莲) …………… 30 元

五、研究生教材

1. 路面设计原理与方法(第三版)(黄晓明) …… 68 元
2. 沥青与沥青混合料(郝培文) ………………… 35 元
3. 水泥与水泥混凝土(申爱琴) ………………… 30 元
4. 现代无机道路工程材料(梁乃兴) …………… 42 元
5. 现代加筋土理论与技术(雷胜友) …………… 24 元
6. 道路规划与几何设计(朱照宏) ……………… 32 元
7. 高等桥梁结构理论(第二版)(项海帆) ……… 70 元
8. 桥梁概念设计(项海帆) ……………………… 68 元
9. 桥梁结构体系(肖汝诚) ……………………… 78 元
10. 高等钢筋混凝土结构(周志祥) ……………… 27 元
11. 工程结构数值分析方法(夏永旭) …………… 27 元

六、应用型本科教材

1. 结构力学(第二版)(万德臣) ………………… 30 元
2. 结构力学学习指导(于克萍) ………………… 22 元
3. 结构设计原理(黄平明) ……………………… 47 元
4. 结构设计原理学习指导(安静波) …………… 35 元
5. 结构设计原理计算示例(赵志蒙) …………… 40 元
6. 工程力学(喻小明) …………………………… 55 元
7. 土质学与土力学(赵明阶) …………………… 30 元
8. 水力学与桥涵水文(王丽荣) ………………… 27 元
9. 道路工程制图(谭海洋) ……………………… 28 元
10. 道路工程制图习题集(谭海洋) …………… 24 元
11. 土木工程材料(张爱勤) ……………………… 39 元
12. 道路建筑材料(伍必庆) ……………………… 37 元
13. 路桥工程专业英语(赵永平) ………………… 44 元
14. 工程测量(朱爱民) …………………………… 30 元
15. 道路工程(资建民) …………………………… 30 元
16. 路基路面工程(陈忠达) ……………………… 46 元
17. 道路勘测设计(张维全) ……………………… 32 元
18. 基础工程(刘 辉) …………………………… 26 元
19. 桥梁工程(第二版)(刘龄嘉) ………………… 49 元
20. 工程招投标与合同管理(第二版)
(刘 燕) ……………………………………… 39 元
21. 道路工程 CAD(第二版)(杨宏志) ………… 35 元
22. 工程项目管理(李佳升) ……………………… 32 元
23. 公路施工技术(杨渡军) ……………………… 64 元
24. 公路工程试验检测(第二版)(乔志琴) ……… 55 元
25. 工程结构检测技术(刘培文) ………………… 52 元
26. 公路工程经济(周福田) ……………………… 22 元
27. 公路工程监理(朱爱民) ……………………… 33 元
28. 公路工程机械化施工技术(徐永杰) ………… 22 元
29. 城市道路工程(徐 亮) ……………………… 29 元
30. 公路养护技术与管理(武 鹤) ……………… 58 元
31. 公路工程预算与工程量清单计价(第二版)
(雷书华) ……………………………………… 40 元
32. 基础工程(第二版)(赵 晖) ……………… 32 元
33. 测量学(张 龙) ……………………………… 39 元

教材详细信息,请查阅"中国交通书城"(www.jtbook.com.cn)
咨询电话:(010)85285984,85285865
道路工程课群教学研讨 QQ 群(教师) 328662128 桥梁工程课群教学研讨 QQ 群(教师) 138253421
交通工程课群教学研讨 QQ 群(教师) 185830343 交通专业学生讨论 QQ 群 433402035